Collection dirigée par
Joseph GOY

Pour recevoir régulièrement, sans aucun engagement de
votre part, l'Actualité Littéraire Flammarion, il vous suffit
d'envoyer vos nom et adresse à Flammarion, Service ALF,
26, rue Racine, 75278 PARIS Cedex 06.

Vous y trouverez présentées toutes les nouveautés mises en
vente chez votre libraire : romans, essais, documents,
mémoires, biographies, aventures vécues, livres d'art, livres
pour la jeunesse, ouvrages d'utilité pratique, livres univer-
sitaires.

LES HOMMES ET LA MORT EN ANJOU
AUX XVIIe ET XVIIIe SIÈCLES

La thèse de François Lebrun a été publiée par le Centre de
Recherches Historiques (Ecole Pratique des Hautes Etudes,
VIe Section) et les Editions Mouton & Cie, sous le titre :
Les hommes et la mort en Anjou aux XVIIe et XVIIIe siècles.
Essai de démographie et de psychologie historiques, Paris,

FRANÇOIS LEBRUN

LES HOMMES ET LA MORT EN ANJOU AUX XVIIe ET XVIIIe SIÈCLES

Essai de démographie et de psychologie historiques

La thèse de François Lebrun a été publiée par le Centre de Recherches Historiques (Ecole Pratique des Hautes Etudes, VIe Section) et les Editions Mouton & Cie, sous le titre *Les hommes et la mort en Anjou aux XVIIe et XVIIIe siècles. Essai de démographie et de psychologie historiques*, Paris-La Haye, Mouton, 1971. La présente réimpression en reproduit intégralement le texte, à l'exception de l'appareil critique, notes et bibliographie.

FLAMMARION

A Jean Delumeau
et à Pierre Goubert

INTRODUCTION

« Votre province d'Anjou, Sire, ne faict pas la tren-
tiesme partie de vostre royaume, et que l'on mette un
homme de cheval dans le centre d'icelle pour en sortir
de quelque costé qu'il voudra, allant le train ordinaire
de son cheval, il en sortira dans six heures. » Ainsi
s'expriment en 1651 les « gens du Tiers Etat d'Anjou »
dans le cahier de remontrances préparé en vue des
Etats généraux convoqués à Tours. Que l'Anjou soit
l'une des plus petites provinces du royaume ne l'empêche pas d'être l'une de celles où, aux XVIIe et
XVIIIe siècles, la conscience provinciale est la plus
vivante, plongeant ses racines dans un glorieux passé.
Pourtant, la province d'Anjou en tant que telle, c'est-
à-dire le duché dans ses frontières de la fin du XVe siècle,
n'a pas exactement sa place dans les institutions ecclésiastiques et monarchiques des deux derniers siècles
de l'Ancien Régime : elle ne correspond ni au diocèse
d'Angers puisqu'une centaine de paroisses angevines
dépendent de quatre des diocèses voisins, ni au ressort
de la Coutume d'Anjou puisque celui-ci englobe le
Vendômois, ni aux gouvernements militaires d'Anjou
et du Saumurois puisque de ce dernier, créé en 1589
au profit de Duplessis-Mornay, relèvent le Loudunois
et le Mirebalais, pays poitevins, ni à une généralité
ou à un groupe d'élections puisque sur les seize élections
de la généralité de Tours, cinq seulement sont intégralement angevines et une sixième, celle de La Flèche,
est mi-angevine, mi-mancelle. Cependant, nul ne s'y
trompe et ne risque de confondre la province avec ses

voisines. Lorsque le curé de la paroisse angevine de
Challain, dans le diocèse d'Angers, cite dans ses registres l'une ou l'autre des deux paroisses, toutes proches,
de Vritz et de Freigné, il ne manque jamais de noter
soigneusement « paroisse de Vritz en Bretagne, diocèse
de Nantes » ou « paroisse de Freigné en Anjou, diocèse
de Nantes » ; la commune appartenance à un diocèse
différent du sien ne l'amène pas pour autant à confondre Bretagne et Anjou. De même, les habitants de
Ruillé ou de Villiers-Charlemagne, du diocèse du Mans,
sont fiers d'être angevins et traitent volontiers de
« mainiaux », non sans une nuance péjorative, leurs
voisins du Bas-Maine qui relèvent au spirituel du
même diocèse qu'eux.

Ainsi, même si la province n'est plus qu'une survi-
vance dans le cœur et les habitudes des Angevins, sans
grande valeur institutionnelle, ses limites sont aussi
précises et incontestées qu'elles pouvaient l'être à
l'époque : frontière linéaire à l'ouest, du côté de la
Bretagne, au nord, du côté du Maine, à l'est, du côté
de la Touraine ; zone de Marches au sud, du côté
du Poitou. Là, des décisions de la première moitié
du XVIIᵉ siècle ont clairement défini le statut des
Marches communes Anjou-Poitou : le fonds des Marches est réputé commun aux deux provinces par
indivis, mais les trente paroisses qui les constituent
relèvent non de la sénéchaussée de Poitiers, mais de
celle d'Angers pour les quatorze paroisses du Bas-Anjou,
et de celle de Saumur pour les seize paroisses du Saumurois. Toutefois, lors de la création des généralités
de Tours et de Poitiers, les paroisses bas-angevines des
Marches ont été attribuées à celle de Tours, mais les
paroisses saumuroises des Marches l'ont été, elles,
à celle de Poitiers. L'importance croissante prise aux
XVIIᵉ et XVIIIᵉ siècles par les généralités, devenues le
cadre de l'action des intendants, peut justifier sans
doute le parti consistant à considérer comme angevines les paroisses des Marches relevant de la généralité de Tours, et comme poitevines celles relevant
de la généralité de Poitiers.

Dans la province ainsi délimitée, la cellule de base
est la paroisse. Cette circonscription d'origine ecclésiastique a été adoptée par l'administration monarchique, notamment pour la répartition et la levée de
la taille. Toutefois, le terme est ambigu dans la mesure

où, pour des raisons historiques diverses, il recouvre des réalités parfois différentes selon qu'il s'agit de questions ecclésiastiques ou financières. Dans certaines provinces, notamment en Artois, on fait la distinction entre la « paroisse », portion de territoire confiée à un curé, et la « communauté », soumise à la taille. Cette distinction dans le vocabulaire n'existe pas en Anjou où l'on parle de paroisses taillables, jamais de communautés. Il convient pourtant d'utiliser le terme afin d'éviter tout risque de confusion. En effet, si la paroisse et la communauté taillable coïncident le plus souvent, les exceptions à cette règle sont nombreuses. D'une part, une même paroisse peut être divisée pour la taille en deux, voire trois communautés distinctes ; c'est le cas d'une vingtaine de paroisses angevines, entre autres Beaufort, Craon, Martigné-Briant. Souvent, la partie de la paroisse qui a un rôle de taille propre, correspond au point de vue ecclésiastique à une succursale dont le desservant reste sous la dépendance du curé. D'autre part et à l'inverse, une vingtaine de petites villes ou gros bourgs angevins n'ont chacun qu'un rôle de taille, bien qu'ils soient divisés en deux ou trois paroisses : c'est le cas, par exemple, de Chalonnes, Châteauneuf-sur-Sarthe, Vihiers. Enfin, Angers représente un cas particulier : sur ses seize paroisses, une seule est taillable, les quinze autres étant franches ; il est vrai que la levée des autres impôts, notamment au XVIIIᵉ siècle la capitation, se fait dans le cadre des seize paroisses qui sont donc bien en même temps des communautés autonomes au regard de l'administration civile. Etablir une distinction claire entre paroisse et communauté taillable apparaît ainsi comme une tâche indispensable pour quiconque s'intéresse de près à l'histoire de l'Anjou sous l'Ancien Régime, et plus spécialement à l'histoire démographique. Au total, l'Anjou compte, au début du XVIIIᵉ siècle, 541 paroisses et 547 communautés taillables. Les paroisses se répartissent entre les diocèses d'Angers (466), La Rochelle (41), Poitiers (24), Nantes (16) et Le Mans (14) ; les communautés taillables, entre les élections d'Angers (226), Saumur (85), Baugé (80), Château-Gontier (69), Montreuil-Bellay (56), La Flèche (29) et Loudun (2).

Tel est le cadre dans lequel vivent alors quelque 450 000 sujets du roi. Vivent et meurent... La « douceur angevine » chantée par du Bellay et par tous les chroni-

queurs des deux siècles suivants cache mal à l'historien
attentif la dureté fondamentale de ce temps, du fait
de l'omniprésence de la mort. Celle-ci est le sujet même
de ce livre. S'il est vrai que la mortalité est le facteur
déterminant de la démographie de type ancien, il
pouvait être intéressant d'en tenter l'étude dans le
cadre d'une province de l'Ouest, grâce à l'exploitation
des registres paroissiaux et à l'utilisation de tous les
types d'archives se rapportant de près ou de loin au
sujet. En effet, les registres paroissiaux permettent
d'abord d'appréhender les structures démographiques
et plus spécialement quelques grands aspects structurels
de la mortalité (taux de mortalité infantile, par exemple), même si l'absence de recensements réguliers interdit de calculer des séries de taux de mortalité générale.
Mieux encore, les registres paroissiaux rendent possible
l'étude de la conjoncture démographique, c'est-à-dire
essentiellement des grandes crises de mortalité. Alors
que les auteurs de monographies paroissiales ne peuvent
le plus souvent que constater à telle et telle date précise,
les « clochers » de surmortalité, le cadre d'une province — si petit que soit l'Anjou — permet d'étudier
ces crises de façon aussi serrée que possible : on peut
espérer les identifier — famine ? épidémie ? —, en
cartographier l'extension, en mesurer, dans les meilleurs cas, les effets immédiats et lointains. Pour cela
déjà, d'autres sources sont indispensables : délibérations
des administrations municipales, rapports des intendants, des subdélégués et, après 1760, des médecins des
épidémies, mémoires et journaux des contemporains,
écrits de médecins ou de chirurgiens.

Mais au delà des structures et de la conjoncture,
l'historien-démographe — historien avant d'être démographe — se doit de chercher des facteurs d'explication. La mortalité dans tel groupe social à telle époque
déterminée est directement liée aux conditions alimentaires, sanitaires et médicales dans lesquelles vit ce
groupe. Toute évolution, à plus forte raison toute
« révolution » dans les structures profondes de la
mortalité ne peut être que la conséquence d'un changement de ces conditions : meilleure alimentation en
quantité et en qualité (ce qui suppose soit un enrichis-
sement général, soit une augmentation des rendements
agricoles ou des surfaces cultivées), progrès spectaculaires de l'hygiène publique et privée, efficacité brus-

quement accrue d'un corps médical plus nombreux, plus instruit et surtout mieux armé (ce qui suppose quelque grande découverte scientifique aux applications immédiates). C'est pourquoi, en marge de la démographie proprement dite, il m'a paru indispensable d'étudier à la fois les structures économiques de la province, la valeur du personnel médical et des armes dont il dispose, le rôle de l'équipement hospitalier, la façon dont vivent et se nourrissent les Angevins sous l'Ancien Régime. Ce faisant, il s'agissait pour moi de voir, grâce à ces différentes approches, si l'étude de la mortalité en Anjou, aux XVIIᵉ et XVIIIᵉ siècles, conduit à déceler, à la fin de la période considérée, un quelconque changement des structures démographiques, tel qu'il se manifeste dans d'autres parties du royaume, et dans l'affirmative, de chercher quels changements préalables dans les conditions de vie des habitants permettent de l'expliquer.

Enfin, j'ai cru pouvoir faire écho modestement au vœu formulé jadis par Lucien Febvre (« Nous n'avons pas d'histoire de l'Amour, qu'on y pense. Nous n'avons pas d'histoire de la Mort ») et essayer d'appréhender le comportement des Angevins des deux derniers siècles de l'Ancien Régime, face à la mort. Propos ambitieux et dont je sais ce qu'il a même de téméraire. En effet, le cadre géographique et chronologique que m'imposait l'étude démographique s'est révélé singulièrement étroit pour l'étude de mentalités que je voulais tenter. D'une part, la difficulté de trouver des sources spécifiques aurait sans doute exigé un théâtre de recherches beaucoup plus vaste que l'Anjou : au moins l'Ouest, voire tout le royaume. D'autre part, cette étude n'aurait pris tout son sens que replacée dans la « longue durée », de la fin du XVᵉ siècle à ce milieu du XXᵉ qui voit s'effondrer des structures ecclésiastiques, religieuses et mentales qui datent d'au moins trois siècles, et pour certaines de beaucoup plus (on prêchait sur la mort, en Anjou, en 1930, voire même en 1950, comme on le faisait en 1730, en 1630, sans doute en 1530, et comme on ne le fait plus aujourd'hui). C'est dire que les pages que je présente ici sur ce problème passionnant ne sont qu'une esquisse et un point de départ.

Ecrivant ces lignes au moment de terminer ce travail, je mesure mieux que quiconque tout ce qui sépare les ambitions qui m'animaient au départ et les résultats auxquels je suis parvenu. Il est des travaux qui ne peuvent être menés à bien que collectivement ; cela est vrai de la démographie historique comme de l'histoire des mentalités. Du moins, chercheur isolé, ai-je tenté d'atteindre à travers des sources tantôt foisonnantes, tantôt trop rares, les grandes lignes de force d'un sujet sur lequel il reste encore beaucoup à trouver et à dire.

PREMIÈRE PARTIE

LE PAYS ET LES HOMMES

CHAPITRE PREMIER

LES STRUCTURES ECONOMIQUES :
LA DIVERSITE DES PAYS ANGEVINS

Vers 1525, le chanoine angevin Jean de Bourdigné écrit : « Notre pays d'Anjou (est) très fertile et abondant à tout ce qui est nécessaire pour la vie humaine. » Et au siècle suivant, Barthélemy Roger, moine de Saint-Nicolas d'Angers, fait écho : « Sans sortir des bornes d'une description simple et sans m'engager dans des louanges importunes et suspectes de ce lieu de ma naissance, j'oserai bien dire en deux mots que notre province est une espèce de paradis. » Ce thème de l'opulence angevine se retrouve dans toutes les « descriptions » des XVIe et XVIIe siècles. C'est un lieu commun que les mêmes auteurs utilisent d'ailleurs pour d'autres provinces. Tous, se copiant le plus souvent les uns les autres, énumèrent avec complaisance les productions de l'Anjou : les blés, froments et seigles, dont le pays, dit Bourdigné, « se fournit largement et en départ aux autres circonvoisins » ; les vins, « blancs et clairets », si renommés qu'ils sont vendus au loin « et par terre et par mer » ; les fruits de toutes espèces dont l'excellence provient « de la douceur de l'air et de la bonté du climat » ; les bœufs et les moutons, les porcs et les volailles, les poissons de Loire ; enfin les huiles, les lins et les chanvres appréciés par les marchands étrangers pour leur exceptionnelle qualité. Ce palmarès ne se nuance pratiquement d'aucune restriction. C'est l'Anjou dans son ensemble qui apparaît ainsi comme un paradis. Ni Bourdigné ni Roger ne jugent utile d'introduire dans leur tableau des nuances régionales. Tout au plus, le premier, évoquant la pra-

tique de la culture continue sans jachère, laisse-t-il
entendre qu'elle n'est le fait que de quelques régions
de l'Anjou, sans d'ailleurs préciser lesquelles. Aussi,
la portée de ces diverses descriptions géographico-
littéraires est-elle très limitée. Certes, celles-ci ont le
mérite d'énumérer les grandes productions angevines.
Mais elles en exagèrent l'importance, tant en quantité
qu'en qualité ; de plus elles sont beaucoup trop vagues
et générales pour être satisfaisantes ; surtout, elles
masquent ce fait fondamental de la géographie et de
l'histoire de l'Anjou, à savoir la diversité des pays
angevins.

Il faut attendre les « mémoires » officiels de la fin
du XVIIᵉ siècle pour pouvoir disposer de documents
suffisamment précis. Si le « Rapport au roi », rédigé
en 1664 par Charles Colbert, à la fois catalogue des
abus, programme de réformes et bilan fort utile de
la situation politique de la généralité au début du
règne personnel de Louis XIV, fournit relativement
peu de renseignements d'ordre économique, par contre
l' « Etat de la généralité de Touraine », dressé en 1688
et 1689 par l'intendant Béchameil de Nointel, comporte,
outre une substantielle introduction sur les « commer-
ces principaux de la généralité », des « états » de
chacune des seize élections avec des statistiques détail-
lées fournissant pour chaque paroisse le nombre des
feux, celui des métairies et des borderies, la « situation
et qualité du terroir ». Le « Mémoire » anonyme rédigé
en 1691, vraisemblablement à l'instigation de l'intendant Miromesnil, comporte lui aussi des statistiques
par paroisses dont l'intérêt varie selon les élections.
En effet, les différents auteurs de ce « Mémoire » ont
répondu de façon fort diverse aux questions posées
relatives à l'agriculture de chacune des paroisses de
leur élection. Les réponses concernant l'élection d'Angers
se limitent à l'énumération des principales cultures
et à une appréciation assez vague du fonds (mauvais,
passable, assez bon, bon). Pour les élections de Montreuil-Bellay et de Saumur, les rédacteurs se sont effor-
cés à un peu plus de précision et fournissent pour
chaque paroisse un grossier pourcentage des terres
labourables, des vignes, des bois, des landes, etc. Les
auteurs des réponses intéressant les élections de
Château-Gontier, Baugé et La Flèche se montrent,
quant à eux, beaucoup plus précis, puisque les indica-

tions qu'ils donnent pour chaque paroisse sont chiffrées
en arpents, avec distinction des terres labourables, des
prés et pâtures, des vignes, des bois, landes et terres
« ingrates ». Mais l'interprétation de ces précieuses
données pose un problème délicat. Il apparaît dès
l'abord que le chiffre total d'arpents indiqué pour
chaque paroisse correspond non à la superficie totale
de la paroisse, mais à ce que le « Mémoire » appelle
le « fonds », c'est-à-dire les terres cultivées ou susceptibles de l'être, y compris les terres « ingrates » et
les landes temporaires. C'est ainsi que pour les deux
petites villes de Château-Gontier et de Craon, aucune
superficie n'est indiquée, ce qui est justifié par la mention : « Il n'y a aucune terre labourable qui en dépend. »
Le rapprochement entre la superficie des « fonds »
ainsi compris et la superficie totale de chaque élection
apporte un nouvel élément d'appréciation :

Élection de	« Fonds » d'après le « Mémoire » de 1691	Superficie totale d'après le « Tableau de la généralité de Tours depuis 1762 jusques et compris 1766 » (p. 113)
Château-Gontier	99 976 arpents, soit 65 882 ha	60 lieues carrées, soit 118 500 ha
Baugé	68 846 arpents, soit 45 369 ha	85 lieues carrées, soit 167 875 ha

La différence — considérable mais nous le verrons
très vraisemblable — entre fonds et surface totale
concernerait ainsi les forêts et les landes (à l'exception
de celles entrant plus ou moins régulièrement dans
le cycle des cultures).

A côté de ces deux textes presque contemporains,
le « Mémoire sur la généralité de Tours » de 1697
ne présente qu'un médiocre intérêt. Rédigé sur l'initiative de l'intendant Miromesnil pour répondre à la
grande enquête lancée par le duc de Beauvillier, pré-
cepteur du duc de Bourgogne, ce « Mémoire » célèbre,
maintes fois cité et copié au XVIIIᵉ siècle, ne fournit
en fait que peu de données d'ordre économique. Beaucoup plus précieuses à cet égard sont d'une part la
« Description de l'élection de Saumur » rédigée en

1722 par Pierre Gaillard, officier de cette élection,
d'autre part les réponses qui sont adressées en 1746
par les subdélégués à un questionnaire détaillé du nouvel intendant Savalette de Magnanville et qui abondent
en notations précises émanant d'administrateurs consciencieux, connaissant bien les petites régions dont
ils parlent et où ils vivent. Enfin, le « Tableau de la
généralité de Tours depuis 1762 jusques et compris
1766 », dressé par l'ingénieur de Voglie sous la direction de l'intendant Lescalopier, est le travail de beaucoup le plus important et le plus sérieux de tous ceux
rédigés aux XVIIe et XVIIIe siècles et aide à faire le
point de la situation économique de l'Anjou vers le
milieu du XVIIIe siècle.

Ces divers documents, éventuellement complétés par
d'autres sources de portée plus limitée, permettent
d'évoquer ce qu'était à la fin du XVIIe siècle et dans
la première moitié du siècle suivant, la vie des divers
« pays » angevins : Mauges, Craonnais et Segréen,
pays entre Mayenne et Loir, Baugeois, Saumurois, Val
de Loire, enfin au cœur même de la province, Angers.

1. — *Mauges*

Limitées par les vallées de la Loire et du Layon
et par les frontières du Poitou et de la Bretagne, les
Mauges présentent une incontestable originalité, liée à la
présence du bocage. Celui-ci ne résulte ni d'un déterminisme climatique — le climat est le même de part
et d'autre du Layon —, ni d'un déterminisme géolo-
gique — la région de « plaine » et de champs ouverts
qui s'étend entre les Ponts-de-Cé, Thouarcé et Chalonnes appartient elle aussi au Massif Armoricain. En
fait, le bocage des Mauges correspond à une certaine
forme d'exploitation économique où la lande et la
haie vive tiennent une place de premier plan.

Le « Mémoire » de 1691 donne pour la paroisse de
Saint-Rémy-en-Mauges l'indication suivante : « Seigles,
bois et landes; le fonds est assez bon; il y a quelques
pacages où on élève des bestiaux. » Ces mentions se
retrouvent presque identiques pour la plupart des
paroisses de la région, qu'elles appartiennent à l'élection d'Angers ou à celle de Montreuil-Bellay. Malheureusement, aucun des deux subdélégués ne donne de

précisions chiffrées sur l'importance respective des
terres « à blés » et des landes. En fait, il convient de
distinguer entre les landes proprement dites résultant
souvent d'une lente dégradation des bois et forêts
depuis le XIIe siècle et les friches temporaires. En ce
qui concerne les premières, la carte de Cassini, dont
le relevé pour la région date de 1764, permet de les
évaluer à près de 30 % environ de la surface totale
des Mauges. Toutefois, elles sont inégalement réparties : très importantes autour de Beaupréau et de
Cholet et dans la zone des Marches, elles le sont beaucoup moins aux abords des vallées de la Loire et du
Layon. Elles sont localisées surtout sur les hauteurs,
interposant entre les bourgs la barrière de leurs étendues monotones de genêts, d'ajoncs et de fougères.
Ces landes sont, dans la plupart des cas, des biens
communaux sur lesquels les paysans ont des droits
d'usage, moyennant quelques redevances aux seigneurs
des lieux. Quant aux friches temporaires, elles sont la
conséquence des méthodes de culture : les terres labourables sont emblavées deux ans de suite, puis laissées
en jachère cinq, six, sept ou huit ans, selon les cas.
La haie vive enfin occupe une place non négligeable,
puisque chaque parcelle est enclose d'un talus, dit
« fossé », couvert d'une végétation de chênes têtards,
de frênes, d'ormeaux, voire d'arbres fruitiers; indépen-
damment de leur rôle de clôture, les haies jouent un
rôle important dans l'économie rurale.

Celle-ci est fondée à la fois sur quelques cultures et
sur l'élevage des bestiaux. Formées de terres « maigres » ou « médiocres », les Mauges produisent essentiellement du seigle et du méteil, mélange de seigle et
de froment. Les rendements sont faibles : « En général,
écrit Bourasseau en 1768, le boisseau de bled seigle
semé dans une terre bien préparée et engraissée n'en
produit pas plus de huit dans les années les plus abondantes, et bien moins lorsque l'hiver est trop rude ou
le printemps pluvieux. » Il semble que cinq pour un
corresponde à un rendement moyen. Quant au sarrasin,
ou blé noir, ou blé breton, il n'est signalé en 1691
que dans la seule paroisse de Saint-Christophe-la-
Couperie, mais on le trouve en 1746 dans la plupart
des paroisses de la partie occidentale des Mauges,
voisine de la Bretagne — témoignage précieux des
progrès de cette céréale secondaire dans la première

moitié du XVIIIᵉ siècle. Si la vigne n'est pas totalement absente, sa culture est de peu d'importance : tout au plus est-elle signalée en 1688 dans quelques paroisses du Sud-Ouest proches de la Bretagne et du vignoble de la Sèvre Nantaise. Le lin, lui, est présent presque partout. Les progrès de l'industrie de la toile à Cholet et aux environs à partir de la seconde moitié du XVIIᵉ siècle contribuent à assurer le succès de cette culture qui n'occupe pourtant qu'une faible surface : elle est pratiquée essentiellement dans les « ouches », c'est-à-dire les clos ou jardins attenant à chaque maison. Il en est de même de la culture des navets et des choux pour l'engraissement du bétail.

L'élevage des bovins et secondairement des moutons est en effet l'activité essentielle des Mauges, celle à laquelle tout le reste est subordonné. Le foin est fourni par les prés des fonds de vallée (les plus riches étant le long de l'Evre et de la Moine). Les bruyères, les ajoncs et les genêts des landes et des jachères périodiques, les choux et les navets des ouches, l'herbe des « cheintres » (ou bordures des haies vives à la lisière des champs), les glands et les feuilles tendres des haies — tout concourt à l'alimentation des bestiaux. Maigre nourriture au total et qui ne peut concurrencer les pâturages du Bas-Poitou ou de la Normandie. De plus, une telle spéculation est pleine d'aléas : sécheresse prolongée brûlant prés et pâtures, épizooties qui laissent les paysans pratiquement désarmés et font des coupes sombres. Pourtant, si les bêtes sont certainement de médiocre qualité, elles sont fort nombreuses, les unes nées dans le pays, les autres achetées en Pays Nantais ou en Bas-Poitou pour être engraissées. Bœufs et vaches sont élevés surtout pour leur travail et pour leur fumier. Ils sont les animaux de trait indispensables dans un pays où les chemins sont rares et, lorsqu'ils existent, difficilement praticables ; indispensables aussi pour labourer et remettre en état les terres livrées pendant six ou sept ans aux fougères et aux genêts dont les longues racines s'enfoncent profondément dans le sol. Le fumier qu'ils fournissent constitue l'engrais principal. A côté des bœufs et des vaches élevés sur place et vendus à bas prix à des éleveurs normands au bout de cinq ou six ans lorsqu'ils sont hors d'état de travailler, on élève aussi des veaux achetés en Poitou ou en Bretagne, puis soigneusement engraissés avec

les navets, les choux et le meilleur foin pour être
revendus aux marchands de Sceaux et de Poissy. C'est
là évidemment l'opération la plus fructueuse, mais
qui n'est possible que dans certaines fermes, celles
notamment disposant de prairies assez belles. A la fin
du XVIIᵉ siècle, Vihiers est le grand marché aux bestiaux; il l'est encore au milieu du siècle suivant, mais
concurrencé par Cholet et secondairement par Chemillé.

Pour extensive qu'elle soit, cette forme d'exploitation du bocage est logique et cohérente. Ces sols maigres, que l'on n'a guère les moyens d'engraisser ou
d'amender, restent de médiocre valeur : vers 1765, les
meilleures terres des Mauges sont affermées 11 à
12 livres l'arpent, alors que dans la Vallée d'Anjou
l'arpent est communément affermé 30 à 36 livres. Dans
ces conditions, le point de vue du propriétaire ou de
l'exploitant ne peut être le même ici et là : si dans la
Vallée ou dans le vignoble du Layon, une culture aussi
intensive que possible des moindres parcelles s'impose,
par contre dans les Mauges il apparaît comme normal
de limiter la culture des céréales au strict besoin des
habitants. Les témoignages ici sont multiples : sans
qu'il soit possible d'avancer le moindre chiffre de production totale, on peut affirmer que les Mauges produisent, en année normale, tout juste assez de seigle, de
méteil, de blé noir et très secondairement de froment
pour la nourriture des habitants, d'autant plus qu'à
côté des cultivateurs vivent de nombreux tisserands;
que survienne une mauvaise récolte, et il faut compter
sur les régions voisines. Par contre, les profits de l'élevage permettent aux fermiers de faire les quelques
rentrées d'argent nécessaires pour payer leurs divers
impôts et assurer les dépenses indispensables.

Pays d'élevage, les Mauges sont aussi, du moins
autour de Cholet, un pays d'industrie rurale. Implantée
dans la région depuis fort longtemps, l'industrie de
la toile commence à prendre une grande importance
à Cholet et dans les paroisses voisines, sans doute vers
1675, grâce aux initiatives de René-François de Broon,
marquis de Cholet. Tourné vers Nantes par les vallées
de la Moine et de la Sèvre, le Choletais exporte ses
toiles, surtout par le grand port de la Basse-Loire,
mais aussi par La Rochelle et par Bordeaux, vers les
différentes provinces du royaume, vers les pays ibériques et leurs colonies d'Amérique et, de plus en plus

au cours du xviiie siècle, vers la Guinée et les Antilles françaises. A la production des toiles de lin proprement dites servant à la confection d'habits communs, s'ajoute à partir des années 1740 celle des mouchoirs de lin mêlé d'un peu de coton. Le Saumurois Pierre Deshays a joué à cet égard un rôle déterminant : en effet, devant le succès que remporte la manufacture de mouchoirs qu'il a créée à Saumur en 1734, les tisserands choletais, qui depuis 1740 vendent de plus en plus difficilement leurs toiles en Espagne, décident de s'orienter vers une fabrication similaire, et c'est Pierre Deshays, et plus tard ses fils, qui forment à Saumur la plupart des ouvriers des Mauges. Vers 1765, 60 000 à 70 000 douzaines de mouchoirs de différentes couleurs sont produites dans le Choletais. Mis à part le peu de coton qui entre dans la fabrication et qui est acheté à la Compagnie des Indes, la matière première est tirée du pays : lin des Mauges et surtout de la vallée de la Loire, de Chalonnes à Saint-Florent et de Savennières à Champtocé, de bien meilleure qualité. Si le lin est filé au rouet dans presque toutes les fermes où il est cultivé, le tissage par contre est le fait d'artisans spécialisés; certes, quelques-uns d'entre eux disposent en même temps d'un petit lopin de terre, mais ils n'en sont pas moins tous, par leur genre de vie et leurs mentalités, bien différents des paysans qui les entourent. Dispersés dans une cinquantaine de paroisses autour de Cholet, les tisserands vivent le plus souvent dans les bourgs, très rarement dans les hameaux ou fermes isolées de la campagne. En dehors de quelques fabricants qui, dans les gros bourgs, possèdent plusieurs métiers et emploient de ce fait un certain nombre de compagnons, la plupart des tisserands travaillent sur leur propre métier et vendent leurs toiles ou leurs mouchoirs aux négociants de Cholet. Un règlement de septembre 1748 impose des normes très strictes de fabrication; mais il semble bien qu'il soit largement inappliqué, du fait de la difficulté des contrôles, et que la qualité des toiles et des mouchoirs reste médiocre, ce qui n'empêche pas le succès des produits choletais.

Que ce soit pour le commerce des bestiaux ou pour celui des produits textiles, l'économie des Mauges est largement tributaire des voies de communication. Or, celles-ci sont médiocres, voire inexistantes. Jusqu'en 1760, aucune grande route ne traverse ni ne dessert le pays. Tout au plus quelques mauvais chemins relient-ils entre eux les principaux bourgs et, au delà, ceux-ci à Angers et à Nantes. Un mémoire des dernières années du XVIIe siècle sur le marquisat de Cholet souligne que « le plus grand bien qu'on pourrait faire en ce pays-là pour l'augmentation du commerce qui produit un gros revenu au roi, serait de faire raccommoder les chemins, ponts et passages... dont tous les marchands se plaignent extraordinairement ». Par ailleurs, contrairement à d'autres régions de l'Anjou, les Mauges ne disposent d'aucune rivière navigable : ni l'Evre ni la Moine ne sont aménagées pour porter bateaux. Cette situation condamne à la médiocrité l'élevage et la production textile et contribue à faire des Mauges, dans l'ensemble angevin, une région particulièrement rude et repliée sur elle-même.

2. — *Craonnais et Segréen*

Au delà de la Loire, Craonnais et Segréen ressemblent à bien des égards aux Mauges. Ici et là, c'est le même bocage, c'est la même importance des landes. Le « Mémoire » de 1691 est suffisamment précis en ce qui concerne l'élection de Château-Gontier pour qu'il soit possible d'établir pour les trente-six paroisses du Craonnais un pourcentage exact de la nature des terres par rapport à la superficie totale :

Fonds : Terres labourables	25	%	
Pâtures et prés	18	%	
Bois, landes et « terres ingrates »	19	%	62,25 %
Vignes	0,25	%	
Reste			37,75 %

Cette proportion considérable de terrains proprement « incultes », forêts et landes jamais entamées d'une part (37,75 %) et friches temporaires d'autre part (19 %), se trouve confirmée par de nombreux témoignages. Au début du XIXe siècle, les landes et les jachères représenteront encore *plus de la moitié* de la superficie du département de la Mayenne, dont le Craonnais constitue la partie méridionale.

Comme dans les Mauges, les terres labourables sont, après deux ans de culture, laissées en jachère pour une durée plus ou moins longue selon la nature des sols,

généralement six ou sept ans, très rarement moins,
parfois davantage. Certes, pas plus que dans les Mauges,
landes et jachères ne sont totalement improductives :
elles permettent, en même temps que les prés des bas-
fonds, l'élevage des moutons, des porcs, des bêtes à
cornes. Mais ces dernières sont d'une petite espèce
et d'une très médiocre qualité : vers 1746, un couple de
bœufs ne vaut communément que 100 livres, soit quatre
fois moins que dans le Choletais ; ils sont achetés le
plus souvent par des éleveurs normands, cependant que
les bouchers du pays s'approvisionnent en viande dans
les Mauges ou en Poitou. La culture de l'avoine, assez
importante, permet l'élevage de petits chevaux, ou bidets,
utilisés notamment devant les bœufs pour les labours.
Les bois, les haies du bocage, certains champs complan-
tés fournissent en abondance châtaignes et pommes.
Le pommier à cidre a en effet supplanté la vigne :
alors qu'au XVIᵉ siècle, celle-ci avait encore en Craonnais
une certaine importance, donnant d'ailleurs un vin
détestable, elle en a pratiquement disparu en 1691.
Quelle que soit dans ce domaine l'imprévoyance des
paysans, cidre, pommes et surtout châtaignes constituent
un complément indispensable de leur nourriture.

Quant aux terres cultivables, naturellement « froides »,
elles ne se prêtent guère qu'à la culture du seigle et
du blé noir. Celui-ci n'est pas partout cultivé de façon
régulière : dans la mesure où on peut le semer tardivement, avril, mai, voire début juin, on a recours à
lui lorsque la récolte des autres céréales apparaît
compromise. Quant au froment, il n'est signalé en 1688
que dans quelques paroisses entre Pouancé et Segré,
et les deux subdélégués d'Angers et de Château-Gontier
se rejoignent, en 1746, dans leurs appréciations concernant les cultures alimentaires du Segréen et du Craonnais : seigle, blé noir, très peu de froment. La production
totale est tout juste suffisante en année normale pour
les besoins des habitants. La raison en est que depuis le
début du XVIᵉ siècle, la culture du lin s'est peu à peu
étendue, au détriment de celle des céréales. Les progrès
de l'industrie linière autour de Laval et de Château-
Gontier rendent en effet cette culture très rémuné-
ratrice et c'est elle qui permet aux paysans d'acquitter
leurs impôts. Alors que dans les autres régions de
l'Anjou, le lin n'est cultivé que sur de très petites
surfaces, ici le lin est semé sur tous les sols qui lui

conviennent le mieux : prairies des bas-fonds, anciennes terres à froment ou à seigle. Il en résulte une extrême fragilité de cette économie agricole : si une mauvaise récolte vient frapper à la fois les lins et les blés et si les châtaignes manquent, le paysan est d'un seul coup réduit à la misère.

Le lin, cultivé, roui et séché dans les fermes, y est également filé par les femmes et les enfants. Une partie de ce fil est tissée sur place pour la fabrication de la toile nécessaire aux besoins de la famille, mais la plus grande partie est vendue soit directement aux tisserands professionnels, nombreux dans les bourgs, soit aux marchands de fils, appelés cancers ou regrattiers. Craon est le grand marché où viennent s'approvisionner en fils les tisserands de la région. Quant à l'industrie de la toile, elle est plus ou moins directement sous la coupe des grands négociants de Château-Gontier et surtout de Laval.

C'est l'isolement dans lequel se trouve la région qui explique très largement l'orientation qu'a ainsi prise l'économie agricole. En effet, Craonnais et Segréen sont à l'écart des grandes voies de communication que sont la Loire et la Mayenne; l'Oudon n'est navigable, pour de petits bateaux, que du Lion-d'Angers à La Chapelle-sur-Oudon, en aval de Segré; et les chemins sont encore pires ici que dans les Mauges. Trop éloignée des débouchés possibles, la région semble condamnée à vivre repliée sur elle-même : seigle, blé noir et châtaignes assurent, mal, la subsistance des habitants; moutons, porcs, veaux sont consommés sur place; seuls les bœufs sont les uns vendus, les autres achetés hors de la région; encore ce commerce ne porte-t-il que sur des quantités limitées. Pourtant, fils et toiles de lin se transportent aisément grâce à leur faible volume, et c'est sans doute une des raisons qui ont amené les paysans du Craonnais et du Segréen à sacrifier l'élevage et la production des céréales à la culture et à l'industrie du lin.

3. — *Pays entre Mayenne et Loir*

« De tout temps, écrit en 1747, le subdélégué de Château-Gontier, l'on a fait une grande différence entre les habitants du Craonnais et les autres de l'élection...

Les gens de campagne à commencer depuis la rivière de
Mayenne en allant du costé d'Angers, de La Flèche
et du Mans, sont plus laborieux. Dans les paroisses de
ce canton, il y a de mauvais vignobles à la culture
desquels ils travaillent lorsque le temps le permet. Ils
recueillent peu de cidres et de chasteignes. Ils ont plus
de conduite et d'économie. » Au delà des notations
un peu sommaires de psychologie collective, ce rapport
souligne à juste titre un fait important : lorsque venant
de la région de Craon, on aborde la vallée de la
Mayenne, ce n'est pas seulement le paysage qui change,
c'est aussi l'économie agricole et les genres de vie. Les
vallées de la Mayenne, de la Sarthe et du Loir, et les
régions angevines qui s'étendent entre elles, diffèrent
en effet à bien des égards de la partie occidentale de
la province.

Cela se traduit d'abord par la présence de la vigne,
dont la répartition et la valeur sont d'ailleurs inégales.
Elle n'occupe guère en 1691 que 8 % des fonds, soit
5 à 6 % de la superficie totale, dans la vallée de la
Mayenne et dans la région s'étendant entre cette rivière
et la Sarthe, et elle recule peu à peu au XVIIIᵉ siècle;
de plus, ces vignobles ne donnent qu'un vin clairet
qui est consommé sur place. Par contre, dans les sept
paroisses de la vallée du Loir entre La Flèche et Huillé,
la vigne occupe en 1691 près du tiers du fonds de
chaque paroisse, presque autant que les terres labourables; elle tapisse tout le revers du coteau orienté au
midi et donne un vin blanc très réputé et en partie
exporté vers l'étranger par Angers et la Loire; mais
dans la première moitié du XVIIIᵉ siècle, la qualité de
ce vignoble du Loir se trouve menacée par l'extension
inconsidérée de la vigne dans la vallée. Par ailleurs,
la vallée de la Mayenne et le plateau entre Mayenne
et Sarthe ont des sols beaucoup plus fertiles que ceux
du Craonnais. La preuve en est que la moitié des terres
emblavées le sont en froment, l'autre moitié en seigle
et accessoirement en avoine, voire en blé noir; les
paroisses de Saint-Denis-d'Anjou, Contigné, Sœurdres,
Cherré, Châteauneuf-sur-Sarthe, entre autres, sont
réputées pour leurs froments. A vrai dire, rendements
et productions restent sans doute assez médiocres : à
Saint-Denis-d'Anjou, notée pourtant comme « très bon
fonds » en 1691, les terres labourables, « de pénible
travail » du fait même de leur fertilité, ne sont ense-

mencées qu'un an sur trois et restent deux ans en
jachère. A côté des céréales, la région produit aussi du
lin et du chanvre, surtout dans les paroisses des vallées.
Quant à l'élevage, il est important le long de la
Mayenne et de la Sarthe, grâce aux belles prairies
naturelles ; à la confluence des deux rivières, l'Ile-Saint-
Aubin, propriété de l'abbaye Saint-Aubin d'Angers, est
un vaste triangle de terres alluviales dont les foins
coupés une première fois au mois de juin constituent
le plus gros revenu de la mense conventuelle, en dépit
des aléas liés aux inondations. La région entre Sarthe
et Loir, par contre, est une région de médiocre fertilité
où bois et landes sont encore fort étendus et où le
froment n'est signalé pratiquement nulle part en 1688.

Région agricole, l'Entre-Mayenne-et-Loir est aussi
une région de grande activité artisanale. En dehors de
deux moulins à papier sur la Sarthe et de nombreuses
tanneries le long des trois rivières, cette activité est
essentiellement textile. Château-Gontier est, avec Laval
et Mayenne, l'un des grands centres de l'industrie de
la toile dans cette partie de la France de l'Ouest. Dans
toutes les campagnes des environs et dans la ville même,
des centaines de métiers tissent avec les fils de lin du
Craonnais des toiles réputées, pour le compte des
marchands-fabricants de Château-Gontier qui, après
les avoir fait blanchir en ville, dans les « lavanderies »
le long de la rivière, les exportent par Saint-Malo vers
l'étranger et notamment les pays ibériques. La fabrication des étamines « façon du Mans » est, au moins
jusqu'au milieu du XVIIIe siècle, également importante
et prospère : tissées avec des laines du pays dans les
quatre centres urbains de Château-Gontier, Durtal, La
Flèche et Le Lude et dans les paroisses rurales autour
de Parcé, ces étamines se vendent soit sur place, soit
au Mans ou à Angers.

Cette activité ouverte vers l'extérieur et qui contraste
avec le repliement du Craonnais s'explique en grande
partie par les possibilités de relations qu'offrent les
trois rivières : la Mayenne, navigable jusqu'à Laval
depuis les travaux entrepris en 1537 en amont de
Château-Gontier, est une importante voie de passage
qui relie le Bas-Maine à Angers et permet de ce fait
des relations relativement aisées entre Château-Gontier
et Laval d'une part, Angers de l'autre ; la Sarthe et
le Loir ne sont navigables que dans la partie angevine

de leur cours, aussi le trafic y est-il réduit; du moins ces
deux rivières contribuent-elles efficacement à relier cette
région angevine à la capitale de la province.

4. — *Baugeois*

Au sud du Loir, commence le Baugeois, pays aride
où les « terres vaines et vagues », forêts, bois et landes,
occupent au total près des trois quarts de la superficie.
Cela est vrai surtout de la périphérie du Baugeois,
aux abords du Loir, aux confins de la Touraine et
au voisinage de la Vallée d'Anjou; là, les céréales cultivées sont le seigle et le blé noir. Par contre, au cœur
du pays, plusieurs paroisses sont en « bon fonds » et
on y cultive le chanvre et le froment à côté du méteil
et du seigle, de l'orge et de l'avoine; en année normale,
ces paroisses produisent un peu plus de céréales qu'elles
n'en consomment. La vigne est cultivée dans une quinzaine de paroisses des environs de Baugé, surtout vers
Angers, mais son importance ne cesse de décroître
au cours du XVIII⁰ siècle; il est vrai qu'elle ne donne
qu'un assez mauvais vin blanc qui se consomme généralement dans le pays. L'élevage, sur les landes et dans
les prés, notamment le long du Lathan, est moins
développé qu'en Bas-Anjou : il y a beaucoup de moutons et surtout des porcs, mais peu de bêtes à cornes;
on élève quelques vaches et veaux vendus aux marchands
normands, mais les bœufs nécessaires aux travaux des
champs et à la boucherie sont achetés en Poitou. Ce
sont les noyers qui sont la grande richesse du pays.
« Toute la campagne, écrit Nointel en 1688, est plantée
de noyers. » On les trouve en effet partout dans ce
pays bocager : dans les haies le long des chemins, dans
les prés en bordure des champs. L'huile de noix fabri-
quée dans les fermes est vendue avec profit à Angers et
à Saumur.

En dehors de forges à Château-La-Vallière, de quelques tanneries et de deux verreries, l'activité manufacturière, fort minime, est le fait de Baugé, petit centre
« drapant » où, à la fin du XVII⁰ siècle, une soixantaine
de métiers fabriquent avec les laines du pays des
étamines à blanc que les marchands du Mans viennent
acheter pour les teindre et les apprêter avant de les
revendre à l'étranger; mais vers le milieu du XVIII⁰ siècle,

cette activité périclite et il ne subsiste bientôt plus à Baugé qu'une fabrication de serges et de droguets pour les besoins locaux. Au vrai, ici encore, cette médiocrité s'explique par l'insuffisance des voies de communication : grandes routes et rivières navigables sont à la périphérie de la région — Loir et route de Paris par Le Mans et Angers, Loire et route de la levée —, tandis que le Baugeois lui-même est mal relié à ces voies excentriques. Il est pourtant moins isolé que le lointain Craonnais, du fait de la relative proximité d'Angers et de Saumur.

5. — *Saumurois*

Au delà de la Loire et de son opulente vallée, le Saumurois et le pays du Layon offrent un frappant contraste avec les deux régions qui les encadrent, Mauges et Baugeois : pays de vignobles sur les coteaux au sud du fleuve et sur les rives de l'Aubance et du Layon, pays de grande culture du froment où le bocage fait place à la plaine autour de Montreuil-Bellay et de Doué, pays largement ouverts sur l'extérieur grâce à leurs rivières et surtout à la Loire. Certes, au nord de Doué s'étendent quelques paroisses dont l'essentiel de la superficie est constitué de bois et de landes, mais dans son ensemble la région Saumurois-Layon est de beaucoup la plus riche de toute la province, Vallée mise à part.

Entre Montsoreau et Saumur, accroché au coteau de la Loire, le vignoble est roi : la moitié, parfois les deux tiers de la superficie de Montsoreau, Turquant, Parnay, Souzay, Dampierre sont en vigne; il en est de même le long du Thouet, notamment à Varrains, Chacé, Saint-Cyr-en-Bourg. Ces vignes donnent des vins blancs qui sont parmi les plus réputés de tout l'Anjou et qui sont achetés par les Flamands et les Hollandais, leur qualité justifiant leur exportation en dépit des droits très lourds qu'ils doivent acquitter à la douane d'Ingrandes. En aval de Saumur, la vigne est toujours présente, mais occupe moins de place au profit des terres labourables qui produisent du seigle et surtout du froment pour les besoins locaux. Une ressource supplémentaire est fournie par l'exploitation des carrières de tuffeau, surtout près de Montsoreau et de

Chênehutte. Dans toutes ces paroisses du coteau et dans celles de l'arrière-pays, les maisons creusées dans le roc sont nombreuses. Les habitants, les « mousseaux », sont presque tous bateliers ou vignerons. Ces derniers exploitent un petit morceau de vigne dont ils sont rarement propriétaires, mais qu'ils tiennent plutôt en fermage ou en métayage d'un bourgeois de Saumur. Ces petits vignerons doivent assurer eux-mêmes l'écoulement de leurs vins, en se réunissant à plusieurs pour aller le vendre à Nantes. En effet, les courtiers hollandais, installés nombreux à Saumur et dans les paroisses voisines, s'adressent rarement à eux, préférant traiter avec les bourgeois de la ville, propriétaires de vignobles aux environs qui recueillent du vin soit par la pratique du métayage, soit en exploitant eux-mêmes leur vigne avec l'aide de journaliers payés à la façon. D'ailleurs, la plupart de ces petits vignerons du coteau doivent, pour vivre, aller louer leurs bras à l'époque des moissons, temps mort pour le travail de la vigne, dans le Montreuillais ou le Loudunois ; ils se font payer en nature et rentrent au pays, la moisson faite, avec une partie de la subsistance familiale pour l'année. Au delà des bois de Milly et de la plaine de Doué, c'est encore la vigne qui domine dans les vallées de l'Aubance et du Layon. Si les vins de Quincé, Brissac, Saint-Melaine et Soulaines, sur l'Aubance, sont de faible valeur et se consomment sur place, par contre ceux du Layon sont d'une qualité qui justifie l'exportation de la plus grande partie d'entre eux. C'est sur le coteau abrupt de rive droite, à Martigné-Briant, Chavagnes, Thouarcé, Faye, Beaulieu, Saint-Aubin, que se trouvent les vignobles les plus réputés. Les meilleurs des vins, blancs pour la plupart, sont achetés sur place par les courtiers hollandais installés aux Ponts-de-Cé, qui les revendront ensuite dans toute l'Europe du Nord, les moins bons sont expédiés vers Orléans et Paris. Le Layon n'étant pas navigable, il faut transporter les fûts, par charroi, jusqu'au port de Juigné-sur-Loire près des Ponts-de-Cé.

Du haut Layon à la Loire et aux landes de Fontevrault, les plaines de Doué et de Montreuil-Bellay sont le domaine de la grande culture. On y pratique le « tiercement », c'est-à-dire l'assolement triennal avec jachère. A propos de la paroisse de Douces, Pierre Gaillard écrit, en 1722 : « Les terres se divisent par tiers, ainsy que dans toutes les paroisses des environs et au midy de la rivière de Loire, sçavoir un tiers en grandz blez, un tiers en orges et avoynes et l'autre tiers en gueretz. » Les grands blés sont ici essentiellement le froment, le seigle n'étant signalé par le « Mémoire » de 1691 que dans quelques rares paroisses. La proportion des terres labourables est exceptionnellement forte, souvent les deux tiers de la superficie de chaque paroisse, le reste étant en vignes, prés et bois. On comprend, dans ces conditions, que la région produise en temps ordinaire beaucoup plus de céréales, notamment de froment, qu'elle n'en consomme, et qu'elle constitue, en période difficile, l'un des rares greniers de la province. A côté des terres labourables, la vigne est présente, modestement, dans presque toutes les paroisses, notamment celles qui se trouvent sur le Thouet et sur le haut Lyon; mais elle ne donne qu'un vin blanc généralement médiocre, en partie consommé sur place, en partie vendu « pour Paris ou pour les cabarets de la province ». L'élevage des bovins et des moutons enfin tient une place importante : on pratique autour de Doué la culture du sainfoin, il y a de nombreux près le long du Layon et du Thouet et les « guérets » de la jachère se prêtent à l'élevage du mouton. Il s'agit donc au total d'une économie agricole de pays de grande culture, telle qu'elle existe au même moment dans les plaines autour de Paris. C'est une économie ouverte sur l'extérieur, ce qui est rendu possible par la proximité de la grande artère ligérienne à laquelle la région est reliée par le Thouet navigable : c'est par Saumur que sont expédiés soit vers Angers et Nantes, soit vers Orléans et Paris, les blés, les vins, les bestiaux, les toiles blanchies à Doué; c'est par Saumur qu'est exporté le charbon de terre exploité à Saint-Georges-Chatelaison depuis la fin du XVIIe siècle.

La capitale du Saumurois est au XVIIe siècle une ville active. Elle est depuis 1589 le centre d'un gouvernement général qui s'étend au delà de l'Anjou, sur une partie du Poitou (Loudunois et Mirebalais). L'Académie protestante créée en 1593 et le collège de l'Oratoire fondé en 1615 en font un intense foyer de vie intellectuelle. Les écoliers protestants, avec leurs domestiques et parfois leurs familles, viennent de toute l'Europe suivre les cours de l'Académie, contribuant ainsi à la prospérité de la cité. Une Académie à monter à cheval attire aussi nombre d'étrangers, cependant que les pèlerins affluent

à Notre-Dame-des-Ardilliers. Le commerce de Loire
explique plus largement encore cette prospérité : Saumur est le grand port d'exportation, vers l'amont ou
l'aval, des produits non seulement du Saumurois et de
la Vallée d'Anjou, mais aussi de toute une partie du
haut Poitou. Les facilités offertes par le fleuve à l'im-
portation des sucres bruts en provenance des Antilles
ont permis la création à la fin du XVIIe siècle de deux
raffineries de sucre; d'abord très prospères, elles souffrent bientôt du poids excessif des droits payables à
la douane d'Ingrandes et de la concurrence des raffineries d'Orléans, aussi disparaissent-elles dans les années
1750. Une raffinerie de salpêtre est également installée
en bordure du fleuve et un millier de petits artisans
fabriquent, dans le faubourg de Fenet, des chapelets
et des médailles vendus dans toute l'Europe. La fermeture de l'Académie protestante et l'interdiction du culte
réformé dès janvier 1685 privent Saumur d'une incontestable source de richesse et de rayonnement; toutefois,
les échevins poussent les choses au noir, sans doute
volontairement, lorsqu'ils décrivent leur ville comme
« presque déserte et sans négoce » à la suite de ces
décisions. En fait, les marchands hollandais continuent
pendant tout le XVIIIe siècle à venir y acheter les vins
de qualité. De plus, à partir de 1734, Saumur devient,
pour un temps, un petit centre textile. A cette date en
effet, Pierre Deshays obtient un arrêt du Conseil l'autorisant à établir dans la ville une manufacture de « sia-
moises » et lui accordant un privilège exclusif et le
titre de « manufacture royale »; très vite cependant,
il s'oriente vers la fabrication des mouchoirs et le
subdélégué peut noter en 1746 que « cette fabrique
est fort bonne et a beaucoup de débit dans tout le
royame et à l'étranger ». Deshays, à la fois entreprenant
et quelque peu brouillon, s'intéresse bientôt à la fabrication des toiles à voiles et s'installe à Beaufort en
1750, laissant à ses deux fils, Pierre-Jean et Nicolas,
la manufacture saumuroise. Mignot de Montigny, qui
la visite en octobre 1752, consigne dans ses notes que
les frères Deshays sont « industrieux », mais que « depuis
vingt ans que cet établissement est commencé, leur fortune n'a pas répondu à leur grand débit »; il y a alors
40 métiers battants, alors qu'il y en a eu jusqu'à 70.
En 1762, la manufacture n'occupe plus qu'une centaine
de personnes qui, sur une trentaine de métiers, fabri-

quent annuellement 1 600 douzaines de mouchoirs environ, mêlant fils de lin achetés à Cholet ou à Craon et cotons venus de Rouen. Ainsi, à la fin du XVIIIᵉ siècle, Saumur n'a plus qu'une activité artisanale réduite; mais le trafic sur la Loire reste considérable et continue à assurer à la ville une place de premier plan dans le commerce de l'Ouest de la France.

6. — *Val de Loire*

« Fleuve royal », la Loire n'est pas seulement une grande artère commerciale, c'est aussi l'axe de la région la plus fertile de la province, le val.

La Vallée d'Anjou proprement dite s'étend sur la rive droite du fleuve, de Saint-Patrice (en Touraine, aux confins de l'Anjou) à Sorges, près des Ponts-de-Cé. C'est un vaste croissant de terres alluviales, limitées au sud par la levée le long de la Loire et au nord par le rebord méridional du plateau du Baugeois. Depuis qu'au XIIᵉ siècle, Henri II Plantagenêt, comte d'Anjou, a fait édifier la levée, la Vallée a été peu à peu déboisée et peuplée. A la fin du XVIIᵉ siècle, la moitié et plus souvent les deux tiers de la superficie des paroisses sont en terres labourables, le reste étant en vignes, prés et quelques bois taillis. La culture est fondée sur l'assolement biennal sans jachère. « Les terres y sont semées tous les ans, écrit le subdélégué d'Angers en 1746 à propos de la région de Beaufort, et rapportent souvent deux fois l'année », et son collègue de Saumur, parlant de la partie orientale de la Vallée, précise à la même date : « Les fèves (sont) cultivées dans les mêmes terres où se recueille le froment; on les sème alternativement d'année en année, et les fèves rendent la terre propre au froment pour l'année suivante. » Cette combinaison froment-fèves est susceptible de nombreuses variantes : dans certaines terres, le froment est remplacé par le seigle ou par le maïs dont les progrès sont très nets dans la première moitié du XVIIIᵉ siècle; souvent aussi les fèves cèdent la place aux jarosses, sortes de vesces, aux pois blancs ou aux lentilles; dans la région de La Chapelle-Blanche et de Restigné, on cultive à la bêche oignons, anis, coriandre, melons. Si froment et seigle sont, en année normale, à peu près totalement consommés sur place, les pois et surtout les fèves sont vendus

à Nantes, soit pour être expédiés aux Antilles, soit
pour approvisionner les équipages des vaisseaux de
commerce ou de la marine royale. A côté des cultures
alimentaires, le chanvre tient une place de premier
plan dans la plupart des paroisses de la Vallée, entrant
de diverses manières dans le cycle de l'assolement. C'est
que tout favorise une telle culture : la douceur du
climat, la fertilité des terres alluviales, la proximité
de l'Authion et de la Loire favorisant le rouissage et
permettant l'exportation des produits textiles. Arbres
fruitiers et vigne sont presque partout présents, notamment autour de Bourgueil; les vins, blancs et surtout
rouges, sont, il est vrai, assez médiocres et ne sont
guère objet de commerce. L'absence de jachères et de
landes se trouve compensée par l'existence, le long de
l'Authion, de vastes prairies qui résultent de la lente
dégradation de la forêt de Beaufort depuis le XIIIᵉ siècle. Ces prairies sont constituées d'abord par plus de
5 000 arpents de terres communes et indivises entre les
seizes paroisses du comté de Beaufort, ce qui forme le
plus important ensemble de « communes » de tout
l'Anjou; les habitants de ces paroisses veillent jalousement à la défense de leurs droits de propriété et
d'usage, qui leur ont été officiellement confirmés par
un arrêt de 1572. En dehors de ces « communes »,
bon nombre d'habitants possèdent individuellement quelques arpents de prés. Ainsi est possible un élevage
bovin et ovin d'une densité exceptionnelle et une très
importante production de fumiers rendue indispensable
par la culture ininterrompue des terres. La prospérité
de la Vallée d'Anjou, fondée sur une culture intensive
qui fait l'admiration de tous les voyageurs, est le résultat
d'une économie bien équilibrée et adaptée à des conditions naturelles favorables.

Il s'en faut pourtant que ce tableau soit sans ombres.
Il y a d'abord la terrible menace que fait peser, lors
des très grandes crues, l'éventuelle rupture de la levée;
mais c'est là heureusement une catastrophe exceptionnelle. Par contre, c'est tous les ans que les prairies le
long de l'Authion sont couvertes d'eau pour de longs
mois, à tel point que l'herbe de certains prés ne peut
jamais être fauchée. Le mal est ancien et dénoncé
depuis longtemps : la pente de la rivière est faible et
le lit encombré de plantes aquatiques, ce qui rend difficile l'écoulement des eaux; la Loire, en période de crue,

refoule dans l'Authion et ajoute encore aux méfaits de
l'inondation. Les riverains eux-mêmes contribuent à
aggraver la situation : les uns multiplient batardeaux
et écluses pour mieux pêcher; d'autres construisent de
petites levées pour chasser les oiseaux aquatiques; certains n'hésitent pas à jeter dans la rivière leurs bestiaux
morts; quant aux paysans, ils rouissent leurs chanvres
dans l'Authion et y laissent ensuite la terre et les pierres
dont ils ont chargé les chanvres pour les maintenir dans
l'eau. En 1681, à la suite d'une requête des habitants,
Colbert demande à l'intendant Béchameil de Nointel
d'établir un devis des travaux qui seraient nécessaires
pour assainir la Vallée et rendre l'Authion navigable.
Le projet préparé par Nicolas Poictevin propose de
faciliter l'écoulement des eaux par un curement du
lit et une rectification du cours en amont de Longué,
ce qui aurait pour effet complémentaire de rendre la
rivière partiellement navigable; mais les frais paraissent
trop élevés et le projet ne reçoit aucun commencement
d'exécution. L'idée pourtant n'est pas abandonnée. En
1721, les habitants de la Vallée renouvellent leurs
requêtes antérieures, comptant sur le crédit du tout-
puissant cardinal Dubois, qui est abbé de Saint-Pierre-
de-Bourgueil depuis 1719 : des travaux sont effectivement commencés en 1722-1723, mais ils sont bientôt
abandonnés, cependant que les multiples injonctions des
officiers des Eaux et Forêts concernant la police de la
rivière restent lettre morte. Pourtant, les travaux entrepris en 1732 par Noël de Regemorte, successeur de
Poictevin, contribuent à améliorer un peu la situation :
conformément aux ordres reçus, Regemorte prolonge
la levée de la Loire de La Daguenière au coteau de
Trélazé, et reconstruit le vieux pont de Sorges, sur le
cours inférieur de l'Authion, de telle façon qu'il puisse
jouer le double rôle de pont et de digue, selon l'expression de Mignot de Montigny qui le visite en 1752 :
l'ouvrage terminé en 1743 permet d'empêcher les eaux
de la Loire de refouler en période de crue et assure
en temps normal un écoulement un peu plus régulier
des eaux de l'Authion et le passage d'une rivière à
l'autre pour des barques de très faible tonnage. En fait,
ces travaux n'ont pas résolu le problème majeur de
l'assainissement de la Vallée dans la mesure où ils
n'ont pas porté sur la régularisation du cours même
de l'Authion. Aussi, au milieu du XVIIIe siècle, une

grande partie de la Vallée est-elle encore, pendant de
longs mois chaque année, un immense marécage; les
terres les mieux cultivées ne sont pas elles-mêmes à
l'abri des méfaits de l'inondation. La grande majorité
des paysans qui se pressent sur ces sols exceptionnellement fertiles, mais menacés et malsains, est trop nombreuse pour tirer vraiment parti de la prospérité légen-
daire de la région : le travail de jardinage patient et
ininterrompu auquel ils se livrent sur des parcelles trop
exiguës leur permet tout juste de vivre.

Appuyée au coteau mais reliée à la levée de la
Loire par une large chaussée, Beaufort est depuis le
Moyen Age une active petite cité textile. Quelques
métiers drapants fabriquent pour les besoins locaux
étamines, serges trémières et droguets. Mais l'essentiel
est le travail de la toile : au début du XVIIIᵉ siècle, les
toiles de Beaufort, tissées avec les chanvres du pays
et le plus souvent blanchies à Doué, sont de deux
sortes, les plus fines sont destinées aux Antilles, les plus
grossières sont vendues comme « menues voiles » de
navires ou emballages de marchandises. Vers 1746, 30
à 35 métiers travaillent à cette fabrication.

Des Ponts-de-Cé à La Varenne, le val de Loire ne
présente plus les mêmes aspects qu'en amont : encaissé
dans les roches anciennes du Massif armoricain, il n'a
nulle part l'ampleur de la Vallée d'Anjou; par ailleurs,
il n'est entièrement angevin que jusqu'à Ingrandes;
au delà, seule la rive gauche du fleuve appartient à
l'Anjou. Pourtant, grâce à ses nombreuses îles et à ses
rives inondables, la Loire, tout en constituant un danger
permanent du fait de l'absence de levée, reste un facteur
de prospérité, permettant une économie agricole assez
comparable, du moins dans les meilleures terres, à celle
pratiquée en amont. A Savennières, Saint-Georges,
Champtocé et, en face, à Rochefort, Chalonnes, Montjean, Saint-Florent, on pratique sur les terres dites « de
vallée », l'assolement biennal céréale-légume ou céréale-
lin. Presque partout, le seigle l'emporte sur le froment,
et le lin sur le chanvre. Les graines de lin sont vendues
dans toute la province et les fils apportés par les paysans
au marché de Chalonnes servent à alimenter la fabrique
de Cholet. De même qu'en Vallée d'Anjou, cette culture
intensive nécessite d'importantes fumures procurées par
l'élevage des moutons et du gros bétail sur les belles
prairies des îles et des bords du fleuve. Résultant le

plus souvent, ici aussi, d'une lente dégradation de la forêt, ces prairies sont utilisées en commun par les habitants à qui les seigneurs propriétaires ont reconnu des droits d'usage. Beaucoup plus qu'en amont, la vigne occupe une place privilégiée, notamment à Savennières et Saint-Georges au nord, à Rochefort, Chalonnes et La Pommeraie au sud. Les coteaux sont couverts de vignobles donnant d'excellents vins blancs qui « s'enlèvent soit pour la Hollande, soit pour le pays du Maine ». Comme en Saumurois, la proximité de la grande voie fluviale a joué un rôle déterminant dans l'évolution du vignoble vers la qualité. Ainsi, par sa grande fertilité, la variété de ses productions, les facilités de relations offertes par le fleuve, le val de Loire est bien la région la plus riche de l'Anjou.

7. — Angers

A proximité du grand fleuve et reliée à lui par la Maine, mais assez éloignée pour n'en pas redouter les caprices, Angers est le cœur de la province. Capitale d'un évêché et d'un gouvernement militaire, siège d'un présidial et de nombreuses juridictions inférieures, d'un corps de ville et d'une université, c'est avant tout une ville de robins et d'ecclésiastiques, qui n'a pas su tirer tout le parti possible de son excellente situation géographique. Après avoir souligné les avantages de celle-ci, Charles Colbert écrit en 1664 : « Le négoce et les manufactures y languissent. » Il est de fait que l'activité de la ville paraît sans ampleur. De petits artisans groupés en une cinquantaine de communautés de métiers y travaillent presque exclusivement pour la clientèle locale.

Tel est le cas notamment dans l'industrie textile. En novembre 1649, le maire Jean Cupif, qui veut « tascher de restablir cette ville ruinée par les gens de guerre et par les sommes excessives qu'elle a payées », en y développant le travail de la toile, obtient du roi des lettres patentes qui accordent « liberté à tous ouvriers en toile de venir travailler (à Angers) sans pour ce estre abstreincts aux statuts de la communauté des tixiers et filassiers ». La mesure a surtout pour effet de provoquer la colère des maîtres artisans dont la communauté est supprimée par décision du parlement ; les vexations de toutes sortes auxquelles ils se livrent à

l'encontre des quelques tisserands de l'extérieur qui
essaient de s'installer en ville, suffisent à expliquer
l'échec de la tentative pour faire d'Angers un grand
centre de fabrication de la toile. En 1686, un arrêt du
Conseil a beau stipuler qu'il sera « estably incessament
(à Angers) des manufactures de toiles et de fils », rien
en fait n'est réalisé, et six ans plus tard, le marchand
angevin Beuscher le regrette d'autant plus que tout,
selon lui, devrait favoriser de tels établissements, notamment la production de lin et de chanvre dans les environs et les facilités qu'offriraient pour le blanchiment
les rivières et les prairies à proximité de la ville. En
1734, l'intendant Lesseville, frappé à son tour par les
conditions favorables qui militent en faveur de la création d'une grande manufacture de toiles à Angers, prend
des contacts en ville à cet effet, mais le 8 septembre
1735, il annonce au contrôleur général que ses efforts
ont été vains.

Même médiocrité pour le travail de la laine. En 1670,
l'intendant Voisin de La Noiraye, rendant compte à
Colbert de la production drapière à Angers, écrit qu'elle
pourrait avoir beaucoup plus d'importance qu'elle n'en
a, étant donné le nombre des moutons élevés dans la
province. En 1692, l'inspecteur Ruffin note que 89 métiers fabriquent onze à douze cents pièces d'étamines
de différents prix, dont « les trois quarts se consomment
dans le pays, le reste (étant) envoyé à Paris », ce que
confirme Beuscher à la même date. Au milieu du
XVIIIᵉ siècle, la fabrication n'est toujours le fait que
d'une centaine de métiers; encore les étamines doivent-
elles être envoyées à La Flèche ou au Mans pour y
être apprêtées et teintes, car il n'existe pas à Angers
de moulin à foulon et la municipalité fait la sourde
oreille à toutes les demandes des fabricants qui sont
eux-mêmes trop pauvres pour assumer les frais d'une
telle construction. Cependant, en 1682, à la suite d'une
lettre du maire Charlot, Colbert a demandé à l'intendant d'étudier la possibilité de créer à Angers une manufacture de bas de laine au tricot; mais la municipalité
s'étant refusée aux quelques dépenses indispensables, le
projet a échoué. L'arrêt de 1686 revient sur la question,
mais sans effet, et il faut attendre 1737 pour qu'une
manufacture de bas d'étame s'établisse effectivement
dans la ville. Assez vite, elle prend une certaine ampleur : en 1779, 500 métiers dispersés dans les bas

quartiers de la ville tisseront des bas vendus non seulement dans toute la région mais aussi en Espagne et
aux Antilles. Pourtant, vers 1750, étamines et bas ne
suffisent pas à faire d'Angers la grande cité textile
que tant de conditions favorables lui permettraient de
devenir.

Il existe à côté de ce secteur languissant, deux autres
activités, l'une d'implantation récente, le raffinage du
sucre, l'autre, fort ancienne, l'exploitation des ardoisières. C'est en 1658 qu'à l'appel de la maison de ville
le Hollandais Gaspard van Bredenbec arrive à Angers
pour y fonder une raffinerie de « sucres et cassonnades »
et s'installe dans le quartier de la Doutre, près des
Grands Ponts. La facilité des relations avec Nantes,
par où arrivent les sucres bruts, explique comme à
Saumur les rapides progrès de l'entreprise; à la mort
de van Bredenbec en 1682, sa veuve, puis ses deux fils
continuent l'affaire. En 1705, René Beguyer de Champcourtois fonde une seconde raffinerie dans des locaux
tout voisins de ceux des van Bredenbec. Enfin, une
troisième raffinerie est créée peu après par le sieur
Baugé. Mais de ces trois établissements, un seul, celui
des van Bredenbec, réussira à se maintenir pendant tout
le XVIIIe siècle, malgré la concurrence nantaise et
orléanaise : en 1755, la veuve Baugé abandonne son
entreprise et en 1777, Louis Beguyer alors établi à
Nantes revient quelque temps à Angers pour liquider
l'entreprise familiale. Une quatrième raffinerie est installée en 1755, rue de la Roë, dans une maison appartenant aux jésuites de La Flèche, par le sieur Miette de
La Planche, malgré l'opposition de la maison de ville;
mais cet établissement n'aura jamais qu'une très mince
importance et disparaîtra vers 1770.

Quant à l'exploitation des ardoisières, elle est à la
fois ancienne et mal conduite. Les principales carrières
ouvertes au début du XVIIe siècle se trouvent dans
les faubourgs Saint-Michel et Saint-Samson (Bouillon,
Pigeon, « perrière » Saint-Samson) et dans la campagne
entre Angers et Trélazé. La majeure partie des terrains ardoisiers appartiennent soit à l'Hôtel-Dieu, soit
aux abbayes Saint-Serge et Saint-Aubin; les exploitants sont tenus de leur verser un très lourd droit, dit
de « forestage », égal au huitième, puis au dixième,
enfin au treizième des quantités extraites. Les procédés
techniques restent très rudimentaires : on pratique

une excavation de préférence à flanc de coteau, et le
schiste extrait au pic est remonté soit à dos d'homme
grâce à des échelles, soit dans des seaux hissés par
des treuils; en haut, des ouvriers appelés fendeurs tail-
lent et débitent les ardoises. Le grand problème est celui
de l'eau, l'eau de pluie qu'il faut épuiser sans relâche
au moyen de manèges à cheval, l'eau de la Loire et
de l'Authion qui constitue une menace constante avant
l'achèvement de la levée de La Daguenière à Trélazé
en 1743. A côté de quelques carrières importantes mises
en valeur par plusieurs associés faisant travailler sous
la direction d'un contremaître, ou « clerc », plusieurs
dizaines d'ouvriers, il y en a d'autres exploitées tempo-
rairement par trois ou quatre « perrayeux » s'associant
pour signer un bail d'exploitation avec le propriétaire
et exploiter eux-mêmes le terrain. Par ailleurs, travaillant pour l'exportation souvent lointaine, liée à la
prospérité du bâtiment, l'industrie ardoisière est très
sensible aux conditions de la conjoncture. Après une
vigoureuse reprise au lendemain des guerres de religion et pendant toute la première moitié du XVIIe siècle,
elle connaît à nouveau des difficultés dans les dernières décennies du siècle : en 1678, Locke, de passage
à Angers, note que, du fait de la guerre, il n'y a qu'une
centaine de personnes à travailler aux ardoisières; en
1692, selon Beuscher, il n'y a plus que deux ou trois
carrières en exploitation, contre une dizaine au début
du siècle. Dans les années 1720, on assiste à une reprise
sensible. En 1740, sur un rapport de l'intendant, un
arrêt du Conseil supprime le droit de forestage qui
grevait lourdement les prix de revient; désormais, les
exploitants devront acheter le terrain préalablement au
propriétaire et dans ce but pourront le cas échéant
user d'un droit d'expropriation. Mais comme le note
en 1746 le subdélégué d'Angers, si la suppression du
droit de forestage qui ruinait tant d'entrepreneurs est
une bonne chose, par contre l'obligation d'acheter le
terrain « nuit aux découvertes qui seront plus rares
quand il faudra payer le sol avant de faire aucune
expérience »; de plus le droit d'expropriation reconnu
aux futurs exploitants est la porte ouverte à bien des
abus. En fait, au milieu du XVIIIe siècle, l'exploitation
est encore très routinière, anarchique et aléatoire : les
mises de fonds préalables doivent être considérables
pour un succès qui n'est jamais assuré; les accidents

sont fréquents, dus notamment aux éboulements et aux inondations; la main-d'œuvre trop peu nombreuse est instable et d'humeur indépendante; les sociétés d'exploitation sont le plus souvent mal gérées et se font une concurrence ruineuse; la commercialisation des ardoises se fait sans aucune méthode. Aussi faillites et mauvaises affaires sont-elles fréquentes et la plupart des carrières sont-elles à un moment ou à un autre abandonnées pour être reprises quelque temps plus tard par de nouveaux exploitants.

Au total, l'impression que donne Angers vers 1740-1750 est celle d'une cité somnolente, qui n'a pas su tirer parti des atouts que constituent une population nombreuse, un réseau fluvial de premier ordre, un arrière-pays riche en matières premières variées. Les contemporains se sont interrogés sur ce paradoxe. L'un des premiers, Charles Colbert, invoque en 1664 « la paresse et la négligence des habitants ». L'idée est reprise dans le « Mémoire » de Miromesnil de 1697, où il est dit que les Angevins sont « peu entreprenants et peu laborieux ». Beuscher, lui, va plus loin dans l'analyse de la mentalité de ses concitoyens, lorsqu'il écrit en 1692 : « Si l'on ny voit pas fleurir le commerce, cela provient vraysemblablement de ce que les marchands, qui ne sont pas naturellement laborieux, bornent leur fortune à vivre tranquillement dans le négoce d'où ilz se retirent dès qu'ilz y ont amassé de quoy vivre bourgeoisement, parce qu'on n'y fait pas grand état des négocians »; de ce fait, écrit-il plus loin, il ne se trouve à Angers que des marchands d'une « médiocre fortune », dont aucun n'est « en estat de contribuer à l'établissement de manufactures ». Les deux échecs successifs que rencontre la municipalité, en 1720, puis en 1730, dans sa tentative pour créer une Bourse de commerce, sont à cet égard significatifs. En avril 1720, le maire Robert et les échevins entraînés par l'élan général vers les affaires que suscite quelque temps l'expérience de Law, pensent que l'établissement d'une Bourse serait susceptible de développer le commerce dans la ville, et une lettre est envoyée dans ce sens au contrôleur général. Le moment ne pouvait pas être plus mal choisi : Law a d'autres soucis, et le projet est abandonné. En 1730, une nouvelle tentative municipale semble d'abord devoir réussir, mais se solde finalement par un nouvel échec, du fait de l'indifférence générale des Angevins.

Modeste capitale provinciale, peuplée d'ecclésiastiques et de rentiers du sol, d'officiers royaux et d'hommes de loi, de négociants et d'artisans travaillant surtout pour la clientèle locale, Angers semble frappée d'une sorte d'engourdissement dont la cause profonde est à chercher dans l'absence d'ambition et de dynamisme de ceux-là mêmes qui auraient pu faire de leur ville une des cités moyennes les plus actives du royaume. Pourtant, à partir des années 1750, l'initiative de quelques hommes entreprenants contribue à secouer quelque peu cet engourdissement, cependant que dans le reste de la province, des efforts divers sont entrepris dont il nous faut voir maintenant s'ils ont réussi à modifier profondément les structures de l'économie angevine.

CHAPITRE II

LES STRUCTURES ECONOMIQUES :
L'EVOLUTION MANQUEE (1760-1789)

En 1760, quelques Angevins éclairés, non contents de dénoncer la stagnation économique de la province, décident de créer une « Société d'agriculture, de commerce et des arts », sur le modèle de celle créée à Rennes trois ans plus tôt. L'initiative en revient à Jacques Duboys, professeur de droit à l'université depuis 1741 qui, le 29 avril 1760, expose ses vues à quatre de ses amis : Duverdier de La Sorinière, alors directeur de l'académie; François Prévost, avocat au présidial; Jacques Rangeard, curé de Saint-Aignan; et Landry de Vauxlandry, directeur du grenier à sel : « Il faut l'avouer, leur dit-il, l'agriculture, le commerce et les arts languissent en Anjou, dans la province du royaume la plus propre peut-être à les faire fleurir »; grâce à la société dont il préconise la création, « le cultivateur instruit (pourra) augmenter l'abondance dans les terrains fertiles et la faire naître dans ceux qui paraissent moins propres à la culture, le négotiant se réveillant du sommeil où il paroît enseveli, (pourra) à l'aide de spéculations et d'expériences utiles, retenir des richesses qui nous échappent et ouvrir de nouvelles sources de fortune qui n'ont point encore été découvertes ». Lors d'une nouvelle réunion le 2 mai, les cinq hommes auxquels se sont joints notamment Bastier, ingénieur des ponts et chaussées, et Louis Sartre, directeur des ardoisières de Bouillon-Pigeon, décident de porter à douze le nombre des membres associés et d'écrire à l'intendant du commerce de Cotte et à l'intendant de la généralité Lescalopier pour leur demander leur appui afin d'obtenir du Conseil un arrêt d'établissement. Le 25 mai, ils rédigent et adoptent les statuts de la nouvelle société dont les réunions ordinaires auront lieu tous les dimanches. Pleins d'ardeur et encouragés par une réponse aimable de l'intendant Lescalopier, ils mettent en chantier le 2 juin une description de l'état présent « de l'agriculture, du commerce et des arts » de la province, en même temps que des « causes de leur progrès ou de leur décadence ». Mais ce bel enthousiasme se trouve quelque peu refroidi par la lettre que le 20 juin Saint-Florentin adresse à Duboys : « Sa Majesté, y est-il dit, trouve que les académies sont peut-être déjà trop multipliées dans le royaume et que d'ailleurs il y en a déjà une à Angers. » Cette réponse dilatoire et embarrassée s'explique par le fait que l'initiative angevine paraît inopportune en haut lieu dans la mesure où elle vient traverser un projet plus vaste préparé par le contrôleur général Bertin, à savoir la création dans tout le royaume de sociétés d'agriculture. Bertin est conseillé dans ce domaine par un grand seigneur angevin, le marquis de Turbilly, que vient de rendre célèbre la publication de son *Mémoire sur les défrichemens*. Dans une circulaire adressée aux intendants le 22 août 1760, Bertin, s'inspirant d'un plan précis que lui a remis Turbilly, invite ceux-ci à étudier sur place la possibilité de créer une société d'agriculture dans leur généralité. Quelques jours plus tôt, le 10 août, Turbilly a rencontré Louis Sartre dans une auberge d'Angers et lui a fait part du projet de création d'une société d'agriculture pour l'ensemble de la généralité de Tours, avec un bureau dans chacune des trois provinces de Touraine, d'Anjou et du Maine. Le lendemain, Duboys et ses amis ont rendu visite au marquis et à l'issue de cette entrevue ont décidé de mettre en sommeil les activités de leur compagnie dans l'attente des décisions royales. Celles-ci ne tardent guère. En effet, Turbilly tient essentiellement à ce que la généralité de Tours, où il a ses terres, soit la première du royaume à être dotée d'une société d'agriculture susceptible de servir de modèle aux autres provinces. D'Angers, il se rend sans tarder au Mans, puis à Tours où il prend les contacts nécessaires, notamment avec Lescalopier, et le 7 septembre, il écrit triomphalement à Bertin : « La société d'agriculture de la généralité de Tours est entièrement formée; j'ay l'honneur de vous en envoyer les prospectus avec la liste de ceux qui la

composent ... Je puis bien vous assurer que jamais nouvel établissement n'a été tant applaudi que celuy-ci. Tout
le monde est persuadé qu'il en résultera les plus grands
avantages pour ces provinces et pour le royaume. » Le
24 février 1761, un arrêt du Conseil crée officiellement
la société qui comporte comme prévu trois bureaux
de 20 membres chacun, l'un à Tours, le second à Angers,
le troisième au Mans. Au sein du bureau d'Angers qui
tient sa première réunion le 19 avril, se retrouvent, à
côté de Turbilly et de quelques nouveaux venus, la
plupart des douze membres de la société angevine créée
l'année précédente, notamment Jacques Duboys nommé
secrétaire perpétuel. Ainsi l'initiative prise par celui-ci
semble-t-elle à première vue devoir se poursuivre dans
un cadre officiel susceptible de rendre les efforts déployés
plus efficaces. En fait, les buts de la nouvelle société et
de ses trois bureaux sont limités exclusivement à l'agriculture et marquent donc un recul par rapport à ceux
que Duboys et ses amis s'étaient assignés. Avec beaucoup de clairvoyance et de largeur de vues, ils avaient
compris que la stagnation économique de l'Anjou
venait moins de la situation de l'agriculture que de
celle du commerce et des « arts ». Tout en reconnais-
sant que l'agriculture angevine était susceptible de bien
des progrès — terres à défricher, rendements à améliorer, nouvelles cultures à introduire —, ils avaient
estimé que l'effort principal devait porter sur la mise
en valeur rationnelle des ressources locales, ardoises,
charbon de terre, lin, chanvre et laine. Certes, le bureau
de la société d'agriculture regroupera les meilleurs
parmi les manufacturiers et négociants angevins, Louis
Sartre, François Danton, Pierre-Jean Deshays, Pierre
Boreau de La Besnardière, mais ces hommes ne pourront jouer qu'un rôle très limité au sein d'un groupe-
ment aux objectifs purement agricoles. A cet égard, la
disparition, quelques mois après sa naissance en 1760,
de la « Société d'agriculture, du commerce et des arts »
d'Angers a été pour tout l'Anjou une occasion manquée.

1. — Angers, ville « manufacturière » ?

Pourtant à cette date, trois importantes manufactures
textiles tout récemment créées à Angers et à Beaufort
— deux de toiles à voiles, une de toiles peintes — sem-

blent témoigner par leur jeune vitalité d'une orientation nouvelle de l'économie angevine.

C'est en 1750 que le Saumurois Pierre Deshays installe à Beaufort une manufacture de toiles à voiles « de la qualité de celles qui se fabriquent en Russie », et obtient, le 31 mars, le privilège exclusif de cette fabrication dans l'étendue de la généralité. Mais il se heurte très vite à de nombreuses difficultés. Les maîtres tisserands beaufortais voient d'un fort mauvais œil son installation : ils lui reprochent de débaucher leurs ouvriers et de provoquer « la rareté et la cherté des fils sur le marché »; Deshays se défend auprès de l'intendant et montre que son arrivée à Beaufort, loin de ruiner la cité, ne peut que l'enrichir. Par ailleurs, son privilège exclusif est aussitôt contesté par deux Angevins, François Bonnaire et René Loisillon qui, avec l'appui financier de Georges Baudard de Vaudésir, viennent d'acheter à la municipalité d'Angers deux terrains contigus dans le faubourg Saint-Michel afin d'y installer une manufacture similaire. Non content d'adresser le 23 août une lettre de protestation à l'intendant, Deshays, sans doute mécontent de la réponse vague de celui-ci, fait saisir par huissier le 17 septembre les métiers et le matériel de Bonnaire et Loisillon. Mais ceux-ci, forts de l'appui du maire Pays-Duvau qui adresse un mémoire justificatif à l'intendant, tiennent tête à Deshays qui est bientôt débouté de ses prétentions en dépit de son privilège du 31 mars. Le manufacturier rencontre bientôt de nouvelles difficultés, cette fois avec ses propres associés. Ceux-ci, hommes d'affaires parisiens qui ont apporté les capitaux nécessaires, se plaignent de sa brutalité, de ses inconséquences et de ses dépenses excessives; ils se brouillent avec lui, le révoquent le 31 janvier 1753 de son poste de directeur et le 2 avril font appel pour le remplacer à son fils aîné Pierre-Jean; Deshays père attaque la décision devant le Conseil du Commerce, mais il est finalement débouté le 18 mars 1756 et meurt quelques mois plus tard. Cependant, la manufacture beaufortaise est devenue entre-temps, le 21 mars 1752, manufacture royale et a pris de l'extension : de 33 métiers battants en 1751, elle est passée à 110 en 1755. Parallèlement, l'entreprise de Bonnaire et Loisillon a pris peu à peu une importance comparable : Mignot de Montigny, qui la visite en octobre 1752, en fait le plus grand éloge et y dénombre déjà 45 métiers battants; en 1757, selon les termes de l'arrêt qui lui octroie le titre de manufacture royale, elle « assure la subsistance de 7 000 à 8 000 ouvriers tant de la ville que de la campagne, occupés sans cesse ou à la fabrication des toiles ou à la préparation des matières », et de 130, le nombre des métiers doit être porté incessamment à 180, permettant ainsi de fabriquer plus de 200 000 aunes de toiles par an. Les deux manufactures, à qui en 1755 le contrôleur général décide d'accorder une gratification pour chaque pièce produite, connaissent, à la faveur de la guerre de Sept Ans qui accroît singulièrement les besoins de la marine royale, leur grande période de prospérité. Le retour à la paix entraîne à partir de 1763 un certain repli de leur activité : il n'y a plus à Angers, en 1766, que 70 métiers fabriquant 100 000 aunes de toiles, ce qui témoigne d'une situation moins brillante que dix ans plus tôt.

C'est en 1757 que les frères Danton, Thomas-René et François, installent dans le faubourg Saint-Jacques, au lieu dit Tournemine, une manufacture de toiles peintes, pour laquelle ils ont obtenu le 31 mars 1752, non le privilège exclusif qu'ils avaient sollicité, mais une simple permission émanant de l'intendant « de teindre en bleu de bon teint » les toiles de lin d'Anjou et des environs. En 1758, les frères Danton qui se sont brouillés avec un premier associé, Daviers, fondent avec Henri Moreau la société Danton frères - Moreau. Dès lors, la manufacture bien gérée par François Danton et Henri Moreau fait des progrès lents mais sûrs. Jusqu'en 1763, la guerre qui est si favorable au commerce des toiles à voiles mais ne l'est guère à celui des toiles peintes, entrave quelque peu ces progrès. Mais avec le retour à la paix commence pour l'entreprise une période d'exceptionnelle prospérité. François Danton, qui a prévu la reprise des affaires et la nécessité de s'agrandir, a acheté dès 1762 le terrain de Bel-Air à proximité de Tournemine. En 1766, la manufacture de Tournemine - Bel-Air occupe 240 ouvriers pour l'impression, la teinture et la peinture, non seulement de toiles en provenance de Cholet, Laval ou Rouen, mais aussi de cotonnades de la Compagnie des Indes.

Ainsi à cette date, Angers semble devoir sortir de son apathie : deux grandes manufactures concentrées (sans parler de celle de Beaufort) donnent l'exemple d'un dynamisme qui a frappé dès 1752 un observateur aussi exigeant que l'ingénieur Mignot de Montigny. Elles emploient dans leurs ateliers de la ville plusieurs centaines d'ouvriers et la manufacture de toiles à voiles en fait travailler de plus, indirectement, des milliers d'autres. Elles utilisent les matières premières du pays, chanvre et lin, stimulant ainsi la production locale. Elles étendent bien au delà de l'Anjou leurs relations commerciales. Un moment, on peut croire que l'élan est donné : en 1765, deux tisserands angevins, Montaut et Gillet, installent rue des Carmes un atelier de toiles peintes. Mais dès 1771, ils sont en faillite; la même année, la société Danton - Veuve Moreau connaît le même sort; déjà en 1769, François Danton n'avait évité la catastrophe que de peu; cette fois, la situation est irrémédiable. Imprudences et négligences d'un entrepreneur soit trop sûr de lui, soit déjà malade ? Insuffisance des fonds de roulement ? Concurrence difficile à soutenir des manufactures d'Orléans, de Bourges, d'Alsace ? Prohibition des toiles peintes françaises en Espagne ? Conjoncture générale défavorable ? Toutes ces causes ont sans doute joué. Toujours est-il que le bilan est déposé en avril et la faillite prononcée en mai. Les manufactures de toiles à voiles connaissent bientôt elles aussi de nombreux mécomptes, du fait de la mésentente qui règne entre leurs associés. Au début de 1767, René Loisillon se sépare de Bonnaire et de Baudard, cependant qu'à Beaufort Pierre-Jean Deshays, s'estimant lésé par les anciens associés de son père, leur donne sa démission de directeur. Loisillon et Deshays s'abouchent alors avec deux négociants angevins, Legris et Claveau, et fondent avec eux le 30 mai 1767 une société pour l'exploitation à Angers d'une manufacture de toiles à voiles à laquelle serait réunie la manufacture saumuroise de mouchoirs des frères Deshays. A cet effet Pierre-Jean Deshays obtient le 3 novembre un arrêt du Conseil autorisant, outre la création demandée, le transfert de Saumur à Angers de la manufacture de mouchoirs, avec tous ses avantages et privilèges. La nouvelle entreprise ouvre le 1er juillet 1769 dans des bâtiments édifiés sur le terrain dit « du Cordon-Bleu », près de l'abbaye Saint-Serge, mais les affaires démarrent mal. Les associés de Deshays, impatients de rentrer dans leurs avances, tiennent ce dernier pour responsable et le traduisent en 1770 devant la juridiction consulaire sous le prétexte de lettres de change tirées sans leur ordre; le 20 décembre, les juges consuls prononcent la résiliation de la société. En fait, il semble que Loisillon, Claveau et Legris aient voulu se débarrasser de Deshays après avoir utilisé ses connaissances techniques pour lancer la manufacture; en tout cas, Pierre-Jean Deshays se pourvoit devant le Conseil. Bien que la fabrique du Cordon-Bleu reste officiellement ouverte pendant l'instance, l'inspecteur Aubry écrit au contrôleur général, le 10 juin 1771, qu'il « regarde (sa) chute comme inévitable ». Bientôt, la manufacture royale d'Angers connaît une nouvelle scission : Georges Baudard meurt en 1768 et la liquidation de sa succession entraîne l'expiration de la société Bonnaire et Cie et la mise en vente de la manufacture en 1774. Celle-ci est rachetée par la société Morin et Cie dont Claude Baudard de Sainte-Gemmes, fils de Georges, est le principal actionnaire. Quant à Bonnaire, qui ne s'entend pas avec Claude Baudard, il s'associe avec deux négociants, Joseph Joûbert, son futur gendre, et Bouin, et crée sa propre manufacture à proximité immédiate de la première. La manufacture de toiles à voiles créée à Angers en 1750 s'est donc scindée en trois entreprises distinctes, auxquelles s'ajoute celle de Beaufort. Cette situation, née de la mésentente entre les divers associés, entraîne une concurrence d'autant plus désastreuse que la conjoncture est devenue difficile : l'état de paix a considérablement réduit les commandes de la marine royale, cependant que les toiles de Russie d'excellente qualité se vendent en France à bien meilleur compte que celles de fabrication française. La fermeture en 1771 de Tournemine et du Cordon-Bleu et le marasme que connaissent les autres manufactures de toiles à voiles semblent réduire presque à néant les efforts entrepris depuis 20 ans, et en 1773, Thorode peut dresser dans sa *Notice de la ville d'Angers* ce bilan sévère : « (Les manufactures) entreprises par des compagnies, sçavoir les manufactures de toiles à voiles et les manufactures d'indiennes... n'ont eu que des succès passagers; plusieurs sont déjà anéanties et le reste traîne les ailes. »

Un Angevin particulièrement entreprenant va s'efforcer, à partir de 1775, de redresser la situation grâce à ses qualités d'organisateur, son sens des affaires et ses gros moyens financiers. Pierre Boreau de La Besnardière, né à Thorigné en 1733, prend à ferme en 1760, des religieux de Saint-Aubin-d'Angers, la grande Ile-Saint-Aubin; quelques années plus tard, il y ajoute la ferme de onze des dix-neuf métairies et closeries des religieux et celle de la totalité de la mense abbatiale; vers 1768, il devient le fermier général des biens de l'évêque, Jacques de Grasse. Ces activités lui assurent bientôt des revenus considérables qui vont lui permettre de s'intéresser directement aux manufactures angevines. En 1775, il participe au rachat de Tournemine - Bel-Air aux créanciers de François Danton. Les *Affiches d'Angers* consacrent un long article à la « résurrection de la manufacture d'indiennes », énumérant ses nombreuses fabrications. Boreau fait immédiatement plus de 10 000 livres de frais en agrandissement et aménagement des ateliers; en 1780, 200 ouvriers y travaillent et fabriquent annuellement 10 000 pièces d'indiennes et 200 pièces de toiles de lin. En 1778, Boreau rachète le Cordon-Bleu, en association avec le neveu des frères Deshays, Bouchard-Lacroix, qui en devient le directeur; dès 1780, la production des toiles à voiles stimulée par la guerre d'Amérique et les besoins de la marine royale est en plein essor, de même que celle des mouchoirs; 150 ouvriers sont occupés sur 80 métiers, sans compter les fileuses qui travaillent à Angers et dans les environs. Les autres manufactures de toiles à voiles profitent elles aussi de la conjoncture favorable que constitue la guerre navale franco-anglaise entre 1778 et 1783. L'intendant souligne en 1781 la prospérité des cinq manufactures de toiles à voiles existant alors en Anjou, une à Beaufort, trois à Angers, une à Juigné. Celle de Beaufort a été rachetée en 1778 par Claude Baudard de Sainte-Gemmes, déjà principal actionnaire de la première manufacture angevine, et au début de 1783, le receveur des finances Harvoin fait le plus grand éloge de ces deux établissements qui emploient ensemble plus de 800 ouvriers.

Mais cette prospérité un moment retrouvée des manufactures angevines est en partie remise en question par une série d'événements à partir de 1783. La fin de la guerre américaine porte un coup direct aux manufactures de toiles à voiles. La mort de Pierre Boreau, le 29 mai 1783, est une grande perte pour l'Anjou : son fils Pierre-Urbain n'a que vingt-trois ans et ne continuera qu'une partie des entreprises paternelles. Le 25 février 1785, Tournemine mise en vente est achetée par Auguste Gautier et son gendre Adrien Lemazurier, à qui Pierre-Urbain et sa mère ont cédé leur part; quant aux bâtiments de Bel-Air, ils sont achetés par Lesourd de Lisle qui prend ainsi la tête d'une seconde manufacture de toiles peintes, distincte de la première. Cette scission n'empêche pas la prospérité des deux entreprises concurrentes qui, en 1786, employaient au total près de 250 personnes et fabriquent quelque 15 000 pièces « tant pour l'habillement et l'ameublement qu'en mouchoirs ». Par contre, le Cordon-Bleu, que Pierre-Urbain Boreau a conservé, ne tarde pas à péricliter du fait non seulement de la mévente des toiles à voiles, mais aussi de la mésentente qui apparaît très vite entre le jeune Boreau et Bouchard-Lacroix; celui-ci quitte l'affaire en 1785 et fait quelques tentatives pour créer sa propre manufacture de toiles à voiles et de mouchoirs, soit à Baugé, soit à Angers, mais il échoue faute de moyens financiers. A son départ, la fabrication cesse complètement au Cordon-Bleu, ruinant ainsi « 6 000 pauvres ouvriers et ouvrières qui vivoient par le travail qu'ils y avoient tout le long de l'année ». Deux ans plus tard, Claude Baudard de Sainte-Gemmes, qui s'est lancé dans de multiples affaires commerciales, fait une faillite jugée frauduleuse et est envoyé à la Bastille. A la liquidation de ses biens en 1790, Joûbert-Bonnaire se porte acquéreur des deux manufactures d'Angers et de Beaufort, réunissant ainsi dans sa main les trois plus importantes entreprises de toiles à voiles de l'Anjou.

Embrouillée, chaotique, l'histoire des tentatives faites pour créer à Angers des manufactures textiles fait apparaître les difficultés qui expliquent le demi-échec final. Il semble bien notamment que les multiples mésententes suivies de scissions qui jalonnent cette histoire viennent du fait que capitaux et connaissances techniques ne sont pas dans les mêmes mains : les bailleurs de fonds ne songent qu'à la rentabilité immédiate et s'impatientent devant les moindres difficultés ; les entrepreneurs, conscients que sans eux et leur savoir l'affaire ne pourrait marcher, s'irritent de cette dépendance; c'est le cas de Deshays père, évincé par ses associés en 1753, puis de ses fils aux prises avec Loisillon, Legris et Claveau à partir de 1770; c'est le cas de Bouchard-Lacroix, en face de Pierre-Urbain

Boreau en 1785; c'est le cas de Morin, victime de la
chute de Baudard de Sainte-Gemmes en 1787. François
Danton échappe en grande partie, au début, aux inconvénients de cette situation, puisque le capital de la
société créée en 1758 est apporté en parts égales par
son frère Thomas-René, par son ami Henri Moreau
et par lui-même. Quant à Pierre Boreau de La Besnardière, sa réussite, compromise par sa mort, s'explique
par le fait qu'il investit ses propres capitaux dans les
entreprises qu'il renfloue — réussite exceptionnelle dans
l'Anjou de cette seconde moitié du XVIIIe siècle, où
l'argent ne manque pas, certes, mais où ses craintifs
possesseurs hésitent à le risquer dans des affaires
industrielles.

L'exploitation des ardoisières des environs d'Angers
souffre en grande partie des mêmes maux. En 1765,
l'entrepreneur Louis Sartre publie, en réponse à une
question proposée par le bureau de la société d'agriculture, une étude dont le titre seul est un programme,
*Mémoire et instruction pour traiter et exploiter les
carrières d'ardoises d'Angers à meilleur marché et plus
utilement.* Il y dénonce avec vigueur les abus dont souffrent les sociétés d'exploitation : celles-ci sont généralement formées d'un trop grand nombre d'associés dont
aucun n'est responsable de l'exploitation et qui, tous,
ne cherchent qu'à vendre au plus vite la part d'ardoises
qui leur revient; le « clerc » à qui doit être confiée la
direction de la carrière s'acquitte de sa tâche sans
conviction, parfois sans compétence, et trouve souvent
plus commode de tolérer chez les ouvriers la « fainéan-
tise » et le « penchant à la débauche et à la révolte »,
au mépris des intérêts des sociétés; de plus, l'ouverture
sans discernement de tous les terrains susceptibles de
fournir de l'ardoise aboutit souvent à condamner à
la stérilité des sols dont certains sont fertiles. Après
ce bilan sévère, Sartre évoque les remèdes : réorgani-
ser les sociétés en confiant la direction à l'un des
associés et en distribuant les bénéfices non en nature
mais en argent, imposer aux ouvriers une stricte discipline de travail et des salaires fixes et non perpétuelle-
ment remis en question, multiplier les moyens mécani-
ques à frais communs entre les diverses sociétés, enfin
organiser rationnellement la vente des ardoises.
Il conclut à la nécessité d'un règlement général émanant
du gouvernement et dont l'application serait obliga-

toire pour les entrepreneurs comme pour les ouvriers. Mais le vœu de Louis Sartre n'est pas entendu et l'exploitation ardoisière reste toujours aussi anarchique et « languissante ». Très durement touchée par la guerre de Sept Ans, elle se relève au lendemain de la paix de 1763, mais connaît à nouveau les plus grandes difficultés lors de la guerre franco-anglaise de 1778-1783.

L'extraction du charbon de terre à Saint-Georges-Châtelaison et dans les paroisses de Montjean, Chalonnes, Chaudefonds et Saint-Aubin connaît les mêmes mécomptes, en partie pour les mêmes raisons. Les diverses compagnies qui se succèdent à partir de 1735 se heurtent à de multiples problèmes : difficultés de l'extraction, hostilité plus ou moins marquée de la population, nécessité de recourir à une main-d'œuvre étrangère, insuffisance des voies de communication. En 1774, la compagnie parisienne Morat et Puissan reprend l'entreprise de Saint-Georges et décide de canaliser le Layon afin de rendre moins onéreuse l'exportation du charbon. Un arrêt du Conseil du 27 mai 1775 reconnaît à la nouvelle compagnie un privilège d'exploitation du charbon de terre dans toute la région de Saint-Georges. Sous la direction énergique et efficace de Joseph Renou, l'extraction est activement poussée; mais les travaux de canalisation du Layon entraînent pour la compagnie des difficultés financières de plus en plus grandes qui la forcent, en 1785, à vendre mines et canal à une nouvelle société sous la direction de laquelle l'extraction tombe de moitié à la suite d'une série de « foncées » malheureuses. Décidément, la vocation « industrielle » de l'Anjou ne réussit guère à s'affirmer.

2. — *Le bilan des défrichements*

L'agriculture, activité essentielle de la province, est à partir des années 1760 l'objet d'efforts coordonnés et continus pour tenter de modifier profondément ses structures. Ces efforts s'inscrivent dans le vaste mouvement de rénovation qu'anime le ministre Bertin, l'intendant de Tours étant sur place l'interprète des directives gouvernementales. Le bureau angevin de la société d'agriculture de Tours joue assez bien, du moins jusque vers 1780, le rôle moteur que lui assignent ses statuts. Enfin quelques particuliers, passionnés par les problèmes agricoles et conscients de la tâche à accomplir, prêchent d'exemple. Ces diverses initiatives se recoupent d'ailleurs largement : le bureau d'agriculture travaille en étroite liaison avec les intendants Lescalopier, puis Du Cluzel, et regroupe en son sein la plupart des agronomes de la province, tels Turbilly, Pays-Duvau, Varennes, Serrant, Rougé, Dupont de Lauberdière, Boreau de La Besnardière. Plusieurs d'entre eux, nobles retirés sur leurs terres après avoir servi dans les armées du roi, ont admiré à l'occasion de leurs campagnes aux Pays-Bas et en Allemagne, les plus belles réalisations de l'agriculture européenne et cherchent à s'en inspirer. Le comte de Rougé a même ramené de Flandre des fermiers et des domestiques et le marquis de La Loire a un jardinier hollandais spécialiste des cultures de serres chaudes. Tous sont des hommes cultivés dont les bibliothèques contiennent les ouvrages des grands agronomes, notamment anglais.

Gagner de nouvelles terres à la culture, tel est le premier objectif. L'arrêt du 16 avril 1761 en faveur des défrichements, dont Turbilly, conseiller écouté de Bertin, est l'inspirateur, est applicable dans 18 généralités dont celle de Tours. Aux termes de cet arrêt, tous ceux qui défricheront ou feront défricher des terres incultes, c'est-à-dire laissées sans culture depuis 20 ans, jouiront pendant 10 ans de l'exemption de la taille, des vingtièmes et autres impositions sur le produit des terres ainsi défrichées. La déclaration du 13 août 1766, qui restera en vigueur jusqu'à la fin de l'Ancien Régime, modifie sur plusieurs points l'arrêt de 1761 : d'une part, « les terres de quelque qualité et espèce qu'elles soient qui depuis 40 ans, suivant la notoriété publique des lieux, n'auront donné aucune récolte, seront réputées incultes » ; d'autre part, l'exemption des impositions est étendue à la dîme et sa durée est portée à 15 ans; enfin, obligation est faite à ceux qui voudront jouir des privilèges ainsi accordés, de « déclarer au greffe de la justice royale des lieux et à celui de l'élection » la quantité de terres incultes qu'ils entendent « défricher ou faire défricher ».

Quelle a été en Anjou la portée réelle de tels encouragements ? Si l'on en croit Turbilly, écrivant à Bertin le 31 décembre 1761, « l'arrest du conseil du 16 août dernier... a produit d'excellens effets, particulièrement

dans ces provinces où l'on fait de tous côtés de nouveaux défrichements ». Dix-huit ans plus tard, Pocquet
de Livonnière, secrétaire perpétuel du bureau d'agriculture, écrit à Parent, premier commis de Bertin :
« Le but des sociétés d'agriculture, dans son établissement étoit d'encourager le cultivateur; il a été assez
bien rempli dans notre province qui étoit hérissée de
landes et de bruyères : tout a pour ainsi dire disparu
et tout est défriché ou peu s'en faut. » Déclaration
étonnante de la part d'un homme bien placé, semble-t-il,
pour connaître les réalités agricoles de la province.
En contrepoint à ces claironnants bulletins de victoire,
les données fournies par les états de l'intendance et
les procès-verbaux des déclarations de défrichements
rendent un tout autre son. Un état récapitulatif adressé
au contrôle général en 1785, d'après les déclarations
faites dans chaque élection, donne le total des terres
défrichées en Anjou entre 1761 et 1784. Ce chiffre
total et les chiffres par élection ne prennent tout leur
sens que rapportés à la superficie de la province et à
celle de chacune des élections qui la composent :

Élection	Superficie en lieues carrées	En ha	Surfaces défrichées en ha	En %
Angers	180	355 500	2 039	0,57
Baugé	85	167 875	1 446	0,86
Château-Gontier.	60	118 500	1 818	1,53
La Flèche*	112	221 200	1 517	0,68
Montreuil-Bellay.	46	90 850	436	0,47
Saumur	51	100 725	321	0,31
Anjou*	534	1 054 650	7 577	0,73

* Y compris les paroisses mancelles de l'élection de La Flèche.

A la lumière de cet état officiel, les résultats de près
de 25 ans d'efforts apparaissent plus que médiocres :
les déclarations ont porté sur 0,73 % de la superficie
de la province, soit 2 % environ de l'ensemble des
terres incultes, si l'on évalue grossièrement celles-ci
au tiers de la superficie totale. A cet égard, l'Anjou
fait mauvaise figure à côté de la Bretagne voisine où
les 130 000 arpents de défrichements déclarés pendant
la même période représentent 4,5 % de la superficie
totale de la province et peut-être 10 % des terres
incultes. Par contre, les chiffres angevins sont très

comparables à ceux de l'ensemble du royaume, puisque
si l'on en croit Necker, les déclarations faites entre
1766 et 1780 auraient porté sur 950 000 arpents, soit
0,59 % de la superficie de la France.

Au delà de ce chiffre global de quelque 7 500 hectares, les procès-verbaux des déclarations conservés
pour les deux sénéchaussées d'Angers et de Baugé,
soit près des trois quarts de la province, permettent
une approche plus précise de la question. Une première
remarque s'impose : pour médiocres qu'aient été au
total les résultats du mouvement, celui-ci n'en a pas
moins touché un grand nombre de paroisses, 229 de la
sénéchaussée d'Angers sur 280, 90 de la sénéchaussée
de Baugé sur 96. De plus, le nombre des déclarations
individuelles enregistrées entre 1766 et 1790 est important, 2 419 pour la sénéchaussée d'Angers, 887 pour
celle de Baugé; il en ressort que, mis à part quelques
grandes entreprises sur lesquelles nous reviendrons,
chaque déclaration porte sur des surfaces généralement
très faibles, le plus souvent quelques boisselées, plus
rarement quelques journaux ou quelques arpents, très
exceptionnellement plusieurs dizaines d'arpents. Qui
défriche ? L'étude des déclarations faites en 1768 au
greffe de la sénéchaussée d'Angers permet de s'en faire
une idée. Voici la classification des 105 déclarants de
cette année-là :

Nobles	18
Ecclésiastiques	2
« Bourgeois » d'Angers, La Flèche, etc.	11
« Marchands fermiers »	20
« Laboureurs »	13
« Métayers »	10
« Fermiers »	11
« Closiers »	1
Artisans ruraux	7
Indéterminés	12

Même si le vocabulaire peut sembler imprécis en
certains de ses termes, il apparaît cependant nettement
que seule une « aristocratie » rurale participe au mouvement : grands seigneurs résidant sur leurs terres,
bourgeois attentifs à leurs intérêts, surtout gros fermiers,
laboureurs et métayers. La présence d'une dizaine de
simples fermiers et d'un seul closier est particulièrement
significative : la grande masse des paysans pauvres —

petits exploitants, à fortiori journaliers — reste largement indifférente aux sollicitations des textes de 1761 et
1766. Encore cette classification masque-t-elle en partie
le rôle essentiel d'initiateurs joué par les seigneurs
laïcs et ecclésiastiques.

L'exemple avait été donné dès les années 1740-1760
par le marquis de Turbilly dans le domaine de près de
3 000 arpents, entre Baugé et La Flèche, qu'il a
hérité de son père en 1737. C'était à cette date une terre
ingrate où les sols cultivés étaient généralement
médiocres : « Lorsque j'en pris possession, écrira plus
tard le marquis, il n'y avoit pas un quart des fonds
de cultivé, encore l'étoit-il fort mal, le reste se trouvoit
délaissé, non compris une grande partie qui de temps
immémorial étoit en friches, landes et bruyères. » En
1760, Turbilly relate ses expériences dans son *Mémoire
sur les défrichemens* et se donne à lui-même ce
satisfecit : « Le château qui étoit entouré de friches
se trouve au milieu des terres bien cultivées; mes défrichements forment un ensemble assez considérable pour
l'étendue et le produit. » Le succès immédiat remporté
par le *Mémoire* ne doit pas masquer le fait que les
défrichements réalisés à Turbilly ont été en réalité
fort limités. Le marquis se garde bien de donner une
évaluation chiffrée, et en l'absence de précision provenant d'une autre source, force est de s'en tenir aux
appréciations de ses compatriotes, beaucoup mieux à
même de juger des résultats effectifs que les lecteurs
du *Mémoire*. Or, ces appréciations ne sont guère flat-
teuses. En 1764, l'avocat des habitants du comté de
Beaufort en procès avec le marquis écrit : « Il y a
dans la mouvance du marquisat de Turbilly plus de
6 000 arpens de terres actuellement incultes... *dont il
n'a pas encore commencé le défrichement.* Cependant,
il demande de nouveaux terrains à défricher pour
récompense d'un zèle qui, dans le vrai, n'a eu jusqu'à
présent *aucuns effets remarquables.* » Le 9 mars 1775,
le Fléchois Dupont de La Motte note dans son *Journal,*
après une visite à Turbilly : « De toutes ses entreprises,
je n'en ai vu qu'une dont il puisse tirer parti : sa
poterie »; et l'année suivante, au moment de la vente
du domaine, il notera : « (Il y a) force landes dans
lesquelles on pourroit former des taillis qui profiteroient
mieux que les défrichements. » Enfin, le témoignage
de l'Anglais Arthur Young en 1788 est plus formel

encore : « De ses défrichements de landes, d'une super-ficie peu considérable d'environ 100 arpents, on ne peut voir maintenant d'autres traces que l'aspect encore plus misérable, plus ruiné du pays. » 100 arpents défri-chés sur quelque 2 250 en friches, c'est là un résultat bien mince, en regard du bulletin de victoire qu'est le *Mémoire !* Un document presque contemporain du livre de Turbilly, la carte de France de Cassini, vient d'ailleurs apporter une confirmation supplémentaire. C'est en effet en 1762 que le sieur Langelay, ingénieur géographe du roi, a levé la feuille n° 65 qui sera publiée en 1766. Or, sur cette feuille, le château de Turbilly apparaît comme littéralement cerné par les landes. Certes, il n'est pas interdit de penser qu'en 1737, celles-ci étaient plus étendues encore. Il n'en reste pas moins que la situation en 1762, telle qu'elle ressort de la carte de Cassini, prouve que les défrichements n'ont pu avoir l'extension que leur prête leur auteur.

Pourtant, le marquis a des émules dans la province. Des opérations de défrichements réalisées entre 1761 et 1766, les plus importantes sont dues à l'initiative de grands seigneurs agronomes : le marquis d'Armaillé déclare avoir défriché 620 arpents sur les paroisses de Ballots, Livré, La Roë et Saint-Michel; dans le même temps, 444 arpents ont été mis en culture sur des terres concédées par le marquis de Varennes à Feneu, Sceaux et Thorigné. Le comte de Serrant fait défricher directe-ment ou indirectement, à Saint-Georges-sur-Loire et dans les paroisses voisines, 95 arpents entre 1762 et 1766, et 110 en 1768; son fils reprend la tâche et fait défricher 55 arpents entre 1775 et 1778. Le comte de Daumeray déclare en 1788 avoir mis en valeur 120 arpents de terres en friches. Dans les Mauges, le marquis de Beaupréau, le comte de Rougé, le baron de La Paumelière prennent des initiatives similaires. Le 8 avril 1786, le duc de Brissac déclare avoir fait assécher et mettre en culture « les marais et ancien étang de Brissac »; les quelque 250 hectares que repré-sentait le grand étang ont été effectivement affermés dès 1783, par les soins du marquis d'Armaillé pour le compte du duc. Les seigneurs ecclésiastiques participent aussi à l'entreprise : l'abbesse du Perray fait défricher 113 arpents à Ecouflant en 1766, l'abbesse de Nioiseau 411 arpents à Soucelles en 1761-1768, le prieur de La Roë 104 arpents en forêt de La Roë en 1772.

Les déclarations permettent aussi de répondre à cette autre question : quelles régions de l'Anjou sont le plus affectées par le mouvement entre 1761 et 1790 ? Si l'on ne retient que les paroisses où la superficie totale des défrichements déclarés est supérieure à 30 arpents (soit 20 ha), on constate d'abord la faible participation de régions comme les Mauges, le Segréen et le Baugeois oriental où landes et friches sont pourtant particulièrement importantes : sur les 72 paroisses des Mauges, 57 défrichent, mais il s'agit en fait de micro-défrichements; nulle part, mis à part les initiatives du comte de Rougé dans la région de Cholet, on ne constate d'opérations de quelque envergure; au total, les déclarations de ces 57 paroisses ne portent que sur 2 020 arpents (soit 1 330 ha environ), superficie dérisoire par rapport à l'ensemble. D'autre part, la répartition géographique des défrichements dans l'ensemble des deux sénéchaussées d'Angers et de Baugé fait apparaître l'existence de quatre paroisses ou groupes de paroisses dans lesquelles, si l'on s'en tient aux déclarations, les opérations semblent avoir revêtu une certaine ampleur. C'est le cas d'abord des régions de Feneu-Sceaux avec près de 1 000 arpents déclarés, et de La Roë avec 1 020 arpents. Par ailleurs, le 30 juin 1768, le procureur fiscal du prince de Rohan déclare que celui-ci « entend faire défricher à l'avenir » les 300 arpents du parc de son château du Verger et 1 000 arpents de landes situées sur la paroisse de Seiches; cette entreprise considérable et qui aurait été sans précédent en Anjou, ne sera en fait jamais menée à bien; la preuve en est que dix ans plus tard, le 11 juin 1778, le fermier général du domaine déclare qu'il « a défriché depuis environ deux ans et fera défricher par continuation dans le parc dudit château du Verger la quantité de deux cens arpens ou environ de terres ci-devant en mauvais bois taillis et terres incultes de tems immémorial »; ainsi, des 1 300 arpents déclarés en 1768, 200 au mieux seront peut-être gagnés à la culture. L'affaire de la mise en valeur des « grandes landes d'Auverse », près de Baugé, est tout à fait comparable : le 4 décembre 1770, deux Parisiens, Jean-Baptiste Arnaudeau et Jean-François Délion, achètent à Claude Lambert, seigneur d'Auverse et de Mouliherne, le premier 350 arpents, le second 1 500 situés dans les grandes landes d'Auverse; le 31 décembre, Arnau-

deau, tant en son nom qu'au nom de Délion, déclare
qu'ils entendent faire défricher ces 1 850 arpents, en
commençant par 40 arpents en 1771 et « en continuant
d'année en année jusqu'à perfection ». En fait, les
déclarations des années suivantes prouvent que si
Arnaudeau réussit à mettre en valeur jusqu'en 1777,
une centaine d'arpents sur ses 350, Délion, lui, échoue
presque complètement : 30 arpents en 1771, 12 en
1774, ses 1 500 arpents sont à peine entamés.

L'écart considérable qui sépare les déclarations de
la réalité, dans les deux cas du Verger et d'Auverse,
montre avec quelle circonspection il convient d'utiliser
les chiffres fournis par les déclarations. En fait, à part
ces deux cas exceptionnels à tous égards, rien ne permet
de vérifier si les surfaces déclarées comme *devant être
défrichées* (et ce sont de beaucoup les plus importantes)
l'ont été effectivement. Dans ces conditions, le chiffre
total, pour les deux sénéchaussées, de 18 385 arpents,
même diminué de la plus grande partie des 3 150 arpents
du Verger et d'Auverse (dont on sait pertinemment
que seuls 250 environ ont été réellement mis en valeur)
représente certainement une vue très optimiste des
choses. Si l'on considère que ces deux sénéchaussées
représentent à peu près les trois quarts de la province,
c'est 1,40 % de leur superficie qui aurait été défriché
entre 1761 et 1790. Dans le reste de l'Anjou, tout
permet de penser que les opérations ont été aussi
modestes, exception faite du défrichement des
1 100 arpents de la forêt de Beaufort entre 1772 et
1778. Ainsi, la vérité doit se tenir entre cette proportion de 1,40 % et celle de 0,73 % fournie par les états
par élections. Pour médiocre qu'il paraisse, ce résultat
doit pourtant encore être corrigé : certaines des terres
déclarées comme étant en friche depuis plus de 40 ans,
sont en fait des friches temporaires abandonnées depuis
10 ans ou plus et que le paysan trouve avantageux de
remettre en culture en tirant parti de l'exemption
fiscale; il ne s'agit donc pas de véritables défrichements
au sens où l'entendaient les textes de 1761 et de 1766.
Par ailleurs, combien de parcelles mises en valeur qui
retournent en friche après quelques années d'exploitation intensive ! Enfin, bon nombre des terres défrichées l'ont été aux dépens non de landes incultes, mais
de bois et de forêts dont l'exploitation était fort utile
à la province. Quant à l'échec presque complet des

grandes entreprises de Turbilly à Volandry et de Délion et Arnaudeau à Auverse, il semble bien qu'il s'explique, dans un cas comme dans l'autre, par « l'erreur de défricher uniquement en vue de se procurer du blé », selon les mots d'Arthur Young : les terres prématurément épuisées par plusieurs récoltes successives de céréales cessent de produire au bout de deux ou trois ans. Au total, le vaste mouvement inauguré par l'édit de 1761 se solde en Anjou par un bilan presque dérisoire : les 250 arpents de l'étang de Brissac asséchés et divisés en champs bien cultivés, les 1 100 arpents de la forêt de Beaufort qui sont déboisés mais dont la mise en valeur est encore compromise par les inondations, quelques centaines d'arpents autour de La Roë et de Sceaux, et, un peu partout dans la province, des parcelles mises en culture, mais dont il n'est pas sûr qu'elles ne l'étaient pas déjà dix ou vingt ans plus tôt et qu'elles ne cesseront pas de l'être trois, quatre ou cinq ans plus tard. Au vrai, on peut affirmer sans grand risque d'erreur qu'à la veille de la Révolution, le total des superficies cultivées est, à peu de choses près, ce qu'il était trente ans auparavant.

3. — L'échec de l'aménagement de la vallée de l'Authion

Il n'en aurait pas été de même si la mise en valeur de la vallée de l'Authion avait été menée à bien. Mais là encore, les diverses tentatives faites entre 1750 et 1780 se soldent toutes par des échecs. Le problème, il est vrai, est complexe, les solutions coûteuses, les intérêts en cause contradictoires. En effet, pour régulariser l'Authion sur toute sa longueur, ce qui aurait pour double avantage de rendre la rivière navigable et surtout d'assécher les 12 000 arpents de la Vallée d'Anjou qui sont sous les eaux la plus grande partie de l'année, il faudrait non seulement nettoyer le lit et rectifier le cours, mais encore, selon certains, reporter la confluence dans la Loire en aval des Ponts-de-Cé, à hauteur de Sainte-Gemmes; en abaissant ainsi le cours inférieur de la rivière, on permettrait son écoulement normal et éviterait le refoulement des eaux de la Loire sans avoir à recourir au système compliqué et gênant des portes du nouveau pont de Sorges. A de tels projets, les adversaires ne manquent pas. Il y a

d'abord certains ingénieurs des ponts et chaussées et
des turcies et levées; pour eux le coût des travaux,
compte tenu des difficultés techniques, risquerait de
dépasser de beaucoup l'intérêt que l'on pourrait en
tirer, la proximité de la Loire et la présence de bons
chemins dans la Vallée faisant qu'il n'apparaissait pas
indispensable de rendre l'Authion accessible aux gros
bateaux de Loire; quant aux méfaits des eaux dans la
Vallée, une plus grande discipline de la part des riverains contribuerait à les diminuer sensiblement. Curieusement, ce sont les riverains eux-mêmes — et notamment
les habitants des seize paroisses du comté de Beaufort —
qui regardent avec le plus de méfiance les projets
élaborés pour mettre leurs terres en valeur. Certes, ils
ne cessent de se plaindre des dégâts dont ils sont victimes et de réclamer des solutions, mais en même temps,
ils redoutent qu'à la faveur de ces projets de grande
envergure, ne soient remis en cause les droits dont
jouissent sur les 5 000 arpents de prairies communes
les habitants des seize paroisses : ceux-ci accepteraient
volontiers que ces terres se trouvent valorisées par
le drainage, mais refusent de voir remis en question
leur destination de prairies et leur usage commun;
leur point de vue est largement partagé par les habitants des paroisses voisines qui usent eux aussi, indirectement, des communes. Les essais manqués d'aménagement de la vallée de l'Authion apparaissent, à
bien des égards, on va le voir, comme l'épisode le
plus marquant en Anjou de « la lutte pour l'indivi-
dualisme agraire dans la France du XVIIIe siècle ».

En 1752-1753, premiers projets depuis ceux de Dubois,
premiers échecs. L'initiative en revient à un personnage remuant, l'Angevin Pierre-Nicolas Parant qui, le
26 juin 1752, écrit au contrôleur général pour lui proposer « le moyen sûr de dessécher les marais de
l'Authion en Anjou », à savoir la canalisation de la
rivière; sa lettre reste sans réponse. L'année suivante,
trois hommes d'affaires parisiens constituent la société
Belache, Lemoine et Tollot et adressent à ce titre au
contrôleur général, en mai 1753, un mémoire dans
lequel ils exposent leur plan d'aménagement de la
Vallée et demandent pour prix de leurs efforts
« 4 000 arpens de terre qui seront désignés à prendre
dans les communes du comté de Beaufort appartenant
à Sa Majesté ». Consulté, Louis de Regemorte se

contente de noter quelques semaines plus tard, en marge du mémoire : « Rien à faire jusqu'à ce qu'il y ait des nivellements bien faits et un devis en conséquence. » Cependant, Belache et ses associés s'étant rendus sur les lieux et s'étant montrés trop bavards et trop sûrs d'eux, les habitants des seize paroisses réagissent immédiatement, en adressant au garde des sceaux une requête dans laquelle ils rappellent leurs « droits immémoriaux » sur les communes et soulignent que privés de ce pacage, ils seraient réduits à ne plus avoir de bestiaux et se trouveraient dans l'impossibilité de cultiver leurs terres faute d'engrais. Est-ce l'effet de cette supplique ou du découragement des promoteurs devant les difficultés de l'œuvre envisagée ? Toujours est-il que dès 1755, le projet semble enterré.

Un peu plus tard, en 1762, Joseph Faribault, premier président et juge des gabelles à Angers, obtient, par un arrêt du Conseil du 30 mai, l'octroi de 400 arpents à prendre sur les communes du comté de Beaufort, en la paroisse de La Daguenière; l'année suivante, le roi accorde au marquis de Turbilly, par un arrêt du 11 mars, « la concession des terres incultes qui se trouveront appartenir (à S.M.), en conservant aux communautés d'habitants celles qui leur appartiennent (selon les arpentages de 1575), après en avoir fait constater les quantités par un nouvel arpentage ». En échange de ces libéralités, Faribault et Turbilly s'engagent à entreprendre, à leurs frais, le dessèchement de l'ensemble des marais de l'Authion, à défricher les terrains qui leur sont octroyés et à les transformer soit en terres labourables, soit en plantations de mûriers. Cette générosité royale dont Bertin, grand ami de Turbilly, a certainement été l'instrument, provoque immédiatement la réaction des usagers des communes. Ceux-ci ne manquent pas d'appuis : le cardinal de Rohan, évêque de Strasbourg, seigneur de Brain-sur-l'Authion, et le maréchal de Contades, seigneur de Montgeoffroy et de Mazé, sont alertés, ainsi que l'abbé de Toussaint, le prieur de Saint-Aubin, les administrateurs de l'Hôtel-Dieu, dont une partie importante des biens se trouve en Vallée d'Anjou. Au début de 1764, « les usagers des communes du comté de Beaufort » se pourvoient devant le Conseil et rédigent un mémoire dans lequel ils rappellent la nature et l'utilité des communes et les droits imprescriptibles qu'ils ont sur elles. Ainsi s'ouvre une longue guerre de procédure qui durera près de sept ans. Le 6 mars 1764, un nouvel arrêt jette la consternation parmi les habitants de la Vallée : il confirme en effet la concession faite à Faribault en 1762 et ordonne que celui-ci soit « mis en possession des 400 arpens de terres vaines et vagues à lui aliénées par ledit contrat ». Fort de cette confirmation, Faribault fait, en juin et juillet, borner et clore de fossés 400 arpents entre Trélazé, Brain et La Daguenière. Plus grave encore est la menace que font peser les prétentions de Turbilly. Celui-ci, à la suite d'un arpentage réalisé entre août et décembre 1763, au milieu de l'hostilité générale, et dont ses adversaires contestent la validité, fait savoir que selon lui, 4 028 arpents de « terres vaines et vagues » du comté de Beaufort ont été usurpés par les usagers au détriment du domaine et que de ce fait, ces terres lui reviennent en vertu de la concession royale. Ces prétentions provoquent contre Faribault et surtout Turbilly une véritable coalition qui obtient, le 25 septembre 1764, un arrêt du Conseil renvoyant l'instance devant la Grande Direction des Finances. Le bureau d'Angers de la société d'agriculture créée par Turbilly quatre ans plus tôt va même jusqu'à condamner l'entreprise de ce dernier, en termes très durs, au cours d'une assemblée extraordinaire le 17 mai 1765 : informé que « différens particuliers protégés et pour augmenter leur fortune, auroient surpris la religion du roi et de ses ministres en obtenant des concessions de partie des communes du comté de Beaufort en Anjou, sous le prétexte spécieux de défrichement », le bureau déclare qu' « il seroit avantageux pour les intérêts de S.M. et du bien public, de l'agriculture et du commerce, que ces communes restassent en l'état qu'elles sont ..., parce que (leur) totalité est nécessaire pour le pacage des bestiaux des habitants qui en jouissent en commun ». Ulcéré, Turbilly parle de « cabale » dirigée contre lui et maintient intégralement ses prétentions. Mais le vent a tourné. Les usagers, forts de leur nombre et de leurs puissants appuis, sûrs des droits que leur donne une juste interprétation des arrêts de 1572 et 1575, obtiennent enfin gain de cause, le 1er août 1767, par l'*Arrest rendu en la Grande Direction qui, sans s'arrêter au contrat d'aliénation d'une partie des communes du comté de Beaufort en Anjou, ni aux autres actes et procédures faits en exécution des précédents arrêts du conseil, déboute les sieurs Faribault*

*et de Turbilly de toutes leurs demandes et prétentions,
et maintient les usagers du comté de Beaufort dans la
propriété et possession de leurs communes, pour en
jouir à perpétuité et par indivis comme par le passé.*
Turbilly décide de faire appel devant le Conseil, mais
l'arrêt rendu du 29 mai 1770 confirme celui rendu par
la Grande Direction et condamne le marquis à tous
les dépens.

Dès 1766, l'ingénieur de Voglie a tiré avec sagesse
la leçon de toutes ces tentatives malheureuses : « Des
projets de cette importance ne peuvent réussir que par
les soins du ministère ». Les « soins du ministère »
sont de fait à l'origine de la nouvelle entreprise que
lance, en 1770, le comte d'Essuile. Ce gentilhomme
franco-savoyard, conseiller écouté de l'intendant des
finances d'Ormesson, joue un rôle essentiel dans la
grande enquête lancée par celui-ci en 1768 sur un éventuel partage des communaux. Il vient à cette occasion
en Anjou en 1769 : alors qu'il est en principe hostile
aux biens communaux et partisan de leur partage entre
tous les usagers en vue de leur mise en culture, il est
sensible aux conditions particulières de ceux du comté
de Beaufort, dont la « propriété et possession » vient
d'être confirmée aux seize paroisses, et conclut qu'il faut
à la fois leur conserver leur destination de prairies et
en améliorer la qualité en aménageant la vallée de
l'Authion. A la suite de ce voyage, les habitants du
comté présentent au roi, le 22 février 1770, une requête
dans laquelle, après avoir rappelé la confirmation récente
de leurs droits, ils demandent « qu'il plaise à S.M.
ordonner que dans l'été prochain une personne capable
et digne de foy soit envoyée audit Beaufort pour y
concerter avec les députés des communautés les moyens
les moins dispendieux pour curer, foncer et rendre navigable la rivière d'Authion depuis Longué jusqu'au pont
de Sorges ». Le 24 mai, un arrêt du Conseil charge le
comte d'Essuile de cette mission, et le 18 septembre,
celui-ci préside une assemblée générale à la maison de
ville de Beaufort : après un discours prudent et mesuré
du « commissaire de S.M. », Aveline de Narcé, au nom
des usagers, rappelle tous les abus commis par les riverains et conclut à la nécessité de dessécher les marais
aux frais du roi et de tous les particuliers intéressés; les
membres de l'assemblée donnent alors leur accord de
principe au projet. Essuile fait aussitôt procéder aux

nivellements et études préparatoires et le 10 octobre
achève la rédaction d'un plan détaillé des travaux, avec
devis estimatif : il y propose le creusement d'un canal
de Sorges à Sainte-Gemmes pour reporter en aval la
confluence de l'Authion, la construction d'une levée de
protection entre ce canal et la Loire, le réaménagement
du pont de Sorges afin de permettre le passage des gros
bateaux de Loire, enfin le curement du lit de la rivière
sur tout son cours; le coût de ces travaux s'élèverait à
172 032 livres. Le 25 mai 1771, un arrêt du Conseil
approuve le projet et en ordonne l'exécution, les dépenses
devant être réparties entre le roi et les seize paroisses
du comté de Beaufort; peu de temps après le 9 août, le
roi cède à Essuile en toute propriété et à titre de « récompense » les 1 100 arpents qui subsistent de l'ancienne
forêt de Beaufort.

Mais déjà apparaissent les premières difficultés. Elles
viennent d'abord des ingénieurs des ponts et chaussées.
Cadet de Limay, ingénieur de la généralité, est franchement hostile au projet pour des raisons essentiellement techniques ; son point de vue est partagé par
le vieux Louis de Regemorte et par l'ingénieur en chef
Perronet qui déclare, le 16 décembre 1772, dans un
rapport au contrôleur général : « Dans ces circonstances,
il paroit que l'on ne peut point avoir de confiance dans
ce projet, ny en autoriser l'exécution ». Les difficultés
viennent aussi des habitants. Ils s'inquiètent de l'inféoda-
tion au comte d'Essuile du sol de la forêt de Beaufort :
certes, nul ne conteste que ce sol appartienne au roi,
mais le souvenir de l'affaire Turbilly aidant, ils redoutent d'éventuelles usurpations d'Essuile sur leurs communes. Celui-ci a beau se défendre énergiquement contre
ces calomnies, Aveline de Narcé, son plus chaud partisan, a beau se dépenser pour tenter de convaincre
chacun de sa bonne foi, il n'en reste pas moins qu'il
se heurte chaque jour davantage à la mauvaise volonté
des habitants. L'irritation de ceux-ci est à son comble
lorsqu'ils apprennent que l'abbé Terray, contrôleur général, a décidé le 13 octobre 1773, que les paroisses riveraines devront, en plus de leur contribution prévue sous
forme d'argent ou de corvées, faire l'avance des sommes
mises à la charge du roi. Selon le mot d'Aveline de
Narcé, « il semble qu'on ait plus réuni d'obstacles pour
arrêter cette entreprise que la nature n'en avoit opposé
pour la perfectionner ». De fait, les travaux mollement

commencés en septembre 1772, entre Sorges et les Ponts-de-Cé, sont interrompus au début de 1774. La partie de la levée déjà construite est abandonné et livrée au pillage des habitants qui enlèvent bientôt une à une les belles pierres de tuffeau qui la constituaient. Essuile, qui a financé jusqu'ici les travaux en puisant dans sa propre fortune et en empruntant sous son nom ou sous celui des communautés du comté de Beaufort, est à court d'argent. Pourtant, il ne se décourage pas, et en avril 1774 obtient de Trudaine et d'Ormesson la vague promesse de quelques crédits qui permettraient de reprendre les travaux. En fait, ceux-ci sont définitivement interrompus à la fin de l'année. Essuile décide alors de se consacrer à la mise en valeur de la forêt de Beaufort dont il a été mis en possession en septembre 1772; les bois sont adjugés à des marchands d'Angers à charge d'abattre tous les arbres en six ans. Mais les terres ainsi déboisées continuant à être inondées une partie de l'année sont d'un maigre rapport. Si l'opération se révèle au total positive, ce n'est pas pour Essuile lui-même qui pratiquement ruiné doit vendre une partie du terrain à Boreau de La Besnardière en 1783, mais pour un certain nombre de paysans de la Vallée qui s'installent sur ces nouvelles terres qu'ils louent à bon compte et qu'ils s'efforcent de mettre en valeur en se défendant contre les inondations par des moyens de fortune.

Le problème de l'aménagement de la vallée de l'Authion continue cependant à préoccuper autorités et riverains. Le 1er mars 1777, Odier, inspecteur des domaines de l'apanage de « Monsieur » rédige un long mémoire dans lequel il préconise le défrichement et la mise en culture des 5 015 arpents des communes de Beaufort, leurs prairies n'étant, selon lui, nullement indispensables aux habitants. Ce projet qui reprend en gros celui de Turbilly, est appuyé par un certain nombre de gens qui espèrent obtenir la concession de tout ou partie des communes; mais l'administration de « Monsieur », consciente des remous que cela provoquerait, n'y donne aucune suite. Pourtant, Tessié du Motay, le très zélé receveur de « Monsieur » pour le comté de Beaufort, revient à plusieurs reprises à la charge : « Les communes, écrit-il en 1783, me paroissent si abusives que je ne conçois pas comment dans un siècle aussi éclairé, où entre autre on a tant écrit sur l'agri-

culture, on n'a pas employé les plus grands efforts pour
leur ôter l'asservissement à cet état ». Pour lui, en dépit
des arrêts de 1767 et 1770, les droits des seize paroisses
pourraient être contestés au profit de « Monsieur »,
héritier des droits du roi; « mais pour arriver à ce but,
précise-t-il avec réalisme, un procès considérable seroit
inévitable », aussi reconnaît-il que le plus sage est de
confirmer les habitants dans leurs droits. Ceux-ci de
leur côté, tout en veillant jalousement au respect de
leur propriété officiellement reconnue mais toujours
menacée, ne cessent de réclamer l'intervention du gouvernement afin que soient entrepris les travaux nécessaires à l'assainissement de la Vallée. En 1783, Aveline
de Narcé fait imprimer un *Mémoire* dans lequel il
reprend en gros le projet d'Essuile et propose que le
financement soit assuré par la vente des 300 arpents de
communes toujours inondés même en année sèche.
Adressé au nom des seize paroisses à d'Ormesson,
devenu contrôleur général, ce *Mémoire* ne reçoit aucune
réponse; aussi les habitants renouvellent-ils leurs demandes à l'intendant d'Aine en 1788. Le problème cependant est au premier rang de ceux qui préoccupent les
Angevins éclairés puisque l'Académie d'Angers décide
de mettre au concours en 1786 la question suivante :
« Quels seroient les moyens les plus simples et les
moins dispendieux d'empêcher les débordements de l'Authion en Anjou et stagnation de ses eaux, même de
rendre cette rivière navigable dans une partie de son
cours ». Le lauréat, l'ingénieur géographe Moret, se
rallie lui aussi au plan d'Essuile et reprend la propo-
sition de Narcé concernant le financement de l'opération. Ainsi, à la veille de la Révolution, l'urgence d'une
solution apparaît à tous, mais pour des raisons diverses
— méfiance des habitants attachés à leurs prairies communes, difficultés techniques de l'entreprise, mauvaise
volonté de l'Etat —, cette solution n'est pas encore
en vue.

4. — *Les tentatives d'amélioration des techniques agri-coles*

Au résultat dérisoire des défrichements et à l'échec
de l'aménagement de la Vallée d'Anjou, il convient
d'ajouter le peu d'échos que rencontrent les diverses

tentatives faites pour améliorer les techniques agricoles et les rendements. Le problème essentiel, celui dont la solution serait la plus propre à « révolutionner » les vieilles structures, c'est l'introduction dans l'assolement, de plantes fourragères et le développement des prairies artificielles. En 1767, le bureau d'agriculture fait savoir par la voie de l'*Almanach d'Anjou* qu'il se propose, « pour encourager les cultivateurs à augmenter les prairies artificielles dont les avantages sont reconnus dans tout le royaume », de distribuer aux souscripteurs, « au prix coûtant », toutes les graines de trèfle, sainfoin, luzerne, colza, turneps, etc., qui leur seraient nécessaires. Cette souscription connaît en 1767 un certain succès, du moins en ce qui concerne les graines de trèfle, puisque deux ans plus tard, l'abbé Cotelle, secrétaire perpétuel, réclame à Bertin le remboursement de 200 livres qu'il a dû avancer à cette occasion, et il ajoute : « (Cette distribution) a fait le plus grand bien et introduit une nouvelle production dans les terres en jachère, qui n'étoit pas connue jusqu'alors. » Chaque année jusqu'en 1776, l'avis de souscription du bureau angevin est reproduit fidèlement dans l'*Almanach*; par contre, il disparaît à partir de 1777. Sans doute faut-il voir dans cette disparition le témoignage non du succès complet de l'entreprise, mais tout au contraire du découragement de ses promoteurs devant le peu d'échos rencontrés par leur souscription. La preuve en est qu'en 1784, l'un des membres du bureau, le comte de Serrant, essaie de relancer le mouvement par une nouvelle initiative. La terrible sécheresse de l'année 1785 est l'occasion pour l'intendance et pour la société d'agriculture d'essayer d'attirer à nouveau l'attention des cultivateurs sur l'intérêt des prairies artificielles : un *Avis* rédigé par le bureau de Tours et distribué par l'intendant dans toute la généralité, souligne tout le parti que l'on peut tirer des sols en jachère en y cultivant, sans aucun dommage pour ceux-ci, orge, seigle, avoine, sarrasin, vesces, lentilles, fèves, « non pour le fruit, mais pour l'herbe »; et l'*Avis* de conclure : « Le besoin actuel fait sentir plus que jamais la nécessité de faire des prairies artificielles dans ces provinces. » L'intendant d'Aine prend en même temps l'initiative de faire distribuer gratuitement des graines de turneps : « Il est important, écrit-il à Vergennes, de ne pas laisser refroidir l'ardeur des gens de la campagne pour une culture nouvelle ...; cette plante n'est pas inconnue dans ma généralité, mais ce n'est que dans un très petit nombre de cantons qu'on la cultive. » Ces distributions rencontrent d'abord un réel succès durant l'été de 1785, du fait des circonstances, et elles sont reprises l'année suivante. En même temps, sont distribuées des graines de « betteraves champêtres », à seule fin de faire réaliser des essais et de « propager l'espèce ». Mais au total, ces efforts louables d'information et de diffusion semblent bien n'avoir rencontré qu'un succès fort limité. Les initiatives prises par certains agronomes, tels Pays-Duvau à Brain et Rougé au Longeron, se heurtent à l'esprit de routine et surtout à la méfiance des paysans : « Depuis plusieurs années, écrit Pays-Duvau en 1761, je sollicite des fermiers de semer des trèfles, des luzernes pour se procurer plus de fourrages, afin de pouvoir nourrir et élever un plus grand nombre de bestiaux, faire plus d'engrais et par ce moïen augmenter la fertilité de leurs terres; ils conviennent des principes, mais il y opposent toujours la crainte d'une imposition qui surpasseroit le bénéfice ». Quand Deslandes écrit qu' « on ne connaît point l'usage des prairies artificielles » en 1803, dans la région de Durtal et de La Flèche, il veut dire que la grande masse des paysans en ignore encore l'usage. En ce sens, sa remarque est largement valable pour l'ensemble de l'Anjou où quelques initiatives isolées ne jouent encore qu'un rôle d'exemples qui attendront longtemps pour être imités.

Les progrès de l'élevage dépendent aussi de l'amélioration qualitative du cheptel. Les grands agronomes angevins l'ont bien compris : Turbilly améliore la race de ses moutons par croisement avec deux béliers de race flandrine qu'il fait venir du Bas-Poitou en 1753. Rougé fait de son domaine de la Fribaudière une magnifique ferme d'élevage : il fait venir à grands frais des vaches et des taureaux de Suisse, des Pays-Bas, d'Irlande; il réussit à se procurer des béliers et des brebis du Maroc, d'Espagne et d'Angleterre; à sa mort, en 1786, l'inventaire dénombrera 98 bêtes à cornes et 170 moutons de toutes races. Mais sa plus belle réussite est son haras où il a réuni à la fin de sa vie, 32 étalons allemands, anglais et espagnols, dont certains produits sont vendus tous les ans à Paris. Comme l'écrit en 1780 le secrétaire du bureau d'agriculture à Necker, en lui envoyant des échantillons de laine de la Fribau-

dière : « Le comte de Rougé n'a épargné ni soins, ni
argent pour renouveler et changer dans son canton la
race dégénérée des animaux de toute espèce. » Les
réalisations de Pierre Boreau de La Besnardière ne le
cèdent en rien à celles de Rougé. Il a créé dans les
600 arpents de l'Ile-Saint-Aubin, un splendide haras
qui fait l'admiration d'un connaisseur aussi averti que
l'intendant Du Cluzel; en 1780, il y élève « 24 juments
de belle race anglaise et normande formant avec leur
suite un total de 80 ». Il possède aussi 12 taureaux
qu'il a achetés en Suisse et en Hollande. L'Ile-Saint-
Aubin étant partiellement inondée l'hiver, Boreau commence, en 1780, la construction de granges et d'écuries
à proximité de l'hôtel qu'il se fait édifier près de Saint-
Serge. De telles réalisations auraient pu être d'autant
plus intéressantes que leurs promoteurs s'efforcent d'en
faire profiter les paysans des alentours : Rougé vend,
dans tout le Choletais, les bêtes de la Fribaudière en
consentant aux acheteurs des conditions avantageuses;
Boreau assure gratuitement le service de ses taureaux
hollandais à tous ceux qui lui en font la demande. En
fait, de tels efforts sont trop fragmentaires et trop
isolés, l'inertie paysanne beaucoup trop grande pour
que l'élevage angevin s'en trouve véritablement modifié.
Turbilly reconnaît lui-même en 1760 que, faute d'avoir
acheté tout un troupeau de brebis de race flandrine, il
ne peut espérer, avec les produits bâtards de ses deux
béliers, supplanter la mauvaise race du pays. La médiocrité de l'élevage, en quantité et en qualité, est un fait
général dans toute la province à la fin du XVIII° siècle.
Il suffit pour s'en convaincre de lire les réponses à la
grande enquête par paroisses réalisée en 1788 par la
Commission intermédiaire : « Il n'y a pas d'étalons et
les chevaux sont de très petite taille », « il y a peu de
moutons et ils sont en général de la plus petite espèce,
point d'espoir d'amélioration », « il n'y a point d'artiste
vétérinaire, mais il serait avantageux qu'il y en eut un,
vu la grande mortalité des bestiaux ». Ces expressions
ou d'autres semblables reviennent comme des leitmotive,
du Craonnais aux Mauges, du Baugeois au Saumurois.

L'introduction de quelques cultures nouvelles — outre
les plantes fourragères et les prairies artificielles — ne
modifie pas elle non plus profondément l'agriculture
angevine. Les plantations de mûriers et l'élevage des
vers à soie, encouragés par l'intendant à partir de 1748,

restent limités à quelques domaines, notamment les cinq pépinières royales de mûriers blancs; l'une des plus prospères vers 1770 est celle créée à Baugé par Charles-Nicolas de La Noue, laquelle ravitaille en feuilles de mûrier l'important élevage de vers à soie des religieuses de la Providence et les élevages particuliers, nombreux dans les fermes entre Jarzé et Baugé. Quant à la culture de la garance que l'intendant essaie également de développer en Anjou, elle n'occupera jamais que des surfaces fort réduites, en dépit des distributions gratuites de graines. Beaucoup plus importante à tous égards et riche d'avenir apparaît la diffusion de la pomme de terre. Il semble que ce soit Mathieu de Lauberdière qui, le premier, l'ait introduite en Anjou vers 1770-1775. Un peu plus tard, le chirurgien Renou dans la région du Layon, Edouard Colbert de Maulévrier dans les Mauges, le marquis de La Lorie en Segréen, Pierre-Henri Bodard de La Jacopière en Craonnais jouent le même rôle d'initiateurs. De son côté, le bureau d'agriculture s'efforce, à partir de 1775, de faire connaître les avantages de la plante nouvelle, notamment par des articles publiés dans les *Affiches d'Angers* : la pomme de terre réduite en bouillie est une nourriture « peu coûteuse, très saine et très salutaire, soit en santé, soit en maladie ». A ces vertus, la pomme de terre en ajoute une autre : râpée et appliquée sur une brûlure, elle constitue « un excellent topique ». Enfin, elle peut servir de nourriture aux bestiaux : les cultivateurs « qui ont eu le bonheur d'en planter (en 1785) ont peu éprouvé la disette des fourrages; on assure que les vaches qui s'en nourrissent donnent le double de lait ». Tous ces efforts finissent par porter leurs fruits et par vaincre les résistances qui n'ont pas manqué de se manifester. Traversant l'Anjou d'Angers à La Flèche en 1788, Young y remarque « plus de pommes de terre que ce n'est ordinaire en France ». En 1801, Renou écrira : « (La pomme de terre) est aujourd'hui une source de prospérité reconnue ...; elle rend d'immenses services », et de son côté. Deslandes notera en 1803, que « jamais un fermier (de la région de Durtal et de La Flèche) ne manque d'en planter un ou deux journaux ».

Si, à la fin du XVIIIe siècle, la pomme de terre est en passe de « triompher de tous les préjugés », les efforts des novateurs en matière de techniques culturales se heurtent par contre au mur de la résistance paysanne. Que le marquis de Turbilly s'applique à perfectionner les instruments aratoires en usage en Anjou, notamment l'écobue, que Lauberdière essaie de convaincre les paysans du Baugeois de substituer la charrue à la bêche ou à la houe, qu'un cultivateur de Saint-Philbert-du-Peuple invente une « charrue propre à détruire les mauvaises herbes des terres labourables », tout cela n'a au total que peu d'intérêt puisque les paysans angevins continuent à utiliser leurs instruments traditionnels. Il en est de même des premiers essais pour introduire chaulage et marnage, les difficultés de transport de la chaux et de la marne constituant ici un obstacle supplémentaire.

En fait, quelques observateurs lucides comprennent très vite que les initiatives de l'intendance, les studieuses séances du bureau d'agriculture, les réussites d'ailleurs limitées et souvent éphémères, d'un Turbilly ou d'un Rougé ne peuvent suffire à rénover en profondeur les structures de l'agriculture angevine. Beaucoup plus que technique, le problème est humain : il faut trouver le moyen d'atteindre et de convaincre le paysan. Plus réaliste que Turbilly qui croyait un peu naïvement aux vertus des distributions de médailles, Pays-Duvau écrit à Trudaine en 1761 : « La misère assimile à des bêtes les trois quarts des hommes attachés à la culture de la terre et leur ôte toute idée de travailler différemment que leurs pères; les conseils, l'assistance qu'on leur offre ne font sur eux aucune sensation; ils appréhendent de nouvelles impositions et regardent comme un piège ce qu'on leur propose pour leur bien-estre ». En 1779, l'abbé Ollivier, membre de l'Académie d'Angers, écrit au bureau d'agriculture, après l'avoir félicité des « découvertes » faites par la plupart de ses membres : « Ce que je regrette, c'est que ces découvertes utiles ne se répandent pas assez généralement dans les campagnes; le paysan toujours attaché à ses anciens usages et presque idolâtre des coûtumes de ses pères, va toujours son même train. » En 1798, l'agronome angevin Papiau de La Verrerie suggérera que soient créés des « ateliers agricoles » qui serviraient à l'enseignement pratique de l'agriculture. Deslandes se ralliera, lui aussi en 1803, à l'idée d'une ou plusieurs fermes expérimentales dans le département : « C'est par l'exemple seul et non par les livres, les écrits, les

mémoires des savants et des sociétés d'agriculture, auxquels les gens de campagne ne croient point, que d'ailleurs ils ne lisent point, qu'on peut parvenir à opérer
le bien en cette partie. » Jugement singulièrement
clairvoyant sur l'action généreuse mais inefficace entreprise en Anjou dans la seconde moitié du XVIII° siècle :
non seulement le paysan angevin n'a su gagner à la
culture qu'une superficie dérisoire de terres nouvelles,
mais — en dehors de l'adoption de la pomme de terre —
il a opposé une résistance passive aux améliorations
techniques prônées en vain par quelques voix prêchant
dans le désert. L'agriculture de la province reste vers
1790, figée dans ses structures millénaires.

5. — *Routes et voies fluviales*

Il est vrai que la précarité et l'insuffisance des moyens
de communication sont une gêne constante, et le bureau
d'agriculture d'Angers aurait pu souscrire à ce qu'écrivait, en 1761, celui du Mans dénonçant les méfaits
pour l'agriculture de la difficulté des transports qui
« empêche le transmigration des bestiaux pendant plusieurs mois de l'année et arrête entièrement les transports des marnes, des engrais et de toutes sortes d'améliorations ». Vers le milieu du XVIII° siècle, l'Anjou est
desservi par les deux grandes routes dites de première
classe, de Paris à Nantes, la première, de 60 pieds de
large, par Le Mans, La Flèche, Durtal, Angers et
Ingrandes, la seconde, de 30 pieds seulement du fait de
l'exiguïté de la levée de la Loire, par Tours, La Croix-
Verte (en face de Saumur) et Angers; ces deux routes,
généralement assez bien entretenues, sont les deux
grandes artères terrestres de la province, ainsi reliée à
la capitale et au grand port atlantique. Les grandes
routes de deuxième classe, de 42 pieds de large, et les
routes secondaires, généralement de 36 pieds, sont, elles,
très insuffisantes et surtout très mal réparties. Les
Mauges et le Craonnais sont, on l'a vu, spécialement
isolés : en 1766, la route de Saumur aux Sables-d'Olonne
ne dépasse pas Vihiers, la route d'Angers à Laval par
Château-Gontier n'est encore qu'un projet, seule la
route de Craon à Laval a été ouverte en 1756 et des
travaux sont en cours entre Craon et Pouancé. Quant
aux chemins de moins de 30 pieds, leur entretien relève

de la seule bonne volonté des usagers et des riverains;
c'est dire que la plupart d'entre eux ne sont guère entretenus et sont impraticables une grande partie de l'année.
Les rivières « flottables et navigables », nombreuses en
Anjou, doublent heureusement, il est vrai, le réseau
routier. La Loire est dans toute sa traversée de la province une grande voie de relations, la Mayenne, la
Sarthe et le Loir sont navigables dans leurs parties angevines, et Angers au centre de ce réseau est un grand port
fluvial. Mais il s'en faut que la situation soit pleinement
satisfaisante : le sud de l'Anjou est privé de voies d'eau,
à l'exception du Thouet; l'entretien du cours de la
Loire, encombré de sables, est un souci constant pour
les ingénieurs des turcies et levées; l'existence de nombreuses écluses et portes marinières sur la Mayenne,
la Sarthe et le Loir est une entrave continuelle à la
navigation; l'indiscipline des bateliers, le coût élevé
des affrètements, la multiplicité des péages contribuent
aussi à freiner le développement du commerce par
eau.

Les efforts déployés dans la seconde moitié du XVIIIe
siècle pour améliorer le réseau routier et le réseau
fluvial ne modifient pas profondément la situation.
L'administration des ponts et chaussées et celle des
turcies et levées sont animées par des ingénieurs compétents qui travaillent en collaboration avec l'intendant,
mais leurs moyens financiers sont insuffisants. De 1787
à 1789, l'Assemblée provinciale et sa Commission intermédiaire s'attachent tout particulièrement au problème
des voies publiques et essaient de donner aux travaux
indispensables une nouvelle impulsion, en suscitant
notamment, dans les paroisses, la création d'ateliers
de charité pour l'amélioration des chemins; mais la
mauvaise volonté de l'intendant qui ne veut rien perdre
de ses prérogatives, l'inexpérience des assemblées municipales mises en place en 1787, la conjoncture économique et politique défavorable à des travaux de longue
haleine font que les résultats ne dépassent guère le
stade des enquêtes et des projets. Au total, la seconde
moitié du siècle voit, en matière de routes, la mise en
chantier de quelques portions de la route d'Angers à
Laval, l'achèvement de la route de Craon à Nantes par
Pouancé, le prolongement, de Vihiers jusqu'au delà de
Cholet, de la route de Saumur - Les Sables; par contre,
la route d'Angers à La Rochelle par Chemillé et Cholet

n'est toujours pas faite; d'ailleurs son tracé définitif n'est pas encore fixé, et seule la portion Chemillé-Cholet sera ouverte en 1790; quant à la route de Nantes à Saumur par Beaupréau, Chemillé et Doué, et celle de Chemillé à Chalonnes, leur mise en œuvre est à peine commencée en 1789. En matière de navigation, la police des rivières est impuissante à lutter contre les abus de toutes sortes dont sont responsables les meuniers et les riverains; même l'arrêt du 23 juillet 1783, « portant règlement général pour la navigation de la Loire et des rivières y affluentes » est pratiquement inappliqué; l'idée de doter enfin la ville d'Angers de vastes quais sur la rive gauche de la Maine reste à l'état de projet; la Sarthe est toujours fermée à la navigation en amont de Malicorne, de même que le Loir en amont du Lude, malgré diverses études.

La canalisation du Layon, due à l'initiative privée, est la seule réalisation vraiment importante de la fin du XVIIIe siècle. Un premier projet a été présenté par Pierre-Nicolas Parant en 1741, mais sur avis défavorable des subdélégués de Saumur et de Montreuil-Bellay, il est repoussé comme le seront plus tard tous ceux que présentera Parant concernant l'Authion ou la Loire. Le 17 août 1774, la compagnie Morat et Puissan, constituée pour l'exploitation des mines de charbon de terre de Saint-Georges-Châtelaison, obtient un arrêt du Conseil l'autorisant à entreprendre les travaux de canalisation du Layon et lui octroyant pour 40 ans le privilège exclusif d'exploitation du nouveau canal. L'arrêt provoque immédiatement les protestations des paroisses riveraines qui prétendent que l'on va détruire beaucoup de prairies fertiles, ruiner plusieurs meuniers et augmenter les risques d'inondation. Pourtant, sur l'avis de Du Cluzel, Turgot refuse de faire suspendre les travaux et ceux-ci menés avec célérité sont terminés en 1779. Mais les devis sont largement dépassés et les sociétaires, qui ont confié en 1777 à Joseph Renou la direction des mines et du canal, présentent en 1780 une requête dans laquelle ils proposent d'abandonner au roi la propriété du canal en échange du remboursement de leurs dettes; les lettres patentes de juin 1781 leur donnent satisfaction et leur laissent pendant 18 ans le bénéfice de la perception des droits d'exploitation du canal. En 1785, la compagnie, dont les difficultés se trouvent aggravées par la faillite de l'un de ses actionnaires, le prince de Guéménée, vend les mines de Saint-Georges et les droits sur l'exploitation du canal à une nouvelle société créée par Bonaventure Pauly. La liaison étroite, établie dès l'origine entre le canal et les mines, explique à la fois le succès et les limites de l'entreprise : en dépit de leurs proclamations officielles, ses promoteurs ont surtout songé à l'acheminement de leurs charbons beaucoup plus qu'à celui des produits locaux, notamment les vins. Certes, dès l'ouverture du canal, les courtiers hollandais déplacent leurs entrepôts des Ponts-de-Cé à Chalonnes, mais déjà la crise viticole touche durement les vignerons du Layon, réduisant considérablement les exportations. Aussi vers 1790, le canal sert-il essentiellement au transport de la houille et très secondairement à celui du vin, du bois ou des céréales.

A la veille de la Révolution, les structures de l'économie angevine sont pratiquement inchangées. Pourquoi cette évolution manquée ? Pourquoi les efforts déployés ont-ils porté de si maigres fruits ? Pourquoi l'Anjou n'a-t-il pas été le théâtre de cette « amorce de transformation structurelle » que connaissent d'autres régions de France ? Les atouts que possède la province sont pourtant nombreux et complaisamment rappelés, ses blés, ses vins, ses légumes, ses lins et ses chanvres, ses ardoises. La situation d'Angers est enviable, sans être pourtant aussi favorable que d'aucuns le répètent, surtout si on la compare à celle de Nantes, grand port d'estuaire ouvert sur l'économie mondiale, ou même à celle d'Orléans, simple port ligérien, mais étape sur la route de la capitale et proche du grand marché parisien. S'interrogeant en 1787 sur « les moyens d'encourager le commerce à Angers », l'avocat angevin Viger énumère d'abord les causes qui, selon lui, expliquent l'inaction dont souffrent la cité et, au delà, la province : le privilège de noblesse attaché au mairat, l'appât des bénéfices ecclésiastiques, en « quantité prodigieuse » dans le diocèse, l'existence de l'Université dont l'enseignement, d'ailleurs en décadence, est à l'opposé de l' « esprit de calcul » qui est « l'âme de la profession commerciale », le mépris plus ou moins affiché dans lequel la majorité des Angevins tient les commerçants, enfin l'immobilisation des capitaux. Certes, on peut se demander si Viger n'exagère pas, comme la plupart de ses contemporains du Tiers, l'influence néfaste de l'anoblis-

sement par le mairat et de la multiplicité des bénéfices
ecclésiastiques. Quoi qu'il en soit, son analyse, très
fine, pose le problème à son vrai niveau, celui des
mentalités. L'indolence des Angevins n'est pas seulement
un lieu commun repris dans tous les rapports officiels
depuis plus d'un siècle, de Charles Colbert à Harvoin,
elle est devenue, à tout le moins depuis le milieu du
XVIIe siècle, un trait profond de la mentalité angevine
qu'Aveline de Narcé met en relation, en 1787, avec
les dons que la nature a prodigués aux Angevins :
« Leur esprit, leurs mœurs se sont ressentis de la douceur de ses bienfaits comme de leur étendue. Que
désirer lorsqu'on se trouve placé au milieu de tout ce
qui est nécessaire et agréable à la vie ?... Indolents
parce qu'il est aisé d'être heureux..., nous semblons des-
tinés à mériter éternellement l'épithète piquante dont
nous caractérisa le conquérant des Gaules. »

CHAPITRE III

LA CONJONCTURE ECONOMIQUE : CLIMAT ET PRIX

1. — *Le climat de l'Anjou aux XVIIᵉ et XVIIIᵉ siècles*

Céréalière, pastorale, viticole, productrice de lin et de
chanvre en partie transformés sur place, l'économie
angevine, essentiellement agricole, est étroitement tributaire des conditions climatiques. Chaque année, moissons et vendanges posent aux hommes désarmés une
question angoissante dont la réponse, de juillet à
octobre, dépend du soleil et de la pluie des mois précédents. Le désir sinon de commander au « temps », du
moins de le prévoir, s'exprime dans les rubriques des
almanachs qui donnent pour l'année à venir le temps
qu'il fera, jour après jour; il s'exprime surtout dans
les nombreux proverbes populaires qui sont le fruit
d'observations séculaires. Cette influence tyrannique de
la météorologie sur la vie — et la mort — des hommes
du passé impose de tenter de reconstituer les conditions
climatiques en Anjou aux XVIIᵉ et XVIIIᵉ siècles. Deux
types de sources constituent, malgré leur caractère fragmentaire et parfois imprécis, une documentation de
grand intérêt : c'est d'une part un mémoire sur les
« Epoques du temps de l'ouverture des vendanges dans
les paroisses d'auprès de la ville d'Angers », et l'on sait
le parti que l'on peut tirer d'un tel document phénologique; ce sont d'autre part les registres paroissiaux et
capitulaires, les états de récoltes établis par l'intendance, les livres de raison, journaux ou mémoires angevins, qui les uns et les autres comportent de nombreux
renseignements d'ordre météorologique. Grâce à la mul-

tiplicité et à la convergence de ces renseignements, il a
paru possible de donner une présentation graphique des
variations conjoncturelles du climat angevin. Certes, je
ne méconnais pas les dangers d'une telle tentative.
Parmi les indications recueillies, il ne fallait retenir que
celles présentant une valeur générale à l'échelle de la
province et non pas seulement locale : un violent orage
d'été ou une grêle peuvent avoir dévasté une paroisse
ou un groupe de paroisses, sans avoir affecté pour
autant l'ensemble de l'Anjou. Aussi n'ai-je retenu que
les événements climatiques dont l'importance et la
simultanéité ressortent à l'évidence de la convergence
des sources : la rigueur des « grands hivers », par
exemple, est attestée non seulement dans les diverses
régions de l'Anjou, mais aussi dans les provinces voisines et pour certains d'entre eux, dans la plus grande
partie du royaume et même de l'Europe. Par ailleurs,
l'absence de renseignements pour telle année ou telle
saison pose le problème de savoir s'il ne s'agit pas
d'une lacune de la documentation. Il est certain à cet
égard que les années 1600-1633 sont parfaitement
« couvertes » par le journal de Louvet, de même que
les années 1683-1720 par les journaux de Toisonnier
et de Lehoreau, ces trois mémorialistes étant particulièrement attentifs aux conditions météorologiques; il
est certain également que nous disposons pour le
XVIIIᵉ siècle de registres paroissiaux plus nombreux,
mieux tenus et généralement plus prolixes qu'au siècle
précédent. A l'inverse, la documentation est plus dis-
continue pour les années médianes du XVIIᵉ siècle;
pourtant, il apparaît nettement, par comparaison avec
les provinces voisines, que cette documentation assez
maigre fournit l'essentiel, notamment sur les saisons
catastrophiques des années 1660-1662. Aussi peut-on
affirmer — même pour le milieu du XVIIᵉ siècle — que
le silence des sources correspond à une situation météorologique si normale qu'elle ne méritait pas la moindre
mention de la part des contemporains : les saisons
heureuses n'ont pas d'histoire. Enfin, si ces divers renseignements sont de datation toujours très précise, ils
présentent un caractère narratif et « qualitatif » qui
en rend l'utilisation parfois délicate. Pourtant, j'ai cru
possible de traduire ces données de façon schématique-
ment quantitative, en distinguant, mois par mois, à propos des températures d'une part, des précipitations

d'autre part, des situations *supérieures* et *très supérieures, inférieures* et *très inférieures* à une situation dite *normale*. Je ne minimise pas le caractère de grossière approximation d'une telle façon de faire, mais j'ai pensé qu'à condition de ne pas accorder au tableau ainsi construit, une valeur absolue qu'il ne peut avoir), il valait la peine d'être dressé (*cf.* en fin de volume).

L'interprétation de telles données pose des problèmes d'un autre ordre. La tyrannie des saisons pèse sur les hommes de ce temps à des titres divers : en dehors du rôle qu'elles jouent dans l'apparition ou la propagation de telle ou telle maladie, elles influent directement sur les récoltes. La douceur du climat angevin, chantée par Du Bellay, est vantée non seulement par les habitants, mais par tous les voyageurs. Largement ouvert aux influences atlantiques, l'Anjou a des températures moyennes annuelles de l'ordre de 11 degrés, avec, à Angers même, une moyenne de 4 degrés en janvier et de 19 degrés en juillet. Les vents dominants d'ouest apportent des pluies relativement abondantes (550 mm à Angers) et réparties sur 150 jours par an environ, avec un minimum l'été. Ce que Bucquet écrit en 1808, à propos de la région de Laval, peut s'étendre à tout l'Anjou : « En général, on regarde l'année comme régulière, dans ce pays, quand l'hiver est peu froid, le printemps tardif et humide, l'été sec et l'automne pluvieux ». Dans un tel contexte climatique et quelles que soient les nuances régionales qu'il conviendrait d'introduire, ce sont les années exagérément pluvieuses que les paysans redoutent le plus, non les années sèches. Les proverbes populaires sont à cet égard révélateurs :

> *Sèche année*
> *N'est jamais affamée,*

ou encore :

> *Année de sécheresse,*
> *Jamais disette,*
> *Toujours du grain*
> *Et du bon vin.*

Certes, les fourrages, les lins et les chanvres souffrent d'une sécheresse excessive et prolongée comme en 1615, 1719 ou 1785, mais même lors de ces années exceptionnelles, la récolte des grains, elle, est généralement assurée. De même, les hivers très rigoureux — d'ailleurs

rares — frappent par leur caractère inhabituel et par
les souffrances qu'ils entraînent, surtout pour les plus
pauvres, aussi les curés ne manquent-ils pas de s'étendre
longuement dans leurs registres sur les manifestations
spectaculaires de ces « grands hivers »; pourtant ceux-
ci n'ont que rarement des conséquences catastrophiques
sur les récoltes. Neiges et gelées, à condition qu'elles
ne soient ni trop importantes, ni surtout trop tardives,
sont bien accueillies :

> *Année de gelée,*
> *Année blatée.*

Par contre, ce qui est à craindre, tant pour les grains
que pour le vin, c'est le « dérangement des saisons »,
c'est-à-dire l'hiver trop humide et trop doux, le printemps trop froid et trop long, avec des gelées brutales,
surtout l'été « mou », l'été « pourri », avec ses températures trop basses et ses pluies continuelles. L'Anjou
fait bien partie de cette Europe océanique et tempérée
où « c'est la récurrence des années humides qui représente le principal danger ». L'étude des données événe-
mentielles et de la courbe phénologique permet ainsi,
en dépit des lacunes de cette dernière, de mettre en évidence les « mauvaises années », c'est-à-dire celles qui,
du fait le plus souvent de printemps et d'étés froids et
humides, ont été marquées par des récoltes très inférieures à la moyenne : 1633, 1661, 1682, 1692, 1693,
1709, 1712, 1713, 1721, 1725, 1737, 1740, 1751, 1758,
1763, 1768, 1769, 1782, 1788.

2. — *Mercuriales et crises de subsistances*

Mais si « les difficultés agricoles (sont bien) filles de
l'adversité climatique », les effets de celle-ci sont soit
atténués, soit aggravés par des facteurs purement
humains. Intendant, clergé, municipalités peuvent
prendre des mesures susceptibles de pallier en partie
les conséquences de la mauvaise récolte, comme ce sera
le cas de plus en plus fréquemment au XVIII° siècle. A
l'inverse, les manœuvres d'accaparement de certains
marchands peuvent aggraver une situation seulement
préoccupante, voire même créer, en quelque sorte arti-
ficiellement, cherté et disette. C'est pourquoi les années

de mauvaises récoltes et celles de crises de subsistances ne coïncident pas rigoureusement. C'est la mercuriale qui, relayant ici les données climatiques, permet de déceler les grandes crises.

Les années 1630 et 1631 resteront pour trente ans, dans la mémoire des Angevins, les « chères années » — « jusqu'à l'an 1661, précise le contemporain Roger, qu'une autre famine a aussi donné ce nom à celle-ci ». Au départ, cherté et disette ne résultent pas directement d'une mauvaise récolte. En effet, à la suite d'un été chaud et sec, la récolte de 1629 a été « assez bonne pour les grains ». Pourtant, dès le début de 1630, les prix augmentent dans les différents marchés de la province du fait d'exportations massives vers Nantes à destination des autres provinces du royaume et de l'étranger; par ailleurs, l'hiver et le printemps sont très pluvieux et font redouter une mauvaise récolte; enfin de nombreux pauvres venus du Poitou affluent en Anjou et notamment à Angers, et sont lourdement à charge aux habitants. En mars, une assemblée générale de la ville d'Angers prend des mesures de police pour interdire le transport des blés hors de la province et pour expulser les pauvres « forains ». Mais rien n'y fait : le prix du seigle et du froment ne cesse d'augmenter, passant de 9 livres le setier de seigle et 12 livres le setier de froment en décembre 1629, à 12 et 15 livres en mai 1630, à 25 et 30 livres en août. Le 13 juin, éclate à Angers un violent soulèvement populaire; en août, plusieurs boulangeries sont pillées. Comme on le craignait, la récolte de 1630 se révèle catastrophique : « Il n'a été cueilli que les semences en plusieurs endroits, précise Louvet, et un peu plus ès aultres lieux. » En mars 1631, malgré l'arrivée de blés de Bretagne, le setier de seigle vaut 40 livres à Angers, soit quatre fois plus qu'un an plus tôt; à la halle de Candé, le boisseau de seigle est vendu 70 sols, contre 15 à la fin de 1629. La perspective d'une belle récolte amène, dès le printemps, une amorce de baisse qui se confirme pendant l'été, exceptionnellement chaud et sec.

De 1642 à 1654, l'Anjou connaît une longue période de cherté : à Angers, le froment qui a valu en moyenne 18 sols le boisseau entre 1632 et 1641, en vaut 30 en moyenne, avec des pointes à plus de 38 sols en 1643-1644 et à 33, 34 et 35 sols entre 1648 et 1652. Une récolte largement déficitaire en 1642 entraîne, dès

le printemps de 1643, une disette avec hausse des prix
des blés et manœuvres de certains accapareurs; à Angers
même, l'arrivée de blés polonais en février 1644 soulage
grandement la population et contribue à assurer à peu
près la soudure avec la bonne récolte de 1644. La
« disette de la Fronde » entre 1648 et 1654, relativement moins sensible en Anjou que dans d'autres régions
du royaume, procède moins de facteurs climatiques
défavorables que des conditions politiques et militaires :
les récoltes semblent n'avoir été que médiocres, sans
être jamais franchement mauvaises, mais Angers et une
grande partie de la province sont, pendant quatre ans,
le théâtre d'une agitation presque continuelle. Les exactions des gens de guerre, les difficultés accrues de
ravitaillement des centres urbains, le marasme des
affaires et la misère générale expliquent suffisamment
la crise de la Fronde.

La famine de 1661-1662, la plus grave de celles que
connaît l'Anjou aux XVIIᵉ et XVIIIᵉ siècles, procède, elle,
directement des conditions climatiques. A la suite de
pluies continuelles pendant l'été de 1661, la récolte de
cette année-là est catastrophique, ce qui est d'autant
plus déplorable que la récolte de 1660, très médiocre,
n'a laissé pratiquement aucun excédent. Dès le 6 septembre, le roi prend une ordonnance autorisant la vente
du blé à l'intérieur de l'Anjou, mais interdisant son
exportation hors de la province. En fait, l'absence de
réserves et les agissements des accapareurs font que le
blé manque très vite tant dans les villes qu'à la campagne, et que la province ne peut bientôt plus compter
que sur l'arrivée des blés de l'extérieur, notamment de
Bretagne, l'une des rares provinces de la France du
Nord où la récolte a été presque normale. En janvier,
le maire d'Angers, Chênedé, espère encore que ces
importations vont permettre de limiter les effets de la
disette; mais du fait de l'afflux en ville des paysans
affamés et des difficultés rencontrées auprès de la municipalité nantaise pour faire remonter les blés bretons
ou hollandais de Nantes vers Angers, la situation dans
la ville s'aggrave durant l'hiver de semaine en semaine.
En avril, le boisseau de seigle vaut (quand on en
trouve) 70 sols, soit quatre fois plus qu'en temps normal. A la fin de mars, l'intendant brosse à Colbert un
sombre tableau : « Les trois provinces qui composent
cette généralité sont plus misérables que l'on ne se peut

imaginer. L'on n'y a recueilly aucun fruit en 1661 et
très peu de bled qui est extrêmement cher... Il n'y a
pas d'apparence que la récolte prochaine puisse estre
fort abondante : la moitié des terres, faute de bras, n'a
pas été labourée; les avoynes ne sont pas encore faittes,
le mauvais temps et le dérèglement de l'hyver ayant
empesché jusqu'à présent de labourer, et pour surcroy
de malheur, les grandes eaux qui augmentent tous les
jours ont noyé beaucoup de terres qui estoient labou-
rées et ensemencées. » Au début de juin, l'arrivée de
blés de Hollande, de Bretagne et de Guyenne, vendus
les uns au prix coûtant par les soins de l'intendant,
les autres au prix fort par les marchands, amène un
certain répit et une baisse des prix. Malheureusement,
la récolte de 1662 est encore plus médiocre qu'on ne
l'avait prévu, aussi la situation reste-t-elle tragique
durant tout l'hiver à la suite d'une nouvelle hausse du
prix des grains. Seule, la mise en place de la récolte
de 1663, très belle, provoque un retour progressif à
la normale.

Après une trentaine d'années de grains à bon marché,
l'Anjou est frappé par la terrible crise de 1693-1694.
A la suite d'un été particulièrement froid et humide,
la récolte de 1692 est très largement déficitaire. Le
9 octobre 1692, Miromesnil écrit au contrôleur général
Pontchartrain : « Dans la plupart des paroisses d'Anjou,
il ne s'est pas recueilly du bled de quoy vivre jusqu'à
Noël, et en celles où il y a eu du bled raisonnablement
on ferme les greniers. » Par ailleurs, les vendanges sont
désastreuses et le vin si mauvais qu'on l'appelle le
« griche-dents ». La situation, grave durant l'hiver
de 1693, spécialement rigoureux, devient tragique au
printemps : les pluies continuelles laissent prévoir une
très mauvaise récolte, ce qui entraîne une véritable accé-
lération de la hausse des prix. A Baugé, le boisseau
de froment qui valait 14 sols en novembre 1691 et 17
en mars 1692, en vaut 28 en avril 1693, 35 le 20 juillet,
38 le 7 septembre. Le 28 septembre, le nouvel évêque
d'Angers, Michel Le Peletier, qui rentre de sa première
tournée pastorale, écrit au contrôleur général pour attirer son attention sur « la misère où est réduit tout
(son) pauvre diocèse par la stérilité de deux années
consécutives ». La détresse est grande dans toute la
province pendant l'hiver suivant. Le prix des grains ne
cesse de monter. En mai, de nombreuses paroisses

s'agitent, notamment en Craonnais où la population se soulève et essaie de s'opposer par la force à tout enlèvement de grains. Mais la perspective d'une belle récolte, en incitant les accapareurs à jeter sur les marchés leurs dernières réserves, amène en juin le début de la baisse qui se trouve bientôt accélérée par la vente des grains de l'année. La mercuriale se fait l'écho fidèle de cette longue crise, la première, la plus grave aussi, de toute une série qui frappe la province entre 1692 et 1725. Les contemporains ont eu l'impression tout à fait justifiée d'être les victimes d'un véritable « dérangement des saisons » : étés « pourris » de 1692 et 1693, chaleur et sécheresse excessive des étés de 1705 et 1706, « grand hiver » de 1709 suivi d'un printemps et d'un été froids et humides, pluies torrentielles de 1710 et 1711 provoquant plusieurs ruptures de la levée de la Loire et de terribles inondations, sécheresse de 1719 et de 1723, nouveaux été « pourris » en 1713, 1721, 1725. Si la cherté et la disette de 1699 semblent avoir eu pour cause essentielle les manœuvres de certains marchands parisiens, les crises successives de 1709-1710 et de 1713-1714 procèdent directement de « l'adversité climatique ». Les conséquences de l'hiver de 1709 qui, entre le 6 janvier et le 10 février, gèle en terre toutes les semences, se trouvent encore aggravées par les pluies continuelles du printemps et du début de l'été : les grains semés en mars ou en avril sont soit gâtés par la pluie et attaqués par la rouille, soit détruits par l'inondation. Les prix des grains, qui ont augmenté dès la fin du mois de janvier, quadruplent en quelques mois et après une légère baisse au moment de la soudure, restent encore très élevés durant tout l'hiver de 1710. Trois ans plus tard, nouvelle alerte : alors que la récolte de 1712 a été médiocre, ce qui, joint aux manœuvres des éternels accapareurs, provoque dès le début de l'année suivante une hausse des cours, des pluies diluviennes en juillet et en août 1713 compromettent irrémédiablement la récolte suivante et provoquent une nouvelle famine qui frappe durement la province pendant l'hiver de 1714.

Par contre, la période qui va de 1726 à 1767 est en Anjou, comme dans toute la France septentrionale, une « réussite météorologique ». Le ciel plus favorable, mais aussi la vigilance accrue des autorités expliquent que les quelques crises de subsistances qui s'inscrivent encore en brefs « clochers » sur la mercuriale, sont beaucoup moins graves que celles des décennies précédentes. C'est ainsi que la disette consécutive aux deux récoltes médiocres de 1737 et de 1738 est partiellement conjurée par les mesures efficaces prises par l'intendant et les municipalités : les provinces voisines ayant beaucoup moins souffert que l'Anjou, des achats peuvent y être faits, notamment en Bretagne, pour l'approvisionnement des villes et de la campagne. Il en est de même lors de la crise, plus grave celle-là, de 1741-1742. Les conditions météorologiques de l'année 1740 rappellent à bien des égards celles de 1709 : « L'hiver, raconte le mémorialiste des récollets de La Flèche, dura depuis les Roys jusques au 8 mars sans cesser de geler et se fit encore sentir jusqu'à la fin du mois de may, de sorte qu'on ne voioit pas d'espérance pour les bleds; elle se releva cependant par des pluies douces, mais lorsqu'on se flattoit d'abondance, la continuation de la pluie la fit perdre. » La récolte de 1741 est malheureusement presque aussi médiocre que celle de 1740, ce qui entraîne la hausse des prix et une vive agitation dans toute la province. En juillet 1742, la disette sévit toujours à Angers où la municipalité, qui a emprunté à cet effet 50 000 livres au roi, essaie d'assurer vaille que vaille l'approvisionnement. Dès le mois d'août, les prix baissent et la situation redevient peu à peu normale. Nouvelles alertes quelques années plus tard : deux étés froids et humides, en 1747, puis en 1751, provoquent à nouveau disette et cherté pendant l'hiver et le printemps de 1748, puis pendant l'hiver de 1752. A Angers, les achats massifs de blé dans les paroisses rurales les moins touchées et dans les provinces voisines et la vente à bas prix par les soins de la municipalité réussissent à soulager directement le sort des plus malheureux et à « contenir » les prix, selon le mot du subdélégué Poulain de La Guerche. A deux reprises, des distributions de riz sont assurées par l'intendance.

Mais avec 1768 commence une période de quelque vingt ans marquée par un nouveau « dérangement » des saisons : printemps et étés « pourris » de 1768, 1769, 1770, 1782, 1787, 1788; sécheresse exceptionnelle de 1781, 1784, surtout 1785; hivers rigoureux en 1784, 1785, 1789. Le problème de l'approvisionnement en période de disette préoccupe désormais d'autant plus les autorités responsables que la déclaration de 1763 et l'édit de 1764 autorisent la libre circulation des blés dans le royaume et même leur exportation en cas de belle récolte. Lors des années qui vont de 1768 à 1772, marquées par une série de très mauvaises récoltes, les populations de l'Anjou se soulèvent en de nombreux endroits pour s'opposer aux achats des marchands étrangers à la province que l'on tient pour responsables de la disette et de la hausse des prix. Cependant, aux représentations de l'intendant Du Cluzel, Terray répond le 10 septembre 1769 : « A l'égard de la cherté des grains et de la disette, il n'est possible d'y remédier que par la voye naturelle du commerce; et depuis que les lois données par S.M. lui ont rendu la liberté dont il auroit dû toujours jouir, il n'est plus nécessaire et il seroit contre les vues du gouvernement de faire des approvisionnements auxquels le commerce seul peut et doit fournir... Mais pour appeler le commerce, il est indispensable de l'assurer qu'il jouira de la liberté et de la sécurité qui lui sont nécessaires. » Pendant l'hiver de 1770, la misère est générale en Anjou, mais plus spécialement dans les Mauges et en Craonnais. Le 11 mai 1770, le présidial d'Angers, après avoir constaté que « la disette et la misère augmentent dans la ville et dans la province » et que « la nécessité exige des précautions (qui) loin d'être contraires à l'édit de 1764 sont conformes à son esprit », prend une ordonnance de police enjoignant « à toutes personnes quelconques qui ont des bleds au-delà de leur provision jusqu'au temps de la récolte, de les faire vendre dans les marchés les plus voisins des lieux de leur résidence ». Du Cluzel se multiplie pour limiter les méfaits de la disette : il s'entend avec des négociants pour que ceux-ci vendent sur les principaux marchés, au-dessous du cours, de grosses quantités de grains en provenance de l'étranger, afin de faire baisser les prix, et s'engage à les indemniser de leurs pertes; il ouvre des ateliers de charité où les salaires sont payés en pain, à raison de trois livres par jour pour les hommes, une livre et demie pour les femmes et les enfants. Cependant, la médiocrité des trois récoltes de 1771, 1772 et 1773 maintient les prix à des cours élevés et provoque une agitation larvée qui, en août et septembre 1771, tourne à l'émeute dans de nombreuses paroisses des Mauges et notamment à Cholet; le mécontentement est d'autant plus vif que des marchands étrangers à la province continuent à enlever des blés en dépit du retour en 1771 à la réglementation en matière de circulation des grains. A partir de 1774, les prix amorcent un mouvement de baisse qui se poursuit jusqu'en 1780. Mais la récolte de 1782 est une des plus désastreuses que l'on ait connu depuis longtemps. Le 4 décembre 1782, le subdélégué d'Angers, La Marsaulaie, écrit à l'intendant pour lui signaler qu'on peut « présumer avec raison que dans l'hiver et surtout au printemps prochain, le prix des grains augmentera dans cette province, à moins qu'on y en fasse refluer des autres provinces de France ou de l'étranger ». De fait, le boisseau de froment atteint 60 sols à Angers en mars 1783 et les prix restent élevés dans les mois qui suivent. Deux ans plus tard, la sécheresse de l'année 1785, succédant à celle de l'été de 1784, entraîne en Anjou une véritable catastrophe. En fait, la récolte des grains est seulement médiocre, mais la destruction complète des fourrages affecte bientôt toute l'économie agricole. En effet, les bêtes meurent par milliers ou doivent être vendues à vil prix faute de nourriture. Dès le début d'août 1785, le subdélégué de Saumur écrit à l'intendant : « Le nombre des bœufs employés aux labours est si considérablement diminué dans toutes les fermes et exploitations par la disette des fourrages qu'il n'en reste pas le tiers de ce qu'il faut pour l'exploitation des terres. » Selon les termes de l'évêque d'Angers dans un mémoire rédigé l'été suivant : « Point de bestiaux, point de labourage; point de fumier, point de récolte. » Il est de fait que les ensemencements de l'automne de 1785 sont très inférieurs à la normale; aussi la récolte de 1786 est-elle très déficitaire et les prix des grains qui n'ont cessé de monter depuis l'été précédent n'amorceront-ils leur baisse qu'à l'été suivant. Les témoignages sur la détresse qui règne dans toute la province sont multiples et convergents. Les municipalités hésitent à emmagasiner des blés, comme par le passé, pour les distribuer ou les vendre à bas prix, dans la crainte de contrevenir au régime de libre circulation des grains rétabli par Turgot en 1774. L'intendant d'Aine, contrairement à son prédécesseur Du Cluzel, entend jouer à fond la carte de la liberté du commerce et de la loi de l'offre et de la demande : « Ni les diminutions forcées du prix des grains, ni les distributions gratuites, ni les charités manuelles ne produisent de bons effets; elles occasionnent au contraire très souvent de grands inconvénients. Le mieux est de donner du travail aux journaliers dont le salaire les mette à portée d'atteindre au prix des subsistances »; selon lui, si l'Anjou, le Maine et la Touraine souffrent de la disette, alors que les grains sont « abondants et à vil prix » en Normandie, en Beauce, en Bourbonnais, en Guyenne, c'est que les trois provinces de la généralité manquent de négociants suffisamment hardis pour se livrer aux spéculations nécessaires, mais ce n'est ni au gouvernement ni aux municipalités de faire ces spéculations à leur place. Quoi qu'il en soit, la reconstitution du cheptel dont la destruction a été la conséquence la plus grave de la sécheresse de 1785, ne se fait que lentement, et c'est une province à l'économie encore ébranlée qui est touchée par la crise de 1788-1789. A la suite d'un été pluvieux, la récolte de 1788 est inférieure à la normale; à cela s'ajoute bientôt la rigueur d'un hiver précoce et presque aussi rude que celui de 1709. Heureusement, la neige abondante protège les blés semés avant le début des grands froids et un printemps doux et humide favorisera les « mars ». Par contre, le froid fait périr nombre d'arbres fruitiers, de noyers et de pieds de vigne; de plus, le gel des rivières condamne les moulins au silence et les bateaux à l'immobilité: aussi les difficultés d'approvisionnement provoquent-elles durant l'hiver une brutale hausse des prix des grains qui durera jusqu'au début d'août 1789.

On retrouve ainsi, au terme de cette brève étude, le lien contraignant noté entre climat et prix des grains : le mauvais temps, surtout le mauvais été, engendre la mauvaise récolte, et si celle-ci succède à une récolte elle-même mauvaise, ou seulement médiocre, éclate alors la crise, capable, nous le verrons, de remettre en cause, dans les cas les plus graves, le fragile équilibre établi entre les subsistances et le nombre des hommes.

CHAPITRE IV

LES REALITES HUMAINES
NOMBRE DES HOMMES
ET STRUCTURES SOCIALES

1. — *Sources fiscales et densité de la population*

Chercher à connaître avec précision le nombre des hommes qui vivent en Anjou aux XVIIe et XVIIIe siècles — curiosité légitime certes, mais tâche difficile tant les sources disponibles sont rares et par surcroît manquent de cette précision jugée aujourd'hui indispensable. Mis à part un chiffre global fourni en 1664 par Charles Colbert pour l'ensemble de la généralité de Tours, l'obscurité est totale pour la plus grande partie du XVIIe siècle. Puis, brusquement, la lumière semble se faire autour de 1700, avec des documents fournissant par paroisse des chiffres de feux de provenance diverse : « Etat de la généralité » de 1688-1689 et « Mémoire » de 1691; « états » pour les années 1688, 1700, 1715 et 1732 adressés par les subdélégués d'après les rôles de taille en réponse à une enquête rétrospective de l'intendant en 1745; recensement ordonné par Desmarets en 1713 ; *Dénombrement du royaume* publié par Saugrain en 1709 et *Nouveau dénombrement* publié par le même Saugrain en 1720; enfin « états de dénombrement des ressorts des gabelles » en 1725 et 1726. Il s'y ajoute, pour la seule élection de Saumur, les chiffres de feux d'après les rôles de taille de 1701 et 1722 donnés par Pierre Gaillard dans sa « Description de la ville et élection de Saumur ». Quant au « Mémoire » rédigé en 1697 à l'instigation de l'intendant Miromesnil pour répondre à la circulaire du duc de Beauvillier, il ne présente pratiquement aucun intérêt au point de vue démo-

graphique : il ne comporte aucune statistique détaillée
par paroisse, mais seulement des précisions (avec
chiffres de feux) sur celles d'entre elles qui étaient
duchés, comtés, marquisats ou baronnies; encore ces
précisions sont-elles dans beaucoup de cas visiblement
erronées et fantaisistes; il donne bien aussi des chiffres
de feux par élection, sans doute tirés des rôles de taille,
mais sans qu'il soit possible de dater ces rôles. Précisément, l'intérêt des chiffres fournis par la « Description » de Pierre Gaillard et par l'enquête rétrospective
de 1745 vient du fait qu'ils ne posent aucun problème
d'origine ni de datation puisque les auteurs n'ont fait
qu'utiliser les rôles de taille d'années précises. Il n'en
est pas de même pour les autres sources dont l'étude
comparée aboutit à des curieuses constatations. Si les
chiffres de l'« Etat de la généralité » de 1688-1689
semblent bien être ceux des années 1686 ou 1687, les
chiffres du « Mémoire » de 1691 sont, pour l'élection
d'Angers, ceux de 1688, et pour les autres élections,
vraisemblablement ceux de 1689 ou 1690. Quant à
Saugrain, qui écrit lui-même dans l'« Avertissement »
de son *Dénombrement* de 1709 que « l'on doit regarder
le nombre de feux de chaque lieu comme plus curieux
que sûr », il a utilisé pour cette première édition de son
ouvrage, du moins pour ce qui concerne la généralité
de Tours, des rôles de taille parfois fort anciens : ainsi
les chiffres qu'il donne pour les élections d'Angers et de
Montreuil-Bellay sont ceux des rôles de 1688; loin de
procurer l'état de la population de l'Anjou à la veille de
1709, le *Dénombrement* de Saugrain ne donne donc que
des séries de chiffres datant pour certaines d'entre elles
de vingt ans plus tôt et d'ailleurs truffées d'erreurs
matérielles. Le *Nouveau dénombrement* publié en 1720
présente beaucoup moins de coquilles, mais pose en fait
les mêmes problèmes de datation : là encore, il s'agit de
séries chiffrées de dates diverses, comme en témoigne
celle de l'élection de La Flèche empruntée au recensement Desmarets de 1713. Celui-ci entrepris à une date
précise, dans l'ensemble des pays d'élections, sur l'initiative du contrôleur général, apparaît comme l'un des
documents les moins suspects que nous possédions sur
la population de l'Anjou; l'intendant de Tours, Chauvelin, ne donne dans sa lettre d'envoi du 6 avril 1713
aucune indication sur la façon dont il a procédé pour
opérer ce recensement, mais le fait qu'il fournisse les

chiffres de feux des 15 paroisses d'Angers non taillables, prouve qu'il ne s'est pas contenté de reproduire les données des rôles de taille; son collègue de Rouen, lui, précise en substance qu'il a cru bien interpréter la pensée du ministre en incluant les privilégiés dans les chiffres de chaque paroisse; sans doute Chauvelin a-t-il agi de même sans éprouver le besoin de le souligner. Le dénombrement des ressorts des gabelles en 1725 et 1726 présente le grand intérêt de fournir des chiffres — feux et personnes de plus de huit ans — d'une provenance différente de celles des sources précédentes; malheureusement, une partie des chiffres manque pour les greniers de Saint-Florent, Cholet, Brissac et Saumur, ce qui rend impossible toute comparaison avec les chiffres antérieurs dans le cadre des élections (sauf celles de Château-Gontier et de La Flèche). Au total, si les chiffres fournis par les deux ouvrages de Saugrain doivent être pratiquement négligés du fait de l'impossibilité où l'on se trouve, dans la plupart des cas, de les dater à dix ou vingt ans près, les différents états provenant des rôles de taille et le recensement de 1713 fournissent un ensemble statistique daté avec précision et offrant le minimum indispensable de garanties.

Par contre, l'obscurité se fait à nouveau pour les deux derniers tiers du XVIIIe siècle. En effet, les résultats de l'enquête Orry de 1745 sont inutilisables, les chiffres qu'elle fournit pour la généralité de Tours étant à l'évidence erronés ou sous-évalués. En dehors d'un état pour l'élection d'Angers d'après les rôles de taille de 1744 et d'évaluations globales fournies pour chacune de leurs élections par les trois subdélégués d'Angers, Saumur et Baugé en 1746, les seuls chiffres connus pour le milieu du siècle, à l'échelle de la province, sont ceux du « Tableau... de 1762-1766 »; encore ne s'agit-il que de chiffres globaux par élection d'après les rôles de taille de 1762. Les données de la fin de l'Ancien Régime sont de leur côté trop fragmentaires pour permettre des comparaisons avec les chiffres du début du siècle : les procès-verbaux des élections des municipalités en 1787 ne subsistent que pour l'élection de Montreuil-Bellay; les réponses des paroisses à l'enquête de la Commission intermédiaire en 1788 ne comportent qu'exceptionnellement des chiffres de feux; les procès-verbaux de rédaction des cahiers de doléances en 1789 comportent, eux, presque toujours cette indication, mais seuls les

cahiers de la sénéchaussée d'Angers ont été conservés.
Quant aux tableaux de la population dressés au début
de la Révolution dans des conditions qui en rendent
l'utilisation délicate, ils sont eux aussi incomplets et par
ailleurs fournissent non des chiffres de feux, mais des
chiffres d'habitants.

Le bilan au total est décevant, mais en l'absence de
dénombrements des habitants de toute la province, force
est bien de recourir à ces données médiocres, sans se
dissimuler pour autant le caractère d'incertitude qu'elles
comportent : les erreurs matérielles sont fréquentes,
dont certaines facilement décelables, mais non pour
autant réparables; de plus, l'utilisation en démographie
de chiffres de feux dressés à des fins fiscales est chose
délicate et il y a déjà longtemps qu'Edmond Esmonin
a montré, à l'aide d'un exemple angevin, qu'un chiffre
de feu inchangé peut cacher une importante diminution
de la population. Pourtant, tels quels, ces chiffres permettent de se faire une idée approximative de la répartition et de la densité de la population à l'intérieur de la
province à la fin du XVIIe siècle. La répartition des feux
vers 1690 fait apparaître avec netteté les différences de
densité selon les régions de l'Anjou; si, rompant avec le
cadre purement administratif des élections, on étudie
cette répartition dans le cadre des pays angevins (la ville
d'Angers mise à part), on peut établir le tableau
suivant :

	Superficie en km₂	Nombre de feux	Densité de feux au km₂	Densité d'habitants au km₂ (feux × 4 1/3)
Mauges	1 852	12 593	6,8	29
Baugeois	1 783	12 310	6,9	30
Craonnais-Segréen	2 080	15 106	7,2	31
Entre-Mayenne-et-Loir	1 567	18 605	11,8	51
Saumurois-Layon	1 238	16 255	13,1	57
Val-de-Loire....	842	16 063	19	82
Anjou	9 362	95 632	10,21	44

La prééminence du Val de Loire, de La Chapelle-
Blanche à La Varenne, est éclatante : la région la plus

riche de l'Anjou est aussi de beaucoup la plus peuplée, puisque sur moins du dixième de la superficie de
toute la province, se presse près du cinquième de la
population, les densités les plus fortes se trouvant
dans la partie orientale de la Vallée d'Anjou. Par
contre, Mauges, Baugeois, Craonnais-Segréen, avec
leurs quelque 30 habitants au km², ont une densité
presque trois fois plus faible que celle du Val de Loire.
Quant aux régions du Saumurois-Layon et de l'Entre-
Mayenne-et-Loir, leur densité moyenne masque le
contraste entre les vallées et les plateaux, celles-là
relativement bien peuplées, ceux-ci presque vides. La
situation générale évolue peu au cours du XVIII° siècle,
si l'on en juge par ce que seront en 1806 les densités
de population dans le département de Maine-et-Loire :
à cette date, les vallées ont des densités supérieures à
50 habitants au km², voire à 80 (et même à 100 dans
la région de Beaufort), alors que l'est du Baugeois
et le plateau de Segréen ont des densités inférieures
à 40 et plus souvent à 30. Ce n'est qu'au cours du
XIX° siècle que la situation se modifiera du fait des
profondes transformations économiques que connaîtra
le département.

    Au delà de ces grands faits de répartition, est-il pos-
sible de demander aux séries de chiffres de feux dont
nous disposons une indication sur le mouvement de la
population de l'Anjou depuis la fin du XVII° siècle ? Au
vrai, le tableau ci-contre qui regroupe ces diverses données me paraît montrer à l'évidence combien il serait
dangereux d'appuyer sur celles-ci une telle analyse.
Rien ne permet d'avancer qu'aux variations parfois
importantes du chiffre de feux d'une élection à des
dates voisines, correspondent des variations du même
ordre du chiffre de la population. Il semble même difficile de faire ressortir une tendance générale dans le
cadre de chaque élection et à plus forte raison, dans le
cadre de la province; ainsi, si l'on compare les chiffres
de 1713 à ceux de 1762, on constate une légère diminution dans l'élection d'Angers (soit plus du tiers de
l'Anjou), une légère augmentation ailleurs. Tout au plus
peut-on tirer une conclusion en quelque sorte négative :
à savoir que l'étude des chiffres de feux ne permet pas
de conclure avec certitude à une augmentation de la
population de l'Anjou au XVIII° siècle. Peut-être une
autre série de données démographiques permettra-t-elle

de cerner le problème d'un peu plus près et avec plus de fruit.

LE NOMBRE DES FEUX PAR ÉLECTION

	Angers (a)	Baugé	Château-Gontier	La Flèche (b)	Montreuil Bellay	Saumur
1686...	37 208	13 302	10 181	5 969	9 175	14 587
1688...	34 841	13 272	12 963			13 825
1689...	34 717	13 199	13 030	5 651	9 058	14 116
1700...	39 609	12 353	12 972	5 764		14 212
1713...	46 404	12 420	11 935	5 954	9 897	14 026
1715...	43 595	12 422	12 350	6 032		13 767
1722...						14 174
1725...			11 689	5 525		
1732...	40 437	13 218	12 822	6 459		16 338
1744...	42 552					
1746...	46 650	13 100				12 980
1762...	45 037	13 458	13 730	6 588	9 937	15 719
1787...					10 227	
1789...	45 000					

(a) A l'exclusion des 15 paroisses d'Angers non taillables.

(b) Les seules paroisses angevines de l'élection, à l'exclusion des paroisses mancelles.

2. — *Registres paroissiaux et mouvement de la population*

Le « Tableau de la généralité de Tours » de 1762-1766 présente au point de vue démographique une importance considérable. En effet, l'un des buts avoués des auteurs, dans le « Discours préliminaire », est de tenter de répondre, dans le cadre de la généralité, à la question de savoir si la population a augmenté ou diminué depuis la fin du XVIIe siècle. A cette fin, l'intendant Lescalopier a envisagé d'abord de procéder au recensement général de tous les habitants des seize élections, en distinguant dans chaque paroisse le nombre des gentilshommes (hommes, femmes, enfants), des prêtres, religieux et religieuses, des chefs de famille (maris, veufs, garçons d'une part, femmes, veuves, filles de l'autre), des enfants au-dessus et au-dessous de douze ans, enfin des domestiques. La tâche « confiée à des personnes intelligentes et sûres » est menée à bien dans

les élections de La Flèche en 1761, de Château-du-Loir
en 1762, de Château-Gontier en 1763 et du Mans en
1764, commencée ailleurs, elle est bientôt abandonnée
par suite des difficultés, des lenteurs et des frais inhé-
rents à ce genre d'opération. Force est donc de recourir,
pour évaluer la population des autres élections, au procédé classique des chiffres de feux tirés des rôles de
taille, en l'occurrence, on l'a vu, ceux de l'année 1762.
Mais Lescalopier, qui sait la valeur toute relative de ces
données fiscales et qui, par ailleurs, tient pour très suspects les chiffres donnés par le « Mémoire » de son
prédécesseur Miromesnil en 1697, décide de tenter la
comparaison souhaitée en s'aidant des travaux, alors en
cours, de l'abbé Expilly. Celui-ci a entrepris en effet de
calculer la population du royaume à la fin du XVIIe siècle
et vers 1760, d'après le nombre moyen des naissances
affecté du coefficient 25. Dans ce but, il s'est adressé
aux intendants afin d'obtenir des curés de paroisses le
relevé des naissances (et aussi des mariages et des décès)
pour les années 1690 à 1701 d'une part, 1752 à 1763
d'autre part. L'intendant de Tours a d'autant mieux
accepté qu'il a certainement vu tout de suite l'intérêt que cela pouvait représenter pour ses propres
recherches : à sa demande, les subdélégués adressent au
printemps de 1764, à tous les curés, une circulaire leur
prescrivant de répondre avec le maximum de précision
et de diligence aux demandes de l'abbé Expilly. Le
résultat se révèle aussi satisfaisant que possible puisque,
pour s'en tenir ici aux six élections angevines, sur les
637 paroisses qui les composent (y compris les paroisses
mancelles de l'élection de La Flèche), 36 seulement ne
répondent pas. Avant d'adresser à Expilly cet impres-
sionnant ensemble statistique, Lescalopier en tire le
meilleur parti : de Voglie et ses collaborateurs déduisent
par extrapolation les chiffres des paroisses dont on n'a
pu obtenir les états, en les calculant « dans le rapport
de leurs feux avec ceux des autres paroisses connues »,
puis ils décident d'affecter les chiffres moyens de naissances non du coefficient 25 proposé par Expilly, mais
du coefficient 23 2/3 obtenu en rapportant les chiffres
de population des quatre élections dénombrées en 1761-
1764 aux chiffres moyens des naissances dans ces
mêmes élections. Sur ces bases, ils dressent pour le
« Tableau de la généralité », en cours de rédaction, des
états comparatifs de la population des différentes élec-

tions en 1690-1701 d'une part, en 1752-1763 d'autre part.

C'est à une initiative de l'abbé Terray que nous devons de disposer, pour les dernières années de l'Ancien Régime, de relevés similaires permettant d'intéressantes comparaisons avec le début et le milieu du XVIII⁰ siècle. Par sa circulaire du 14 août 1772, le contrôleur général a en effet prescrit à tous les intendants de faire faire désormais chaque année (en remontant aux années 1770 et 1771) le relevé des naissances, mariages et décès de chaque paroisse de leur « département » et d'en dresser des états récapitulatifs par élection. Le but de Terray rejoint celui d'Expilly et de Lescalopier dix ans plus tôt : connaître, année après année, la population du royaume grâce au chiffre des naissances affecté d'un coefficient, sans avoir à recourir à un dénombrement qui « exigeroit trop de tems et de soins pour être renouvelé chaque année ». Les prescriptions de Terray, reprises par ses successeurs, ont été exactement suivies dans la généralité de Tours. Malheureusement, nous ne disposons plus aujourd'hui des relevés détaillés par paroisse et par élection que pour sept des années qui vont de 1770 à 1789 ; pour les autres, nous ne disposons, dans le meilleur des cas, que des chiffres globaux pour l'ensemble de la généralité. Toutefois, j'ai pensé que les chiffres de ces sept années pouvaient permettre d'établir des moyennes annuelles, susceptibles d'être considérées comme grossièrement valables pour les années 1771-1786.

Avant d'utiliser tous les matériaux ainsi disponibles pour le début, le milieu et la fin du XVIII⁰ siècle, deux questions préalables se posent. La première est de savoir quel crédit il convient d'accorder aux relevés ainsi faits et transmis par les curés, rétrospectivement en 1764, annuellement à partir de 1772. Mes propres dépouillements de registres paroissiaux ayant porté sur une quarantaine de paroisses, une comparaison a été ainsi possible avec les chiffres publiés par Expilly en 1765 et avec ceux conservés pour les années 1771-1786. Ces vérifications m'ont paru tout à fait rassurantes. La seconde question porte sur le postulat même des démographes du XVIII⁰ siècle, d'Expilly à Moheau et Des Pomelles, de Lescalopier à Terray et Necker : peut-on tirer le chiffre de la population du chiffre des naissances, même en le calculant non sur une année comme le préconisait Terray, mais sur une moyenne de 7 ans ou mieux de 12 ans ? En d'autres termes, une baisse du chiffre des naissances au milieu ou à la fin du XVIIIᵉ siècle par rapport au début du siècle, ne peut-elle pas signifier non une baisse de la population, mais une baisse du taux de natalité à population égale ? Question grave mais à laquelle un élément de réponse peut être apporté par l'utilisation du chiffre moyen des mariages aux différentes périodes : si à une diminution du nombre des naissances correspond, pour une même région, une diminution corrélative du nombre des mariages, il paraît possible de conclure à une diminution de la population. Au total, sans vouloir évidemment

NAISSANCES, MARIAGES ET POPULATION

Élections	Nombre moyen annuel des Naissances	Mariages	Rapport N/M	Habitants (N × 23 2/3)
1690-1701				
Angers	9 114	2 193	4,15	215 636
Baugé	2 534	610	4,15	59 954
Château-Gontier.	2 926	633	4,62	68 229
La Flèche*	1 115	261	4,27	26 380
Montreuil-Bellay	2 054	521	3,94	48 597
Saumur	2 694	655	4,11	63 740
Anjou	20 437	4 873	4,28	482 536
1752-1763				
Angers	8 622	1 936	4,45	203 896
Baugé	2 381	542	4,39	56 334
Château-Gontier.	2 699	542	4,97	63 758
La Flèche*	1 040	233	4,46	24 606
Montreuil-Bellay	2 106	505	4,17	49 827
Saumur	2 598	623	4,16	61 468
Anjou	19 446	4 381	4,43	459 889
1771-1786				
Angers	8 613	2 084	4,13	203 783
Baugé	2 132	549	3,88	50 443
Château-Gontier.	1 990	471	4,22	47 083
La Flèche*	1 038	273	4,05	24 549
Montreuil-Bellay	2 043	523	3,90	48 337
Saumur	2 547	622	4,09	60 262
Anjou	18 363	4 522	4,06	434 457

* Les seules paroisses angevines de l'élection, à l'exclusion des paroisses mancelles.

accorder à ces chiffres — regroupés dans le tableau ci-
contre — une valeur absolue, la tendance qu'ils traduisent me semble devoir être retenue : même compte
tenu de très légères variations du taux moyen de naissances par mariage, cette tendance est celle d'une diminution lente, mais générale, de la population des pays
angevins depuis la fin du XVIIᵉ siècle et particulièrement
après les années 1760.

Bien que le cadre administratif des élections rende
difficile une interprétation trop poussée de ces chiffres,
on peut pourtant noter que le recul est plus sensible
dans le Baugeois et dans le Craonnais-Segréen, alors que
l'élection de Montreuil-Bellay constituée par une partie
du Montreuillais, le Haut-Layon et le Choletais, réussit
à maintenir le chiffre de sa population. Une corrélation
apparaît à nouveau entre démographie et économie :
à la médiocrité dans laquelle se maintiennent, au
XVIIIᵉ siècle, Baugeois et Craonnais, s'opposent la
richesse de la plaine de Montreuil et la relative prospérité du pays choletais où l'industrie textile fait travailler
et vivre des milliers de personnes.

3. — *La population des deux centres urbains : Saumur
et Angers*

L'Anjou, pays essentiellement rural, ne comprend
vraiment que deux villes importantes, Saumur et
Angers. Château-Gontier et La Flèche ont moins de
5 000 habitants chacune : malgré leur rôle administratif
(elles sont sièges de sénéchaussée, présidial et élection)
et leur activité manufacturière, elles ne sont en fait que
de grosses bourgades plus qu'à demi rurales. Il en est de
même de Baugé, de Beaufort, de Cholet, de Craon ou
du Lude, qui ont chacune 3 000 ou 4 000 habitants.

En dehors des données des rôles de tailles, aucun
recensement ne fournit de chiffres sûrs pour la population de Saumur aux XVIIᵉ et XVIIIᵉ siècles. L'indication
donnée par le « Mémoire » dit de Miromesnil, en 1697,
semble dès le premier abord aussi suspecte que les
autres précisions démographiques du « Mémoire » :
« La ville de Saumur, y est-il dit, a été plus peuplée de
la moitié plus qu'elle n'est maintenant. Il reste encore
1750 feux et environ 6 500 âmes. Cette grande diminution procède de la suppression du temple, du collège

et de l'académie. » Ainsi, de 13 000 habitants environ à la veille de la Révocation, la population de Saumur serait tombée à 6 500 en 1697. En fait, cette assertion, reprise au XVIIIᵉ et au XIXᵉ siècle comme une vérité établie, ne résiste pas à l'étude des registres de baptêmes et de mariages, tant protestants que catholiques. En effet, d'après l'état civil de l'église de Saumur, les familles de la R.P.R. installées à demeure regroupent sans doute un millier de personnes au début du XVIIᵉ siècle, 1 300 peut-être vers 1620 (c'est-à-dire à la veille de la disgrâce de Duplessis-Mornay et de son remplacement par un gouverneur catholique en mai 1621), 800 à 900 au milieu du siècle, pour décroître sensiblement entre 1670 et 1685. Certes, il convient d'ajouter à ces chiffres celui de la majeure partie des élèves de l'académie, jeunes étrangers s'installant pour quelques mois ou quelques années à Saumur, souvent avec un ou deux domestiques; cette population étrangère et flottante représente vraisemblablement quelques centaines de personnes. Au total, 2 000 protestants environ vivent dans la ville vers 1620, 1 200 à 1 500 tout au plus, à la veille de la Révocation. Celle-ci n'a donc pu avoir que des conséquences démographiques limitées, à savoir le départ des élèves de l'académie à la suite de la fermeture de celle-ci dès janvier 1685 et sans doute aussi l'exode de la plupart des familles protestantes, soit 400 à 500 personnes, puisqu'en 1697 l'auteur du « Mémoire » de Miromesnil note qu'il ne reste plus que 23 familles de « nouveaux convertis ».

Le relevé des naissances catholiques à différentes périodes permet de compléter ces données :

	Nombre moyen annuel des		Population probable (N × 25)
	Naissances	Mariages	
1613-1624	305		7 625 + 2 000 protestants = 9 625 h
1690-1701	403	79	10 075 10 075 h
1752-1763	373	74	9 325 9 325 h
1771-1786	365	89	9 125 9 125 h

Ainsi, s'il semble bien que la population ait diminué à partir de la fin du XVIIᵉ siècle, encore convient-il de ramener cette diminution à de justes proportions :

quelques centaines d'habitants tout au plus. Mais il est
certain que cette régression — si minime soit-elle — est
le reflet de l'évolution économique : malgré sa fonction
manufacturière, d'ailleurs modeste, et l'important trafic
de Loire, Saumur ne retrouve pas au XVIIIe siècle l'activité qu'elle a connue au siècle précédent. A cet égard,
la fermeture de l'académie protestante a joué certainement un rôle néfaste en condamnant la ville, en relations
actives durant un siècle avec toute l'Europe protestante,
à se replier quelque peu sur elle-même et sur ses horizons provinciaux.

Quinze des seize paroisses d'Angers étant franches,
les états établis d'après les rôles de taille ne fournissent
aucun chiffre de feux pour la capitale de la province.
Toutefois, dans une lettre au contrôleur général sur la
situation des subsistances dans la généralité, l'intendant
Miromesnil indique en 1691 que la ville d'Angers
contient 4 700 feux, chiffre très vraisemblable qui sera
repris par Saugrain en 1709. Il est d'autant plus
surprenant, dans ces conditions, de lire dans le
« Mémoire » rédigé en 1697 par Pierre Carreau sous la
responsabilité du même Miromesnil que « la ville
d'Angers contient 9 000 feux et 36 000 âmes; il y a
25 ans qu'il y en avoit 50 000 ». En fait, ces chiffres
n'ont aucune valeur; tout au plus traduisent-ils l'impression ressentie par les contemporains d'une diminution
de la population de la ville à la fin du XVIIe siècle. Dans
son *Nouveau dénombrement,* paru en 1720, Saugrain
donne le chiffre de 5 409 feux, sans indiquer évidemment d'où il le tient. Les « états de dénombrement des
ressorts des gabelles » donnent, eux, 5 222 feux en 1725
et 4 906 en 1726. Ces différentes données de la fin du
XVIIe siècle et du début du XVIIIe permettent donc de
tenir pour très probable que les 16 paroisses de la ville
d'Angers renferment alors 5 000 à 5 500 feux.

Heureusement, un recensement fait en 1769 par la
municipalité fournit pour cette date un chiffre d'habitants précis et sûr. L'ordonnance royale du 1er mars
1768 ayant prescrit que « dans toutes les villes du
royaume, les maisons (seront) numérotées pour faciliter
le logement des troupes », la municipalité d'Angers
décide non seulement d'exécuter le numérotage
demandé, mais de profiter de l'occasion ainsi offerte
pour faire le recensement de tous les habitants de
la ville. Les commissaires choisis à cet effet sont tenus

de porter pour chaque maison, sur les états imprimés qui leur sont remis, outre le nom du propriétaire et celui du ou des locataires, le nombre exact des occupants en distinguant maîtres, enfants de huit ans et au-dessus, enfants de moins de huit ans, compagnons, domestiques. Les états, intégralement conservés, témoignent du soin extrême avec lequel l'opération, commencée le 1er mars 1769, a été menée à bien, et par conséquent du crédit que l'on peut accorder à l'ensemble des chiffres ainsi rassemblés. Au total, les 16 paroisses d'Angers contiennent, en 1769, 25 044 habitants vivant dans 4 116 maisons. Mais il faut observer que sept de ces paroisses étendent une partie de leur territoire sur la campagne proche ou même lointaine; 3 477 personnes habitent ainsi hors de la ville et de ses faubourgs, ce qui ramène la population proprement urbaine d'Angers — ville et faubourgs — à 21 567 habitants.

En l'absence de chiffres aussi sûrs pour d'autres dates de l'Ancien Régime, force est de recourir ici encore aux relevés des naissances par périodes de 12 ans, pour tenter d'appréhender le mouvement de la population des 16 paroisses de la ville aux XVIIe et XVIIIe siècles, sans se dissimuler le caractère approximatif de tels calculs :

	Nombre moyen annuel des naissances			Population probable (N × 25)
	Catholiques	Protestants	Total	
1600-1611	976	16	992	24 800 habitants
1652-1663	1 226	14	1 230	30 750 habitants
1690-1701	1 085		1 085	27 125 habitants
1752-1763	946		946	23 650 habitants
1778-1789	1 080		1 080	27 000 habitants

Ainsi l'Angevin Pétrineau des Noulis ne se trompe pas lorsqu'il note en 1697, pour le compte de Pierre Carreau, que la population d'Angers a diminué depuis 25 ans : il semble bien que la ville a compté vers 1660, plus de 30 000 habitants, chiffre jamais atteint jusque-là et qu'elle ne retrouvera pas avant le début du XIXe siècle; elle connaît entre 1660 et 1770 une lente régression, puis une nette amorce de redressement dans les vingt dernières années de l'Ancien Régime.

Régression, au mieux stagnation — telle est l'impression générale que laisse l'étude de la population de l'Anjou depuis le dernier quart du XVIIe siècle, avec peut-être un renversement de la tendance à la veille de la Révolution. Comment ne pas rapprocher cette impression de celle qui se dégage de l'étude économique tentée à grands traits dans les chapitres précédents ? La médiocrité des activités, l'absence d'ambition créatrice rejoignent ainsi — causes et conséquences à la fois — une évolution démographique orientée vers la baisse.

4. — *Structures sociales des campagnes angevines*

Au delà des structures économiques, au delà des chiffres de population, on aimerait pouvoir appréhender de plus près les structures sociales, les réalités humaines. Et d'abord, celles des campagnes angevines. Située au cœur du Baugeois, la paroisse de Mouliherne et ses 1 000 à 1 200 habitants est un bon exemple d'une communauté rurale de l'Anjou au XVIIIe siècle. Le rôle des tailles de 1762 en donne une première image qui, pour incomplète qu'elle soit puisque négligeant les privilégiés, n'en est pas moins significative. Les 266 cotes se répartissent selon le tableau ci-dessous. C'est l'image d'une communauté pauvre et essentiellement agricole où, à côté d'un petit groupe de laboureurs aisés, les paysans

Cotes en livres	Nota-bles	Labou-reurs	Bêcheurs et Closiers	Artisans et Mar-chands	Veuves et Indéter-minés	Totaux
30-46		7				7
20-30		8	3	4	2	17
10-20	1	10	45	7	5	68
4-10	1		58	20	12	91
moins de 4.	2		25	20	36	83
TOTAUX ...	4	25	131	51	55	266

sont de simples bêcheurs dont la majorité paie moins de 10 livres de taille; les artisans et les marchands sont relativement nombreux, mais la place que la plupart d'entre eux occupent au bas de l'échelle fiscale témoigne du caractère très modeste de leurs activités; enfin, parmi les plus basses cotes se trouvent la plupart des veuves et les paroissiens les plus pauvres n'ayant même pas droit à un qualificatif déterminé, groupe misérable qui représente plus du cinquième des imposés. Au total, sur 266 taillables, 24 seulement — dont 15 laboureurs et 4 artisans ou marchands — paient plus de 20 livres de taille; les 242 autres ont une situation matérielle allant de la médiocrité au dénuement.

Des sondages dans les riches archives notariales de Mouliherne permettent de cerner la réalité d'un peu plus près. Le terme de bêcheur ou bêcheux, employé couramment ici comme dans tout l'Anjou, désigne le petit cultivateur qui, par opposition au laboureur, travaille la terre à bras. Encore convient-il de distinguer. Les plus pauvres d'entre eux — le tiers du total environ — sont de simples ouvriers agricoles qui louent leur travail, tel ce René Liger qui vit dans une « chambre » à la métairie de la Grigeonnière et laisse à sa mort en 1787, outre 42 livres de dettes, un maigre mobilier et quelques vêtements, le tout évalué à 125 livres; tels ce René Duperray et sa femme qui, en 1776, passent un contrat de travail de trois ans avec un laboureur « pour le servir domestiquement, moyennant la somme de 50 livres, aux charges de les nourrir, coucher, blanchir leur gros et menu linge, faire rabiller leurs hardes, leur fournir des sabots (eux) et leurs enfants provenus et à provenir de leur mariage ». Mais les plus nombreux parmi les bêcheurs sont ceux qui mettent en valeur eux-mêmes de petites exploitations; ils sont alors souvent confondus par le notaire, le curé ou le collecteur, avec les closiers. Ces exploitations sont soit prises à moitié, le bail prévoyant généralement la location des bestiaux, soit le plus souvent affermées. Bêcheurs-exploitants ou closiers — peu importe le terme — sont en fait des paysans économiquement dépendants : du propriétaire, surtout dans le cas d'un bail à moitié, de tel ou tel laboureur voisin à qui ils doivent recourir pour lui louer son attelage à diverses époques de l'année. Il n'est pas surprenant que beaucoup meurent endettés, après une existence toujours difficile, souvent dramatique. La plupart vivent dans une modeste chaumière d'une pièce surmontée d'un grenier, flanquée d'une étable et d'un toit à porc, le tout entouré d'un petit jardin ; à l'intérieur, dans la chambre « manable », un ou deux bois de

lit garnis de paillasses et de couettes de plumes d'oie,
un ou deux coffres, une huche, une mauvaise table et
deux bancs, de la vaisselle de terre, de rares ustensiles
de cuisine; dans les coffres, quelques hardes, deux ou
trois paires de draps, rarement plus, quelquefois moins.

La majorité des artisans et des marchands — meuniers, maréchaux, charrons, tisserands — a une condition très voisine de celle des bêcheurs; d'ailleurs, beaucoup sont en même temps, et même souvent d'abord,
de petits paysans louant leurs bras ou exploitant
quelques boisselées de terre; leur activité artisanale
pourvoit aux besoins de la paroisse, et la médiocrité de
leur condition ne fait que refléter celle de leur clientèle.
Par contre, charbonniers et « chaussumiers » (ou chau-
fourniers) constituent une catégorie bien à part : les
premiers fabriquent le charbon de bois, vendu à Baugé
et à Saumur, les seconds exploitent les nombreux fours
à chaux ou à briques de la région. C'est parmi les marchands charbonniers et les marchands chaussumiers que
l'on trouve les artisans les plus aisés et les plus imposés.

Mais l'« aristocratie » villageoise est constituée par le
petit groupe des laboureurs, 25 en 1762. Ils exploitent
de grandes métairies, dont ils sont rarement propriétaires, mais qu'ils afferment ou prennent à moitié, se
réservant souvent d'en sous-louer une partie. A sa mort
en 1724, Louis Guillot, qui exploite la métairie des
Desvinières, laisse un cheptel évalué à 1 000 livres et
comprenant deux bœufs, six vaches, deux veaux de
l'année, deux moutons, une chèvre, trois truies et onze
porcs. Cette aisance se reflète dans l'aménagement intérieur de la maison : mobilier, linge, vaisselle, outillage
divers, tout est ici plus important et plus riche que chez
le bêcheur.

Ce tableau de la société de Mouliherne serait incom-
plet sans les privilégiés, clergé et nobles. Le clergé est
représenté par deux curés desservant la paroisse à tour
de rôle pendant une semaine. Le revenu de chacun des
deux offices est évalué à 600 livres au milieu du
XVIIIᵉ siècle. Il est vrai que la plupart des titulaires disposent de biens personnels : les inventaires après décès
du curé Fontaine en 1779 et du curé Lamé en 1780
témoignent d'une honnête aisance. Quant aux nobles, ils
sont représentés au XVIIIᵉ siècle par quatre familles qui
résident généralement dans la paroisse dont elles possèdent une partie du sol, sans qu'il soit possible d'avan-

cer un chiffre; au vrai, ces nobles qui servent un temps dans les armées du roi avant de revenir sur leurs terres, paraissent assez besogneux et leur influence sur les paysans au milieu desquels ils vivent, assez limitée; la plupart des laboureurs et des bêcheurs tiennent les terres qu'ils exploitent, de propriétaires étrangers à la paroisse, bourgeois d'Angers, de Saumur ou de Baugé. A côté du rôle du curé, considérable, celui du notaire ne devait pas être négligeable si l'on en juge par le grand nombre d'actes qu'il est amené à rédiger chaque année; la plupart des mariages notamment donnent lieu à contrat, même de la part des conjoints les plus modestes.

Telle apparaît la société rurale de Mouliherne : une masse de paysans ou artisans pauvres et même misérables, d'où émergent par leur aisance relative, outre clergé et nobles, quelques marchands et deux ou trois dizaines de laboureurs; une population très largement analphabète et où l'instruction ne fait pratiquement aucun progrès au cours du XVIII° siècle, une communauté dont les ouvertures sur l'extérieur ne dépassent guère le cercle des paroisses voisines.

Ce qui fait l'intérêt d'un tel exemple, c'est qu'il peut servir de modèle pour un grand nombre de paroisses rurales non seulement du Baugeois, mais d'une grande partie de l'Anjou, notamment les plateaux de l'Entre-Mayenne-et-Loir et du Craonnais-Segréen. Par contre, les structures sociales de certaines paroisses des Mauges sont quelque peu différentes par suite de la présence de nombreux tisserands dans les bourgs des environs de Cholet et de Vihiers. Voici à titre d'exemple la composition professionnelle de deux paroisses à la fin du XVIII° siècle, l'une, Saint-Macaire, au sud, à proximité de Cholet, l'autre, Bouzillé, au nord, en dehors de la zone de l'industrie choletaise :

(en %)	Paysans	Tisserands	Autres Artisans	Hommes d'affaires et ecclésiastiques
Saint-Macaire ..	46,77	32,92	14,77	5,54
Bouzillé........	71,23	1,37	19,18	8,22

Les tisserands vivent sous la dépendance économique des marchands-fabricants de Cholet et forment dans les

bourgs un groupe social original en opposition latente
avec les paysans dispersés dans les hameaux du bocage.
De plus, les nobles des Mauges étant souvent absen-
téistes, les régisseurs, procureurs et hommes d'affaires
qui défendent leurs intérêts, cristallisent sur leurs personnes le mécontentement des paysans, de même que les
marchands-fabricants de Cholet, celui des tisserands.

Plus encore que pour les Mauges, le modèle de
Mouliherne demanderait à être nuancé pour le Val de
Loire et le Saumurois-Layon. L'industrie rurale, ici,
compte peu; l'économie agricole largement spécialisée
est orientée vers l'exportation grâce à la Loire : vins du
Layon et des coteaux du Saumurois, blé du Montreuillais, légumes et fruits de la Vallée. La proportion des
paysans propriétaires y est très supérieure à ce qu'elle
est dans le reste de l'Anjou. Moins dépendants économiquement, cultivateurs, vignerons, horticulteurs de la
Vallée souffrent moins qu'ailleurs de l'âpreté de tous les
rentiers du sol; par contre, ils supportent mal le poids
des dîmes, et leur hostilité à l'égard notamment des
grandes abbayes — Fontevrault, Saint-Florent — tourne
volontiers à un certain anticléricalisme.

5. — *Structures sociales d'Angers*

L'aspect extérieur d'Angers ne change guère au cours
des deux derniers siècles de l'Ancien Régime : c'est la
ville telle que l'a connue Louvet aux environs de 1600
que décrivent Barthélemy Roger vers 1670, Péan de La
Tuilerie en 1778 ou plus tard le nonagénaire Besnard
évoquant ses souvenirs de 1770. De chaque côté de la
rivière, la ville proprement dite et la Doutre (ou quartier d'outre-Maine) sont toujours ceintes de leurs
murailles médiévales au delà desquelles s'étendent les
faubourgs dont deux sont peuplés et actifs, le faubourg
Saint-Michel et le faubourg Bressigny. Ceux des Angevins que le chauvinisme local n'aveugle pas sont
d'accord avec tous les voyageurs étrangers pour noter
que la ville n'est guère agréable à habiter: les rues
sont étroites et en pente, le port est mal aménagé, un
seul pont encombré de maisons relie les deux parties de
l'agglomération. Il semble surtout que la ville soit pleine
de contrastes : les vastes et beaux jardins des grandes
abbayes et des communautés religieuses s'opposent aux

rues et ruelles surpeuplées et sans air; les grandes
masses de pierre — château, cathédrale, églises, hôtel
de ville, évêché, abbatiales — s'opposent aux milliers de
petites maisons faites de bois, de torchis et d'ardoises
avec un ou deux étages en encorbellement. Paradoxalement, c'est la place des Halles qui apparaît comme le
centre de la vie angevine bien que proche de l'enceinte
et de la porte Saint-Michel : autour des halles, vaste
construction du XIIIe siècle, se pressent le palais, siège
du présidial et des autres juridictions, l'hôtel de ville, la
prison et les quelques hôtels des grandes familles de la
magistrature; c'est là qu'ont lieu la plupart des réjouis-
sances publiques et sur la place du Pilori, voisine, ces
autres spectacles que sont les exécutions.

Mais dans la ville sans cesse bruissante du son des
cloches des 70 églises et chapelles, ce qui compte plus
que les fêtes collectives — telle, chaque année, la procession du Sacre — c'est le travail quotidien. Pour le
saisir dans toute sa diversité, on dispose heureusement
pour le XVIIIe siècle, au delà des notations générales des
mémorialistes et des voyageurs, des données précises du
recensement de 1769. Pour 9 371 personnes sur les
21 567 habitant Angers-ville, les recenseurs ont men-
tionné une profession ou l'équivalent d'une profession. De la répartition de la population par grandes
catégories socioprofessionnelles, ressortent immédiatement quelques constatations : l'importance considérable des domestiques, près du quart du total; la place
occupée par le textile dont on peut rapprocher les
métiers de l'habillement; le nombre relativement élevé
des rentiers et des membres du clergé. Si l'on pousse
plus avant l'analyse des données du recensement, on
remarque à l'intérieur du secteur du textile, l'émiettement des activités, mis à part le groupe important des
590 fileuses : 251 tisserands (dont beaucoup travaillent
à la manufacture de toiles à voiles), 129 fabricants de bas
au métier, 89 brocheuses, 79 cardeurs, 70 filassiers,
42 sergers. Les activités de l'habillement — que l'on
pourrait qualifier de « secondaires » par rapport au secteur du textile proprement dit — sont relativement plus
développées : 201 couturières, 161 lingères, 135 tailleurs
d'habits (dont 42 compagnons), 214 cordonniers (dont
92 compagnons). L'analyse des autres secteurs professionnels renforce cette impression d'émiettement et de
médiocrité : si l'on met à part les 204 bateliers et mari-

niers, témoins du rôle capital de la voie d'eau, tout le
reste se disperse en une poussière d'activités relevant
pour la plupart de ce que l'on appelle le secteur ter-
tiaire. C'est le cas des 338 personnes travaillant dans les
divers métiers de l'alimentation, des 390 journaliers, des
132 colporteurs et portefaix, des tanneurs, des maçons,
des couvreurs, des menuisiers. Rien dans tout cela qui
traduise le dynamisme d'un secteur privilégié travaillant
pour l'exportation; cette coupe rapide évoque plutôt la
multiplicité des métiers indispensables à tous les besoins,
d'ailleurs modestes, d'une communauté urbaine vivant
quelque peu repliée sur elle-même et dont les horizons
en tout cas ne dépassent guère les campagnes de la
province.

Angers est avant tout une ville de magistrats, de professeurs et d'ecclésiastiques. Autour des 28 magistrats
du « présidial et sénéchaussée » et de la cinquantaine
d'officiers de l'élection, du grenier à sel, des traites et
des eaux et forêts, gravite tout un monde d'hommes de
loi : 37 praticiens, 30 avocats, 22 notaires, 29 huissiers,
12 greffiers, 9 feudistes. L'université, ancienne et jadis
réputée, alors bien déchue, compte 4 professeurs à la
Faculté des Droits, 4 à la Faculté de Médecine, 2 à
celle de Théologie. Quant à la société ecclésiastique,
elle est à la fois nombreuse, diverse et puissante : 7 chapitres, 16 paroisses, 3 abbayes, 9 communautés
d'hommes, 12 communautés de femmes groupent plus
de 500 prêtres, religieux et religieuses. Certes, l'importance et la richesse des uns et des autres ne sont guère
comparables. « Messieurs de l'Eglise d'Angers », c'est-à-
dire les 38 chanoines du chapitre cathédral, représentent
une puissance matérielle et morale considérable; ils sont
les premiers propriétaires fonciers de la ville, et les plus
grandes familles angevines ont toujours parmi eux un,
voire deux ou trois représentants; ils vivent chacun dans
leur maison canoniale, servi par un ou deux domestiques, à l'ombre du clocher de Saint-Maurice. L'abbaye
Saint-Aubin reste, par l'importance de ses revenus fonciers, Saint-Aubin-la-Riche; mais dans les immenses
bâtiments reconstruits au début du siècle, 18 religieux
servis par 12 domestiques mènent une vie agréable qui,
pour être exempte de scandales, n'en est pas moins fort
loin des exigences spirituelles de saint Benoît. Par
contre, certaines communautés, comme les Carmélites
ou les Récollets, échappent mieux apparemment à la

décadence spirituelle des ordres religieux et semblent plus fidèles à l'idéal de pauvreté de leurs fondateurs. Mais au total, la richesse de l'Eglise est considérable; elle possède notamment 16 % des maisons de la ville.

Cette richesse sert en partie à lutter contre le paupérisme. Le recensement fait état de deux catégories de pauvres : les personnes pour lesquelles le qualificatif de « pauvre » ou « mendiant » tient lieu de profession, et celles pourvues par ailleurs d'une profession, mais dont le nom est accompagné de la mention « pauvre » ou « très pauvre » dans la colonne « observations ». Pour l'ensemble d'Angers-ville, on compte 133 pauvres ou mendiants sans profession et 372 pauvres ayant une profession, soit un total de 814 personnes. A ce chiffre, il convient d'ajouter la quasi-totalité des 1 435 pensionnaires des hôpitaux et maisons de retraite : Hôtel-Dieu, hôpital des Renfermés, Incurables notamment. Ainsi, en 1769, plus de 2 000 personnes, soit le dixième de la population, sont plus ou moins totalement à la charge de la communauté urbaine.

Au delà des chiffres globaux, le recensement de 1769 permet d'éclairer le contraste existant entre les différents quartiers de la ville. L'étude de la répartition des domestiques, des rentiers et des pauvres qui constituent trois bons critères de discrimination sociale, permet d'opposer « beaux quartiers » et quartiers populaires. Aux premiers, on peut rattacher l'essentiel des paroisses du centre de la ville; aux seconds, le port, la Doutre et les faubourgs. L'opposition est évidente entre les deux paroisses de Saint-Aignan et Saint-Evroul où 26 % de la population sont des domestiques et 0,73 % des pauvres, et le faubourg Saint-Michel avec 2,69 % de domestiques et 7,71 % de pauvres. Entre ces deux extrêmes, toute une hiérarchie s'établit, avec pourtant un clivage très net entre les deux groupes.

La vie dans les « beaux quartiers » est à la fois modeste et aisée. Evoquant ses souvenirs des années 1770, François-Yves Besnard s'étonnera plus tard : « Aucun édifice destiné au logement des habitants ne se distinguait soit par son étendue, soit par son apparence extérieure... On aurait peine à comprendre aujourd'hui comment des familles nombreuses, et les plus riches de la ville, pouvaient trouver où se loger tant soit peu commodément, si on ne se rappelait qu'alors on plaçait plusieurs lits dans la même pièce,

que souvent chacun d'eux donnait le coucher à deux
individus... Les meilleurs bourgeois, avocats, médecins,
notaires, etc., mangeaient alors pour l'ordinaire dans
leur cuisine. Lorsqu'ils avaient du monde, on servait
communément dans le salon dit de compagnie; car celui
à manger ne se trouvait que dans un bien petit nombre
de maisons... Outre un ou deux lits, l'ameublement
consistait dans une armoire, une commode en bois de
noyer ou de cerisier, une grande table à pliants ou tré-
teaux, un ou deux grands fauteuils à bras, un certain
nombre de chaises, dont le siège était dressé en paille
ou jonc et dont les montants unis ou contournés plus
ou moins élevés étaient de bois dur ou blanc. » Dans
les rues étroites et mal pavées, tout le monde ou presque
circule à pied. Cette simplicité de mœurs et de manières
n'exclut d'ailleurs pas le souci d'afficher son rang,
notamment dans le costume, et de participer à une vie
de société d'autant plus active que les loisirs ne manquent pas aux magistrats ou aux ecclésiastiques et
moins encore aux « bourgeois » vivant de leurs rentes :
on se retrouve soit les uns chez les autres, soit aux
séances de l'Académie, soit au spectacle — théâtre ou
concert — soit, après 1779, dans le cabinet de lecture
fondé par le libraire Mame. Mais magistrats, ecclésiastiques, rentiers, riches négociants n'ont qu'un pied en
ville : presque tous ont une propriété, souvent modeste,
dans la campagne proche et y passent une partie de
l'année; la ville se vide tous les ans au lendemain de
la foire du Sacre et de la Saint-Jean et ne retrouve
toute son activité qu'à la Toussaint. Ce séjour annuel
sur leurs terres permet aux Angevins de surveiller
métayers ou fermiers, de faire rentrer les redevances
de toutes sortes et de consommer sur place les produits
du sol; à Angers même, durant l'hiver, ils se chaufferont
avec leur bois, boiront le vin de leur vigne, mangeront
œufs et poulets de leur basse-cour.

La vie est moins facile pour les gens de métier des
quartiers populaires et de certaines rues des « beaux
quartiers ». Encore faudrait-il distinguer non seulement
entre maîtres et compagnons, mais parmi les premiers,
entre les maîtres des différents métiers : si les boulangers, les bouchers, les aubergistes, les tanneurs se
classent parmi les plus riches, la situation des artisans
du bâtiment est généralement médiocre, et celle des
ouvriers et ouvrières du textile, franchement mauvaise;

c'est parmi les fileuses, souvent veuves, et les tisserands que se recrutent presque toutes les personnes notées « pauvres » ou « très pauvres » par les enquêteurs de 1769.

Au total, l'analyse des structures sociales confirme celle des structures économiques et de l'évolution démographique. Bien que comptant parmi les villes les plus peuplées de l'Ouest du royaume, Angers n'est qu'une cité somnolente de domestiques au service des plus aisés, d'artisans sans ambition travaillant avec quelques compagnons pour le marché local, d'ecclésiastiques, d'hommes de loi, de rentiers vivant dans une honnête médiocrité du dur et patient labeur des paysans angevins.

DEUXIÈME PARTIE

LES HOMMES ET LA MORT

CHAPITRE V

LES STRUCTURES DEMOGRAPHIQUES :
LA MORTALITE

1. — La mortalité infantile et juvénile

L'étude de la mortalité s'appuyant essentiellement sur les données chiffrées des registres paroissiaux, il est indispensable de bien préciser la façon dont se présentent les registres utilisés et le degré de créance qu'on peut leur accorder. Même en Anjou où les registres de catholicité sont depuis le début du XVIe siècle généralement mieux tenus que dans bien d'autres provinces du royaume, l'ordonnance de Saint-Germain de 1667 marque un tournant : alors que jusque-là, certains curés omettaient soit systématiquement, soit épisodiquement, d'enregistrer les décès d'enfants, désormais, l'obligation d'enregistrer *tous* les décès, avec mention de l'âge, est scrupuleusement respectée, en ce qui concerne du moins la tenue de la minute. C'est-à-dire que si une étude chiffrée de la mortalité ne pose pas de problème à partir de 1670, il convient, avant cette date, de faire à propos de chaque série paroissiale, un sérieux travail critique afin de déceler un éventuel sous-enregistrement des sépultures. C'est pourquoi, pour plus de sûreté, la plupart des calculs présentés dans ce chapitre ne porteront, pour le XVIIe siècle, que sur les trois dernières décennies du siècle.

La mortalité des enfants et des adolescents étant une composante essentielle de la mortalité d'Ancien Régime, son étude revêt un particulier intérêt. Une première approche est fournie par un échantillon pris dans les registres de Challain, étudiés, pour la fin du XVIIe siècle,

selon la méthode de reconstitution des familles. Sur les
147 mariages célébrés à Challain entre 1670 et 1675,
j'ai retenu les 102 fiches des familles « achevées »
(c'est-à-dire interrompues par le décès de l'un des
conjoints) et « complètes » (c'est-à-dire où la femme a
dépassé l'âge de la procréation sans que l'union ait été
rompue par le décès du mari). Quant aux 45 autres
familles, ou bien elles n'ont laissé dans les registres de
Challain aucune autre trace que celle du mariage, si loin
que l'on aille dans le XVIIIᵉ siècle, ou bien elles n'y figu-
rent que pendant quelque temps (naissance d'un ou plusieurs enfants), puis disparaissent : dans les deux cas,
le couple a quitté Challain soit aussitôt après le mariage,
soit quelques années plus tard, pour s'installer dans une
autre paroisse. De ces 102 unions, 410 enfants sont nés
entre 1671 et 1698, soit une moyenne de 4 enfants par
couple. Il est possible d'établir le tableau suivant de la
répartition de l'âge au décès de ces 410 enfants et de
comparer cette répartition à celle donnée par Duvillard
pour la France du XVIIIᵉ siècle :

Décès		Naissances	410	soit pour 1 000	
				(a)	(b)
au cours du					
1ᵉʳ mois	73	Survivants à 1 mois	337	822	
1-12 mois	71	Survivants à 1 an	266	648	767
1-4 ans	47	Survivants à 5 ans	219	534	583
5-9 ans	19	Survivants à 10 ans	200	487	551
10-14 ans	4	Survivants à 15 ans	196	478	529
15-19 ans	4	Survivants à 20 ans	192	468	502

(a) Challain.
(b) France du XVIIIᵉ siècle (d'après Duvillard).

Ainsi, 73 enfants sont morts avant de passer le cap du
premier mois, 144 avant d'atteindre l'âge d'un an, 218
avant d'atteindre l'âge de vingt ans, ce qui donne les
taux suivants : mortalité néonatale, 178‰; mortalité
infantile, 352‰; mortalité juvénile, 532‰. Il convient
de remarquer que si le nombre des décès d'enfants de
moins de dix ans peut être considéré comme à peu près
sûr et complet, étant donné le critère retenu de présence
des parents sur la paroisse, il n'en est plus tout à fait
de même pour les décès d'enfants de plus de dix ans

et surtout de plus de quinze ans : le critère de présence des parents devient ici insuffisant, l'enfant pouvant être parti travailler dans une autre paroisse et rien ne permettant d'affirmer qu'il n'y est pas mort avant vingt ans. C'est pourquoi le taux de mortalité juvénile doit être considéré comme un minimum. Quoi qu'il en soit, ces chiffres, très élevés, ne sont calculés que d'après un échantillon relativement réduit et ne valent que pour une seule paroisse à la fin du XVIIe siècle.

Par contre, le calcul du taux annuel de mortalité infantile peut se faire en dehors de toute reconstitution des familles, d'après des dépouillements abrégés fournissant l'âge au décès et le nombre des naissances. Toutefois, un tel calcul dans le cadre d'une paroisse urbaine se révèle sans aucune signification du fait des enfants nés en ville et envoyés en nourrice quelques jours ou quelques semaines après leur venue au monde. C'est ainsi qu'à Saint-Pierre d'Angers, pour 1 272 baptêmes célébrés entre 1680 et 1689, il n'y a dans le même temps que 144 inhumations d'enfants de moins d'un an, soit 113 ‰. Un tel chiffre qui ne tient pas compte des enfants morts en nourrice hors de la paroisse ne peut être considéré à aucun titre comme un taux de mortalité infantile. A l'inverse, il convient d'exclure du calcul du taux de mortalité infantile des paroisses rurales, tous les décès d'enfants en nourrice, sous peine de fausser, en sens contraire, les résultats. Ces réserves faites, j'ai calculé et présenté dans le tableau ci-contre les taux de mortalité néonatale et infantile, par décennies, dans quatre paroisses rurales de l'Anjou. Ces chiffres appellent plusieurs remarques. D'abord, il existe des différences marquées entre les paroisses : c'est ainsi que les taux à Morannes sont nettement inférieurs à ceux observés à La Chapelle-d'Aligné. Faut-il en attribuer le mérite aux chirurgiens résidant dans la première paroisse alors qu'il n'y en a pas dans la seconde ? Cela paraît fort douteux. Sans doute faut-il faire intervenir plutôt des différences dans les conditions générales d'existence qui ne pouvaient pas ne pas retentir sur la santé des habitants, entre autres des mères et des nourrissons : perdue au milieu des bois du plateau d'entre Sarthe-et-Loir, La Chapelle-d'Aligné est une paroisse misérable, alors que Morannes, située sur la Sarthe, a un riche terroir où alternent terres à froment et prairies naturelles. Par ailleurs, si les moyennes par périodes

de 40 ans traduisent une évolution générale vers la
baisse de 1670 à 1789, cette évolution n'est nullement
régulière. Les moyennes décennales font apparaître
d'importantes fluctuations, en particulier entre 1740
et 1789; on trouve dans ces dernières décennies l'évolution en forme de W observée dans les paroisses rurales
de la région Bretagne-Anjou étudiées par l'I.N.E.D. Le
relèvement dans la décennie 1740-1749, du taux moyen

Taux de mortalité néonatale (N) et infantile (I) pour 1 000 naissances

	Morannes		La Pommeraie		Challain		La Chapelle-d'Aligné		Région Bretagne Anjou
	N	I	N	I	N	I	N	I	I
1670-1679	130	200					184	355	
1680-1689	130	221	129	215			154	308	
1690-1699	141	223	153	231			209	325	
1700-1709	125	226	164	276	183	326	149	285	
1710-1719	95	192	126	218	144	237	130	245	
1720-1729	98	212	135	247	171	268	185	344	
1730-1739	101	184	128	217	158	216	148	295	
1740-1749	109	249	142	226	141	220	183	372	276
1750-1759	72	135	100	168	142	215	134	234	239
1760-1769	97	179	101	160	121	203	168	277	252
1770-1779	90	139	96	177	112	158	153	246	245
1780-1789	90	172	136	226	148	231	141	280	258
Moyennes									
1670-1709	131	217	142	240			174	318	
1710-1749	100	209	132	227	153	235	161	314	
1750-1789	87	156	108	182	131	201	149	259	

de mortalité infantile, partout très sensible, pose d'ailleurs un problème, car il correspond non à une hausse
brutale du taux de telle année précise, se répercutant
sur la moyenne décennale, mais à une hausse de la plupart des taux annuels. On ne peut donc imputer ce
relèvement à une épidémie bien caractérisée et limitée
dans le temps. Peut-être faut-il songer à une recrudescence pendant plusieurs années consécutives, de la
variole, fléau qui frappe surtout les enfants de plus de
quatre ans, mais ne ménage pas non plus le premier
âge; de même, la baisse sensible des décennies 1750-1759
et 1770-1779 correspond peut-être à une rémittence du
même mal. En tout cas, les fluctuations des taux décennaux de mortalité infantile dans les 50 dernières années
de l'Ancien Régime sont telles qu'elles vident de toute
signification la tendance à la baisse dont semblent

témoigner les taux moyens par périodes de 40 ans : le taux moyen des années 1780-1789 est partout supérieur à ce qu'il était dans telle décennie du milieu ou du début du siècle, voire de la fin du siècle précédent.

Au delà des taux décennaux ou même annuels, on aimerait étudier de plus près les composantes de la mortalité infantile, en d'autres termes, les causes du décès. Celles-ci sont en gros de deux ordres : ou bien l'enfant est victime de tares héréditaires, soit de malformations congénitales lui ôtant toutes chances de vivre plus de quelques heures ou de quelques jours, soit de lésions au cours de l'accouchement, et l'on parlera alors de mortalité endogène; ou bien il est victime de maladies contractées après la naissance ou d'accidents survenus après celle-ci et sans rapport avec elle, et l'on parlera alors de mortalité exogène. A défaut de statistiques des causes de décès, on peut séparer ces deux composantes en utilisant la méthode biométrique mise au point par le démographe J. Bourgeois-Pichat. Cette méthode, qui demande seulement de connaître l'âge au décès en mois révolus, permet de déterminer la composante endogène de la mortalité infantile. Si l'on prend l'exemple de la paroisse angevine de Mouliherne, on obtient pour l'ensemble du XVIIIe siècle les taux de mortalité suivants, que l'on peut comparer à ceux observés d'une part au XVIIIe siècle dans la paroisse normande de Crulai et dans les paroisses rurales de la région Bretagne-Anjou, d'autre part dans la France du milieu du XXe siècle :

Taux pour 1 000 naissances	Mouliherne 1700-1790	Crulai 18e siècle	Bretagne Anjou 1740-1789	France 1953-1955
Mortalité infantile.	283	210-230	254	36,2
Mortalité endogène	146	145-160	97	12,8
Mortalité exogène .	137	65-70	157	23,4

L'importance considérable de la composante endogène au XVIIIe siècle s'explique essentiellement par les conditions déplorables dans lesquelles se déroulent trop souvent les accouchements : la maladresse et l'incurie des matrones et de certains chirurgiens de campagne entraînent fréquemment des traumatismes obstétricaux fatals aux nouveau-nés; il convient d'y ajouter les conséquences du tétanos ombilical, lié au manque d'hygiène.

L'effroyable mortalité des jumeaux — endogène ou exogène selon les cas — fait éclater l'impitoyable sélection exercée par la mort dès le berceau. A La Chapelle-d'Aligné, sur les 82 naissances gémellaires qui se produisent entre 1676 et 1790, les jumeaux meurent tous les deux moins d'un mois après leur naissance, dans plus de la moitié des cas, 42 exactement; dans 27 cas, le double décès survient dans les trente-six premières heures et relève presque à coup sûr de la mortalité endogène. Il faut y ajouter le décès, dans le premier mois, de 11 enfants dont le jumeau réussit, lui, à survivre. Au total, sur les 164 enfants nés dans ces conditions, 57 meurent dans les trente-six premières heures, 95 dans le premier mois, ce qui équivaut à un taux de mortalité néonatale de l'ordre de 58 %. Les mêmes proportions se retrouvent à Chenu (où des 82 enfants issus de naissances gémellaires entre 1680 et 1750, 52, soit 63 %, meurent dans le premier mois), à Challain, à La Pommeraie, à Trémentines. De pareils chiffres ne surprennent pas lorsque l'on sait le soin que nécessitent des jumeaux nouveau-nés dont la naissance est souvent prématurée, l'accouchement toujours difficile, le poids toujours inférieur à la normale.

Dans la démographie de type ancien où les taux de mortalité infantile sont de l'ordre de 20 à 30 %, franchir le cap du premier anniversaire est pour un enfant une première victoire sur la mort. Mais celle-ci reste redoutable tout au long de l'enfance et de l'adolescence. Le taux moyen de mortalité juvénile est variable selon les paroisses, mais se situe généralement entre 40 et 60 %.

Voici ces taux pour 1 000 naissances, par moyenne décennale, dans les quatre paroisses retenues :

	1670 1679	1680 1689	1690 1699	1700 1709	1710 1719	1720 1729	1730 1739	1740 1749	1750 1759	1760 1769	1770 1779	1780 1789
Moranpes	423	473	468	466	560	458	374	573	307	431	363	313
La Pommeraie		552	454	636	540	621	543	518	393	360	429	517
Challain	610	617	551	720	474	542	413	583	391	491	383	452
La Chapelle-d'Aligné ...	573	641	592	568	563	661	535	695	425	508	471	554

On constate d'abord que pour une même paroisse les écarts selon les décennies sont plus marqués que pour

la mortalité infantile. Cela peut s'expliquer par le fait
que les enfants de moins d'un an jouissent d'une relative immunité face à la plupart des grandes épidémies,
alors que celles-ci frappent durement les enfants de plus
d'un an et les adolescents, d'où le relèvement brutal du
taux de mortalité juvénile certaines années; c'est ainsi
que la moyenne exceptionnellement élevée en 1700-1709
à La Pommeraie et surtout à Challain s'explique par
les conséquences de la terrible dysenterie de 1707. Par
ailleurs, on retrouve ici la différence déjà constatée
entre les taux de Morannes et ceux de La Chapelle-
d'Aligné. Enfin, les moyennes décennales traduisent un
peu plus nettement que dans le cas de la mortalité infantile, une légère tendance à la baisse entre 1670 et 1789,
mais il s'agit là encore d'une baisse très irrégulière,
avec, dans trois des quatre paroisses étudiées, un net
relèvement du taux moyen en 1780-1789.

2. — *La mortalité générale*

L'étude de la mortalité générale, dont la mortalité
infantile et juvénile n'est qu'une composante, se révèle
décevante à partir des seules données des registres
paroissiaux, même lorsque ceux-ci fournissent de façon
précise et régulière l'âge au décès, comme c'est le cas,
sauf rares exceptions, à partir de 1670. Cependant, ces
données permettent de connaître d'abord le mouvement
saisonnier des décès. A Mouliherne, comme dans la
région rurale Bretagne-Anjou, on constate un minimum
d'été (juin-juillet-août) encadré d'un maximum de printemps (avril) et d'un autre d'automne (octobre) moins
marqué, les mois d'hiver (notamment janvier) se maintenant à des taux relativement élevés. Entre les deux
extrêmes, juillet et avril, l'écart est, à Mouliherne, du
simple au double. Cette variation saisonnière des décès
à tous les âges rappelant d'assez près la variation saisonnière des naissances, on peut se demander si celle-ci
n'influe pas indirectement sur celle-là, par suite des
décès des premiers mois. En fait, la variation des décès
aux âges autres que la première année, présente en gros
les mêmes caractéristiques, comme en témoignent les
chiffres de Morannes : taux élevé de l'hiver, maxima
de printemps et d'automne, minimum d'été. L'explication est donc à chercher dans une plus grande vulnéra-

bilité, à tous les âges, à l'égard des froids de l'hiver et des grandes endémies saisonnières, grippe du début du printemps, paludisme, dysenterie et fièvres digestives de l'automne. Le mouvement saisonnier des décès à Beaufort fournit une illustration particulière des effets de ces grandes endémies. Située en pleine Vallée d'Anjou, Beaufort est particulièrement insalubre et infectée de paludisme; aussi la mortalité d'été et d'automne y est-elle très forte, ce qui, compte tenu d'une mortalité hivernale aussi sévère qu'ailleurs, se traduit par un écrasement relatif de la courbe du mouvement saisonnier : le minimum d'été est peu sensible, le maximum absolu se situe non en mars ou avril, mais en septembre, l'écart entre les deux extrêmes, juillet et septembre, est non de 1 à 2, mais de 1 à 1,5.

Les données des registres paroissiaux permettent aussi une comparaison de la mortalité masculine et de la mortalité féminine. Voici, pour Mouliherne, la répartition des décès d'adultes par sexe et par tranches d'âge, de 1700 à 1790 :

Age	Hommes	Femmes	Total
20-29 ans	154	157	311
30-39 ans	174	222	396
40-49 ans	223	187	410
50-59 ans	213	172	385
60 ans et plus...	299	281	580
Total	1 063	1 019	2 082

La mortalité masculine est au total supérieure à la mortalité féminine, ce qui est, on le sait, un fait général. Toutefois, elle est inférieure à celle-ci entre 20 et 29 ans et surtout entre 30 et 39 ans, ce qui s'explique en grande partie par la mortalité des femmes en couches.

Il peut être intéressant de connaître la répartition des décès par groupes d'âges. Si l'on prend l'exemple de Mouliherne, voici comment se répartissent en pourcentage, selon l'âge au décès, les 5 432 personnes décédées dans la paroisse entre 1700 et 1790 :

0-1 an	29	29
1-4 ans	10,2	10,2
5-10 ans	5 }	
10-19 ans	4,2 }	9,2
20-29 ans	7,9 }	
30-39 ans	8,1 }	16
40-49 ans	9,2 }	
50-59 ans	7,6 }	16,8
Plus de 60 ans	18,8	18,8

Il va de soi que ces chiffres n'équivalent en rien à des taux de mortalité par âge. Pour calculer ceux-ci, il faudrait pouvoir disposer de recensements réguliers et sûrs qui seuls permettraient de rapporter, année après année, les chiffres de décès à des chiffres de population. Les seuls recensements dont nous disposons sont, on le sait, ceux de l'élection de La Flèche en 1761, de l'élection de Château-Gontier en 1763 et de la ville d'Angers en 1769. Grâce à eux, il est possible de calculer avec le maximum de garantie quelques taux de mortalité générale. Ces chiffres appellent quelques commentaires. Les taux de mortalité obtenus — entre 20 et 34 ‰, si l'on ne retient que les taux moyens — peuvent être considérés comme des minimums dans la mesure où les années 1756-1772 s'inscrivent, nous le verrons, dans une conjoncture démographique particulièrement favorable; il serait donc dangereux d'extrapoler au delà de ces données sûres mais ne témoignant que pour des dates précises. On remarquera par ailleurs les écarts entre les paroisses, qui permettent de deviner l'existence d'une mortalité sociale différentielle, déjà décelée à propos de la mortalité infantile et juvénile. Même si les taux moyens de mortalité sont plus élevés dans les paroisses rurales les plus misérables (comme Sainte-Colombe ou La Chapelle-d'Aligné) que dans les paroisses rurales riches (comme Ménil ou Morannes), il semble qu'en temps ordinaire l'on meure davantage en ville qu'à la campagne, du moins dans les quartiers populaires des paroisses urbaines : Craon, petite ville de tisserands et d'artisans pauvres, a un taux moyen élevé; il en est de même de la ville d'Angers, avec des différences significatives entre les paroisses : la paroisse populaire de la Trinité a un taux moyen de 33 ‰ en 1764-1774, contre 20 dans les deux paroisses de Saint-Aignan et de Saint-Evroul peuplées d'ecclésiastiques et de riches rentiers.

Paroisse	Population	Taux annuel (en °/oo)	Taux moyen (en °/oo) (a)
Morannes	1761 : 2 377 habit.	1761 : 26	1756-1766 : 27
Ménil	1763 : 1 472 habit.	1763 : 30,5	1758-1768 : 27
La Chapelle-d'Aligné ...	1761 : 1 285 habit.	1761 : 31	1756-1766 : 31
Sainte-Colombe .	1761 : 1 431 habit.	1761 : 38,4	1756-1766 : 34
Craon	1763 : 3 342 habit.	1763 : 43	1758-1768 : 34
Angers, la Trinité (b) .	1769 : 6 623 habit.	1769 : 31,4	1764-1774 : 33
Angers, Saint-Aignan, Saint-Evroul .	1769 : 543 habit.	1769 : 18	1764-1774 : 20
Angers (les 16 paroisses réunies, hôpitaux excl.)	1769 : 22 938 habit.	1771 : 33 1772 : 38	
Angers (les 16 paroisses réunies, hôpitaux incl.)	1769 : 25 105 habit.	1771 : 36,7 1772 : 41,8	

(a) Taux calculé d'après la moyenne des décès survenus au cours des onze années encadrant l'année de recensement et incluant celle-ci.

(b) Communautés religieuses et hôpitaux exclus. La paroisse de la Trinité compte, en 1769, 8 071 habitants dont il convient de défalquer les 1 448 membres des communautés religieuses et hôpitaux qui ont leurs propres registres de sépultures.

Les courbes paroissiales longues des baptêmes et sépultures permettent enfin l'étude de l'évolution générale de la mortalité en Anjou au cours des XVIIe et XVIIIe siècles. Alors que les courbes des naissances ne sont affectées que de faibles amplitudes, celles des décès, qui courent généralement au-dessous des précédentes, sont hérissées de fréquents « clochers », plus ou moins marqués, qui traduisent une multiplication par deux, trois, quatre, voire davantage, du chiffre ordinaire des sépultures. Ces crises de mortalité peuvent être des catastrophes affectant la plus grande partie de la province, en même temps parfois que les provinces voisines ou même la plus grande partie du royaume : grande peste de 1626, dysenterie de 1639, famines de 1661-1662 et de 1693-1694, crise des années 1705-1714 où dysenterie et disette se conjuguent, grippe pulmonaire

de 1740, dysenterie de 1779. A ces dates, correspondent
sur la plupart des courbes paroissiales longues, ces
sinistres « clochers » qui rythment tragiquement les
courbes de sépultures. Ces famines et ces épidémies
constituent les grands épisodes de la conjoncture démographique des deux derniers siècles de l'Ancien Régime,
et nous y reviendrons longuement. Mais certaines crises
de mortalité peuvent n'affecter qu'une seule paroisse,
comme en 1743 Château-Gontier, ou en 1754 Craon;
elles échappent alors à tout diagnostic rétrospectif précis, à moins que le curé n'ait pris la peine de noter
quelque indication en marge de son registre. Qu'elles
soient des catastrophes provinciales, voires nationales,
ou qu'elles soient beaucoup plus étroitement localisées,
ces crises de mortalité s'abattant sur une même paroisse,
avec plus ou moins de gravité, tous les 10, 15 ou 20 ans,
apparaissent comme le facteur essentiel de la démographie d'Ancien Régime et la cause de la stagnation de la
population, puisque l'on peut dire — quelque gratuit et
arbitraire que soit un tel propos — que sans elles les
naissances l'emporteraient sur les décès. Un premier
exemple de l'importance capitale de ces crises est
donné par les courbes longues de la paroisse de Challain. De 1687 à 1705, soit pendant 19 ans, les naissances
l'emportent constamment sur les décès (sauf en 1694,
année de famine, où pour 106 naissances, on compte
173 sépultures); au total, il y a pendant ces 19 années,
2 411 naissances et 1 791 décès, soit un excédent de
naissances de 620. Pour une paroisse de 2 500 habitants
environ, c'est là à la fois la possibilité de réparer les
pertes des six années antérieures (1681-1686, où les
décès l'ont emporté de 90 sur les naissances) et l'amorce
d'un vigoureux essor de la population. L'épidémie de
dysenterie qui éclate en 1706 et redouble de violence
l'année suivante, coupe cet élan avec une brutalité
inouïe : en deux ans il meurt dans la paroisse 914 personnes, alors qu'il en naît 259, soit un excédent de
655 décès. Non seulement la population se trouve brutalement ramenée au niveau des années 1680, mais
l'avenir est lourdement hypothéqué. En fait, Challain
ne se relèvera jamais de cette terrible épreuve et verra
sa population diminuer inexorablement au cours du
XVIIIe siècle, comme le prouve la décroissance parallèle
des moyennes décennales des mariages et des naissances :

	1680 1689	1690 1699	1700 1709	1710 1719	1720 1729	1730 1739	1740 1749	1750 1759	1760 1769	1770 1779	1780 1789
Mariages	22	25	30	19	21	22	22	20	19	18	22
Naissances	107	125	133	109	100	101	89	102	95	84	80
Population probable (N × 23 2/3).	2531	2957	3146	2578	2366	2389	2115	2413	2247	1987	1892

Un second exemple est fourni par le mouvement naturel de la population dans la sénéchaussée d'Angers de 1775 à 1788. Au cours de ces quatorze années, les naissances l'emportent sur les décès de 1775 à 1778, puis de 1786 à 1788, au total 71 786 naissances pour 61 999 décès, soit en sept ans, un excédent de 9 769 naissances; entre ces deux périodes fastes, il est enregistré pendant les années 1779-1785 marquées par l'épidémie de dysenterie de 1779 et les épidémies subséquentes, 80 385 décès et 70 626 naissances, soit en sept ans, un excédent de 9 759 décès. Ainsi, du seul fait de la dysenterie de 1779, le bilan des quatorze dernières années de l'Ancien Régime dans la sénéchaussée d'Angers se révèle rigoureusement nul, à dix unités près.

Mais de par leur gravité même, les crises démographiques risquent de masquer le mouvement profond de la population — natalité et mortalité — au cours des XVIIᵉ et XVIIIᵉ siècles. Pour mieux appréhender ce mouvement naturel, il faut en quelque sorte prendre du recul, en recourant aux moyennes mobiles de neuf ans des baptêmes, sépultures et mariages. De telles moyennes calculées pour une paroisse urbaine, Saint-Pierre d'Angers, et deux paroisses rurales, Le Louroux-Béconnais et La Chapelle-d'Aligné, permettent d'avancer quelques conclusions (cf. graphique en fin de volume). L'évolution à Saint-Pierre confirme ce qui a été dit précédemment sur l'évolution de la population d'Angers aux XVIIᵉ et XVIIIᵉ siècles. Les moyennes des baptêmes et des mariages culminent vers les années 1660-1670 pour baisser constamment durant les cent années suivantes : on célèbre en moyenne, chaque année, une quarantaine de mariages dans les décennies 1650-1670, contre 25 entre 1735 et 1775; de même pour 160 à 180 enfants baptisés annuellement entre 1640 et 1675, il n'y en a plus que 90 à 100 entre 1740 et 1770. Par contre, on enregistre un net relèvement des mariages et des

baptêmes entre 1775 et 1790. L'évolution générale de
la mortalité à Saint-Pierre ne prend son sens que dans
cette perspective, comme en témoigne l'évolution du
rapport « sépultures/baptêmes » de 1660 à 1789 :

	1660 1669	1670 1679	1680 1689	1690 1699	1700 1709	1710 1719	1720 1729	1730 1739	1740 1749	1750 1759	1760 1769	1770 1779	1780 1789
S.	1240	1164	994	850	894	832	848	721	842	651	648	761	851
B.	1801	1661	1258	1247	1338	1112	1143	1035	967	948	956	1011	1146
Rapport S/B* .	68	70	79	68	66	74	74	69	87	68	67	75	74

* C'est-à-dire nombre de sépultures pour 100 baptêmes.

Ainsi la baisse des chiffres moyens de sépultures de
1660 à 1770 ne correspond nullement à un recul de la
mort, mais ne fait que suivre la baisse parallèle des
baptêmes et des mariages, donc de la population de la
paroisse. Bien plus, le rapport « sépultures/baptêmes »
en 1740-1749 prouve qu'il y a durant ces années une
nette augmentation du taux de mortalité. De même
l'augmentation des chiffres de baptêmes et de mariages
en 1770-1789 s'accompagne d'une augmentation des
chiffres de sépultures ; encore celle-ci est-elle propor-
tionnellement plus importante que celle-là, ce qui correspond donc à un léger relèvement du taux de mortalité dans les vingt dernières années de l'Ancien Régime.
   L'évolution de la mortalité dans les deux paroisses
rurales, telle qu'elle ressort des courbes longues et des
moyennes mobiles de neuf ans, est au total assez voisine
de celle constatée à Saint-Pierre d'Angers. Si l'on
néglige par prudence les deux premiers tiers du
XVIIe siècle, l'on constate que les chiffres annuels de
sépultures oscillent, entre 1670 et 1750 environ, autour
d'un niveau moyen — 70 au Louroux-Béconnais, 60 à
La Chapelle-d'Aligné — avec des périodes de surmortalité plus ou moins marquées ici et là, notamment
vers 1690, 1710, 1740. En revanche, entre 1750 et 1760,
se produit un très net décrochement du chiffre moyen
des sépultures, qui tombe à 55 au Louroux-Béconnais,
à 40 à La Chapelle-d'Aligné. Mais à partir des années
1760-1770, ces chiffres remontent peu à peu, surtout
après 1779, de telle sorte que la dernière décennie de
l'Ancien Régime est marquée dans les deux paroisses

par un important excédent des décès sur les naissances, comme aux périodes les plus sombres des deux siècles précédents. Un examen, même rapide, des courbes longues des diverses autres paroisses étudiées, confirme ces conclusions. On constate presque partout, jusqu'en 1750, des oscillations souvent brutales autour d'un niveau moyen, entre 1750 et 1760 un décrochement, presque un effondrement des chiffres de sépultures, enfin, à partir soit de 1760, soit de 1770, un relèvement plus ou moins brutal de ces chiffres, notamment dans les années 1779-1785.

Tout se passe comme si, vers 1750, l'on assistait à l'amorce d'une transformation structurelle, aux débuts d'un repli spectaculaire de la mort, que rien, à vrai dire, ne pourrait expliquer. En fait, il s'agit plus simplement d'une conjoncture exceptionnellement favorable de la météorologie et de l'état sanitaire : les années 1750-1760 connaissent un ciel généralement clément et ne sont marquées en Anjou par aucune épidémie meurtrière; dans le même temps, la baisse très sensible des taux de mortalité infantile et juvénile peut s'expliquer par une relative rémittence des fléaux frappant les premiers âges et non par des progrès dans l'art de se protéger de la mort, puisque ces taux vont bientôt se relever. En effet, le cortège des épidémies et des disettes larvées n'est pas loin : à partir de 1760, plus nettement encore après 1770, la mort retrouve son visage presque oublié. Ce qu'on pouvait prendre pour la fin d'un cauchemar millénaire n'était en réalité qu'une période de rémission, plus longue et plus marquée seulement que les précédentes. Le relèvement des taux de mortalité infantile et juvénile en 1760-1769 et 1780-1789 et la surmortalité épidémique des années 1779-1785 prouvent qu'à la fin de l'Ancien Régime, la « révolution démographique » n'est pas encore près de toucher l'Anjou.

attributions, c'est-à-dire l'inspection des boutiques des
chirurgiens et des apothicaires et la participation aux
jurys d'examen. Quant à l'enseignement de la médecine
proprement dite, il semble avoir été plus régulier,
mais il n'en est le fait que d'un seul professeur; il est
vrai qu'à côté de cet enseignement unique, il y a les
du XVIIᵉ siècle... ... ... la Faculté
de médecine d'Angers...

1. — La formation du personnel médical : la Faculté de médecine d'Angers et les médecins

Fondée en 1433, la Faculté de médecine d'Angers
est constituée au milieu du XVIIᵉ siècle, par le corps
des docteurs-régents. Tout docteur en médecine peut
devenir docteur-régent par la soutenance d'un acte
complémentaire, dit « resumpte » ou « postillaire », qui
donne le double droit d'enseigner à la Faculté et
d'exercer la médecine en ville; les docteurs de la Faculté
d'Angers ou d'une autre Faculté qui ne se destinent pas
à la régence, sont dits docteurs forains ou externes.
Le lien ainsi institué entre l'enseignement à la Faculté
et l'exercice de la médecine à Angers ne pouvait pas
ne pas être néfaste à l'enseignement : en effet, les régents
qui se recrutent eux-mêmes, puisqu'ils décernent seuls
l'acte *resumpte,* sont dominés par le souci de limiter le
plus possible le nombre de leurs membres qui tout au
long du XVIIᵉ siècle n'excédera que rarement la dizaine,
chiffre au delà duquel ils estiment que le monopole
d'exercer la médecine dans une ville de 25 000
à 30 000 habitants perd de son intérêt, partagé qu'il
est en trop grand nombre de bénéficiaires. Les besoins
de l'enseignement sont à leurs yeux très secondaires.
Trois docteurs-régents, désignés pour un an, suffisent
pour assurer cet enseignement : l'un est chargé de la
médecine, l'autre de la chirurgie, le troisième de la
pharmacie. Encore faut-il ajouter que ces deux derniers
n'assurent pratiquement plus d'enseignement régulier

au XVIIᵉ siècle et se contentent d'assumer leurs autres
attributions, c'est-à-dire l'inspection des boutiques des
chirurgiens et des apothicaires et la participation aux
jurys d'examen. Quant à l'enseignement de la médecine
proprement dite, il semble avoir été plus régulier,
mais il n'est le fait que d'un seul professeur; il est
vrai qu'à côté de cet enseignement unique, il y a les
nombreuses soutenances de thèse qui se tiennent devant
les étudiants et sont l'occasion de discussions entre
maîtres et gradués. Mais ce qui est plus grave c'est
que cette transmission du savoir reste purement
livresque, sans aucune référence à l'observation ou à
l'expérience. S'appuyant sur les écrits d'Hippocrate
et de Galien, qui ont valeur de dogmes, les maîtres
enseignent surtout le respect absolu du travail naturel
que mène l'organisme malade luttant pour retrouver
la santé. Aucune des grandes nouveautés de la médecine et de la pharmacie dans les deux premiers tiers
du XVIIᵉ siècle n'a encore droit de cité dans l'enseignement de la Faculté d'Angers.

Les choses vont commencer à changer à la fin
du siècle sous l'influence d'un grand médecin, Pierre
Hunauld. Fils et petit-fils de trésoriers de l'hôpital Saint-
Jean, Pierre Hunauld, né à Angers en 1637, commence
ses études à la Faculté de sa ville natale, puis vers
1658 se rend à Paris. Dans la capitale, il fréquente
surtout le Jardin du Roi où en marge de l'enseignement
dogmatique et sclérosé de la Faculté, s'est développé
un véritable enseignement anatomique et chirurgical
fondé sur l'expérience et les démonstrations. Il est séduit
par ce milieu très ouvert à toutes les nouveautés médicales et devient un « circulateur » convaincu et un
adepte des nouvelles drogues, comme l'antimoine et
le quinquina; par ailleurs, il fait sienne l'idée prônée
par Théophraste Renaudot des consultations gratuites
aux pauvres. De retour à Angers où il devient médecin
ordinaire à l'Hôtel-Dieu dès 1662, puis docteur-régent
en 1664, il est le premier à tenter d'établir un lien
solide entre ces deux charges en se faisant accompagner
par certains de ses élèves dans ses visites à l'hôpital;
de plus, les consultations gratuites qu'il donne aux
pauvres dans sa maison du Tertre Saint-Laurent pro-
longent, pour ceux de ses élèves qui y assistent, le bénéfice des observations faites à l'hôpital. Beaucoup plus
que par son enseignement *ex cathedra* qui n'était for-

cément qu'intermittent de par les habitudes de la Faculté,
c'est par ses fonctions de médecin de l'Hôtel-Dieu,
inséparables selon lui de celles de docteur-régent, qu'il
a joué un rôle capital dans l'évolution de la médecine
à Angers.

Son fils Pierre (né en 1664) suit bientôt ses traces.
Il commence ses études à Angers, puis en 1687 se rend
à son tour à Paris, où il suit au Jardin du Roi les
leçons de Fagon, Nicolas Lémery et Duverney. De
retour en Anjou (sans doute à la mort de son père en
1689), il devient docteur-régent en 1694. Très vite, il
prend sur ses collègues et sur ses étudiants un très grand
ascendant. Comme son père, il pense que l'enseignement
de la médecine a besoin d'être rénové et que les moyens
de cette rénovation sont la pratique hospitalière et
l'enseignement de l'anatomie. Aussi accueille-t-il avec
satisfaction l'édit royal de mars 1707 portant « règlement pour l'étude et l'exercice de la médecine dans le
royaume ». Ce texte long et circonstancié renouvelle
les « défenses rigoureuses » concernant l'exercice de
la médecine par « ceux qui n'ont ni le mérite, ni le
caractère de médecin », et se propose de « ranimer
l'attention et la vigilance des Facultés établies dans le
royaume » : à cet effet, il est rappelé l'obligation de
l'enseignement dans toutes les Facultés de médecine; là
où cet enseignement « pourrait avoir été discontinué »,
il devra être rétabli suivant les anciens statuts; par
ailleurs, des « cours d'anatomie et de pharmacie galénique et chimique » et des « démonstrations des plantes »
devront être institués, au besoin avec l'aide financière
de l'Etat; enfin, dans chaque ville de Faculté, le doyen
et quatre docteurs-régents devront, un jour par semaine,
se tenir « dans leur lieu d'assemblée... pour y assister
gratuitement de leurs conseils les pauvres malades qui
se présenteront », et les avis qu'ils donneront seront
notés par « les bacheliers, licenciés ou jeunes docteurs »
qui assisteront à ces visites des pauvres. Dès que l'édit
est connu à Angers, Pierre Hunauld fils, alors doyen
en exercice, qui voit ainsi confirmées officiellement quelques-unes des idées de son père et des siennes, propose
à ses collègues deux mesures susceptibles de répondre
aux exigences royales : la nomination d'un second professeur de médecine et la création d'un établissement
comportant amphithéâtre et jardin botanique. Mais tout
de suite se pose le problème financier : les ressources

de la Faculté étant absolument insuffisantes, Hunauld
se rend lui-même à Paris pour solliciter l'aide de l'Etat,
mais il doit se contenter de vagues promesses. De plus,
la politique de *numerus clausus* menée par ses collègues
interdit pratiquement de doubler l'enseignement de la
médecine, de régulariser celui de la chirurgie et de la
pharmacie et de créer des enseignements nouveaux. En
effet, il n'y a en 1707 que huit docteurs-régents; à la
fin de 1715, ils ne sont plus que cinq, dont deux fort
âgés. Le souci de la clientèle — d'autant plus lourde
qu'ils sont moins nombreux — primant pour la plupart
d'entre eux le soin de l'enseignement, on conçoit que
celui-ci soit de plus en plus sacrifié. Les étudiants ne
s'y trompent pas, et leur nombre est en baisse constante
depuis la fin du XVIIᵉ siècle, passant d'une cinquantaine
en moyenne, chaque année, à une trentaine. Ces étudiants se répartissent en deux groupes de très inégale
importance : les deux ou trois « internes », futurs régents,
qui dès le début de leurs études ont opté pour la régence
du fait de leur origine familiale ou de la protection
d'un docteur-régent, et tous les autres, dits « externes »
et qui sont de futurs docteurs « forains ». Ainsi,
l'impécuniosité de la Faculté — aggravée encore par
les conséquences du système de Law qui la ruinent en
partie — et l'égoïsme « malthusien » de ses membres
rendent impossible le renouveau préconisé par l'édit de
1707 et ardemment souhaité par Hunauld.

Celui-ci, pourtant, sans se laisser décourager, prêche
d'exemple. Poursuivant l'œuvre paternelle, il partage son
temps entre son service à l'hôpital, ses consultations
gratuites aux pauvres, sa clientèle payante et éventuellement son enseignement. De plus, soucieux de se faire
entendre au delà d'un cercle restreint de confrères et
d'élèves, il publie dès 1696 un *Discours physique sur
les fièvres qui ont régné les années dernières,* en 1710
une *Dissertation sur les fièvres malignes...* et en 1718
un *Projet d'un nouveau cours général de médecine.*
Il y développe sur l'enseignement et la pratique de
la médecine des idées très en avance sur son temps.
Il souligne d'abord avec force l'importance de l'observation, et de l'observation scientifique : « Il faut pour
conserver et guérir le corps humain entrer dans ce même
génie d'artisan que la Nature a pris pour le composer :
tout se doit peser, compter, mesurer. » A une époque
où l'autorité d'Hippocrate et de Galien semble encore

ne pouvoir être mise en question, il y a de l'audace à écrire : « Quelque profonde vénération que j'aye pour les auteurs que j'étudie, je les regarde plutôt comme de sages moniteurs... que comme des maîtres dont l'opinion me fasse loi. C'est par moi-même que je dois voir les choses : il faut que je les touche, que je les manie pour les mettre en œuvre. » Il est conscient de la médiocrité de la majorité de ses confrères et considère que le vrai moyen de rénover l'enseignement de la médecine serait — outre la création d'une chaire d'anatomie — de lier étroitement cet enseignement à la pratique hospitalière. Certains maîtres feraient leurs cours à l'hôpital, « ils donneraient peu d'écrits, ce ne seroient que maximes plus ou moins étendues, auxquelles l'expérience des malades serviroit de commentaire »; et de conclure : « Aussi exigeroit-on qu'au lieu de permettre à de jeunes médecins de passer immédiatement, comme ils ont trop fréquemment coutume de le faire, de la physique encore toute *crue,* à la pratique de la médecine, ils suivissent au moins deux années entières les professeurs établis dans ces hôpitaux. » Beau programme que seule la disparition des antiques Facultés à la fin du XVIIIᵉ siècle rendra vraiment possible. Enfin, il suggère « l'établissement d'une société de médecins choisis dans toutes les Universités du royaume...; ces médecins associez par l'autorité du Prince, sous la direction de son premier médecin, s'assembleroient tous les ans et après être convenus d'un dessein général et que chacun en auroit pris sa part, ils ne feroient plus que se rendre compte de leurs ouvrages et les rassembler, afin de commencer cet édifice qui ne peut être l'ouvrage d'un seul auteur ». Cette idée féconde se retrouvera plus tard à l'origine de l'Académie Royale de Chirurgie en 1731 et surtout de la Société Royale de Médecine en 1776.

Mais lorsqu'il meurt en 1728, à soixante-quatre ans, quelques mois après avoir cessé toute activité, Pierre Hunauld fils peut mesurer mieux que quiconque à quel point ses idées novatrices sont, à Angers, peu passées dans les faits : les régents qui ne sont encore que cinq, ne peuvent faire face à toutes les charges qui leur incombent, et l'enseignement tend à redevenir intermittent. Il faut attendre les années 1740 pour que s'amorce le succès, posthume, de Pierre Hunauld. La Faculté s'étant enfin décidée à augmenter le nombre

de ses membres (qui passe à huit en 1736, à dix en
1742), les cours se font plus réguliers et, à partir de
1742, le dédoublement de la chaire de médecine est
effectif. Cependant, faute d'un local approprié, les
démonstrations d'anatomie se ramènent à quelques
séances faites à l'hôpital et celles de pharmacie à de
rares herborisations dans les jardins de la ville et de
la campagne proche. Le mérite de créer enfin un établissement comparable, toutes proportions gardées, au
Jardin du Roi, revient en 1744 à Pierre Berthelot du
Pasty. Né à Angers en 1713, élève à Paris de Bernard de Jussieu, puis « interne » à la Faculté d'Angers
sous François Paulmier (lui-même élève de Hunauld
fils) et docteur-régent en 1742, Berthelot du Pasty
réussit à convaincre ses collègues d'exécuter enfin les
prescriptions de l'édit de 1707, sans attendre le concours
financier soit de l'Etat, soit de la ville, mais en comptant
sur les seules ressources de la Faculté qu'une légère
augmentation du nombre des étudiants rendait alors
moins précaires. En 1744, une maison avec jardin,
située sur le Tertre Saint-Laurent, à proximité de
l'hôpital, est louée aux religieuses du Calvaire : le
sous-sol est aménagé en un petit amphithéâtre permettant des démonstrations anatomiques et le jardin
est planté par Berthelot du Pasty, selon les méthodes
de Bernard de Jussieu. Si modeste qu'elle soit, la
Maison du Laboratoire (comme on l'appelle) permet
de dispenser aux étudiants un enseignement pratique,
à la fois anatomique et botanique, qui double de façon
régulière et non plus épisodique, l'enseignement magis-
tral. Dès 1745, une lettre du chancelier d'Aguesseau
au doyen de la Faculté prend acte de cette création
et reconnaît que de ce fait, l'enseignement donné à
Angers est comparable à celui donné à Paris et que
les statuts des deux Facultés peuvent donc être considérés comme semblables.

Les pseudo-statuts de 1768 — en fait copiés sur les
statuts parisiens — permettent de se faire une idée
de l'organisation de l'enseignement à la fin de l'Ancien
Régime. Les quatre professeurs (deux pour la médecine, un pour la chirurgie, un pour la pharmacie)
sont choisis pour deux ans parmi les docteurs-régents.
Il semble bien que, mis à part le dédoublement de
la chaire de médecine, cet enseignement théorique reste
ce qu'il était autrefois : le maître, en robe longue et

bonnet carré, lit et dicte en latin quelques pages de
ses cahiers de cours, simples commentaires des œuvres
de médecins illustres. La nouveauté fondamentale
réside dans l'enseignement pratique donné à la Maison
du Laboratoire : les maîtres, qui portent le nom
significatif de « démonstrateurs », sont eux aussi des
docteurs-régents, en nombre variable, qui choisissent
tous les ans, pour un trimestre ou deux, la partie de
l'anatomie qu'ils entendent traiter; trois ou quatre
démonstrateurs sont en charge en même temps et cet
enseignement donné en français et consistant essentiellement en dissections commentées, est le mieux
fait et le plus suivi de toute la Faculté. Depuis 1750,
une épreuve pratique anatomo-chirurgicale précédant
la licence est imposée à tous les étudiants « internes ».
Par contre, une telle épreuve n'est pas imposée aux
« externes » qui peuvent, de même que certains élèves
en chirurgie, assister en spectateurs aux démonstrations
mais ne participent qu'exceptionnellement aux dissections elles-mêmes. La Faculté d'Angers n'a donc pas
tort de souligner dans un mémoire officiel qu'elle
« donne un enseignement véritable d'anatomie et de
chirurgie de plus de six mois, abondamment pourvu
de cadavres » et grâce auquel elle « peut se glorifier
de fournir constamment de bons sujets pour la ville
et la campagne, tant en médecine qu'en chirurgie ».
Toutefois le plaidoyer va trop loin : la Faculté sait
bien que les « bons sujets » entièrement formés par
ses soins restent l'exception; la majorité des médecins
angevins sont des « forains » dont la formation est
beaucoup plus superficielle que celle des docteurs-
régents; quant aux chirurgiens, seuls quelques-uns
d'entre eux tirent profit de l'enseignement universitaire.

2. — La formation du personnel médical : les chirur-
giens, les apothicaires, les sages-femmes

S'il est vrai que l'édit de novembre 1691 sépare
officiellement la barberie de la chirurgie, les chirurgiens de province n'en restent pas moins longtemps
encore des barbiers et en dépit de nombreux textes
officiels et de la fondation en 1731 de l'Académie
Royale de Chirurgie, il faut attendre la seconde moitié du
XVIIIᵉ siècle, pour que dans les villes ayant une commu-

nauté de maîtres-chirurgiens, la séparation entre les deux professions soit complète. C'est le terme d'une lente évolution et la consécration des efforts des communautés de maîtres-chirurgiens pour faire reconnaître la compétence de leurs membres. Cinq villes en Anjou possèdent une telle communauté, Château-Gontier, La Flèche, Baugé, Saumur et Angers, le ressort de chacune d'elles coïncidant théoriquement avec celui de la sénéchaussée correspondante. Toutefois, de même qu'il existe deux types de médecins, il existe aussi deux catégories de chirurgiens : les « internes » qui exercent dans une ville où il y a une communauté dont ils font partie de droit, et les « externes » qui exercent soit dans les petites villes dépourvues de communauté, soit à la campagne, et qui ne sont en fait que des maîtres-chirurgiens de « seconde zone », à qui il est interdit de former des apprentis et qui doivent en principe se faire assister d'un confrère de la ville pour les opérations importantes. Si la durée de l'apprentissage et du compagnonnage est en gros la même pour les uns et pour les autres — quatre ou cinq ans — la formation reçue et les examens subis diffèrent profondément : pour le futur maître-chirurgien « externe », l'épreuve d'accès à la maîtrise, passé aussitôt après le compagnonnage sans que s'y ajoute aucune formation théorique, consiste en un seul examen oral de trois heures, dit « légère » ou « petite expérience »; quant au futur maître-chirurgien de communauté, il complète sa formation pratique en suivant à Angers certains cours de la Faculté de médecine ou même en faisant pendant deux ou trois ans un véritable tour de France qui le mène au collège Saint-Cosme de Paris, à Montpellier ou à Reims; il est vrai que pour devenir maître, il doit satisfaire au « grand chef-d'œuvre », c'est-à-dire à une série de six examens qui portent sur la chirurgie proprement dite, l'ostéologie, l'anatomie, la pharmacie et dont le dernier, dit « examen de rigueur », remplace la thèse, interdite aux chirurgiens; les épreuves se passent devant un jury constitué par les maîtres de la communauté et en présence d'un médecin à titre d'observateur. Il existe donc un fossé entre les chirurgiens de « petite expérience » et leurs confrères de « grand chef-d'œuvre », fossé qui va aller se creusant au cours du siècle dans la mesure où les incontestables progrès de l'enseignement de la chirurgie à

Angers ne vont profiter qu'aux seconds. La déclaration du 3 septembre 1736 qui prescrit l'organisation d'un véritable enseignement de la chirurgie dans toutes les villes de communautés, paraissait difficilement applicable, même à Angers. Cependant le chirurgien angevin Galpin, nommé en 1733 lieutenant du premier chirurgien du roi, s'efforce de procurer à sa communauté un local susceptible de servir de salle de cours et de démonstration; c'est chose faite en 1740 dans la paroisse de Lesvière. L'institution nouvelle connaît, il est vrai, des débuts difficiles du fait de l'absence de maîtres compétents au sein de la communauté. Mais la création de la Maison du Laboratoire va permettre peu à peu à quelques futurs chirurgiens d'acquérir un savoir qu'ils mettront ensuite au service de l'enseignement chirurgical. Enfin, en 1771, quelques jeunes et brillants maîtres-chirurgiens qui ont suivi assidûment les cours de la Maison du Laboratoire ou même, comme Michel Chevreul et Jean-François Mirault, ont pris leur grade de docteur en médecine à Reims, prennent en main l'école de Lesvière, y organisent trois cours réguliers, à raison d'une leçon par jour, et assurent ainsi une formation sérieuse aux futurs maîtres de « grand chef-d'œuvre ». A la suite de la déclaration royale du 18 juin 1784 qui porte que « les élèves en chirurgie seront obligés de s'inscrire dans une école titrée pour jouir des privilèges qui leur sont accordés », les chirurgiens angevins demandent en décembre que le titre officiel d'Ecole de chirurgie soit donné par lettres patentes à leur institution de Lesvière; dans une lettre à l'intendant pour appuyer cette demande, le subdélégué La Marsaulaie vante la valeur de l'enseignement et le nombre des élèves (« 20 à 25, année commune, sans compter les amateurs »). Mais le Conseil, on ne sait pourquoi, ne jugera pas utile de donner suite à cette requête. Amer, Chevreul écrira dans le rapport sur « l'état actuel de l'art de guérir » qu'il adresse en 1791 au Comité de salubrité de l'Assemblée nationale : « La communauté des chirurgiens d'Angers ne jouit pas du titre de collège, mais en remplit pourtant les fonctions depuis 1771, époque à laquelle elle a commencé à donner des cours, avec amphithéâtre construit à ses frais. »

Auxiliaires des médecins et des chirurgiens, les apothicaires sont des marchands organisés en communautés au sein desquelles ils se confondent le plus souvent avec les épiciers et les droguistes. A Angers, les marchands maîtres-apothicaires-épiciers ont des statuts qui datent de 1619 et seront modifiés en 1759. Bien que l'article premier prévoie que les aspirants à la maîtrise devront suivre un enseignement spécial, celui-ci se réduit en fait jusqu'en 1744, aux cours, fort intermittents, du docteur-régent chargé à la Faculté du cours de pharmacie et aux quatre herborisations que celui-ci organise chaque année et auxquelles sont invités, outre les étudiants en médecine, les maîtres-apothicaires et leurs apprentis. Après 1744, ces derniers pourront suivre les herborisations de la Maison du Laboratoire. En 1777, un médecin angevin, Philippe Luthier de La Richerie, et le docteur-régent Pierre Burolleau de Fesle, dit le Jeune, fondent dans un vaste enclos, à l'entrée du faubourg Bressigny, une Société des Botanophiles à laquelle adhèrent dès sa création trois docteurs-régents, trois chirurgiens et le doyen de la communauté des maîtres-apothicaires, Gabriel-Urbain Goupil; l'enclos est immédiatement planté selon la nomenclature de Tournefort. A l'origine, il s'agit surtout, dans l'esprit des fondateurs, de procurer aux médecins, chirurgiens, apothicaires et à leurs élèves, le moyen de développer la pratique et l'enseignement de la botanique dans de meilleures conditions matérielles qu'à la Maison du Laboratoire et hors de la dépendance trop étroite de la Faculté. C'est pourquoi l'activité essentielle de la Société est constituée par un cours hebdomadaire accompagné de démonstrations, qu'assure avec succès à partir de juillet 1781 Burolleau de Fesle qui devient directeur en 1783, à la mort de Luthier de La Richerie. L'année précédente, un jeune docteur-régent, Joseph Tessié du Closeau, adhérait à la Société. Né aux Rosiers en 1755, il a fait ses études à Montpellier où il est devenu docteur en médecine, puis à Paris où, passionné de chimie, il est devenu l'élève et l'ami de Lavoisier; de retour à Angers, il se fait agréger comme docteur-régent. Il s'efforce alors d'obtenir pour lui-même la création d'une chaire de chimie à la Faculté; en même temps il essaie de convaincre les membres de la Société des Botanophiles d'étendre leurs activités en embrassant la chimie et en se transformant en Société Royale de Chimie, Botanique et Histoire naturelle, affiliée au bureau angevin de la

Société d'Agriculture. Mais cette double initiative, qui
pose un problème financier du fait de la nécessité
de créer un laboratoire de chimie digne de ce nom,
se heurte à l'hostilité ou à l'indifférence des docteurs-
régents, des autorités et de l'opinion. L'intendant
d'Aine se montre défavorable au projet, la ville fait
la sourde oreille et *Monsieur* se contente d'agréer le
titre de protecteur de la Société. Si bien que de guerre
lasse, Tessié du Closeau décide, en septembre 1786,
d'ouvrir chez lui, dans le laboratoire qu'il s'est constitué à ses frais, un « cours d'histoire naturelle et de
chimie ». Inauguré en mars 1787, le cours ne rencontre aucun succès auprès de ceux-là mêmes à qui
il était destiné, c'est-à-dire les futurs médecins, chirurgiens et surtout apothicaires. La majeure partie de
l'opinion angevine refusant d'appuyer son effort, Tessié
doit fermer son cours au bout de deux ans, au début
de 1789. Cependant, la Société des Botanophiles
connaît elle aussi de grosses difficultés. En 1787,
La Revellière-Lépeaux, membre associé depuis 1784,
succède à Burolleau comme directeur et chargé du
cours de botanique. Son zèle et le succès même qu'il
remporte d'abord l'incitent à chercher un emplacement
plus spacieux que celui du faubourg Bressigny. Les
Bénédictins de Saint-Serge proposent alors de céder,
moyennant une rente perpétuelle, un vaste terrain sis
paroisse Saint-Samson. N'ayant pas les fonds nécessaires, La Revellière-Lépeaux se tourne vers la ville
le 10 juillet 1788, afin qu'elle se porte acquéreur du
terrain, la Société s'engageant à assurer outre les
dépenses ordinaires de fonctionnement, tous les frais
nécessaires à la construction d'une salle et à la plan-
tation du jardin. Le 24 juillet, la municipalité oppose
une brutale fin de non-recevoir, nouveau témoignage
du peu d'intérêt que la Maison de Ville — fidèle
miroir de l'opinion de la majorité des Angevins —
prête aux initiatives des quelques esprits éclairés qui
essaient dans le domaine intellectuel comme dans le
domaine économique de sortir leur cité de la léthargie
qui semble la frapper. La Société créée douze ans
plus tôt paraissait condamnée, lorsqu'en février 1789,
un de ses membres, Urbain Pilastre, accepte d'acheter
le terrain et de le céder ensuite à la Société; ainsi
l'avenir se trouve-t-il assuré. De toutes ces péripéties,
les maîtres-apothicaires angevins se sont presque complè-

tement désintéressés, alors qu'ils auraient dû se sentir directement concernés par les efforts déployés pour améliorer l'enseignement de la botanique et de la chimie. En dehors de leur doyen Gabriel-Urbain Goupil, l'un des fondateurs des Botanophiles, et de son fils Gabriel, membre en 1778, aucun des autres maîtres-apothicaires ne jugera bon, jusqu'en 1788, de demander son admission à la Société. Le fait est symptomatique : au vrai, à la fin du XVIIIe siècle, les « maîtres en l'art de pharmacie », comme ils s'intitulent maintenant, tiennent de leur père ou de leur beau-père, en même temps que leur boutique, l'essentiel de leur savoir. Encore rares sont ceux qui, comme Joachim Proust, ont voulu compléter cet apprentissage familial par des études théoriques à Angers ou ailleurs. A plus forte raison en est-il de même dans les autres villes de la province où il existe des apothicaires, constitués ou non en corps, c'est-à-dire à Château-Gontier, La Flèche, Baugé et Saumur.

Au dernier rang du personnel médical, non par l'importance de leur rôle, mais par leur absence presque complète de formation professionnelle, viennent les sages-femmes. Si en ville, le recours à un chirurgien expérimenté est possible lors d'un accouchement difficile, il n'en est pas de même à la campagne où l'on hésite toujours, à cause des frais, à faire venir le chirurgien et où d'ailleurs celui-ci est souvent fort peu qualifié. Force est donc de recourir à la matrone. Théoriquement, une femme ne peut faire métier d'accoucheuse qu'après un double contrôle : une réception par la communauté de chirurgiens la plus proche, après un apprentissage régulier de deux ans, et un examen de moralité passé devant le curé de la paroisse. En fait presque toujours, et notamment à la campagne, seul existe le second contrôle : le curé vérifie que la future matrone est bonne chrétienne, sera capable, le cas échéant, d'ondoyer le nouveau-né en danger de mort, au besoin dans le corps de la mère, et n'usera jamais de ses fonctions à des fins abortives ou infanticides. Dans ces conditions, l'immense majorité des matrones acquièrent tout leur savoir-faire au chevet des accouchées, en assistant une matrone plus âgée qui leur transmet ses recettes, mais aussi ses préjugés. En l'absence de toutes connaissances théoriques, l'adresse manuelle et la prudence sont les qualités majeures des moins mauvaises d'entre elles. Malheureusement, nombreuses sont celles qui, maladroites ou exagérément entreprenantes, contribuent à rendre catastrophique un accouchement délicat. « Combien d'enfants mutilés ! écrira Chevreul en 1782, d'autres regardés comme morts et que des soins bien entendus eussent rappelés à la vie ! d'accouchemens prompts suivis d'une mort aussi prompte ! d'infirmités causées par des manœuvres cruelles et téméraires !... telle est l'esquisse du tableau effrayant, mais vrai, qu'offre tous les jours l'ignorance des sages-femmes. » En 1770, devant les représentants des communautés du comté de Beaufort, Aveline de Narcé émet le vœu que soient établies dans le ressort du comté huit sages-femmes « ayant exercé leur art dans les hôpitaux ou sous d'habiles chirurgiens » et qui, à leur tour, choisiraient dans les paroisses des femmes susceptibles de recevoir la même formation. Ce vœu, qui en dit long sur la situation dans les campagnes angevines à cette date, ne va pas tarder à être entendu.

C'est en effet en mars 1777 que l'intendant Du Cluzel entre en relations avec Angélique Le Boursier du Coudray, maîtresse sage-femme brevetée, nommée par le roi en 1767 « pour enseigner l'art des accouchements dans toute l'étendue du royaume ». Mme du Coudray qui venait de faire des cours à Caen (1775), Rennes (1775-1776) et Rouen (1776-1777), est au Mans en décembre 1777 et janvier 1778; son cours y rencontre un tel succès qu'elle doit le recommencer en mars et avril. Pendant ce temps, conformément aux instructions de Du Cluzel, le subdélégué La Marsaulaie prépare la venue de Mme du Coudray à Angers, deuxième étape de son séjour dans la généralité. Il lui faut rapidement, et non sans difficultés, louer une maison pour y loger la sage-femme et les personnes qui l'accompagnent et décider la municipalité à transformer la grande salle de l'hôtel de ville en salle de cours. En même temps, tous les subdélégués angevins envoient aux seigneurs et curés des paroisses une lettre-circulaire « pour les engager à envoyer à Angers des sujets capables de profiter de telles leçons », les dépenses devant être prises en charge par l'intendant. Arrivée à Angers le 7 juin 1778, Mme du Coudray commence par éliminer parmi les quelque 140 élèves qui l'attendent, une quinzaine d'entre elles, « comme trop âgées

et hors d'état de profiter des leçons », cependant
qu'une dizaine d'autres se retirent d'elles-mêmes. C'est
finalement devant 113 femmes qu'a lieu, le 19 juin,
la leçon d'ouverture. Sur ces 113 femmes, 7 sont
d'Angers même, les 106 autres viennent de 101 paroisses
réparties dans l'ensemble de la province. De plus,
quatre jeunes chirurgiens de l'Hôtel-Dieu se sont joints
à l'auditoire, ainsi que Michel Chevreul, ancien élève
à Paris du chirurgien accoucheur Baudelocque et qui
vient d'être reçu maître-chirurgien à Angers. Le cours,
qui consiste essentiellement en une série de démonstrations faites à l'aide d'un mannequin construit spécialement à cet effet par Mᵐᵉ du Coudray, se déroule
sans incidents (mis à part la défection de quatre élèves)
et se termine le 14 août dans la satisfaction générale,
puisque 109 sages-femmes retournent vers leurs paroisses
avec le certificat qui leur est décerné. Dès le surlendemain, Mᵐᵉ du Coudray commence un nouveau cours
d'une durée de quinze jours, qui s'adresse cette fois
à un auditoire beaucoup plus restreint et plus choisi,
composé de neuf maîtres-chirurgiens de la province.
Il s'agit dans l'esprit de Du Cluzel, de prolonger les
bienfaits de l'enseignement de Mᵐᵉ du Coudray en
permettant à celle-ci de former neuf chirurgiens
démonstrateurs capables de tenir son rôle après son
départ et d'assumer la formation de toutes les futures
sages-femmes. Pour cela, chacun d'entre eux tiendra
un cours tous les ans, dans la ville de son ressort,
pendant lequel il reprendra sur un exemplaire du
mannequin de Mᵐᵉ du Coudray les démonstrations et
l'enseignement de celle-ci. Enfin, pour couronner le
tout, Chevreul est chargé en juillet 1779, avec le titre
d' « inspecteur général des cours d'accouchement de
la généralité de Tours », de coordonner et contrôler
cet enseignement pour l'ensemble des trois provinces.
Certes, les difficultés ne manquent pas. C'est ainsi que
certaines des villes choisies comme lieu de cours
protestent contre l'obligation qui leur est faite d'acheter le fameux mannequin et demandent l'aide financière de l'intendant. Pourtant à la fin de 1779, l'organisation est au point et huit villes sont retenues en
Anjou comme centres d'enseignement et sièges d'un
démonstrateur : Angers, Baugé, Candé, Château-Gontier,
Cholet, La Flèche, Saint-Florent et Saumur. Il est
convenu que tous les ans, pendant les deux mois de

mai et de juin, chaque démonstrateur fera un cours à quatre élèves au maximum (cinq à Angers), à raison de deux leçons par jour, et que les élèves, logées aux frais de l'intendant, devront être prises en charge pour leur nourriture « soit par les communautés d'habitants, soit par les seigneurs, soit par les curés ou toutes autres personnes qui voudront les faire instruire ». L'élève jugée apte par le démonstrateur et par l'inspecteur recevra une commission de l'intendant l'autorisant à exercer et exemptant son mari de la corvée. Les cours fonctionnent pour la première fois au printemps de 1780, de façon fort satisfaisante puisque mis à part Candé, où « le professeur avec le plus grand zèle n'a pu se procurer d'élèves », partout les quatre ou cinq élèves formées par les démonstrateurs sont jugées par Chevreul dignes de recevoir la commission de l'intendant. Au total, 30 nouvelles sages-femmes qualifiées viennent s'ajouter à celles qui ont suivi deux ans plus tôt l'enseignement de Mme du Coudray. Mais déjà en 1781, les résultats sont plus médiocres : les cours n'ont fonctionné ni à Candé ni à Cholet, et deux des élèves (l'une à Saumur, l'autre à Baugé) ont dû être ajournées à l'année suivante, si bien que 23 diplômes seulement ont été décernés. Dans son rapport d'inspection adressé le 20 juillet 1781 à Du Cluzel, Chevreul propose quelques mesures susceptibles selon lui d'améliorer l'institution : supression des centres trop petits comme Candé et Saint-Florent, et regroupement de leurs élèves éventuelles à Château-Gontier et à Angers; remplacement des mannequins et de leurs accessoires, « tous trop usés et disloqués », par des mannequins neufs pour lesquels il suggère diverses améliorations; enfin distribution aux élèves d' « un livre qui puisse leur retracer les principes qu'elles auront reçus dans les cours ». Ce livre, Chevreul a cru de son devoir de le rédiger lui-même et fait hommage du manuscrit à l'intendant, se conformant à l'avance à ce qu'il décidera. Seule, la dernière de ces propositions a une suite immédiate : en 1782, paraît en effet, chez Mame, à Angers, le *Précis de l'art des accouchemens, en faveur des sages-femmes et des élèves en cet art,* par Michel Chevreul. L'ouvrage qui vulgarisait en une langue simple et directe la doctrine de son maître Baudelocque, connaît tout de suite le plus vif succès et sera distribué chaque année gratuitement aux élèves sages-femmes. Cependant, les cours fonctionnent en 1782 et en 1783 dans les mêmes conditions que les années précédentes, dans les mêmes centres et avec le même matériel : 25 nouvelles sages-femmes en 1782, 19 seulement en 1783 sont gratifiées de la commission de l'intendant. Ces résultats, décevants, traduisent les difficultés croissantes rencontrées par Chevreul pour recruter chaque année les 33 élèves appelées à être formées dans les centres angevins. Ces difficultés proviennent essentiellement des frais qu'entraîne la subsistance des élèves : les seigneurs ne résident pas sur leurs terres ou se récusent; beaucoup de curés, notamment ceux à portion congrue, ne peuvent assumer une pareille charge; quant aux communautés d'habitants, pourtant directement intéressées, elles refusent presque toutes, par avarice, de faire les quelques sacrifices nécessaires. Au printemps de 1784, les cours cesseront de fonctionner, sauf à Angers même où Chevreul prodiguera son enseignement soit à son domicile personnel, soit à l'école de Lesvière, chaque année jusqu'en 1791.

Ainsi, dans la seconde moitié du XVIIIe siècle et surtout dans les années 1770, des efforts méritoires ont été accomplis pour améliorer la formation scientifique de tous ceux qui s'adonnent, à un titre ou à un autre, à l'art de guérir. Mais ces efforts ont été faits en ordre dispersé, alors que la situation réclamait une réforme profonde. Cette réforme, les docteurs-régents en esquissent les grandes lignes dans un important rapport adressé en 1791 au Comité de salubrité de l'Assemblée nationale : meilleure répartition des établissements d'enseignement médical dans le royaume; création dans chaque établissement d'un amphithéâtre, d'un laboratoire de chimie, d'un jardin botanique, d'un cabinet d'histoire naturelle, d'une bibliothèque spécialisée; enseignement théorique complet et diversifié: obligation faite aux futurs médecins de « fréquenter au moins pendant deux ans les malades des hôpitaux »; création d'écoles de chirurgie dans les mêmes lieux que les écoles de médecine, « afin que les étudiants des deux écoles pussent profiter des deux instructions données à des heures différentes »; encouragements donnés aux sages-femmes acceptant de suivre des cours. De son côté, le chirurgien Chevreul, pareillement inquiet des vices du système, va plus loin encore

dans le rapport qu'il adresse à la même date au même
Comité : « Si nous osions ici exprimer quelques sentiments, ils seraient pour réunir ces deux branches
de l'art de guérir dont les principes nous paraissent
les mêmes, dont les connaissances sont tellement enchaînées et si nécessairement liées qu'elles nous semblent
ne pouvoir être désunies sans que l'humanité n'en
souffre : nous voulons parler de la médecine et de
la chirurgie. Alors nous verrions de grands médecins
pour les maladies internes et de grands médecins
pour les maladies externes ». La situation à la fin
de l'Ancien Régime telle qu'elle ressort de deux
grandes enquêtes faites en 1786 et 1788, justifie, on
va le voir, ces suggestions et les inquiétudes qui les
ont inspirées.

3. — *Le corps médical angevin à la fin du XVIIIe siècle*

C'est à l'instigation de la Société Royale de Médecine
qu'au début de 1786, le contrôleur général Calonne
fait entreprendre par tous les intendants du royaume
une grande enquête concernant les médecins et les
chirurgiens établis dans les villes et les paroisses rurales
de leur département. Dans la généralité de Tours,
l'enquête est menée sur place par les subdélégués, en
avril et mai, et leurs réponses permettent de se faire
une idée aussi précise que possible non seulement du
nombre, mais aussi jusqu'à un certain point, de la
valeur professionnelle du personnel médical angevin
à la veille de la Révolution. En effet, les états imprimés
envoyés aux subdélégués comportaient trois colonnes,
en regard de la partie réservée à la mention de la
localité : noms des médecins, noms des chirurgiens,
nature des maladies et traitements qui les occupent
plus particulièrement. Cette dernière colonne a permis
généralement aux subdélégués de donner une appréciation plus ou moins motivée sur la valeur de chacun.
Deux ans plus tard, l'un des objets que se propose la
Commission intermédiaire de l'Assemblée provinciale
d'Anjou dans la grande enquête par paroisse qu'elle
entreprend, est de faire le bilan du personnel médical
dont dispose la province : médecins, chirurgiens, sages-
femmes. Les réponses des paroisses, malheureusement

incomplètes et parfois imprécises, constituent cependant un très utile complément à l'enquête de 1786.

Celle-ci permet d'abord d'étudier l'importance numérique et la répartition géographique du corps médical. Il y a, en 1786, 45 médecins et 287 chirurgiens dans l'ensemble de la province, soit à peu près 1 médecin et 6 chirurgiens pour 10 000 habitants. Si l'on rapproche cette proportion de celle observée à la même date en Bretagne, on constate que l'Anjou est nettement plus favorisé que celle-ci où l'on compte 85 médecins et 415 chirurgiens pour 2 500 000 habitants environ, soit 1 médecin et 5 chirurgiens pour 30 000 habitants. Les médecins sont installés dans les villes et les gros bourgs de la province : Angers en a 13, Saumur 5, Craon 4, Château-Gontier et Cholet chacun 3; il y en a 2 à La Flèche, Baugé, Doué et Bourgueil; enfin, Beaufort et Le Lude en ont chacun un, de même que des bourgades de moindre importance, Fontevrault, Vihiers, Chemillé, Beaupréau, Brissac, Ingrandes et Candé. Sur les 287 chirurgiens, 41 sont installés dans les cinq villes qui ont une communauté de maîtres-chirurgiens, Angers 17, Saumur 9, Château-Gontier 6, La Flèche 5, Baugé 4; les 246 autres sont répartis dans les petites villes ou les bourgades de la campagne, souvent à raison de deux dans la même paroisse. Ainsi implantés, ils constituent un réseau en apparence assez serré, qui se superpose assez bien au tissu même de la population : la région de Bourgueil par exemple, en haute Vallée d'Anjou, où la densité, on l'a vu, est la plus forte de toute la province, compte à elle seule 11 chirurgiens : 3 à Bourgueil, 2 à Restigné, 2 à La Chapelle-Blanche, 4 à Chouzé; à l'inverse, le Segréen, peu peuplé, apparaît comme presque dépourvu de chirurgiens, mis à part, à la périphérie, les deux bourgs de Candé et du Lion-d'Angers.

Mais ces chiffres masquent en fait une réalité capitale : les profondes différences de qualification professionnelle, et partant, de situation sociale entre ces divers praticiens. C'est ainsi que parmi les 45 médecins exerçant en Anjou, il convient de distinguer d'abord les 13 docteurs-régents à qui leur titre assure le monopole de la médecine à Angers. L'exercice de l'enseignement, la pratique d'une clientèle variée et pour certains la pratique hospitalière permettent de penser qu'ils dominent de haut tous leurs confrères de la province. Si selon La Marsaulaie, trois d'entre eux « se distinguent davantage et sont les plus recherchés », c'est seulement parce que « les autres sont ou trop âgés ou trop jeunes ». D'une façon plus générale, les docteurs-régents de la Faculté d'Angers semblent bien avoir été au XVIIIe siècle des gens considérés, riches et instruits. La considération dont ils jouissent dans la ville tient non seulement à leur appartenance à l'Université et à la profession qu'ils exercent, mais aussi à leur origine sociale. Tous sont issus de la bonne bourgeoisie angevine, souvent d'une famille déjà vouée à l'art de guérir : sur les 31 docteurs-régents agrégés de 1694 à 1785, 8 sont fils de docteurs-régents, 3 de maîtres-chirurgiens, 4 de maîtres-apothicaires, 4 de marchands (dont deux juges-consuls), 2 de « bourgeois » d'Angers, l'un d'un officier seigneurial. François-Yves Besnard n'exagère pas lorsqu'il écrit dans ses *Souvenirs* : « Il était consacré par l'usage... de ne pas conférer les grades nécessaires pour exercer en qualité de médecins à des candidats connus pour ne pas appartenir à des familles honorables dans la bourgeoisie. » Que la plupart d'entre eux soient riches ou à tout le moins jouissent d'une honnête aisance, cela ressort de leurs cotes de capitation et de ce que l'on sait de leur train de vie : comme bon nombre de bourgeois d'Angers, ils passent les mois d'été et d'automne, qui correspondent aux vacances de l'Université, dans leur maison de campagne. Leurs revenus proviennent à la fois d'une fortune personnelle souvent foncière ou d'un riche mariage et de l'exercice même de leur profession; les honoraires médicaux en effet sont relativement élevés : en 1718, le docteur Rabut demande 1 livre par visite; c'est aussi, à peu près, le tarif du docteur Reyneau en 1743; lorsqu'un docteur-régent se rend à la demande de l'intendant dans une paroisse de campagne atteinte par une épidémie, il touche 10 livres par jour. Instruits, on ne peut guère douter qu'ils le soient puisqu'ils sont non seulement médecins, mais professeurs; d'ailleurs, la longueur même des études qu'ils ont suivies en témoigne, quel que soit le jugement que l'on puisse porter sur la valeur de ces études. Certains d'entre eux sont des médecins de grande valeur : les divers ouvrages de Pierre Hunauld fils assurent sa réputation bien au delà de l'Anjou et le *Traité de la goutte* de François Paulmier est recommandé par d'Alembert au roi de Prusse. Les deux Hunauld sont, l'un après l'autre, membres de l'Académie d'Angers; dans les années 1745-1770, Pierre Berthelot du Pasty est l'un des grands animateurs de la vie intellectuelle en Anjou : élu à l'Académie en 1745, il contribue à en ranimer l'activité et y multiplie les communications; en 1762, il devient membre du bureau angevin de la Société d'Agriculture, de même que son collègue Pierre-Louis Burolleau de Fesle.

A côté de ces collègues illustres, Pierre-Olivier Reyneau, docteur-régent en 1741, fait pâle figure : il n'a écrit aucun ouvrage de médecine, n'a siégé dans aucune société savante et sa carrière n'a laissé aucune trace. C'est précisément pourquoi l'inventaire de sa bibliothèque présente un grand intérêt et constitue un témoignage exemplaire sur ce que pouvaient être les lectures, les curiosités intellectuelles, bref le bagage professionnel et la culture d'un docteur-régent angevin au milieu du XVIIIe siècle. La petite bibliothèque de travail que Reyneau laisse à sa mort, en 1780, compte 111 titres, soit au total 258 volumes. En dehors d'une *Vie des saints,* des *Satires* de Juvénal, d'un *Traité du whist* et de l'abrégé en trois volumes du *Dictionnaire de Trévoux* (édition de 1762), il s'agit essentiellement d'ouvrages de sciences qui peuvent se répartir ainsi : les 6 premiers tomes de l'*Histoire et Mémoires de l'Académie des Sciences* (années 1738 à 1743); 3 titres de chimie, dont les *Elémens de chymie théorique et pratique* de Guyton de Morveau (3 volumes, 1777); 5 de physique, dont l'édition française de la *Physique* de Newton (1743) et celle de la *Physique* de Van Musschenbroek (1751); 5 de mathématiques; 6 de sciences naturelles, dont la *Méthode pour connaître les plantes* de Tournefort (1694), les *Elémens d'agriculture* de Duhamel du Monceau (1762) et les 32 premiers volumes parus de l'*Histoire naturelle* de Buffon (depuis 1749); enfin 87, de médecine. Parmi ces derniers, on trouve d'abord le *Journal de médecine, chirurgie et pharmacie,* les 6 premiers tomes des *Mémoires de l'Académie de chirurgie* (années 1743-1748), le *Dictionnaire des drogues simples* de Nicolas Lémery (édition posthume de 1748) et le *Dictionnaire universel de médecine* de Robert James, traduit de l'anglais par Diderot (1746-1748). A côté de ces ouvrages d'information et de référence, les œuvres de tous les grands médecins français et étrangers sont là : les *Aphorismi* d'Hippocrate, les *Tabulæ anatomicæ* d'Eustachi, le *De motu animalium* de Borelli (édition de 1743), les *Opera medica* de Baglivi (édition de 1733), plusieurs ouvrages de Boerhaave, notamment les *Aphorismi,* la *Neurographia* de Vieussens (1685), l'*Anatomie* de Winslow (1732), les *Opera medica* de Sydenham (édition de 1736), la plupart des œuvres médicales d'Hoffmann, de Quesnay, de Lieutaud, de Bordeu. Parmi les autres titres, très variés et couvrant tous les domaines de la médecine, de la chirurgie et de la pharmacie, certains témoignent des préoccupations plus particulières de Reyneau et il est possible d'y voir comme l'ébauche d'une spécialisation : c'est ainsi que 6 ouvrages au moins sont consacrés aux maladies de la femme, notamment le livre d'Astruc paru sous ce titre en 1761; on trouve aussi plusieurs *Traités du pouls.* Par contre, un seul livre est consacré à la petite vérole et à l'inoculation, encore s'agit-il du *Tableau de la petite vérole* (1758) du médecin de Montpellier André Cantwell, adversaire résolu de l'inoculation, ce qui permet de penser que Reyneau, comme beaucoup de ses confrères à cette date, partageait face à la méthode nouvelle, les préventions de l'auteur. Au total, il apparaît, du moins à travers sa bibliothèque, que ce modeste docteur-régent a su se tenir au courant des principaux progrès de la science médicale de son temps, même si certaines innovations le voyaient réticent, et que sa curiosité s'étendait au delà de la médecine, à tous les domaines de la science.

Si les médecins d'Angers constituent, en dépit des nuances individuelles, un corps fermé et homogène, il n'en est pas de même des 32 autres médecins exerçant en 1786 dans le reste de la province. D'origine sociale assez diverse, souvent fils de chirurgiens de campagne, ils sont de valeur professionnelle plus diverse encore. Cela tient d'abord aux études qu'ils ont suivies : les uns sont docteurs d'Angers, les autres d'une autre Faculté; 6 sont docteurs de Montpellier, titre dont ils ne manquent jamais de se parer. En fait, étant donné la brièveté des études du futur docteur-forain et le caractère encore trop dogmatique de l'enseignement qu'il reçoit, le bon médecin est moins le savant pourvu de nombreux diplômes que l'homme de l'art qui, exer-

çant depuis de longues années dans un même lieu avec
conscience et savoir-faire, a su acquérir ces deux facteurs essentiels de réussite, l'expérience pratique et la
confiance du public. Les commentaires des subdélégués
sont, à cet égard, significatifs. Ainsi La Marsaulaie
écrit : « M. Brunet, à Beaupréau, est celui qui s'est
encore acquis le plus de réputation par ses connaissances et son expérience, exerçant la médecine depuis
de longues années »; par contre, il n'éprouve pas le
besoin d'indiquer à l'intendant que Brunet est docteur
de Montpellier. De même, le subdélégué de Baugé écrit
de Joseph Hautreux, qu'il est « fixé dans cette ville où
son talent le fait chérir, ainsi qu'aux environs », et
de Charles Monden, qu'il « exerce depuis vingt ans
son art avec succès ». Quant au subdélégué de Château-
Gontier, il apprécie ainsi globalement les trois médecins
de la ville, Allard, Jousselin et Theulier : « Suivant
l'opinion commune, ils paroissent jouir d'une égale
réputation; ils sont employés au gouvernement des
mêmes maladies, sans pouvoir apprécier au juste la
différence de leurs talents qui dépendent souvent de la
confiance plus ou moins grande que le public a pour
chacun d'eux. » Ces divers jugements se trouvent corro-
borés par ce que l'on sait de la part prise par tel
ou tel médecin dans la lutte menée contre les épidémies
qui ont frappé la province depuis les années 1770 :
les rapports adressés à l'intendant ou à la Société
Royale de Médecine par Allard, Theulier, Brunet,
Hautreux, Esnue-Lavallée montrent des praticiens éclairés et dévoués, s'efforçant de lutter avec les moyens
dont ils disposent ; les mémoires d'Esnue, sur les maladies qui ont affecté à différentes reprises certaines
paroisses du Craonais, sont des exposés clairs et précis
des symptômes observés, des remèdes mis en œuvre,
des résultats obtenus. Par contre, pour bon nombre
d'autres médecins, il ne subsiste aucun témoignage de
l'activité qu'ils ont pu déployer dans leur région, lors
même que l'on sait que celle-ci a été affectée à telle
ou telle date par les épidémies. Sans doute, le jugement
sévère porté par Pierre Hunauld en 1718 pouvait-il
encore s'appliquer à certains d'entre eux : « La médecine exige certains talens qui ne sont accordés qu'à
peu de personnes; d'où il arrive que ceux qui sans les
avoir reçus s'osent engager à la pratique de cet art,
y travaillent sans succès et à la honte des autres. »

La barrière qui sépare docteurs-régents et docteurs-forains se retrouve, plus haute encore, on l'a vu, entre chirurgiens-internes et chirurgiens-externes. A mesure que le XVIII° siècle avance, la situation sociale et la valeur professionnelle des premiers se renforcent au point d'en faire presque les égaux des médecins. Dans la seconde moitié du siècle, les maîtres-chirurgiens d'Angers, presque tous fils, neveux ou gendres de chirurgiens, ont pris rang de notables et certains d'entre eux ont la satisfaction de voir tel de leur fils entrer dans la carrière médicale et même, suprême consécration, accéder à la régence. Leur situation matérielle s'est également améliorée, comme en témoignent les rôles de capitation de 1788 par rapport à ceux de 1715 : alors que les cotes des apothicaires se situent à peu près dans les mêmes tranches aux deux dates, celles des chirurgiens traduisent un glissement très net vers des tranches supérieures. A la veille de la Révolution, les chirurgiens angevins ont socialement débordé les maîtres-apothicaires, qui occupent pourtant une place de premier plan parmi les plus puissantes communautés de marchands. Il en est de même, toutes proportions gardées, à Saumur, La Flèche, Château-Gontier et Baugé. Enfin, nous l'avons vu, les chirurgiens-internes doublent leur apprentissage d'une formation théorique et pratique longue et sérieuse, acquise soit à Angers où depuis 1770 l'école de Lesvière assure un enseignement de haute qualité, soit à Paris, soit ailleurs. De ce fait, les cinq principales villes de la province qui regroupent déjà plus de la moitié des médecins exerçant en Anjou, sont dotées de chirurgiens de valeur, travaillant en liaison plus ou moins étroite avec leurs confrères médecins.

La situation dans les bourgades et dans les campagnes est profondément différente. Les chirurgiens-externes qui y exercent ne sont que « de petite expérience », et l'expression, consacrée, ne répond que trop à la réalité. Chevreul dénoncera avec véhémence en 1791 cette discrimination injustifiable : « Ainsi l'on calcule le degré de connaissance nécessaire au chirurgien d'après la grandeur de la ville, du bourg ou du village qu'il va habiter; ainsi, la santé ou même la vie des hommes devient plus ou moins précieuse suivant que les pays qu'ils habitent sont plus ou moins fameux par le nombre de leurs habitants. » De fait, beaucoup de chirurgiens de campagne semblent bien avoir été des praticiens ignares. Les réponses des subdélégués à l'enquête de 1786 sont à cet égard significatives. Si le subdélégué de Montreuil-Bellay se montre fort laconique puisqu'il note pour chaque chirurgien cette même mention qui laisse rêveur : « Soigne toutes les maladies », si son collègue de Château-Gontier se contente d'indiquer prudemment : « L'on ne connoît que très imparfaitement les chirurgiens répandus dans les campagnes », ajoutant pourtant cette précision inquiétante : « Il y en a plusieurs qui exercent sans avoir été reçus », par contre les subdélégués de Saumur et de Baugé portent sur chaque chirurgien de leur élection un jugement précis et circonstancié : or, pour quelques appréciations élogieuses (« instruit, travaille avec succès »), combien de condamnations, parfois fort sévères, où reviennent constamment les mêmes expressions, « très ordinaire », « peu instruit, sait saigner et purger », « homme médiocre, n'ayant pas la confiance du pays », quand ce n'est pas, « incapable », « presque nul » » ! Le plus grave, c'est que la plupart de ces chirurgiens de campagne non seulement ne tiennent aucun compte de l'obligation qui leur est faite d'appeler un chirurgien-interne pour toute opération importante, mais encore sont obligés, en l'absence de médecin à proximité, de faire de la médecine, de même que de distribuer et vendre des remèdes. On aboutit ainsi à cette situation absurde et paradoxale qui consiste à laisser les responsabilités les plus lourdes aux praticiens les moins préparés à les assumer. En 1769, François Paulmier écrit des chirurgiens de campagne : « Beaucoup d'entre eux, peu versés dans les principes de la pathologie et dans ceux de la méthode qu'il faut observer dans le traitement des maladies, sans aucune connaissance des indications et des contre-indications qui s'y rencontrent, n'agissent que par routine et en aveugles. et les malades en sont la victime. » Le subdélégué de Montreuil-Bellay écrit à l'intendant en 1784, que « l'ignorance et l'entêtement de presque tous ces chirurgiens, la jalousie qu'ils ont des médecins et l'envie de gagner qui leur fait préférer les remèdes qu'ils ont à ceux qui seroient plus propres aux maladies qu'ils traitent, sont la cause de la mort de bien des gens de la campagne ». En 1788, les membres du bureau du district de Châteauneuf écrivent à la Commission intermédiaire : « Nous nous

croyons fondés à vous demander qu'on mette plus
d'attention et de rigueur dans la réception de nos
chirurgiens; nos campagnes sont fréquemment désolées
par des épidémies qui enlèvent à milliers leurs malheureux habitans livrés à l'impéritie de nos Esculapes
campagnards dont toute la science se borne à répandre
des flots de sang et à aggraver par des remèdes à
contretemps les maux attachés à la faiblesse de notre
nature. » En 1791, les docteurs-régents d'Angers et
le chirurgien Chevreul se retrouveront d'accord pour
dénoncer cette situation scandaleuse.

Cette inégalité devant la maladie et la mort qui
existe ainsi entre la ville et la campagne apparaît, on
l'a vu, dès la naissance, et les efforts entrepris pour
doter les paroisses rurales de sages-femmes qualifiées
n'aboutissent qu'à de médiocres résultats. Il est vrai
qu'en 10 ans, de 1779 à 1788, date de l'enquête de la
Commission intermédiaire, quelque 230 sages-femmes,
de toutes les régions de la province, ont reçu, grâce
aux cours inaugurés par Mme du Coudray et poursuivis
par Chevreul, une solide formation professionnelle.
Mais il convient de ne pas se laisser abuser par ce
chiffre : en fait, la situation dans les campagnes n'est
pas radicalement changée. Tout d'abord, plusieurs des
sages-femmes ainsi formées sont installées en ville,
notamment à Angers; d'autres venues de paroisses de
campagne ont préféré, une fois munies de leur diplôme,
se fixer dans quelque centre urbain où leur capacité
serait mieux reconnue; beaucoup enfin, de retour dans
leur paroisse, se sont heurtées à la méfiance et aux
préjugés des futures mères qui se sont détournées d'elles
et ont continué à faire appel aux matrones habituelles.
Chevreul a conscience du fait et réclame instamment,
comme complément à l'œuvre de formation qu'il a
entreprise, l'application rigoureuse aux matrones sans
diplôme, de l'interdiction d'exercer.

En fait, c'est tout l'art de guérir qui souffre, aux
XVIIe et XVIIIe siècles, d'une âpre concurrence entre tous
ceux qui s'y consacrent à un titre ou à un autre. Le
premier aspect que peut revêtir cette concurrence réside
dans l'infraction du docteur en médecine, d'Angers ou
d'ailleurs, qui s'avise d'exercer à Angers sans avoir subi
l'acte *résumpte* : il ne peut le faire longtemps sans
s'attirer les foudres des docteurs-régents, toujours attentifs à faire respecter leur précieux monopole. Plusieurs

affaires de ce genre éclatent au XVIII° siècle; elles relèvent d'ailleurs de la défense égoïste de privilèges corporatifs, non de l'exercice illégal de la médecine puisque les contrevenants sont médecins. On retrouve ce même réflexe de défense, si puissant sous l'Ancien Régime, à propos des empiétements d'une profession sur une autre : les apothicaires défendent âprement, face aux prétentions de certains droguistes ou de nombreux chirurgiens de campagne, voire même de certaines religieuses ou demoiselles de charité, leur droit exclusif de vendre les médicaments dans l'étendue de leur sénéchaussée; les médecins protestent, on l'a vu, contre l'attitude des chirurgiens de campagne qui exercent en fait la médecine.

L'empirisme commence au delà de ces divers empiétements. Selon Nicolas de Blégny, que ses démêlés avec la médecine officielle et la justice mènent notamment dans les cachots du château d'Angers au début du XVIII° siècle, « la médecine empirique est celle qui est pratiquée par des particuliers dont l'étude n'a pas été assez réglée pour parvenir aux degrés et qui se fonde principalement sur les épreuves de quelques recettes médicinales ». L'empirique ou guérisseur appuie en effet son action sur des remèdes : les uns sont simplement empruntés au savoir commun et à la médecine officielle, les autres lui sont propres et peuvent même être le fondement de sa réputation. Au premier rang de ces empiriques, il faut ranger les personnes charitables, curés, pieuses dames ou demoiselles, qui à la campagne s'efforcent de pallier l'absence de médecins, voire même de chirurgiens compétents. Des ouvrages dont le succès est considérable, comme en témoignent leurs nombreuses rééditions aux XVII° et XVIII° siècles, les aident dans leur tâche. L'un des plus connus a pour auteur M°° Fouquet, la mère du surintendant, et s'intitule *Recueil de remèdes faciles et domestiques recueillis par les ordres d'une illustre dame pour soulager les pauvres malades;* il comporte deux préfaces destinées l'une « aux dames charitables », l'autre « à messieurs les curés ». L'auteur, anonyme, d'un autre ouvrage très répandu, *La médecine et la chirurgie des pauvres,* précise dans l'Avertissement que son dessein « a été de fournir aux pauvres, surtout à ceux de la campagne..., des moyens sûrs et aisés de se soulager de leurs infirmités, ses remèdes étant tirés ou des alimens, ou des animaux domestiques, ou des plantes qu'ils trouveront facilement dans les jardins et dans les champs ». Citons aussi la *Méthode donnée par M. Helvétius suivant laquelle les personnes charitables doivent traiter les pauvres malades de la campagne attaqués de fièvres intermittentes.* Certains guérisseurs améliorent les recettes courantes empruntées aux livres de ce genre ou en inventent de nouvelles, ainsi Jacques Leloyer, curé de Villévêque de 1658 à 1681, qui s'est fait une grande réputation avec une recette originale contre la rage, qui est imprimée de son vivant et sera réimprimée aux frais de la municipalité d'Angers lors de l'épidémie de 1714. Jean Rousselet, curé de Combrée au début du XVIIe siècle, soigne ses paroissiens des « fièvres » et de la dysenterie avec deux recettes dont il est l'auteur. D'une façon générale, la plupart des curés de campagne jouent, en temps normal et surtout en temps d'épidémie, le rôle de médecin des corps presque autant que des âmes. Tout les pousse à jouer ce rôle : l'absence de médecin et, dans les paroisses les plus petites, de chirurgien; le devoir de charité chrétienne à l'égard des pauvres et des malades; la confiance que leur témoignent à la fois leurs paroissiens et les autorités.

Les curés et autres personnes charitables ne sont pas les seuls à se mêler de médecine sans avoir étudié pour autant l'art de guérir. Les villes et les bourgades voient souvent s'arrêter pour quelques jours ou quelques semaines des charlatans ambulants qui, dressant leur estrade sur la grand-place et attirant les clients au son des tambours, arrachent les dents, vendent des drogues miraculeuses et guérissent sur-le-champ toutes les maladies. Pendant l'été de 1633, un « opérateur » reste plusieurs semaines à Candé, « vendant toutes ses drogues en chambre ». Le 31 juillet 1745, une petite troupe de « médicamenteurs et opérateurs » entre à Château-Gontier, musique en tête; leur chef Joseph Durand, se disant de Rome, sommé de montrer les pouvoirs en vertu desquels il prétend exercer, lui et sa troupe, « l'art de médecine et de chirurgie », ne peut présenter qu'un brevet grossièrement falsifié où la signature du premier médecin du roi est maladroitement contrefaite; aussi, toute la bande se retrouve-t-elle en prison. En dehors de ces charlatans pittoresques et itinérants, les campagnes angevines sont remplies de guérisseurs et de matrones, paysans sans instruction

mais jouissant de la confiance de leur voisinage à la
suite d'une réussite spectaculaire où le hasard a joué
souvent le rôle essentiel. Que certains d'entre eux aient
possédé un flair particulier aiguisé par l'expérience ou
une dextérité manuelle leur permettant de traiter avec
succès fractures ou hernies et de mener à bien un
accouchement facile, cela est indéniable. Mais il est
non moins certain que beaucoup d'entre eux se révèlent
de dangereux personnages, abusant de la crédulité
publique et provoquant trop souvent des drames. Les
membres du bureau du district de Baugé dénoncent
le 20 septembre 1788, dans leur rapport à la Commission
intermédiaire, « ces empiriques sans expérience » responsables d'accidents « si fréquents et si souvent répétés,
surtout dans certains cantons de l'Anjou, que pour peu
qu'on y fasse attention, on trouve tous les jours des
occasions de déplorer le sort de ces malheureuses
victimes de leur entêtement ». Leurs collègues du
district de Châteauneuf ne sont pas moins sévères
pour « les charlatans qui se sont établis dans presque
tous les cantons de la province ... paysans qui après
avoir joué le rolle de médecins avec les bestiaux se
persuadent que la différence n'étant pas infinie, ils
peuvent aussi traiter les hommes; les purgatifs, les
topiques violents dont ils font usage nous enlèvent tous
les jours grand nombre de bons laboureurs, de pères de
famille, et ces pertes déplorables ne guérissent pas la
crédulité de ceux qui leur survivent ». Ces réquisitoires
qui émanent de notables, non de paysans, ont le mérite
de mettre l'accent sur l'un des aspects du problème,
sans pour autant en tirer les conséquences qu'il comporte : l'empirisme est lié à des traits profonds de
structures mentales sur lesquels nous reviendrons. De
ce fait, la complicité même de ses victimes est pour
l'empirique le meilleur gage de succès et d'impunité.
Aussi imaginer que l'on pourra supprimer le fléau de
l'empirisme en sévissant contre les empiriques, est-il
un leurre; seule, une profonde révolution de mentalités
pourrait amener le paysan angevin à se détourner du
« rebouteux » pour faire appel au médecin. Mais le
problème a un autre aspect, à certains égards plus
inquiétant encore : on peut se demander si ce qui
sépare médecine « officielle » et médecine « populaire »
ne relève pas bien davantage du domaine institutionnel
et social que du domaine scientifique. Toutes différences

sociales mises à part — et elles sont énormes —, le
docteur-régent et l'empirique, usant à peu près des
mêmes armes dérisoires, des mêmes recettes impuis-
santes, ne se retrouvent-ils pas tristement égaux au
chevet du patient, face à la maladie et à la mort ?
Certes, les premiers progrès de la médecine et de la
chirurgie à la fin du XVIIIe siècle prouvent — s'il en
était besoin — que la vérité est du côté de ces esprits
éclairés qui, tels Pierre Hunauld ou Michel Chevreul,
fondent leurs espoirs dans la raison humaine s'appli-
quant à l'art de guérir et faisant reculer peu à peu les
ténèbres de l'ignorance. Mais il n'y a là encore vers
1780, nous le verrons, que l'aurore d'une grande
espérance.

CHAPITRE VII

LA LUTTE CONTRE LA MALADIE ET LA MORT : L'EQUIPEMENT HOSPITALIER

1. — *La crise hospitalière au début du XVIIe siècle*

Bien qu'une certaine confusion apparaisse déjà dans les termes, on distingue nettement au XVIIe siècle, de par leur destination voulue par les fondateurs, les hôtels-Dieu ou hôpitaux proprement dits, des hospices, hôpitaux généraux ou maisons de charité. Dans les premiers qui seuls nous intéressent ici directement, sont admis les pauvres atteints d'une maladie curable; une fois guéri, le malade est congédié. Dans les seconds, dont le besoin se fait sentir avec une dramatique urgence surtout depuis la fin du XVIe siècle du fait du développement du paupérisme, on « renferme », de gré ou de force, les mendiants valides ou invalides, les enfants abandonnés, les « femmes et filles perdues », voire dans certains établissements spécialisés, les incurables. C'est ainsi qu'à Angers l'aumônerie de Saint-Jacques-de-la-Forêt, aménagée en 1562 pour accueillir une vingtaine de pauvres, est réorganisée une première fois en 1615, une seconde en 1672, date à laquelle une déclaration du roi et des lettres patentes, accordées en août à la requête de la municipalité, fondent sur des bases solides l'hôpital général de la Charité, appelé communément hôpital des Renfermés, qui accueillera à la fin du XVIIe siècle près de 1 100 pauvres, enfants, adultes et vieillards. Pour les pauvres incurables qui ne sont admis ni à l'hôpital général, ni à l'Hôtel-Dieu, Thérèse Paulmier fonde en 1714 un asile de 80 places qui, installé en 1743 dans de nouveaux bâtiments, compte, en 1769, 230 pauvres, infirmes, estropiés, idiots et surtout épileptiques. Enfin, il existe à Angers, depuis 1640, une maison hospitalière des Dames Pénitentes. Dans le reste de la province, il n'y a que deux autres hôpitaux généraux, l'un à Château-Gontier, l'autre à Craon.

A côté de ces diverses maisons de charité, les hôpitaux sont de par leurs statuts réservés aux pauvres malades appelés à y être soignés le temps de leur maladie, à l'exclusion des invalides ou incurables. Au début du xviie siècle, les quelques hôpitaux existant en Anjou, notamment à Angers, Château-Gontier, Beaufort et Saumur, traversent comme la plupart des maisons-Dieu du royaume, une crise grave qui dure depuis plus d'un siècle et est marquée par la dilapidation des revenus et la violation constante des règlements voulus par les fondateurs. L'exemple de l'hôpital d'Angers est particulièrement typique. Fondé vers 1170 par le sénéchal d'Henri II Plantagenêt « pour le soulagement et la guérison des pauvres du Christ », enrichi bientôt par de multiples donations, l'Hôtel-Dieu Saint-Jean-l'Evangéliste installé dans la Doutre, en bordure de la Maine, est ouvert à tous les malades « de quelque pays et de quelque religion qu'ils soient », à l'exclusion des enfants trouvés et des malades incurables, lépreux, « ardents », paralytiques, aveugles. La magnifique salle construite autour de 1200 peut accueillir dans ses trois nefs à vingt-quatre travées, 200 à 300 malades, voire davantage. La maison est gérée depuis 1198 par 30 religieux qui vivent sous la règle de saint Augustin et choisissent en leur sein un prieur. En fait, très vite semble-t-il, l'institution première est peu à peu détournée de son but. Le prieur, devenu maître absolu, joue à l'abbé, s'attribuant près du quart des revenus, distribuant le reste aux religieux sous forme d'offices claustraux. Les pauvres malades, vrais maîtres des lieux dans l'esprit des divers donateurs, font figure d'importuns, mal accueillis et vite renvoyés. En 1489, la Maison de Ville entreprend une action en justice contre le prieur pour en obtenir l'exacte observation des statuts primitifs. Cet interminable procès aboutit finalement à un premier arrêt en 1548, confirmé en 1559, qui consacre la victoire de la ville : en effet, quatre bourgeois élus par la municipalité sont chargés d'administrer le temporel et de veiller aux soins donnés aux pauvres; le

prieur qui abandonne ce titre pour celui de supérieur,
ne conserve que la direction des religieux et le gouvernement spirituel de l'hôpital.

Cette profonde réforme porte ses fruits. Non seulement le bien des pauvres n'est plus abusivement détourné à d'autres fins, mais un service médical — encore très embryonnaire — s'organise. La Faculté de médecine est tenue de désigner un « médecin ordinaire » de l'Hôtel-Dieu. Cette charge, peu appréciée semble-t-il, et qui revient au dernier nommé parmi les docteurs-régents, ne comporte au début qu'une visite par semaine. Il s'agit d'ailleurs moins d'assister les malades que de surveiller et diriger les chirurgiens à qui la plupart des soins sont confiés. A peine satisfaisante en temps ordinaire, cette nouvelle organisation est mise à rude épreuve lors des grandes épidémies de peste qui se succèdent de 1582 à 1639. En effet, malgré les protestations des administrateurs qui rappellent en 1598 que « ledit hôpital n'est pas fondé pour y recepvoir lesdits malades de contagion », la grande salle, la charterie, les greniers sont utilisés pour regrouper les pestiférés en temps d'épidémie; même la création d'un sanitat en 1603 n'empêchera pas d'utiliser à nouveau l'Hôtel-Dieu lors de la grande peste de 1625-1626. Cet afflux, à intervalles répétés, de malades contagieux, non seulement désorganise le service régulier, mais surtout épuise les ressources de l'antique maison et rend plus difficile une fois l'épidémie passée et la désinfection menée à bien, l'hospitalisation des autres malades. Du moins, un bien sort-il de cette longue épreuve : à la faveur des épidémies, le service médical s'est renforcé et la visite du « médecin ordinaire » est devenue quotidienne. Cependant, sauf exception, ce dernier assure le service sans enthousiasme et attend que la nomination d'un jeune docteur-régent lui permette de se débarrasser au plus vite d'une charge importune. Par ailleurs, l'attitude des religieux augustins continue à provoqer de justes plaintes : « Les pauvres ne reçoivent desdits religieux, constatent les administrateurs en 1619, aucunes consolations spirituelles, ni assistances manuelles, fors à l'entrée de la maison qu'ils sont confessés seulement, et ce avec difficulté et au hazard de leurs âmes »; de plus, « les vies et mœurs de la plupart desdits religieux sont pleines de grands désordres ». Deux concordats entre la ville et les religieux, en 1623 et en 1628, tentent d'apporter quelques remèdes à cette situation. L'entretien des malades est assuré par des servantes gagées à cet effet et placées sous la direction d'une « gouvernante des pauvres »; en 1610, il faut destituer cette gouvernante, soupçonnée de vol et de dilapidations; elle est remplacée par une pieuse jeune fille, Rose Baillif, qui accepte cette charge, sa vie durant. Au total, si la prise en charge par la ville en 1548 de l'administration de l'Hôtel-Dieu a permis de rendre à celui-ci sa véritable destination, il n'en reste pas moins que la direction spirituelle et surtout l'organisation hospitalière laissent encore beaucoup à désirer et que de ce fait la maison est loin de pouvoir faire face dans les meilleures conditions à la tâche pour laquelle elle a été fondée : héberger pendant le temps de leur maladie et soigner le mieux possible tous les pauvres malades qui frappent à la porte.

Assez comparable apparaît l'évolution de l'hôpital Saint-Julien de Château-Gontier. D'abord simple aumônerie fondée au XIᵉ siècle dans le faubourg du Géneteil, la maison prise en charge en 1508 par les religieuses cordelières est complètement détruite lors du siège de 1593; les religieuses s'installent alors au Buron dans la paroisse d'Azé, tout en continuant, malgré leur éloignement, à percevoir les revenus du temporel de l'hôpital et à en assurer l'administration; deux « gouvernantes » nommées par elles, sont chargées sur place du soin des quelques malades hébergés dans ce qui subsiste des bâtiments. Cette situation paraît vite insupportable à la municipalité et en 1613, à la suite d'un concordat avec les religieuses qui font abandon de tous leurs droits, la ville prend entièrement en main l'hôpital Saint-Julien et en confie la direction à trois administrateurs, ou « pères des pauvres », nommés pour deux ans. De 1619 à 1625, ceux-ci entreprennent la reconstruction et l'extension des bâtiments qui, à la fin des travaux, peuvent accueillir une trentaine de malades. En l'absence de religieuses, des personnes gagées par la ville et dirigées par une « gouvernante des pauvres » s'occupent des malades qui sont soignés par un chirurgien attaché à l'hôpital; en outre, depuis 1613, Noël Dubois, seul médecin de la ville à cette date, accepte d'assister les malades de l'hôpital, en échange de la prise en charge par la municipalité de sa contribution à la taille; en fait, cette assistance consiste en une vague surveillance du travail du chirurgien. Ainsi, comme à Angers, l'administration de l'hôpital confiée aux pères des pauvres nommés par la ville donne satisfaction, mais il n'en est pas de même de l'organisation proprement hospitalière et des soins donnés aux malades.

L'hôpital de Beaufort, fondé en 1412, connaît au XVIe siècle et au début du XVIIe siècle, des vicissitudes plus graves encore. Les administrateurs successifs n'observent plus les intentions des fondateurs et détournent les revenus à leur profit. Bien plus, en 1599, les récollets qui veulent s'installer à Beaufort se font donner les bâtiments de l'hôpital; ils acceptent toutefois que quelques malades restent provisoirement dans les lieux. La même année, la ville signe un contrat avec un médecin qui s'engage à « se transporter audict Hostel-Dieu de ceste ville, voir et visiter les pauvres malades qui y seront, quand besoing sera et qu'il en sera adverty, et leur ordonner ce qui leur sera besoing et nécessaire ». En fait, l'extension du couvent des récollets rend très vite urgent le transfert de l'hôpital dans un autre lieu. Mais c'est en 1633 seulement que la ville abandonne définitivement aux religieux la totalité des bâtiments et installe le nouvel hôpital dans une maison du faubourg des Moulins. La solution est telle qu'elle fait bientôt regretter la situation antérieure : en effet, la maison, trop petite, mal aménagée, insalubre, ne peut accueillir que quelques malades pratiquement laissés à eux-mêmes. Les franciscaines de La Flèche, invitées à s'y installer, se récusent. Pratiquement, vers 1670, la Maison-Dieu de Beaufort, désertée par les pauvres eux-mêmes qui préfèrent mourir chez eux que dans cette masure, n'existe plus que de nom.

L'hôpital de Saumur, dont la fondation dans le faubourg de Nantilly remonte au moins à la seconde moitié du XIIe siècle, n'est plus à la fin du XVIe siècle qu'un très modeste établissement qui se soutient à peine. Selon un inventaire détaillé fait en 1580, il y a à cette date « en la grande salle dudit Hôtel-Dieu, treize vieux charlits en bois »; les revenus, infimes, de l'ordre de 1 500 livres, ne permettent pas à l'hôpital de se développer. D'ailleurs, la municipalité s'en désintéresse, puisqu'en 1612 des lettres patentes de Louis XIII doivent ordonner au maire et aux échevins de nommer « trois bourgeois idoines et capables » pour administrer l'Hôtel-Dieu; mais il est difficile de savoir à partir de quelle date la mesure a été réellement appliquée. Il faut les événements de la Fronde et la venue de Mazarin et du jeune roi dans la ville en 1652, pour que la municipalité, profitant des circonstances, tente d'obtenir pour l'hôpital de substantiels privilèges; elle souligne « le peu de revenu de la maison, qui n'est que de quinze cents livres, et le grand nombre de malades desquels elle est chargée, qui du fait du grand passage, sont ordinairement plus de cent, la plupart soldats des troupes de Sa Majesté ». Les lettres patentes de septembre 1652 accordent à l'hôpital, pour lui permettre de survivre, l'exemption de la gabelle et le droit exclusif de vendre de la viande pendant le Carême « aux pauvres, aux malades et à ceux de la R.P.R. », moyennant un bénéfice de 5 sols par livre. En fait, ces mesures restent inappliquées et quatorze ans plus tard, le 24 novembre 1664, Charles Colbert qui, venu à Saumur, a visité l'Hôtel-Dieu, écrit : « Nous avons vu quarante malades ou environ et nous ont dit les sieurs administrateurs avoir soixante et dix ou douze personnes à nourrir sur le revenu dudit Hôtel-Dieu qui n'est que de quatre à cinq mil livres ». Il conclut en ordonnant l'exécution des lettres patentes de 1652. Quoi qu'il en soit, c'est à juste titre qu'en 1672, au moment de doter l'hôpital d'un nouveau règlement, les administrateurs pourront écrire que c'est « par un miracle perpétuel que (celui-ci a) subsisté jusque là, sans fondation, dotation, ni revenu ».

Quant aux petits hôpitaux de Doué, Montreuil-Bellay et Bourgueil, qui sont tous d'antique fondation, mais ne comportent que quelques lits chacun, ils n'ont plus guère, au début du XVIIᵉ siècle, qu'une existence virtuelle, soit parce que les maisons ne sont pratiquement plus administrées, soit parce que leurs revenus sont détournés de leurs fins.

Ainsi, vers 1640, la situation des hôpitaux angevins n'est guère brillante et réclame des solutions urgentes. Heureusement, le grand mouvement de charité active qui touche alors l'Anjou comme le reste du royaume, et se prolonge jusqu'aux premières années du XVIIIᵉ siècle, va contribuer à améliorer grandement la situation, grâce à la réforme des hôpitaux existants et à la création d'hôpitaux nouveaux.

2. — *Réformes et créations hospitalières de 1640 à 1715*

C'est en 1633, l'année même où les filles de la Charité commencent à s'organiser en communauté, que Vincent de Paul envoie à Angers l'une de ses plus précieuses auxiliaires, Mme Goussault, afin d'y visiter l'hôpital Saint-Jean et de prendre contact avec les administrateurs. Le 16 août, Mme Goussault écrit à Vincent de Paul qu'elle a trouvé l'hôpital « en assez bon ordre » grâce surtout à la gouvernante des pauvres, Rose Baillif, « bonne tourière qui a fait vœu d'y finir ses jours au service des malades ». C'est sans doute la raison pour laquelle il n'est pas alors donné suite au projet de M. Vincent de faire prendre en charge l'hôpital par les filles de la Charité. Mais le contact a été pris; aussi, à la mort de Rose Baillif en 1638, les administrateurs, conscients que seule l'introduction de religieuses alliant la compétence au dévouement peut sortir l'Hôtel-Dieu du marasme, s'adressent-ils avec empressement à Vincent de Paul. Celui-ci décide de confier cette première fondation à Mlle Legras, Louise de Marillac, supérieure des filles de la Charité. Celle-ci arrivée à Angers au début de novembre 1639, avec quelques compagnes, descend d'abord chez Guy Lanier, abbé de Vaux et grand vicaire de l'évêque d'Angers, puis s'installe à l'Hôtel-Dieu. Elle n'y trouve que 30 ou 40 malades, presque tous étrangers à la ville, les pauvres d'Angers « ne se faisant pas porter volontiers à l'hôpital », ce qui en dit long sur la décadence de la maison et sa fâcheuse réputation; il y a quelques garçons pour servir les hommes et sept servantes pour les femmes; enfin, la « bue », c'est-à-dire la lessive, est assurée tous les quinze jours, par une équipe de 18 femmes. « Ayant considéré toutes ces choses l'espace d'environ trois mois », Mlle Legras négocie avec les administrateurs un arrangement qui est signé le 1er février 1640 par Louis Boylesve, lieutenant général de la sénéchaussée : aux termes de cet accord, « les servantes mercenaires et à gages que l'on fut contraint de tolérer ... (et d'où résulta) beaucoup de manquements et désordre au bien et service des pauvres » sont remplacées par 8 filles de la congrégation de la Charité établies « comme sœurs servantes au gouvernement et traitement des pauvres malades ». Quelques mois plus tard, en 1641, M. Vincent rédige de sa main le « Règlement des

sœurs de l'hôpital d'Angers » qui débute ainsi :
« Les filles de la Charité des pauvres malades s'en vont
à Angers pour honorer Notre Seigneur, père des pauvres,
et sa sainte Mère, pour assister les pauvres malades
de l'Hôtel-Dieu de ladite ville corporellement et spirituellement : corporellement, en les servant et leur admi-
nistrant la nourriture et les médicaments; et spirituellement, en instruisant les malades des choses nécessaires
à salut ». Ce règlement qui témoigne d'un souci tout
nouveau pour le bien-être corporel et la santé des
malades, est le point de départ d'une véritable résurrection du vieil hôpital. Un procès-verbal très circonstancié,
du 26 août 1645, permet de mesurer les progrès accomplis en moins de six ans. Outre 10 religieux augustins,
8 filles de la Charité, un médecin, un apothicaire, un
chirurgien et ses aides, le personnel de la maison
comprend 46 serviteurs ordinaires, sans compter 20 lavandières, 25 vignerons et de nombreux journaliers
occasionnels nourris sur place. Quant au nombre des
malades, il varie « selon que les années sont plus ou
moins saines ». La grande salle, divisée en deux dans
le sens de la longueur, comporte 110 lits d'hommes
et 112 lits de femmes; en outre, il y a dans une série
de chambres donnant sur la grande salle, 25 lits d'hommes, 35 lits pour les hommes « les plus infirmes »,
42 lits et plusieurs berceaux pour les femmes en couches
et 36 lits pour les femmes « les plus infirmes ». Au
total, 360 lits qui, en 1645, sont presque tous occupés.
En période de presse, la maison peut accueillir plus de
500 malades, soit en plaçant deux malades par lit, soit
en dressant une centaine de lits supplémentaires « entre
le toit et les voûtes de la grande salle ». Dès 1648,
les administrateurs qui ont vu les religieuses à l'œuvre
et ont pu apprécier leur efficacité, leur demandent de
prendre entièrement en charge la lessive, ce qui permettrait de se priver du service des 20 lavandières qui
coûtent fort cher et travaillent mal; c'est chose faite,
grâce à l'envoi de quatre nouvelles sœurs. Vingt ans
plus tard, en 1669, les administrateurs demandent à
M. Almeras, successeur de M. Vincent, d'envoyer à
Angers six religieuses qui se chargeraient de la cuisine,
la dépense et la pharmacie. Le supérieur accepte, mais
très vite les nouvelles charges imposées à la petite
communauté — qui comprend maintenant 18 religieuses — se révèlent beaucoup trop lourdes; l'envoi

de deux religieuses, en 1673, ne constitue qu'un médiocre
palliatif, aussi en août 1675, la supérieure réclame-t-elle
cinq nouvelles sœurs. Mais les administrateurs, cette
fois, s'opposent à cette demande, prétextant la dépense
supplémentaire qu'entraînerait une nouvelle augmentation du nombre des religieuses. En fait, ils n'ont que
trop tendance à considérer celles-ci comme corvéables
à merci et abusent sans vergogne de cette main-d'œuvre
qui a sauvé leur maison du désastre. Finalement, ils
acceptent, en 1676, l'envoi de cinq nouvelles sœurs, ce
qui porte à 25 leur effectif.

A cette date, le service médical est lui aussi en voie
de profonde réorganisation. On a vu que la charge de
« médecin ordinaire » revient en principe au plus jeune
docteur-régent et comporte une visite quotidienne. Or,
en 1662, elle est confiée au jeune Pierre Hunauld qui
n'est pas encore docteur-régent, mais qui s'est porté
volontaire et que les membres de la Faculté, soucieux
d'esquiver un poste peu envié, ont d'un commun accord
proposé à l'assentiment des administrateurs. Très vite,
Hunauld, dont nous avons dit la formation parisienne
et l'ouverture d'esprit, prend conscience du fait que les
besoins les plus élémentaires des malades exigent mieux
qu'une rapide visite quotidienne, consistant d'ailleurs
le plus souvent à écouter le rapport fait par le maître-
chirurgien. En fait, compte tenu de l'augmentation
constante du nombre des malades depuis la remise en
ordre de la maison, la tâche de médecin ordinaire, telle
qu'il la conçoit, dépasse les forces d'un homme seul,
d'autant plus qu'il est lui-même de chétive santé et se
trouve souvent empêché. Par ailleurs, en avance en cela
sur son temps, Hunauld considère que le contact avec
les différentes espèces de maladies que présente une
salle d'hôpital est un complément indispensable non
seulement de l'enseignement *ex cathedra,* mais aussi de
la pratique de la clientèle. C'est pourquoi à partir de
1674, il se fait accompagner dans ses visites par deux
internes, Guillaume Potier et Pierre Ragot, qui devenus
docteurs-régents en 1679, pourront le suppléer lors de
ses absences. Enfin en 1683, il réussit à convaincre le
bureau de l'Hôtel-Dieu de reconnaître en droit cet
élargissement du service hospitalier : par un contrat
signé le 14 août, les administrateurs reçoivent conjoin-
tement comme médecins ordinaires, les sieurs Hunauld,
Potier et Ragot « pour faire chaque jour leurs visites

aux malades dudit Hôtel-Dieu tant dans la salle que
dans les chambres qui sont aux costez et à touttes
les autres personnes qui sont dans ledit Hôtel-Dieu
tant prestres, sœurs, serviteurs qu'autres personnes... et
leur donner tout secours de leur art ». Il est précisé
que Hunauld fera sa visite à 10 heures du matin,
accompagné soit de Potier, soit de Ragot, et que ceux-ci
viendront alternativement le matin (à 5 heures en été
et 7 heures en hiver) pour examiner les malades et
juger de l'effet des remèdes ordonnés la veille, et le
soir (vers les 5 ou 6 heures) pour visiter ceux qui se
seraient présentés pour être reçus. Le contrat signé
pour sept ans, prévoit que Hunauld recevra 200 livres
par an et Potier et Ragot, chacun 75 livres. Quelques
semaines plus tard, deux nouveaux docteurs-régents,
Hyacinthe Besnard et Jean Rabut, tous deux anciens
élèves d'Hunauld et qui avaient maintes fois accompagné leur maître dans ses visites à l'hôpital, demandent l'autorisation de suppléer officiellement en cas
d'absence, Potier et Ragot; ils ne réclament pour cela
aucuns gages, mais seulement le titre, honorifique, de
médecins de l'Hôtel-Dieu. Le bureau stupéfait d'une
telle demande y accède volontiers et accorde aux deux
nouveaux médecins « une part dans les prières des
pauvres ». Ainsi, en 1683, sous l'action persévérante de
Pierre Hunauld père, un profond changement s'est
opéré dans l'attitude de la Faculté à l'égard du service
hospitalier, et cela pour le plus grand bien des malades :
sur 12 docteurs-régents alors en exercice, 5 sont médecins de l'Hôtel-Dieu; de plus cette fonction, si longtemps considérée comme une charge importune laissée
au plus jeune, est maintenant recherchée pour elle-
même et exercée au besoin bénévolement. Cette attitude
nouvelle correspond moins à la préoccupation morale
du « service des pauvres » qu'à une conception nova-
trice du service hospitalier, de l'enseignement médical
et de leurs liens mutuels. Quoi qu'il en soit, l'action
des médecins ordinaires consiste encore essentiellement
à diriger et surveiller les chirurgiens et la sœur apothicaire chargés des soins quotidiens à donner aux malades.
En 1672, quatre chirurgiens d'Angers tentent de se
faire attribuer collectivement la charge de chirurgien
de l'hôpital; mais Pierre Hunauld et les religieuses
protestent immédiatement, au nom de l'intérêt des
malades, et le 20 janvier 1673 la pratique antérieure

d'un chirurgien seul en titre est rétablie au profit de Pierre Goubault, maître-chirurgien en la paroisse Saint-Maurille, qui s'engage à « panser, médicamenter et soigner les malades dudit Hôtel-Dieu, et pour cet effet, s'y trouver une fois le jour, même tant de fois que besoin sera et particulièrement lorsqu'il y aura des playes de conséquence »; il devra de plus faire avertir le médecin ordinaire pour décider avec lui des « grandes opérations » et l'inviter à y assister; enfin, il ne pourra changer les aides-chirurgiens sans l'avis des administrateurs. Cette dernière clause s'explique par les multiples contestations qui survenaient entre le chirurgien et ses aides. C'est pour tenter d'y mettre un terme que le bureau édicte, en 1698, un nouveau règlement qui s'efforce de bien définir la tâche de chacun : le maître-chirurgien est tenu à sa visite quotidienne et doit, en cas d'empêchement, se faire remplacer par un de ses confrères de la communauté; de plus, il est tenu de faire toutes les semaines une visite générale de « tous les malades blessez pour pourvoir à leurs besoins ou à leur sortie »; quant aux trois aides, ils doivent saigner et panser les malades, matin et après-midi, « ainsi qu'ils leur auront esté désignez par le maître et non autrement »; pour les plaies les plus graves, ils ne feront les pansements qu'en présence du maître; enfin, il leur est interdit de faire faire des saignées ou de faire donner des soins par les apprentis chirurgiens. En fait, à côté des aides-chirurgiens dont l'action, en dehors des saignées, s'exerce essentiellement sur les malades atteints de blessures, fractures ou plaies, le rôle des religieuses est devenu primordial : si quelques-unes d'entre elles s'occupent exclusivement de gestion, la plupart sont, selon les prescriptions de M. Vincent, des infirmières au sens moderne du terme, et depuis 1682, l'une d'elles a officiellement la charge de l'apothicairerie. Au total, à la fin du XVIIe siècle, quels que soient les problèmes, notamment financiers, qui restent posés, l'Hôtel-Dieu d'Angers a su retrouver, grâce aux filles de la Charité et à Pierre Hunauld père, la fidélité à sa vocation première : le service des malades.

Trois ans avant la venue de Mlle Legras à Angers, un laïc fléchois, Jérôme Le Royer de La Dauversière, fonde en 1636 les religieuses hospitalières de Saint-Joseph, événement de grande importance dans l'histoire des hôpitaux angevins, puisque la nouvelle congrégation allait être appelée à prendre en charge les hôpitaux de La Flèche, de Baugé et de Beaufort. A cette date, il n'existe à La Flèche qu'une petite aumônerie dite de Sainte-Marguerite, tombant en ruine et desservie par trois servantes bénévoles qui vont chaque jour de porte en porte quêter la nourriture des malades. En 1634, Jérôme Le Royer, échevin et receveur des tailles, est nommé administrateur de l'aumônerie; il fait alors la connaissance d'une demoiselle noble de Sainte-Colombe, Marie de La Ferre, qui venait de temps à autre s'occuper des malades, ce qui lui avait valu d'être surnommée « la mère des indigents ». Jérôme Le Royer projetait alors, pour obéir à une vision qu'il avait eue quatre ans plus tôt, de fonder un ordre de filles hospitalières, puis d'établir en Nouvelle-France, dans l'île de Montréal, une colonie d'habitants et un Hôtel-Dieu desservi par les filles de ce futur institut. Marie de La Ferre ayant un jour confié à Jérôme Le Royer son intention de se vouer entièrement aux pauvres malades, celui-ci la met au courant de ses propres projets et notamment du premier d'entre eux. Le 18 mai 1636, en l'église Saint-Thomas de La Flèche, Marie de La Ferre et une de ses cousines s'engagent à se consacrer au service des malades et décident de s'installer à l'aumônerie de Sainte-Marguerite. Il reste à Jérôme Le Royer à rédiger et faire approuver les constitutions de la petite communauté et surtout à entreprendre la construction d'un hôpital digne de ce nom. S'inspirant des idées de François de Sales et surtout de l'exemple de Vincent de Paul, il décide de n'imposer à ses religieuses ni vœux solennels, ni stabilité, ni clôture, tout en leur laissant la liberté de s'y astreindre individuellement; elles s'engageaient seulement « à consacrer gratuitement leur vie au service des pauvres de l'hôpital, par le pur amour de Dieu, à la seule condition qu'il leur fût permis de vivre en communauté régulière sous certaines lois, à l'instar des statuts des communautés régulières, sans cependant faire profession de l'état religieux ». Le 23 août 1642, la ville donne son accord au nouvel établissement et le 25 octobre 1643, Claude de Rueil, évêque d'Angers, approuve les constitutions et décrète l'érection canonique de la communauté des sœurs hospitalières de Saint-Joseph. Entretemps, Jérôme Le Royer, qui a fait la connaissance de Jean-Jacques Olier et a jeté avec lui les bases de son entreprise canadienne, a pu mener à bien les travaux d'agrandissement du nouvel hôpital, grâce à la générosité des Fléchois et surtout de M. de Bretonvilliers, futur successeur de M. Olier à Saint-Sulpice. Le 2 février 1648, le parlement de Paris enregistre les lettres patentes de fondation. A cette date, l'hôpital desservi par une dizaine de religieuses peut accueillir une trentaine de malades, cependant que le nouvel institut a déjà essaimé à Montréal, Moulins et Laval, en attendant de le faire en Anjou même, à Baugé, puis à Beaufort.

Vers 1640, il n'existait aucun hôpital dans la petite ville de Baugé et toutes les tentatives faites jusque-là pour en créer un avaient échoué. C'est alors qu'une pieuse fille sans fortune, Marthe de La Beausse, décide « d'entreprendre seule ce grand ouvrage que des gens riches et entendus n'avaient pu faire réussir ». Le 23 mars 1639, une assemblée générale des habitants lui concède un terrain dans le faubourg du Champboisseau afin d'y « construire une maison publique pour retirer les pauvres malades et invalides de ceste ville et forsbourgs ». Il restait à trouver l'argent nécessaire pour commencer les travaux. Pour cela, Marthe de La Beausse multiplie les quêtes, mais elle se heurte à l'indifférence et au scepticisme des habitants persuadés qu'une telle entreprise ne peut réussir sans de gros moyens financiers. Sans se décourager, elle se fait céder par la ville, le 26 mars 1643, les matériaux de la vieille église Saint-Laurent alors en ruine et le même jour obtient du lieutenant général la nomination de trois notables baugeois comme administrateurs de l'hôpital; mais celui-ci n'existe toujours pas et la pose de la première pierre de la future chapelle, le 1er avril, est une cérémonie longtemps sans lendemain. Faute d'argent, les travaux s'éternisent : sept ans après, au début de 1650, si la chapelle est enfin presque terminée, les salles destinées aux malades sont encore inhabitables, et ce qui est plus grave, la maison ne dispose d'aucun revenu fixe pour l'entretien des futurs pensionnaires. C'est alors que Marthe de La Beausse décide de se rendre à La Flèche pour visiter l'hôpital de Saint-Joseph récemment bâti et demander au fondateur et à la supérieure de la nouvelle congrégation de prendre en charge sa maison de Baugé : ceux-ci sont fort réticents, « l'exécution paraissant comme impos-

sible vu l'état présent des choses ». Mais cette visite
à La Flèche permet à Marthe de La Beausse de faire
la connaissance de celle qui allait être la véritable
fondatrice de l'hôpital de Baugé. Anne de Melun,
princesse d'Epinoy, appartenant à une illustre famille
des Pays-Bas alliée à presque toutes les maisons sou-
veraines de l'Europe, se trouve alors avec son frère
à La Flèche, sous le nom d'emprunt de sœur de
La Haie : désireuse de rompre avec le monde et de
consacrer entièrement sa fortune et sa vie au service
des pauvres, elle cherche un lieu écarté où elle puisse
réaliser son projet dans l'anonymat et l'humilité. Sa
rencontre avec Marthe de La Beausse la convainc que
Baugé est l'endroit rêvé. Dès lors, tout va très vite :
dans la mesure où Anne de Melun met sa fortune
au service du nouvel hôpital, Jérôme Le Royer et
Marie de La Ferre ne voient plus d'inconvénient à
ce que celui-ci soit pris en charge par des religieuses
de Saint-Joseph, et le 25 avril 1650, un concordat est
passé entre Jérôme Le Royer et des représentants de
la ville de Baugé : ceux-ci « baill(ent) auxdites filles
hospitalières l'emplacement dudit Hôtel-Dieu, bâtiments,
circonstances et dépendances d'iceluy »; les religieuses
subviendront à leurs propres besoins sans rien demander à la ville, mais les deux administrateurs nommés
par l'assemblée générale des habitants remettront chaque
mois à la supérieure « les sommes nécessaires pour la
nourriture et entretien des pauvres malades ». De son
côté, Jérôme Le Royer s'engage « pour commencer
ledit établissement » à envoyer quatre religieuses « aussitôt qu'il y aura commodité de les loger »; enfin, il
fait stipuler conformément aux statuts de sa congrégation et à l'usage constant des Maisons-Dieu, qu' « il
ne sera reçu à l'Hôtel-Dieu aucun pauvre atteint
de maladies contagieuses, communicables ou incurables » et que « les pauvres n'y pourront demeurer
étant guéris, sous quelque prétexte que ce soit ».
Anne de Melun arrive à Baugé le 10 août 1650,
accompagnée de son frère, et les travaux qu'ils font
entreprendre aussitôt sont menés avec tant de célérité
que dès le 25 novembre, les trois autres religieuses
peuvent venir la rejoindre et sont installées solennellement par Marie de La Ferre. Enfin, le 26 mars 1651,
le roi accorde à l'hôpital des lettres patentes d'établissement. Cependant, Anne de Melun, soucieuse d'assu-

rer un fonds à la nouvelle maison qui n'avait aucun revenu, achète les terres avoisinantes, ce qui permet de constituer un vaste domaine clos de murs; de plus, elle fait commencer la construction d'un grand corps de logis pour que les religieuses puissent vivre commodément en communauté régulière et accueillir des postulantes et des novices. La grande salle des malades comporte une vingtaine de lits et est divisée en deux par une cloison, isolant ainsi les hommes des femmes. Le problème du service médical est l'objet d'une délibération de l'assemblée générale des habitants, le 20 février 1663 : l'Hôtel-Dieu n'ayant pas les moyens de payer et entretenir un chirurgien « pour soigner, panser et médicamenter les pauvres », l'assemblée décide de s'en remettre à la communauté des chirurgiens afin que ceux-ci « en prennent soin, du moins ceux qui le voudront faire charitablement et sans espérance de salaire, chacun d'eux à tour de rôle et en suivant l'ordre de leur réception »; tout au plus jouiront-ils « pendant les années de leurs exercices et soins » d'une relative exemption fiscale. En fait, il semble bien que l'essentiel des soins aux malades soit assuré par les religieuses elles-mêmes qui auront à leur disposition, à partir de 1674, grâce à la munificence d'Anne de Melun, l'admirable apothicairerie qui existe encore.

Le succès remporté tant à La Flèche qu'à Baugé par les hospitalières de Saint-Joseph amène Henri Arnauld à demander à Anne de Melun de se rendre à Beaufort. Frappé depuis longtemps déjà par l'état lamentable dans lequel se trouve le prétendu hôpital de Beaufort, l'évêque d'Angers réussit, non sans mal, à convaincre les habitants de faire appel, le 28 janvier 1671, aux religieuses de Baugé pour prendre en charge et relever la maison. La tâche est rude pour les six religieuses qui arrivent en mai, accompagnées d'Anne de Melun : la maison, insalubre et incommode, aurait besoin d'être totalement refaite; le mobilier, le linge et les ustensiles de toutes sortes sont très insuffisants. Pourtant les administrateurs et les habitants s'opposent à toute dépense, « alléguant pour raison que les pauvres ayant subsisté jusqu'alors dans l'état où étaient (les lieux), ils y subsisteront bien encore ». De plus, les religieuses sont bientôt victimes des conditions sanitaires déplorables dans lesquelles elles doivent vivre; toutes tombent malades et trois d'entre elles meurent à quelques semaines d'intervalle. Les survivantes, découragées, songent un moment à regagner Baugé. Elles restent pourtant, soutenues par Henri Arnauld, et décident d'entreprendre avec leurs seuls moyens, les constructions nécessaires. Une telle persévérance finit par émouvoir les habitants : les dons commencent à affluer, ce qui permet de poursuivre et d'achever la construction des divers bâtiments de la communauté, de l'hôpital et des communs. En 1676, les taudis avaient fait place à un Hôtel-Dieu spacieux d'une trentaine de lits.

Dans le temps même où l'hôpital de Beaufort est en quelque sorte fondé pour la seconde fois, deux autres hôpitaux angevins — celui de Château-Gontier et celui de Saumur — connaissent eux aussi un nouveau départ grâce à l'introduction de religieuses hospitalières. C'est en février 1673 qu'un concordat est passé entre la ville de Château-Gontier et les sœurs de Vitré. Le 19 février 1674, les quatre premières religieuses viennent s'installer à l'hôpital Saint-Julien; elles sont 20 en 1679, 35 en 1695, 45 en 1726. A partir de 1679, de grands travaux rendus possibles par de nombreux dons sont entrepris pour doter la communauté de bâtiments claustraux et pour agrandir l'Hôtel-Dieu proprement dit le long de la Mayenne. De ce fait, le nombre des lits qui était de 20 en 1674, passe à 38 en 1690 et 46 en 1728. Alors que vers 1670, les malades sont « médicamentés » par un seul chirurgien sous le contrôle très théorique d'un médecin, l'arrivée des hospitalières a pour conséquence une profonde réorganisation des soins donnés aux malades; en 1684, un accord est signé entre les administrateurs et les quatre maîtres-chirurgiens de la ville, aux termes duquel ces derniers s'engagent à visiter et à soigner chaque jour et alternativement les malades de Saint-Julien, pour un salaire global de 40 livres; deux ans plus tard, il est convenu que les quatre chirurgiens se réuniront chaque lundi à l'Hôtel-Dieu pour arrêter ensemble les traitements à appliquer aux malades. Le système ne fonctionne d'ailleurs pas parfaitement au début, puisqu'à plusieurs reprises dans les années suivantes, la supérieure des religieuses est amenée à se plaindre de la négligence des chirurgiens. Quant au service médical, il est assuré par un médecin qui visite les malades tous les deux jours; c'est à la fin du siècle, Nicolas Arthuis, puis après 1700, son fils Pierre. Le 6 septembre 1714, Michel Higgin sollicite un poste de « second médecin », afin de « se perfectionner dans son art »; le bureau accepte d'autant plus volontiers que Higgin — comme ses confrères d'Angers à la même époque — ne demande aucun honoraire; Pierre Arthuis et lui alternent leurs soins de trois mois en trois mois. A partir de 1727, ce système s'étend aux trois ou quatre médecins de la ville qui assurent par alternance le service médical à l'hôpital, de telle sorte que comme à Angers, l'exercice de la médecine à Château-Gontier est inséparable du service hospitalier.

L'introduction de religieuses à l'Hôtel-Dieu de Saumur, en 1677, est précédée cinq ans plus tôt d'une tentative de réorganisation par « plusieurs filles vertueuses qui se veullent donner à Dieu en estat de laïcques et sans engagement ni aucuns vœux »; un règlement précis approuvé par la municipalité est édicté le 7 avril 1672 : 8 ou 9 « filles ou veuves », avec à leur tête une « préposée », s'occuperont des malades que visitera chaque jour un chirurgien de Saumur; 2 administrateurs nommés pour trois ans par l'assemblée générale de la ville géreront les revenus de la maison; l'article 9 rappelle la prescription commune à tous les Hôtels-Dieu : « Ne sera receu aucun malade de mal contagieux, vénérien, escrouelles ou autre mal incurable, tant de corps que d'esprit. » Malheureusement, des incidents naissent très vite entre les « filles et veuves » et les administrateurs qui, très jaloux de leur autorité, se plaignent de l'indépendance croissante de ces dernières. Aussi la municipalité entre-t-elle en pourparlers au début de 1677, avec les religieuses augustines qui tiennent l'hôpital de Tours : le 16 juillet, un traité est signé entre les deux parties, aux termes duquel 10 religieuses viennent prendre la place des dames laïques. Vingt ans plus tard, une déclaration royale du 12 décembre 1698, réorganise le bureau chargé de l'administration du temporel : ce bureau comprendra désormais huit membres, dont le maire, un échevin, le curé de Saumur et deux habitants élus pour trois ans. En 1696, la réunion à l'Hôtel-Dieu du temporel de quatre petites maladreries et aumôneries augmente ses revenus et permet d'entreprendre, entre 1700 et 1730, une série de travaux qui dotent la maison de bâtiments neufs et d'une chapelle. En 1762, il y a 42 lits de malades; en 1779, il y en aura 50, sans compter 10 pensionnaires, 10 domestiques et 30 religieuses.

Le vaste mouvement de réforme hospitalière ne se limite pas à l'Hôtel-Dieu d'Angers et aux hôpitaux de moindre importance dont il vient d'être question; il touche aussi, dans la seconde moitié du XVIIe siècle, de tous petits établissements, soit créés, soit réformés sur l'initiative le plus souvent de quelque laïc charitable. C'est ainsi qu'en 1660, Marie-Gabrielle Rousseau, née à Craon en 1625, fille d'un receveur des aides, fonde à Angers, à l'instigation de son cousin Guy Lanier, la communauté des filles de la Croix à laquelle elle assigne une double vocation : l'instruction des jeunes filles, notamment des nouvelles converties, et, selon l'expression de Lehoreau, « le gouvernement des malades dans les petits hôpitaux de la province ». En 1665, Marie Rousseau se rend dans sa ville natale avec quelques sœurs pour prendre en charge le petit hôpital dont la création vient d'être décidée par la municipalité de Craon. Le règlement, qui sera approuvé en 1687 par Henri Arnauld, prévoit que « les demoiselles gouvernantes de l'hôpital s'entretiendront de leur bien propre et non de celui des pauvres » et recevront tous les malades non contagieux, de préférence ceux de Craon et des paroisses voisines. En 1698, une ordonnance décide que l'administration de l'hôpital incombe au premier échevin, aux procureurs syndic et fiscal, au curé et à quatre notables élus tous les deux ans. A cette date, l'hôpital compte 16 lits, et les malades sont visités et soignés, en principe deux fois par jour, par un chirurgien rétribué 50 livres, sous le contrôle d'un médecin de la ville. Les filles de la Croix sont ensuite appelées en 1690 à Durtal où un hôpital de 8 lits a été créé dix-huit ans plus tôt et en 1703 à Pouancé. De son côté, la communauté de la Providence, fondée en 1705 à Saumur par Jeanne Delanoue et qui recueille dans la maison du faubourg de Fenet les invalides et les vieillards qui ne sont pas reçus à l'hôpital, essaime dans la province et prend en charge les petits Hôtels-Dieu de Mazé, du Lude et de Montreuil-Bellay. En 1690, René-François de Broon fonde à Cholet un hôpital de 8 lits et fait appel pour le diriger à deux filles de la

Charité. Quant aux petits établissements créés à Lublé
près de Château-La-Vallière en 1675, à Morannes en
1690, à Gonnord en 1694, ils sont pris en charge non
par des religieuses hospitalières, mais par des « gouvernantes des pauvres » assistées d'un bureau et
contrôlées par l'évêque. Quelques-unes de ses créations
profitent, par ailleurs, de la décision de Louis XIV,
le 6 juillet 1696, d'unir à certains hôpitaux d'Anjou
les biens et revenus des maladreries et aumôneries
de l'ordre de Saint-Lazare dont il avait d'abord donné
la libre disposition à Louvois en 1672; c'est ainsi
que la vieille aumônerie de Châteaux est réunie à
l'hôpital de Lublé. Cette décision permet en même
temps la résurrection des antiques maisons de Bourgueil et de Doué qui n'existaient plus que de nom
faute de revenus suffisants, et la création d'un hôpital
à Chemillé. La fondation de l'hôpital de Martigné-
Briant en 1712 marque en Anjou la fin du mouvement
de réforme hospitalière. Entre les années 1640 et 1720,
celui-ci s'inscrit dans le mouvement plus vaste de
réforme catholique qui, dans le diocèse d'Angers
comme dans celui de La Rochelle, a su mettre l'accent
sur l'importance du devoir de charité à l'égard des
pauvres et des malades.

3. — *La situation dans la seconde moitié du XVIIIᵉ siècle*

A quels résultats précis ont abouti ces efforts ?
Quel est, en d'autres termes, l'équipement hospitalier
de l'Anjou au milieu du XVIIIᵉ siècle ? Telle est la
question à laquelle il convient maintenant de répondre.
Le « Tableau de la généralité de Tours en 1762-
1766 » donne des indications chiffrées qui permettent
une première approche. Au total, les vingt hôpitaux
de la province disposent de 717 lits, soit 315 à l'Hôtel-
Dieu d'Angers, 50 à celui de Château-Gontier, 42 à
celui de Saumur, et 300 dispersés entre les 17 autres
établissements. Chiffres dérisoires face aux besoins. De
plus, la répartition géographique des lits fait apparaître
une grande inégalité : le Baugeois, le Saumurois-
Layon, le nord du Craonnais, la ville d'Angers en
regroupent la majorité, alors que le Segréen et les
Mauges sont nettement défavorisés. Le fait vaut
d'autant plus d'être souligné que chaque hôpital n'a

qu'un rayonnement très local. C'est ainsi qu'à l'Hôtel-Dieu de Baugé, sur les 234 malades hommes admis en 1728, 94 sont domiciliés à Baugé, 43 dans la paroisse limitrophe du Vieil-Baugé et les 87 autres dans l'une ou l'autre des vingt paroisses voisines de Baugé dans un rayon d'une quinzaine de kilomètres. De même, les 214 malades, hommes et femmes, décédés à l'hôpital de Craon de 1694 à 1708 inclus, se répartissent ainsi : 104 sont de Craon même, 42 des paroisses immédiatement limitrophes, 37 des paroisses voisines de ces dernières (soit dans un rayon d'une douzaine de kilomètres), 8 sont domiciliés dans des paroisses angevines plus éloignées, 11 sont des étrangers de passage, enfin pour 12 le domicile n'est pas indiqué. Ce très faible rayonnement des hôpitaux angevins n'a rien de surprenant : il s'explique à la fois par le petit nombre de lits et par la volonté des fondateurs et des bienfaiteurs ultérieurs. Encore Baugé et Craon, avec respectivement 30 et 23 lits, sont-ils des établissements moyens; le phénomène serait encore plus net dans les petits hôpitaux d'une dizaine de lits, comme ceux de Morannes, Cholet ou Martigné-Briant.

Cependant, la faible capacité d'accueil de chaque établissement se trouve compensée, si l'on peut dire, par le constant renouvellement des malades hospitalisés. La faible durée du séjour est un fait observé dans tous les hôpitaux de la région. Ainsi, à Saumur, sur les 155 malades admis au cours du premier trimestre de 1706, 24 meurent à l'hôpital, 122 en sortent, au bout de quelques jours ou de quelques semaines; dans les deux cas, la moitié environ des malades sont restés à l'hôpital moins de 15 jours; pour l'ensemble des malades décédés, la durée moyenne de séjour a été de 21 jours, elle a été de 19 jours pour les autres :

Durée du séjour :	1-5 jours	15-30 jours	Plus de 30 jours	Moyenne
Malades décédés (24)	14	3	7	21 jours
Malades sortis (122)	59	44	19	19 jours

Par ailleurs, en cas de besoin, on n'hésite pas à mettre deux malades par lit. En 1762, l'auteur du « Tableau de la généralité » note, à propos de l'hôpital de Cholet : « 12 lits où il y a quelquefois deux malades ». La pratique est courante à l'Hôtel-Dieu d'Angers; c'est elle qui permet à cet hôpital, qui compte officiellement 315 lits, d'héberger régulièrement plus de 500 malades dans la seconde moitié du XVIIIe siècle; lorsqu'en 1751, la Maison de Ville, soucieuse de favoriser le lancement de la manufacture de toiles à voiles, cherche à y attirer les ouvriers, elle leur assure le précieux privilège de « coucher seul dans un lit » quand « ils seront dans la nécessité de se retirer à l'Hôtel-Dieu dans un temps de maladie ». Si la plupart des hôpitaux doivent encore recourir, à certains moments, au dédoublement des lits, c'est que leur situation financière, toujours difficile, souvent déplorable, leur interdit tout projet d'agrandissement. En 1762, l'Hôtel-Dieu d'Angers accuse un total de dépenses de 71 964 livres pour 43 222 livres de revenus; les hôpitaux de Saumur, Château-Gontier, Baugé, Craon, connaissent eux aussi des déficits plus ou moins importants; seuls ceux de La Flèche et de Beaufort ont des dépenses très légèrement inférieures à leurs revenus.

Quant au service médical, il est organisé théoriquement à peu près partout de la même manière : en dehors des soins qui peuvent être donnés par les religieuses ou les « gouvernantes des pauvres », la tâche principale incombe aux chirurgiens sous le contrôle, plus ou moins suivi, des médecins. Dans les villes où il y a à la fois plusieurs médecins et des chirurgiens « de grand chef-d'œuvre », le service se trouve assuré par un personnel aussi qualifié qu'il pouvait l'être à l'époque. Dans les villes sans communauté de chirurgiens, il ne peut l'être que par des maîtres « de petite expérience »; il est vrai que dans certaines petites villes comme Beaufort, Craon, Cholet, Doué, Le Lude, la présence d'un médecin, chargé de visiter l'hôpital, est susceptible de pallier les inconvénients de cette situation; mais les malades de petits hôpitaux comme ceux de Martigné-Briant, Durtal, Gonnord, Pouancé, privés de tout médecin, sont livrés aux seuls soins d'un ou deux chirurgiens plus ou moins incompétents. Ainsi se retrouve au niveau des hôpitaux, la scandaleuse inégalité, vivement dénoncée par Chevreul en 1791, entre les villes de quelque importance et les bourgades de campagne.

Au total, trop peu nombreux, trop petits, pourvus de ressources insuffisantes, fréquentés par les catégories socioprofessionnelles les plus défavorisées, ouverts aux seuls malades non contagieux, dotés d'un personnel médical de valeur très inégale selon les établissements, les hôpitaux angevins ne jouent qu'un rôle très secondaire dans la lutte contre la mort.

CHAPITRE VIII

LES CONDITIONS ET LES CAUSES
DE LA MORTALITE

1. — *Le milieu : l'hygiène*

Les médecins du XVIII⁰ siècle ont toujours souligné,
non sans l'exagérer parfois, l'importance pour l'état
sanitaire des populations, du milieu ambiant : le sol
foulé, l'air respiré, l'eau bue, les aliments absorbés
commandent largement la maladie ou la santé. Dans son
Projet d'un nouveau cours général de médecine, publié
en 1718, Pierre Hunauld fils écrit qu'avant d'étudier les
maladies en général, il convient de faire « un examen
sérieux des choses nécessaires à l'art de guérir ;... elles
consistent en deux parties, la première est le corps
humain, l'autre est tout ce qui le peut bien ou mal
affecter ». Et plus loin, il ajoute : « Ne voulant désormais
connoître le corps humain qu'autant qu'il est susceptible
de maladie ou de guérison, on fera choix des choses qui
concourent le plus à la santé et à la maladie : il n'y a
pas à douter que ce sont les organes de la digestion des
alimens, de la préparation et de l'entretien des humeurs ;
la vie en dépend immédiatement. » De fait, avant toute
tentative de nosographie, il paraît indispensable d'étudier
les conditions dans lesquelles vivent les Angevins aux
XVII⁰ et XVIII⁰ siècles.

Que les conditions d'hygiène dans les villes aient été
rudimentaires et que certains quartiers aient même été
de véritables cloaques, cela ressort à l'évidence de
maints témoignages. Pourtant, la ville d'Angers a, depuis
le XV⁰ siècle, le privilège d'être pavée, chaque propriétaire étant tenu d'entretenir à ses frais le pavage en face

de sa maison ; mais selon le Strasbourgeois Brackenhoffer en 1644, ce pavé est « mauvais et boueux ». De plus, il n'y en a pas en bordure de la Maine ; il y serait pourtant d'autant plus utile qu'il n'existe pas, on l'a vu, de véritables quais ; de ce fait l'eau de la rivière, polluée par toutes les déjections de la ville, reflue à la moindre crue dans les rues et ruelles des bas quartiers et constitue en permanence un foyer d'infection. A Angers comme à Saumur, à Château-Gontier comme à Baugé, les rues du centre sont irrégulières et étroites, ce qui les rend tristes, obscures et malsaines. Au delà de l'enceinte, les faubourgs sont généralement plus larges et plus aérés. Mais l'enceinte même et les fossés qui la flanquent sont, entre vieille ville et faubourgs, un réceptacle d'immondices ; en effet, en dépit de toutes les interdictions, les riverains les utilisent sans vergogne aux fins les plus malpropres. A Saumur, la situation est telle en 1762 que les autorités de police s'alarment : « Ceux des habitans de cette ville qui tiennent des maisons, cours, jardins ou autres emplacemens le long du fossé de la ville, à prendre depuis la porte de Fenet jusqu'au portail Louis, s'étant avisés depuis l'écurement qui fut fait dudit fossé il y a environ trente ans, d'y jeter tous leurs immondices et d'y construire des latrines, les aqueducs se sont entièrement fermés... de sorte que ne faisant plus d'écoulement, les eaux pluviales qui tombent de la ville dans ledit fossé détrempent ces amas d'ordures, qui regorgent dans les rues en si grande quantité que l'entrée du palais et de l'hôtel de ville est absolument interdite, ainsi que nombre de maisons voisines que les locataires sont obligés d'abandonner. » Craignant à juste titre que « de ce limon infecté du fossé et des rues, échauffé par l'excès des chaleurs, il (ne) s'élève des vapeurs capables de causer les plus fâcheuses maladies », le lieutenant général ordonne la démolition des latrines et le curement du fossé et renouvelle l'interdiction d'y jeter des ordures. Mais un règlement de police ne peut rien contre des habitudes invétérées, et vingt ans plus tard, en 1782, le chevalier de Malseigne, commandant l'Ecole d'équitation, dénonce à l'intendant « les cloaques dont est environnée la levée d'enceinte ». Le problème est à peu près le même à Angers où, le 19 janvier 1759, la Maison de Ville arrête que toutes les latrines construites le long des murailes, au mépris des règlements, seront démolies. En fait, à l'intérieur même de la ville, on ignore

encore vers 1770 « les lieux dits à l'anglaise », bien qu'un
règlement de 1678 les ait rendus obligatoires dans toutes
les maisons : on utilise le bûcher, l'écurie, la cave ou un
coin de la cour. Dans de telles conditions, le nettoiement
régulier de ces lieux d'aisance est évidemment indispensable, mais est fait le plus souvent dans des conditions
d'hygiène déplorables : en effet, les particuliers qui se
chargent eux-mêmes de la besogne ou la font faire sous
leur direction par quelque journalier, n'hésitent pas à
jeter les matières liquides dans la rivière, et transportent
le reste hors ville dans des chariots découverts, afin de
le vendre comme engrais. C'est pourquoi en 1769, le
lieutenant général de police d'Angers accepte les « offres
et soumissions » d'un habitant de la paroisse de la
Trinité, Mathieu Léger, qui propose de nettoyer
gratuitement toutes les latrines de la ville et faubourgs,
en opérant de nuit et sans troubler le repos public, avec
des chariots couverts et goudronnés, sous condition que
« les matières sèches et liquides lui resteront » et que
« défenses seront faites à toutes personnes de s'immiscer
dans ces sortes d'entreprises et travaux à peine
d'amende ». A Saumur, il est enjoint en 1784 « à tous
les propriétaires de maisons de cette ville et fauxbourgs
qui n'ont point en icelles de retraits ou privés d'y en
faire construire incessament » et de veiller à les faire
curer régulièrement par des vidangeurs ; il est interdit
à ceux-ci « de répandre les vidanges dans les rues et de
les jeter dans la rivière et fossés de la ville ».

En dépit de tous les règlements, les rues des villes sont
le plus souvent sales et mal tenues, du fait de l'absence
d'égouts au sens moderne du terme, de la mauvaise
qualité du pavage, quand il existe, et surtout du manque
de discipline des habitants. Les ordonnances de police,
d'autant plus renouvelées qu'elles sont moins observées,
restent pratiquement lettre morte. C'est le cas, par
exemple, du règlement « pour le nettoiement des rues »
adopté par la Maison de Ville d'Angers le 2 avril 1678
et dont il faut rappeler les prescriptions à différentes
reprises au cours du XVIIIᵉ siècle. En 1746, le lieutenant
de la sénéchaussée de Baugé note, désabusé, en préambule à une ordonnance sur « l'ordre et la bonne tenue »
dans la ville, que « les peuples sont peu attentifs à
exécuter les ordonnances de ses prédécesseurs et paraissent même les avoir entièrement oubliées »; c'est pourquoi
il rappelle, entre autres, qu'il est interdit d'arracher les

pavés des rues, de déposer ses « boues et vidanges »
dans le ruisseau de la rue Basse, d'élever en ville des
cochons et de les laisser vaguer dans les rues. De son
côté, l'ordonnance saumuroise de 1784 renouvelle un
certain nombre d'interdictions qui en disent long sur les
détestables habitudes des citadins en cette fin du XVIIIᵉ
siècle : on abandonne sur place ou on jette dans la
rivière, les puits ou les fossés de la ville, les cadavres
des « chevaux ou autres bêtes mortes », on brûle dans
les rues les vieilles pailles, on jette par les fenêtres sans
crier gare, eaux sales, bois, foin, meubles, on ne se
soucie nullement de balayer devant sa maison les
« boues, ordures et immondices » et d'en faire des tas
pour faciliter la tâche de l'entrepreneur chargé quoti-
diennement de leur enlèvement, on fait des « places à
fumier » devant chez soi sur la voie publique. Le texte
de 1784 permet de sévir efficacement contre les abus les
plus criants; c'est ce qui explique certainement l'excellente impression que Mᵐᵉ Cradock retire de son passage
en septembre 1785 : « Cette jolie ville de Saumur est
plus propre que beaucoup d'autres que nous avons
visitées; aux coins des principales rues sont affichées
des ordonnances de police concernant l'entretien et la
propreté des rues et en même temps, des peines encou-
rues en y contrevenant. » Mais si la voyageuse anglaise
avait traversé Saumur quelques années plus tard, ses
impressions auraient sans doute été fort différentes, car
très vite les Saumurois reviendront à leurs fâcheuses
habitudes.

D'autres causes d'insalubrité résident dans la pratique
de certains métiers, boucheries et tanneries notamment,
et dans l'existence des cimetières urbains. Les bouchers,
le plus souvent réunis dans une même rue, tuent leurs
bêtes chez eux, dans quelque cour, et abandonnent dans
la rue « tripailles, boyaux, sang de bestiaux et autres
vidanges »; à Angers, le règlement de 1678 interdit une
telle façon de faire et enjoint aux bouchers d'enterrer
leurs déchets « dans des lieux et fossés ordonnés pour
cet effet »; mais la prescription n'est pas observée. En
l'absence d'une « tuerie » unique et bien aménagée,
l'abattage des bêtes par chaque boucher, sans respect
des règles d'hygiène les plus élémentaires, et la concen-
tration des boucheries dans un même quartier contribuent
à rendre ce quartier particulièrement malsain, surtout
l'été. A Saumur, l'ordonnance de 1784 déclare « tolérer

comme par le passé les tueries particulières jusqu'à ce
qu'il ait été pourvu et ordonné d'une tuerie générale »,
mais en même temps enjoint aux bouchers de tenir leurs
boutiques propres et leur fait défense « d'entasser et de
laisser séjourner et croupir tant dans leurs tueries que hors,
même dans les rues, le sang, les viandes et tripes, afin
que le public n'en puisse être aucunement incommodé ».
A Château-Gontier, la rue des Bouchers est remplie,
selon les médecins de la ville, d'« émanations puantes ».
Quant aux tanneurs, ils sont eux aussi installés dans un
même quartier. A Angers, ils sont tous dans la paroisse
de la Trinité, notamment rue de la Tannerie et rue des
Carmes en bordure du bras de la Maine compris entre la
Doutre et l'île de la Savatte; ce bras de rivière, appelé
canal, sert de déversoir aux diverses tanneries et est de
ce fait un véritable cloaque que la ville fait curer à
différentes reprises et qui ne sera comblé qu'au milieu
du XIXe siècle. A Château-Gontier, la situation est
encore pire, puisque pour les 5 tanneries existant en
ville en 1786, l'écoulement des eaux utilisées au
nettoyage des peaux ne se fait plus vers la rivière, à la
suite de divers travaux : ces eaux « stagnent dans un
petit cul-de-sac où elles exhalent une odeur très putride
jusqu'à ce qu'elles se soient perdues dans les terres ». La
présence des cimetières au cœur même des aggloméra-
rations pose un problème du même ordre : à Angers,
chaque église paroissiale est littéralement cernée par les
tombes qu'il faut contourner, voire enjamber, pour
pénétrer dans le sanctuaire; à Beaufort, le cimetière,
installé au centre de la ville, « contribue au mauvais air,
dit un rapport de 1775, et fait que les fièvres dont les
habitants sont attaqués tous les ans, sont toujours mêlées
de putridité »; à Château-Gontier, le cimetière de Saint-
Jean-l'Evangéliste est entouré de maisons et leurs
habitants se plaignent « des exhalaisons et mauvaises
odeurs ».

A ces facteurs permanents d'insalubrité, s'ajoute pour
beaucoup d'habitants des villes, l'entassement dans des
maisons de bois, mal entretenues et mal aérées. A lire
certains chiffres du recensement d'Angers en 1769, on
devine la misère poignante des habitants de telle rue du
port ou de la Doutre, où la densité par maison est très
supérieure à ce qu'elle est dans les quartiers du centre :
ainsi rue Putiballe, derrière le port Ligny, et rue Saint-
Nicolas, dans la Doutre, les maisons comptant plus de

25 personnes sont nombreuses. Dans ces maisons, manque le confort le plus élémentaire; un lit unique sert souvent pour toute une famille. La plupart des artisans ne disposent, en dehors de leur boutique et souvent d'une petite chambre où se logent leurs compagnons, que d'une seule pièce qui sert à la fois de cuisine, de salle à manger et de chambre à coucher. D'ailleurs, si l'on en croit François-Yves Besnard qui, évoquant ses souvenirs des années 1770, donne ces détails précis, l'espace est presque aussi mesuré et le confort presque aussi rudimentaire dans les maisons dites bourgeoises : faute de salle à manger, on mange dans la cuisine, quitte à dresser une table dans le salon pour les grandes circonstances; il est courant que deux ou trois personnes couchent dans le même lit, et l'existence d'un cabinet de toilette est tout à fait exceptionnelle. Il n'est que trop certain que l'on se lave peu et mal. Recourir aux services d'un barbier en allant prendre un bain chez lui, est un luxe dont même les plus riches n'usent que rarement. Il n'existe encore aucun véritable bain public à Angers à la veille de la Révolution : en 1780, un sieur Putaud demande en vain à la ville une subvention de 2 000 livres pour établir des bains gratuits pour les pauvres; un nouveau projet est présenté en 1784, mais rien n'est encore réalisé cinq ans plus tard.

Si le tableau de la situation dans les villes est sombre, il l'est plus encore peut-être dans les campagnes. Certaines régions sont en elles-mêmes marécageuses et malsaines. C'est le cas d'abord dans beaucoup de paroisses, des hameaux situés en bordure d'étangs mal drainés ou de bras de rivière sans écoulement suffisant. C'est le cas aussi à proximité d'Angers, de la grande Ile-Saint-Aubin : les prairies étant en grande partie inondées l'hiver et, l'été venu, les eaux ne s'écoulant que partiellement, certaines zones sont des bourbiers aux eaux croupissantes. C'est le cas surtout d'une grande partie de la Vallée d'Anjou, du fait des crues annuelles de l'Authion et des crues accidentelles de la Loire; de vastes marais plus ou moins gorgés d'eau selon la saison cernent ainsi les villages et les champs cultivés; selon un rapport rédigé en 1753 par le grand maître des Eaux et Forêts de la généralité, « les exhalaisons épaisses et les vapeurs pestilentielles qui s'en dégagent rendent les hommes malades et languissans, hors d'état de vaquer à leurs travaux »; il est vrai que les habitants eux-mêmes contribuent à aggraver la situation en jetant dans l'Authion leurs bestiaux morts. L'un des buts poursuivis par les différents promoteurs de l'aménagement de l'Authion est précisément l'assainissement de la Vallée : tous dénoncent le « mauvais air » qui entraîne des « maladies mortelles », et disent l'urgence qu'il y aurait à y porter remède. Mais, on le sait, rien n'est encore fait à la veille de la Révolution : en 1788, les enquêteurs de la Commission intermédiaire notent que le plus grand nombre des habitants de Saint-Mathurin sont « des pauvres très infirmes, à raison de ce que le sol de la paroisse est un cloaque dont les vapeurs infectent et occasionnent des maladies épidémiques »; en 1790, le voyageur François Marlin, traversant la Vallée, met en relation l'humidité de la région et la « pâleur des villageoises », et conclut : « Le pays est riche et serait agréable s'il était moins plat et s'il était plus sain. » Les marécages de l'Authion ne sont pas seuls responsables du caractère malsain de la Vallée d'Anjou; il s'y ajoute, comme dans toutes les régions angevines où l'on récolte le lin et le chanvre, les effets de la pratique du rouissage : chaque été, pendant plusieurs semaines, l'atmosphère de bon nombre de paroisses, du Craonnais à la Vallée et aux Mauges, est empoisonnée par l'odeur de putréfaction qui émane des réservoirs, des étangs et des ruisseaux où pourrissent lentement les plantes textiles.

Quant aux conditions de logement dans lesquelles vivent les paysans angevins, elles sont partout également détestables et préjudiciables à leur santé. Les bâtiments de la ferme sont souvent dans un bas-fond, afin d'être à proximité de l'eau : aussi la cour est-elle, la plus grande partie de l'année, un bourbier d'autant plus dangereux que trône en son milieu le tas de fumier. L'habitation comporte généralement une seule pièce sans fenêtre; la porte, ouvrant sur la cour, est faite de deux parties de bois plein, indépendantes l'une de l'autre, la partie supérieure restant ouverte afin de dispenser un peu de lumière; lorsque le froid, la pluie ou le vent obligent à fermer ce vantail, il faut se résoudre à une obscurité que trouent seulement les lueurs du foyer. Souvent, il existe une seconde porte, située en face de la première et permettant d'accéder aux « arrières » de la ferme. Enfin, dans l'un des murs, sont disposés cheminée et four. Cette pièce unique, au sol de terre battue, sert nécessairement à tous les usages :

on y fait le pain et la lessive, on y mange et on y dort.
Il n'est pas rare qu'un seul lit soit à la disposition de
toute la famille : la nuit venue, la porte hermétiquement
close, parents et enfants se couchent directement sur une
paillasse placée dans un grand cadre de bois posé à
même le sol; au-dessus d'eux, plusieurs couettes de
plumes pour se protéger du froid. Lorsque l'un des membres de la famille est malade, les autres n'en continuent
pas moins à partager le lit avec lui. Quelquefois, il y a
une seconde pièce, plus petite et sans cheminée, dans
laquelle couchent les domestiques. Lorsqu'une telle
pièce n'existe pas, ces derniers couchent dans le grenier
ou dans l'étable. Celle-ci, attenant à l'habitation, est le
plus souvent trop petite pour le nombre de bestiaux qui
s'y trouvent; elle est mal tenue, remplie notamment de
toiles d'araignées que les paysans se gardent bien
d'enlever, persuadés qu'elles protègent leurs bêtes contre
les maladies. Il n'est pas surprenant que des conditions
d'hygiène aussi déplorables aient favorisé la propagation
des épidémies; dans son rapport sur la dysenterie qui sévit
en 1768 dans plusieurs paroisses du Craonnais, Esnue-
Lavallée note que le mal a surtout frappé ceux qui
vivent dans les « bas-lieux » et les « endroits marécageux » ou dont « les habitations sont malsaines », c'est-à-
dire, ajoute-t-il, le plus grand nombre.

2. — *Le milieu : l'alimentation*

Bien que l'Anjou soit un pays de vignobles, les
Angevins des XVIIe et XVIIIe siècles sont surtout des
buveurs d'eau. C'est dire l'importance du problème
de l'eau potable. Le moine Roger, prompt pourtant à
vanter les mérites vrais ou supposés de sa province
natale, est obligé de reconnaître vers 1670 que « les
eaux et particulièrement celles de la plupart des puits
de la ville d'Angers ne sont pas saines ni salubres ».
Plus tard, Duverdier de La Sorinière admettra lui aussi
que « les eaux d'Angers sont plus que mauvaises ». De
fait, les habitants de la ville disposent soit de la Maine
dont nous avons vu tout ce qu'elle pouvait charrier,
soit de nombreux puits dont certains alimentent les
fontaines publiques. Or, pour des raisons liées à la
nature du sous-sol et aux infiltrations qui se produisent,
l'eau de ces différents puits est de très mauvaise qualité.

S'il faut même en croire l'auteur d'un article paru dans
les *Affiches d'Angers,* c'est cette mauvaise qualité de
l'eau des puits qui est « la cause la plus ordinaire... (du)
grand nombre de vices de conformation qu'on remarque
chez les habitants de la ville ». A Saumur, au milieu du
XVIIe siècle, « il n'y a dans aucune rue, ni fontaine, ni
puits » et on utilise l'eau de la Loire avec tous les dangers
que cela peut comporter. Dans les villages et les
hameaux de la campagne, le puits est souvent à proximité
même du tas de fumier et l'eau se trouve polluée par les
infiltrations. Cette pollution des eaux est grave surtout
en période de sécheresse, lorsque les puits sont presque
taris : en 1768, les progrès de la dysentrie dans la région
de La Roë sont dus, selon Esnue-Lavallée, au fait que
les habitants « n'avaient pour boisson que des eaux
rendues bourbeuses et malsaines par la sécheresse considérable qui avait précédé ». A cette cause accidentelle,
s'en ajoute une autre : « L'extrême misère des habitants
dont la nourriture était depuis longtemps du pain de
sarrasin vieux et à demi moisi. »

S'il fallait caractériser d'un mot le régime alimentaire
des classes populaires en Anjou aux XVIIe et XVIIIe siècles,
c'est bien celui de frugalité qui conviendrait le mieux.
« Dans ce pays-là, écrit le marquis de Turbilly évoquant
le nord du Baugeois vers 1730, aucun fermier ou païsan
ne mange de viande et ne boit de vin chez lui à son
ordinaire; ils se nourrissent avec de la soupe au beurre,
des légumes, des fruits, du laitage et du pain souvent
très mauvais, entre autres dans les années chères où ils
y mettent du bled noir qui vaut quelquefois encore
mieux que les autres grains avec lesquels ils le mêlent ».
Des journaliers et domestiques de ferme des environs de
Doué vers 1765, François-Yves Besnard dit dans ses
Souvenirs : « Leur nourriture était très frugale : la
soupe à midi et au soir...; au déjeuner et à la collation,
le pain avec beurre ou fromage ou avec fruits tels que
pommes ou noix »; quelquefois, à midi ou le soir, « lard
ou autre viande »; quant à la boisson, « piquette de marc
de raisin ou de pommes, et dans les périodes de grands
travaux, quelques verres de vin ». De leur côté, les
trois médecins de Château-Gontier écrivent en 1786 que
les artisans de la ville et des paroisses voisines « sont
obligés de vivre très frugalement ; pour l'ordinaire, de
la soupe, quelques légumes, des fruits, très peu de
viande et de l'eau font toute leur nourriture ». Enfin,

l'agronome Deslandes étudiant en 1803 la situation des paysans des environs de Durtal et de La Flèche, emploie la même expression pour constater qu'ils « se nourrissent très frugalement » : la base de leur alimentation est le pain, mélange de seigle, d'orge et de pois, les plus aisés y ajoutant un peu de froment; ce pain sert à faire la soupe qui est le fondement des trois repas qu'ils font par jour. Ceux-ci sont complétés par des légumes, des fruits, des œufs, des laitages. Ils ne mangent jamais de viande de boucherie, mais tuent tous les ans un cochon gras dont les produits servent pendant plusieurs mois. Leur boisson est soit de l'eau pure, soit de l'eau passée sur la « rafle » des raisins, le vin lui-même étant vendu. Et Deslandes ajoute que ces usages n'ont pas changé depuis des siècles. Certes, ce schéma général se prête à certaines nuances locales : en Craonnais, le cidre est la boisson ordinaire, le blé noir et surtout les châtaignes jouent un rôle important comme aliments soit de complément, soit même de remplacement quand la récolte de seigle a manqué; en Vallée, les paysans mangent un pain fait de seigle et de maïs et consomment beaucoup de fèves et de pois blancs cultivés dans le pays; en Baugeois et dans tout l'Anjou oriental, l'huile de noix entre largement dans la préparation des mets et se substitue en partie au beurre consommé en Craonnais et dans les Mauges. Il n'en reste pas moins que partout le pain ou la bouillie à base de seigle (avec parfois en plus, froment et orge) constituent pour les classes populaires, urbaines et rurales, l'essentiel de l'alimentation, à côté des légumes, des fruits et du beurre, la viande (porc ou bête de boucherie) n'intervenant que très exceptionnellement dans le menu quotidien. Dès leur plus jeune âge, du moins dès qu'ils ne sont plus nourris au sein, les enfants suivent le même régime alimentaire que leurs parents et sont bourrés de bouillie et de mauvais pain.

Au delà de ces indications générales, on dispose de renseignements plus précis pour deux catégories de personnes dont on peut penser qu'elles représentent, au sein des classes populaires, deux extrêmes : les malades de l'Hôtel-Dieu d'Angers, pour qui une nourriture abondante constitue souvent la seule médication, et les mendiants valides enfermés soit à l'hôpital général d'Angers, soit dans les dépôts de mendicité créés au XVIIIe siècle. Le règlement édicté en 1588 par les administrateurs de l'Hôtel-Dieu pour la nourriture des

« pauvres malades », prévoit que chaque pauvre recevra
pour sa journée, une pinte de vin et une « miche de
bled seigle belutté pesant deux livres poids de marc ». Il
sera servi à tous, chaque jour, matin et soir (sauf le
vendredi et certains jours du Carême) de la viande
bouillie ou rôtie, à savoir un quarteron de rouelle
de bœuf ou un pied de veau ou un quart de tête de veau,
et à souper une épaule de veau pour huit ou une
poitrine pour cinq ; éventuellement, le mouton rempla-
cera le veau dans des proportions un peu différentes. Les
pauvres feront maigre tous les vendredis, et les mercredis,
vendredis et samedis de Carême : ils recevront ces jours-
là, en place de viande, soit deux œufs au beurre, soit
deux gardons, soit une morue ou une alose pour six ou
une carpe pour quatre, et à souper une écuelle de potage
de « choux, porée ou autre chose », avec certains jours
une « lesche de beurre » ou des œufs. Enfin, « outre ce
que dessus, lesdicts malades auront en tout temps, des
prunes et poires cuites, cerises confites et autres fruicts ».
Un litre de vin, près d'un kilo de pain, de la viande matin
et soir, sans parler du beurre, des œufs et des fruits : il
s'agit, on le voit, d'un véritable régime de suralimen-
tation qui est au total mal équilibré et semble plus
adapté à des hommes en pleine force s'adonnant à des
travaux pénibles qu'à des malades couchés sur un lit
d'hôpital : de tels menus proposés à de pauvres diables
habitués à un tout autre ordinaire, devaient apparaître
comme d'incroyables festins que beaucoup, il est vrai,
étaient sans doute incapables d'absorber. En tout cas, ce
règlement de 1588 est ponctuellement appliqué aux
XVIIe et XVIIIe siècles, au moins en temps normal, comme
on peut s'en rendre compte en feuilletant les livres-
journaux annuels de l'Hôtel-Dieu.

Le sort des mendiants et vagabonds des dépôts ou
hôpitaux généraux est bien différent. En 1615, lors de la
réorganisation de l'aumônerie de Saint-Jacques, en vue
du renfermement des pauvres valides de la ville d'Angers,
il est décidé que les pauvres recevront chaque matin
pour leur nourriture de la journée, deux pains de 12
onces chacun, soit une livre et demie, « un demi-litron de
pois, fèves ou légumes cuittes au sel et à l'eau » et un
peu de saindoux, beurre ou huile. Soixante ans plus tard,
le régime des « renfermés » s'est amélioré. Il faut y voir
non le reflet d'une amélioration plus que problématique
du niveau de vie des populations angevines, mais la

conséquence d'une nouvelle réorganisation du dépôt sous le nom d'hôpital général : la maison agrandie, dotée de revenus fixes, doublée d'une manufacture où travaillent les « renfermés », peut assurer à ceux-ci une nourriture un peu plus substantielle. Un mémoire de 1674 précise que chaque pensionnaire reçoit journellement une livre et demie de pain et 4 onces de viande partagées entre le dîner et le souper; les jours maigres, la viande est remplacée à dîner par des pois, des fèves ou du mil cuit au lait, et à souper, par du potage avec un peu de beurre ou de fromage; en Carême, on donne du hareng deux fois la semaine. Le mémoire ajoute qu'il est distribué un peu de vin à chacun. En 1765, l'intendant de Tours crée à Angers, à Baugé, au Mans et à Tours, des dépôts pour enfermer les « vagabonds et gens sans aveu », conformément à la déclaration royale du 3 août 1764. Une circulaire de l'intendant en 1768 stipule que les pensionnaires de ces dépôts recevront chaque jour pour leur nourriture, en tout et pour tout, une livre et demie de pain bis et une ration de légumes cuits à l'eau et au sel ou deux onces de riz préparé. Ce régime spartiate est encore plus frugal que celui des renfermés d'Angers en 1615. On peut estimer qu'il constitue un minimum vital au-dessous duquel il n'était pas possible de descendre officiellement, et qui était le lot quotidien d'un très grand nombre de pauvres gens, closiers misérables, journaliers, gagne-petit, vivant continuellement à la lisière du dénuement et gardant longtemps le souvenir de quelques rares bombances.

Encore ne peuvent-ils même plus, en période de crise, s'assurer ce minimum vital. En effet, la hausse du prix du seigle liée à une mauvaise récolte leur interdit bientôt de continuer à acheter la livre et demie de pain qui leur permet de subsister s'ils sont seuls, les 5 ou 6 livres, s'ils ont à charge une femme et deux enfants. Ils ont recours alors aux « mauvaises nourritures » : troncs de choux, racines d'herbes bouillies, poireaux mélangés de son, pain de glands, de fougères ou de graines de lin. Lorsque les dernières économies sont épuisées, les derniers meubles vendus ou portés au mont-de-piété d'Angers, il ne reste plus qu'à compter sur la charité publique et à mendier le morceau de mauvais pain ou la soupe claire qui permettra tout juste de ne pas mourir de faim. Dans les paroisses de campagne, le curé, les quelques notables ou gens aisés sont bientôt

débordés, et le recours à la charité signifie l'exode des
habitants affamés vers la ville voisine qui apparaît
comme le havre dans la mesure où les secours y sont
organisés et où les gens riches sont relativement nombreux. Angers voit ainsi à chaque crise cette pitoyable
invasion de malheureux affamés qui, selon l'expression
de Joseph Grandet en 1683, « faisoient également peur et
compassion ». Paradoxalement, c'est à la campagne que
la misère est à son comble et le dénuement le plus total.
Là, ceux des malheureux qui sont trop affaiblis pour
partir sur les chemins, sont « contraints de paître
l'herbe », selon l'expression terrible de Lehoreau. Beaucoup finalement meurent littéralement de faim :
que leur décès soit causé par l'inanition ou par quelque
« dévoiement » consécutif à l'absorption de nourritures
immondes, c'est là un problème secondaire : dans un
cas comme dans l'autre, la famine est directement
responsable de leur mort. Certes, nous verrons qu'à
partir du début du XVIII⁰ siècle, une meilleure organisation des secours — une très grossière planification de
la pénurie, en quelque sorte — fait reculer le spectre
des grandes famines. Toutefois, si les famines larvées
du XVIII⁰ siècle ne sont plus directement meurtrières,
elles n'en font pas moins insidieusement le jeu de la
mort : ceux qui pendant de longues semaines n'ont
survécu que grâce à des secours chichement mesurés,
n'offrent qu'une résistance amoindrie et bientôt vaincue
à la première agression de la maladie. Comme l'a écrit
Jean Meuvret : « Le cours du blé continue à jouer son
rôle : mais il ne tu(e) pas, tout de suite, ni tous à la
fois ; il us(e) lentement. » Pour comprendre la mortalité
des classes populaires sous l'Ancien Régime, il ne faut
jamais perdre de vue que parmi elles, nombreux sont
ceux qui vivent dans un état de sous-alimentation
presque constant que vient aggraver de temps à autre
famine ou disette : ce sont eux les éternelles victimes
toutes désignées des grandes famines du XVII⁰ siècle ou
des épidémies du siècle suivant.

La différence fondamentale entre les pauvres et les
« aisés », comme l'on disait au XVIII⁰ siècle, réside dans
le fait que ceux-ci, en tout temps, mangent davantage
et mieux que ceux-là. Charles Boucher et François-
Yves Besnard, évoquant la vie des petits bourgeois de
La Flèche et de Doué vers 1760, donnent de leur
ordinaire exactement la même description : en dehors

du déjeuner et du goûter ou collation, deux repas, le dîner vers 11 heures ou midi, avec soupe et bouilli (« rarement une entrée », ajoute Boucher), et le souper vers 7 ou 8 heures, qui est le repas important et comporte soupe, rôti ou ragoût, salades de légumes, fruits. Lorsqu'on se reçoit entre amis, toujours à souper, on corse l'ordinaire de tourtes, de pâtés chauds et froids, de plusieurs plats de rôtis, mais rarement de légumes. Pendant tout le Carême et, dans l'année, les jours maigres, le poisson, de rivière ou de mer, remplace la viande. Ainsi, à l'encontre de ce qui se passe dans les classes populaires, viande et poisson tiennent une grande place sur la table des gens aisés. C'est ce qui explique que les bouchers et les poissonniers, pratiquement inconnus à la campagne, même dans les bourgs, soient nombreux dans les villes. Il y a à Angers, en 1769, 34 bouchers, 10 tripiers, 20 poissonniers et 10 marchands d'huîtres ; il y a de plus 13 pâtissiers-rôtisseurs et 58 traiteurs-aubergistes, les seconds empiétant sur le privilège des premiers de fabriquer et vendre aux particuliers, tourtes, pâtés et autres charcuteries. De plus, le pain des riches n'est pas celui des pauvres : on vend à Angers quatre sortes de pain, le pain mollet, composé de la fine fleur du plus beau froment, le pain de froment « sassé », composé de tout le reste de la fleur et de toute la farine du froment, le pain de méteil et le pain de seigle, ces deux dernières catégories étant réservées aux humbles.

3. — *La nosologie*

L'étude des maladies anciennes à travers les ouvrages médicaux, les recueils de recettes ou les rapports de médecins et chirurgiens des XVIIᵉ et XVIIIᵉ siècles, est hérissée de difficultés. Pourtant, si le vocabulaire médical archaïque paraît d'abord indéchiffrable, il est en fait susceptible de traduction, à condition que l'on soit prudent. En effet, la nosologie, c'est-à-dire l'identification et la classification des maladies, est alors dans l'enfance et se fonde sur de tout autres critères que ceux d'aujourd'hui. Par ailleurs, il ne faut pas oublier que les médecins anciens attribuent un rôle déterminant au milieu et à ses éventuels changements. Il faut prendre garde aussi au fait que les maladies elles-mêmes évoluent

et qu'un même mot peut désigner deux réalités différentes, celle d'hier et celle d'aujourd'hui. De plus,
l'impitoyable sélection exercée par la mort, les conditions matérielles et morales de l'existence quotidienne
sont autant de données des XVIIᵉ et XVIIIᵉ siècles, qui
se sont profondément modifiées depuis, ce qui explique
sans doute largement le silence des documents anciens
sur certaines maladies, comme les affections cardio-
vasculaires ou les troubles mentaux, si fréquentes
aujourd'hui.

Dans un rapport adressé en 1776 à la Société Royale
de Médecine et consacré aux épidémies ayant affecté
la généralité de Tours entre 1739 et 1775, le docteur
Dupichard, correspondant de la Société et médecin des
épidémies, écrit en conclusion : « On peut observer que
les pleurésies, les péripneumonies vraies, très aiguës,
pourprées et compliquées avec des symptômes de mali-
gnité et de putridité, que les fièvres putrides vermineuses
et miliaires, que les dissenteries bénignes et malignes et
que les petites véroles discrètes et confluentes sont les
maladies dominantes dans les épidémies qui ont affecté
presque toutes les élections de la généralité depuis 1739
jusqu'à la fin de 1775. » Affections pulmonaires, fièvres
exanthématiques et paludéennes, maladies d'origine
digestive, variole, telle apparaît — si l'on y ajoute le
fléau toujours redoutable de la rage — la nosographie
des populations angevines au XVIIIᵉ siècle. Un document
à peu près contemporain vient confirmer et compléter
les données du rapport de Dupichard. Il s'agit d'un
registre manuscrit intitulé « Mémoire de plusieurs
recettes » et ayant appartenu vers le milieu du
XVIIIᵉ siècle, à l'apothicairerie de l'hôpital Saint-Jean
d'Angers. 261 recettes ont été recopiées dans ce registre
à des dates diverses et par des personnes différentes,
sans doute les religieuses apothicaires successives. Mais
l'utilisation d'un tel document se révèle tout de suite
difficile dans la mesure où conformément aux conceptions médicales du temps, le mal, et par conséquent le
remède pour le vaincre, se définit soit en fonction de
l'organe atteint (maux d'estomac, de poitrine, de reins,
d'yeux, etc.), soit en fonction des symptômes observés (fluxions, vomissements, crachements de sang,
tumeurs, etc.), soit enfin comme entité nosologique ou
maladie proprement dite (pleurésie, pneumonie, asthme,
dysenterie, rage, etc.), sans que pour autant, dans ce der-

nier cas, les termes soient toujours exempts d'ambiguïté.
Cependant, si l'on veut bien courir le risque de regroupe-
ments parfois hasardeux, il est possible d'inférer de ce
« Mémoire » les maladies sinon peut-être les plus
fréquentes, en tout cas celles qui vers 1750 donnaient
le plus de soucis au personnel soignant de l'Hôtel-Dieu
d'Angers : la multiplicité de recettes différentes pour
un même mal n'est-elle pas la preuve de la fragilité
des armes dont on dispose contre lui ? Il faut d'abord
mettre à part une cinquantaine de recettes qui sont soit
des remèdes aux indications peu précises et aux vertus
universelles, baumes, onguents, sirops, potions, tisanes,
« pour tous maux incurables » ou « pour toutes sortes
de maladies », soit des purgations, des sudorifiques et
des cataplasmes qui ne pourraient se rattacher qu'arbi-
trairement à une maladie bien définie. Les quelque
200 recettes restant peuvent se répartir ainsi :

Maladies de poitrine, pleurésie, pneumonie	32
« Fièvres »	18
Dysenterie	14
Teigne, gale, gratelle, dartres	14
Cancers et tumeurs	11
Rhumatismes et goutte, sciatique	10
Variole	9
Rage (et morsures d'animaux supposés enragés)	9
Maux de reins, gravelle, coliques néphrétiques, « strangurie »	8
Épilepsie (ou « mal caduc »)	8
Maux de gorge, « esquinancie », angine	8
Brûlures	8
Maux de dents	7
Maux d'yeux	5
Maux d'estomac	4
Hydropisie	4

Deux ou trois recettes sont consacrées à chacune des
maladies suivantes : syphilis, jaunisse, pourpre, rougeole,
érésipèle, apoplexie, engelures, hernies, douleurs de sein,
« pertes de sang », « mal de rate ». Enfin, une recette
seulement est consacrée à la peste, une à la folie :
la peste qui a si longtemps et si durement frappé les
populations angevines a complètement disparu au
XVIIIᵉ siècle; quant à la folie, elle n'est pas en principe
soignée dans les hôtels-Dieu.

Cette répartition, pour vague qu'elle soit, est tout de
même éclairante. Elle confirme l'importance des différentes affections pulmonaires, quelles que soient les
formes exactes qu'elles peuvent revêtir et leurs diffé-

rents degrés de gravité. Si l'étiquette de « fièvres » est vague, l'intervention du quinquina dans les recettes concernant la plupart d'entre elles est une indication intéressante : sans doute celles-ci, et pas seulement les fièvres dites « intermittentes », sont-elles de type paludéen ; il est certain que de nombreuses régions angevines, à commencer par la Vallée et certains quartiers d'Angers, sont alors des foyers permanents de paludisme. Mais le terme de « fièvres » recouvre aussi des maladies fort diverses qu'il est parfois bien difficile d'identifier. Le cas des « fièvres malignes » qui sévissent en Anjou pendant l'été et l'automne de 1710 est un cas privilégié. En effet, Pierre Hunauld fils leur a consacré une *Dissertation* qui est si précise qu'en 1908 un professeur lyonnais, le docteur Florence, a pu y retrouver la description même de la fièvre typhoïde : « Hunauld, écrit-il, est le véritable *inventeur* de la fièvre typhoïde et son traité des fièvres malignes d'automne est la première monographie consacrée à cette maladie. Le nom qu'il lui a donné est exact, car les statistiques faites aujourd'hui montrent la flèche que fait invariablement son tracé à la fin de l'été et en automne... Il a constaté le saignement de nez, les douleurs de tête, les fuliginosités de la bouche, la langue de perroquet avec un bordé blanc, l'insomnie, la température fixée au quatrième jour, les taches rosées, l'état de stupeur du malade, la nature des selles ; rien n'y manque. » A Angers même, la mauvaise qualité de l'eau des puits est certainement responsable du caractère endémique de la typhoïde. Quant à la fièvre pourprée, ou pourpre, elle semble bien avoir été confondue à la fois avec la scarlatine et avec certaines formes de rougeole.

La dysenterie apparaît elle aussi comme l'un des maux dont souffrent le plus les populations angevines d'Ancien Régime. Il ressort à l'évidence des nombreux rapports de médecins du XVIIIe siècle que sous sa forme maligne, elle correspond à la dysenterie bacillaire qui sévit surtout en juillet, août et septembre. Les brusques changements de température — refroidissement après une très forte chaleur par exemple —, l'absorption immodérée de fruits — et surtout de fruits verts —, enfin la sous-alimentation chronique, sont, on le sait aujourd'hui, des causes favorisant le développement du bacille dysentérique et exaltant sa virulence. De plus, la dysenterie bacillaire, très contagieuse, se transmet direc-

tement aux sujets en contact avec les malades et ne
prenant pas la précaution élémentaire de se laver
soigneusement les mains ; elle se transmet aussi indirectement par l'intermédiaire des vêtements, des chaussures,
de la literie, des aliments, de l'eau. Quand on sait dans
quelles conditions vivent la plupart des Angevins, on
comprend mieux le rôle joué par cette terrible maladie.

Variole et rage sont deux autres fléaux redoutables.
Mal endémique, susceptible de se transformer en épidémie, la variole, ou petite vérole, frappe surtout les
enfants et les adolescents, mais n'épargne pas pour
autant les adultes. Dans son premier mémoire sur
l'inoculation de la petite vérole, lu à l'Académie des
Sciences le 24 avril 1754, La Condamine écrit : « De
cent personnes échappées aux premiers dangers de
l'enfance, treize ou quatorze sont emportées par cette
maladie et pareil nombre en porte toute la vie le triste
signalement; voilà donc sur cent personnes, vingt-six ou
vingt-huit témoins qui prouvent que ce fléau détruit ou
dégrade le quart de l'humanité. » De fait, lorsque la
maladie ne tue pas, elle laisse défiguré, ou comme
l'écrit curieusement le curé de Challain en 1708,
« estropié ». La rage, moins fréquente, est encore plus
redoutée : ses manifestations sont terrifiantes, son issue
toujours fatale. C'est pourquoi les morsures d'animaux
sont tant appréhendées, notamment celles des loups qui
sont souvent enragés et transmettent leur mal en
s'attaquant soit aux hommes, soit aux animaux
domestiques.

Gale, goutte, épilepsie sont, à des titres divers, également très répandus. D'après les correspondants à Baugé
de la Commission intermédiaire, la gale, gratelle au
dartre, est l'une des grandes causes de « dépopulation »
dans les campagnes ; les paysans refusent de se soigner,
se contentent de se gratter furieusement et de ce fait,
font « rentrer l'humeur ». La goutte est, selon le
médecin angevin François Paulmier, « un cruel tyran
(qui) exerce son empire dans tout l'univers sans respecter
personne, (qui) s'insinue sans trouver d'obstacles dans
le palais des rois comme dans les chaumières des
pauvres » ; mais, ajoute-t-il, « les opulents en sont
encore plus maltraités que les indigents », ce qui ne
saurait surprendre si l'on songe que beaucoup de formes
de goutte sont des maladies de pléthore frappant des
gens trop sédentaires et trop nourris ; et Paulmier

dédie son livre, écrit « après plus de quarante ans
d'expériences et d'observations réitérées faites sur cette
cruelle maladie », aux « tristes martyrs de la goutte ».
L'épilepsie semble avoir été particulièrement répandue
en Anjou ; en 1750, les directeurs de l'hospice des
Incurables d'Angers attirent l'attention de l'intendant sur
leur établissement « si utile surtout dans cette province
si abondante en épileptiques qu'il convient de les soustraire aux yeux du public pour éviter la communication
d'un mal si affreux que la frayeur seule le peut
perpétuer ». Parmi les maux de gorge, « esquinancies »
ou angines, beaucoup sont sans doute bénins ; d'autres,
par contre, sous le nom d'« angine maligne » ou de
« maux de gorge gangréneux », recouvrent certainement
la redoutable diphtérie.

4. — *La thérapeutique*

La confusion nosologique a pour reflet et corollaire
l'impuissance thérapeutique. Le grand principe dans ce
domaine est qu'il convient de laisser faire le cours de
la Nature, laquelle tend spontanément à évacuer les
humeurs viciées. Tout au plus convient-il de l'aider
dans cette tâche en pratiquant saignées, purgations et
clystères. La saignée reste l'arme principale à la disposition du médecin qui la prescrit et du chirurgien qui
la pratique. Il n'est pas de maladie où elle ne soit
ordonnée, soit comme première médication, soit comme
ultime recours. Au delà des querelles sur les diverses
théories médicales en honneur, tous les médecins se
retrouvent d'accord sur la nécessité de la saignée : pour
quelques-uns d'entre eux qui, tel le Fléchois Jean
Bineteau en 1656, en dénoncent les abus, sans pour
autant la proscrire, la plupart se révèlent de redoutables
« saigneurs ». Les purgatifs et les clystères relèvent eux
aussi de cette médecine « évacuante », de même que
les innombrables tisanes, poudres ou compositions vomi-
tives, apéritives, incisives, émollientes. Ce qui caractérise
la plupart de ces remèdes, c'est l'étonnante variété de
leurs composants et leur absence de véritable spécificité.
Héritée des siècles précédents, la pharmacopée des XVII⁰
et XVIII⁰ siècles reste galénique : elle utilise surtout des
plantes, auxquelles s'ajoutent quelques produits d'origine
animale, de rares médicaments chimiques et ces compo-

sés que sont la thériaque et l'orviétan. L'étude attentive
des remèdes prescrits au XVIIIe siècle par les médecins
des hôpitaux d'Angers et de Saumur met en évidence
le rôle essentiel joué par les plantes, « simples » de la
région angevine ou plantes exotiques. Des premières, la
liste serait interminable, qu'il s'agisse de plantes cultivées
ou sauvages ; celles qui reviennent le plus fréquemment
dans les recettes sont le thym, le laurier, le romarin,
la chicorée, l'ail, le pavot, la sauge, la fougère, la
gentiane. Les secondes sont, entre autres, le safran, la
noix muscade, le clou de girofle, le gingembre, la
salseparaille, l'encens, la myrrhe, ces épices qui tiennent
toujours leur place dans les compositions médicamen-
teuses. Parmi les produits d'origine animale ou humaine,
les plus fréquemment utilisés sont la vipère dans toutes
ses parties et sous toutes ses formes, les pattes et les
yeux d'écrevisse, la poudre de crapaud, les limaçons
entiers, la corne de cerf, le blanc de baleine, l'urine ou
les excréments de poule, de paon, de chien, de mulet,
d'homme, sans parler de la cire, du miel, des œufs,
du lait (de vache, de chèvre ou de femme) et des
morceaux d'animaux de boucherie. Par contre, les
remèdes chimiques ou tirés du règne minéral sont peu
nombreux : tout au plus peut-on citer l'antimoine utilisé
dans l'émétique, le mercure, ou vif-argent, et son dérivé
le cinabre (sulfure de mercure), le plomb sous forme
de céruse (carbonate de plomb) ou de litharge (pro-
toxyde de plomb) ; on peut en rapprocher le corail et
les pierres précieuses, perle, topaze, émeraude, saphir.
Enfin, la thériaque et l'orviétan, médicaments composés
de plus de 70 substances dont une trentaine de plantes
somnifères tel que l'extrait d'opium, entrent à leur tour
dans la composition de nombreux remèdes.

Voici à titre d'exemple l'inventaire fait le 27 octobre 1743, des drogues garnissant l'apothicairerie de
l'hôpital de Beaufort : « Huit onces de blanc de baleine,
une potée de thériaque commune, deux livres de poly-
pode de chêne, une livre de cire blanche, deux livres
de crème de tartre, une once d'yeux d'écrevisse préparée,
quatre onces d'antimoine diaphorétique, quatre onces de
corail préparé, quinze livres de miel mercurial, deux
onces d'extrait d'opium, dix onces d'onguent d'althaea,
onguent rosat blanc, sirops de fumeterre, de nerprun,
de cinq racines apéritives, d'armoise, d'œillets, de limon,
de fleurs de genêt, extrait de rhubarbe, électuaire,

pilules d'aloès, eau de chicorée, eau de cochléaire, pierreries. »

De cette gamme de produits de toutes sortes, les apothicaires savent jouer avec une étonnante virtuosité, variant à l'infini les combinaisons et les recettes. Mais cette luxuriance ne doit pas faire illusion : derrière ses multiples boîtes, pots, bouteilles, bocaux, chevrettes, dont les étiquettes latines révèlent le contenu, l'apothicaire est un homme presque désarmé qui cherche désespérément dans de nouveaux mélanges de produits toujours identiques, le remède enfin efficace contre telle ou telle affection. Certaines des plantes utilisées ont d'indiscutables vertus curatives, mais la plupart des recettes en usage ne peuvent être qu'inefficaces, et certaines d'entre elles dangereuses, surtout si l'on songe qu'elles sont appliquées à des malades férocement saignés et purgés au préalable. Quels peuvent être les reflets de la recette suivante pour la pleurésie : « Prenez cinq à six crottes de mulet toutes fraîches, ou à défaut celles d'un cheval entier qui ait de la vigueur; faites-les infuser dans un demi-setier de vin blanc, avec un gros de gingembre en poudre; laissez le tout en infusion pendant cinq heures; passez ce vin sans l'exprimer, à travers un linge, et faites-le boire au malade en deux fois; couvrez bien votre malade, il suera abondamment » ? Ou de cette autre, pour l'apoplexie : « Faites avaler au malade un verre d'urine nouvellement rendue d'une personne saine; faites fondre dans cette urine, plein le creux de la main de sel commun, et lui faites avaler; ce remède le fera beaucoup vomir » ? Dans son *Traité de la goutte,* François Paulmier dénonce « la multitude de formules presque toujours infructueuses et souvent funestes aux goutteux » et déclare qu'il « les a réduites à une simplicité utile »; il n'en donne pas moins, en dehors de la prescription des sangsues, trente-deux recettes différentes, du genre de celle-ci : « Prenez une forte poignée de vers de terre qu'on appliquera tout vivants sur la partie affectée et qu'on y laissera pendant l'espace de cinq à six heures et même plus, jusqu'à ce qu'ils répandent une odeur fétide. » Entre cette pharmacopée de la médecine officielle et celle de la médecine populaire, il n'y a pratiquement pas de différence : médecins, apothicaires, religieuses hospitalières d'un côté, « bonnes femmes », guérisseurs et empiriques de l'autre, mettent en œuvre, on l'a vu, un savoir commun et utilisent les mêmes produits. Tout au plus, les premiers le font-ils généralement avec un peu plus de discernement et de modération que les seconds. Mais le fait est que les recettes en usage à l'Hôtel-Dieu d'Angers au milieu du XVIIIᵉ siècle sont comparables, voire même pour certaines d'entre elles, identiques, à celles recopiées en 1747 par l'avocat Charles Toublanc dans son *Livre-Journal,* et à celles encore utilisées au XIXᵉ et au XXᵉ siècle par les guérisseurs angevins fidèles aux méthodes de leurs prédécesseurs. Seuls la naissance de la clinique et les progrès décisifs de la pharmacologie, à partir du XIXᵉ siècle, permettront au corps médical d'abandonner les vieilles prescriptions inopérantes à la médecine « populaire » ou « parallèle » devenue, en plein XXᵉ siècle, le conservatoire d'une thérapeutique millénaire.

Cependant, dès 1700, l'introduction dans la pharmacopée galénique traditionnelle de deux plantes nouvelles importées d'Amérique du Sud, le quinquina et l'ipécacuana, a constitué un notable progrès. On sait comment le quinquina, introduit en Europe vers 1650, s'impose définitivement en France dans les années 1690, sous l'influence notamment du médecin du roi, Fagon. Le « remède des jésuites » fait merveille dans les fièvres dites intermittentes et est utilisé couramment en Anjou au XVIIIᵉ siècle; à la fin du siècle, le chirurgien Boucher en parle en termes émus : « Le quinquina est l'ancre sacrée qui seule peut sauver les malades des fièvres intermittentes malignes; j'en fais mention ici afin qu'on rende grâce à Dieu d'avoir donné un pareil moyen de sauver la vie des hommes. » La diffusion en France de la racine d'ipécacuana est due au médecin hollandais Adrien Helvétius qui l'emploie avec succès en 1700 sur le Grand Dauphin atteint de dysenterie. Si son usage se révèle décevant lors de la grande épidémie qui frappe l'Anjou en 1707, du fait de la virulence de la maladie, l'ipécacuana n'en est pas moins désormais, aux mains des médecins angevins, le meilleur remède contre les affections dysentériques. En effet, bien qu'encore mal codifiés dans leur préparation et dans leur posologie, ces deux médicaments sont des armes spécifiques, l'un contre la malaria, l'autre contre la dysenterie. Leur emploi détruit le dogme galénique, selon lequel seules les médications « évacuantes » ont des vertus thérapeutiques, et contribue à établir la notion, encore vague pour beaucoup, de maladies et de traitements spécifiques.

En revanche, si la pratique de l'inoculation marque les débuts de la prévention antivariolique, sa diffusion en Anjou à partir de 1760 est beaucoup trop limitée pour avoir une réelle incidence sur l'extension de la variole. C'est à l'instigation du médecin génevois Tronchin et de son confrère italien Angelo Gatti que se répand en France, à partir de 1755, la pratique de la variolisation. Les premières inoculations de la variole ont lieu à Paris en 1755 et 1756 (notamment celles des enfants du duc d'Orléans) malgré les réticences de l'Eglise et de la Faculté de Médecine. Dès 1758, s'il faut en croire La Condamine, plusieurs personnes se font inoculer à Angers, ainsi que dans d'autres villes du royaume, « secrètement et sans en faire confidence au public ». Dix ans plus tard, l'Anjou est le théâtre de la première expérience de variolisation réalisée à grande échelle. C'est en effet en 1769 qu'Angelo Gatti, qui venait d'inoculer la duchesse de Choiseul, est envoyé par le duc à l'Ecole royale militaire de La Flèche, afin d'y pratiquer l'inoculation des élèves. Il y reste trois mois et avec l'aide d'un médecin de la ville, Peffault de La Tour, inocule les 400 élèves, à l'exception de ceux ayant déjà eu la petite vérole. Après son départ, le soin d'inoculer les nouveaux arrivants est confié non à Peffault, mais au chirurgien Charles Boucher qui reçoit le titre de « chirurgien inoculateur de l'Ecole militaire ». Les relations de celui-ci sont de ce fait difficiles avec les médecins fléchois, notamment Peffault de La Tour qui devient en 1773 médecin en chef de l'établissement. Adversaire de l'inoculation par dépit plus que par principe, Peffault s'efforce en vain d'évincer Boucher, mais finira par désarmer et deviendra l'un des défenseurs de la nouvelle méthode. En effet, l'expérience qui se poursuivra jusqu'à la fermeture de l'Ecole militaire, en 1776, se révèle tout à fait concluante : en 7 ans, plusieurs centaines d'élèves sont inoculés, vers l'âge de quatorze ans, dans une salle spéciale de l'infirmerie, sans que l'on ait à déplorer d'accident. Les Fléchois, longtemps sceptiques et même inquiets, se laissent peu à peu convaincre par la propagande de Boucher et surtout par l'exemple vivant des élèves de l'Ecole. Cependant, à l'exception de quelques notables, en ville et aux environs, bien peu sont ceux qui se décident à recourir aux services de Boucher ou de Peffault. Il n'en reste pas moins que le Fléchois Marchant de Burbure a raison d'écrire en 1803 : « Cette ville a été le berceau de l'inoculation en France : elle y fut établie en 1769; et depuis cette époque, M. Boucher, officier de santé, a inoculé plus de deux mille individus, sans qu'aucun soit mort des suites de cette pratique salutaire; nul n'a éprouvé de difformité, ni payé un second tribut à cette cruelle maladie. » A Angers même, l'inoculation est pratiquée avec succès depuis 1758 par quelques médecins et chirurgiens, sans qu'il s'agisse pour autant d'une pratique courante, tant s'en faut. En 1786, le subdélégué La Marsaulaie écrit : « Il y a ici plusieurs médecins et chirurgiens qui s'adonnent à cette partie et il n'y a pas d'année qu'ils n'inoculent des enfans de différens particuliers, quelquefois même des grandes personnes; j'en connois nombre qui ont été inoculés par eux et on s'est toujours loué de leurs opérations »; mais il ajoute : « Cependant, l'inoculation n'a pas encore été généralement admise parmi les enfants. » L'année suivante, sur l'initiative de Jauberthou, médecin du roi, le médecin et le chirurgien de l'hôpital général d'Angers sont invités à inoculer tous les orphelins de la maison. Au total, l'expérience fléchoise et les quelques réalisations angevines ne doivent pas masquer la réalité : à la veille de la Révolution, la pratique de l'inoculation reste le fait de quelques privilégiés et est totalement ignorée des masses populaires, urbaines et rurales, qui continueront à payer un lourd tribut au fléau de la variole jusqu'à la généralisation de la vaccination dans les premières décennies du XIXᵉ siècle.

Dans ses efforts pour soulager et guérir, le médecin trouve dans la main du chirurgien une aide souvent plus efficace et plus heureuse que celle fournie par les drogues du pharmacien. Le domaine des chirurgiens est d'abord la pathologie externe, et le moindre d'entre eux est censé savoir inciser un abcès, panser une plaie, réduire une fracture, de même que faire une saignée ou aider à un accouchement difficile. Mais pratiquée par les chirurgiens « de grand chef-d'œuvre » — les autres, au vrai, ne sont chirurgiens que de nom —, la chirurgie est capable de plus grandes audaces et parfois de réussir là où la thérapeutique médicale est impuissante. Bien qu'ils ignorent généralement l'art de poser une indication opératoire précise, les meilleurs des chirurgiens angevins pratiquent déjà aux XVIIᵉ et XVIIIᵉ siècles, certaines grosses interventions, telle l'opération du bubonocèle, ou strangulation

de l'intestin, décrite en 1650 par René Gendry. Certes,
les conditions dans lesquelles se déroulent des opérations
de ce genre les rendent très aléatoires, mais Gendry pose
bien le dilemme qui s'offre au patient lorsqu'il écrit :
« Cette action est pleine de péryl et a peu de certitude,
quelques-uns ont échappé à la mort par son moyen et
tous ceux qui l'ont abandonné ont péry. » La douleur,
l'hémorragie et l'infection sont les trois obstacles majeurs
sur lesquels viennent buter les praticiens les plus habiles.
L'absence d'anesthésie suppose d'abord, selon l'expression de Gendry, « un malade bien résolu ». Le chirurgien
de son côté « doit savoir faire l'opération, l'avoir répétée,
avoir la main sûre, le courage bon, sans changer de
couleur ni manquer d'assurance ». En effet, s'il dispose
d'un matériel déjà assez perfectionné, du type bistouri,
trépan, scie, canule, ciseau, il lui manque cet instrument
capital qu'est la pince hémostatique : de ce fait, l'hémo-
stase provisoire au cours de l'opération ne peut se faire
que par compression digitale (pratiquée généralement par
un aide), ce qui oblige le praticien à une très grande
rapidité d'exécution. Enfin, l'infection post-opératoire
constitue un danger d'autant plus redoutable que l'on en
ignore la cause et par conséquent la façon rationnelle de
s'en prémunir; pourtant les chirurgiens des XVIIe et XVIIIe
siècles font souvent de l'antisepsie sans le savoir, en
utilisant des désinfectants tels que vins aromatiques ou
poudres de myrrhe et surtout en renouvelant le moins
possible les pansements. Quoi qu'il en soit, des hommes
comme Perrotin et Charles Boucher, de La Flèche;
Guillon-Duverger, de Saumur; Lemercier, de Craon; les
Lachèse et les Garnier, d'Angers, apparaissent à travers
les observations qu'ils adressent à l'Académie de Chirurgie et que celle-ci publie dans ses *Mémoires,* comme des
praticiens avertis, capables de tenter et souvent de
réussir des opérations de « grande chirurgie ».

5. — *Les morts accidentelles*

A côté de la maladie, grande pourvoyeuse de la mort,
l'accident, pour exceptionnel qu'il soit, fait partie de
l'univers quotidien. Les registres paroissiaux, muets à
l'ordinaire sur les causes de décès, notent le plus souvent
les circonstances de ces morts accidentelles, ainsi ce
vigneron de Martigné-Briant tué en vissant son pressoir,

par un brutal retour de manivelle, le 30 octobre 1621, ou ces 6 paysans de Saint-Martin-de-la-Place « tués dans une prairie d'un coup de tonnerre qui tomba sur la loge qu'ont coutume de faire les faucheurs et les faneurs », le 27 juin 1782. Chevaux emballés, taureaux furieux, porcs vaguant sans surveillance et dévorant des enfants, charrettes renversées sont à l'origine de bien des accidents. Mais parmi ces causes de tous ordres, deux ont une importance particulière et provoquent même parfois de véritables catastrophes : les loups et les noyades en rivière.

Enragés ou non, les loups inspirent aux paysans angevins d'Ancien Régime une terreur parfaitement justifiée, car ils sont à la fois redoutables et nombreux. Cantonnés surtout dans les forêts du Craonnais et dans celles du Baugeois oriental aux confins de la Touraine, ils en sortent certaines années, soit individuellement soit par bandes, et attaquent alors bêtes et gens. En décembre 1685, un loup enragé dévore 10 personnes et en mord plus de 30 dans la paroisse de Châtelais, près de Craon. De février 1693 à juin 1694, une bande sème la panique dans la région de Bourgueil : les bêtes, de grands loups cerviers, dédaignent les troupeaux et attaquent délibérément hommes et surtout femmes et enfants. En juin 1693, elles ont déjà tué en trois mois plus de 70 personnes et en ont blessé autant; toutes les paroisses en bordure de la forêt de Bourgueil sont touchées et la terreur est bientôt à son comble. Au total, les loups, dont deux ou trois seulement seront abattus, tueront plus de 200 personnes, dont 12 femmes et enfants à Benais, 7 à Bourgueil, 12 à Continvoir. Dans les années suivantes, plusieurs bêtes sévissent dans la région de Jarzé et de Fontaine-Milon. En 1713-1714, l'Anjou et plus spécialement le pays de Bourgueil sont à nouveau en émoi : le 13 octobre 1713, le curé de Restigné enterre une servante de douze ans « dévorée par l'une des bêtes féroces qui mangent les enfans pasteurs cette année »; le même jour l'intendant réclame au contrôleur général une meute propre à détruire « les mauvaises bêtes ». L'équipage de la louveterie du roi, envoyé sur les lieux, tue quatre loups, mais d'autres continuent à courir le pays, dévorant à nouveau une jeune fille à Restigné le 14 mars 1714 et 6 enfants en quelques mois à Benais; l'un de ces loups, enragé, s'aventure même jusqu'aux portes d'Angers et provoque une grave épidémie de rage. En 1772, un loup,

enragé lui aussi, dévaste la région entre Saumur et
Fontevrault. Même en dehors de ces années exceptionnelles où ils font figure de véritables fléaux, les loups
constituent en temps normal, pour bon nombre de
paroisses rurales, non une vague menace quasi mythique,
mais un danger permanent. Ils sont en effet constamment
présents dans les forêts angevines et apparaissent, à la
lumière de certains chiffres, beaucoup plus nombreux
qu'on ne pourrait le croire. En 1714, 25 loups sont tués
dans la seule journée du 21 septembre au cours d'une
« chasse et hüe » organisée dans la plus grande partie de
la province. A partir de 1748, l'intendant essaie
d'organiser la lutte en accordant des gratifications aux
tueurs de loups. Certains des états des sommes payées
sont conservés et permettent de se faire une idée de
l'importance numérique des loups sévissant en Anjou :
dans les élections angevines, du 1er janvier 1750 au
30 avril 1751, soit en seize mois, il est tué 89 loups et
37 louveteaux, 126 bêtes au total, dont 32 loups et un
louveteau dans la seule élection d'Angers. Les chiffres
des loups tués dans cette même élection de 1774 à 1778
— 258 bêtes en 5 ans — prouvent que les efforts ont
été largement inefficaces et que l'implantation des loups
dans la province reste solide à la fin de l'Ancien Régime.

Parcourues continuellement par des bateaux de tout
tonnage pour les transports des voyageurs et des
marchandises, hérissées de moulins flottants, coupées de
multiples barrages à l'usage de pêcheries ou de moulins
fixes, semées d'îles où pacage le bétail, surmontées ici et
là de ponts d'autant plus fréquentés qu'ils sont moins
nombreux, bordées de chemins de halage qu'empruntent
constamment les mariniers, les rivières angevines —
Loire et Mayenne au premier chef — loin d'être les
paysages presque vides d'hommes qu'elles sont devenues,
sont, aux XVIIe et XVIIIe siècles, bourdonnantes de vie et
d'activité. De ce fait, les accidents sont fréquents et
leurs mentions reviennent souvent dans les registres de
sépulture des paroisses riveraines, qu'il s'agisse de
noyades individuelles d'imprudents ou de malchanceux
ou de naufrages de voyageurs en groupes. Ainsi, le
23 février 1622, 24 personnes se noient dans la Mayenne
entre Montreuil-sur-Maine et Juigné-Bené, le bac qui les
transportait ayant chaviré. En 1653, deux catastrophes du
même genre se produisent à quelques semaines d'intervalle : le 1er et le 2 mai, le curé de Briollay enterre 42 de

ses paroissiens, dont 22 femmes, noyés dans les marais entre Sarthe et Loir; le 9 juin, un bateau contenant un groupe d'habitants de Chétigné et de Courchamps, se rendant en « voyage » à Angers pour le jubilé de l'année sainte, chavire en Loire en aval de Saumur; une trentaine de pèlerins sont noyés, certains corps repêchés sont inhumés soit aux Tuffeaux, soit à Saint-Lambert-des-Levées. Le 24 juin 1692, 24 paroissiens des Rosiers se noient en Loire et, « peschés » dans les eaux du fleuve dépendant de Saint-Maur, sont enterrés le lendemain dans cette paroisse. Un siècle plus tard, le 24 juin 1780, jour de foire au Marillais, le bac de Saint-Florent-le-Vieil, trop chargé, chavire à dix ou douze pas du rivage dans un endroit assez profond et une trentaine de femmes et de jeunes filles se noient, bien qu'un bateau d'Ingrandes se trouvant à proximité se soit porté rapidement à leur secours.

Si de tels accidents, individuels ou collectifs, entraînent si fréquemment mort d'homme, c'est que les moyens en usage pour porter secours aux noyés sont totalement inefficaces, voire même dangereux. Les ordonnances de police prescrivent en effet que toute personne découvrant un noyé doit, avant de tirer le corps hors de l'eau, avertir les autorités qui, après avoir dressé procès-verbal, réquisitionnent le chirurgien le plus proche; le noyé enfin repêché est suspendu par les pieds sous le prétexte de lui faire rendre l'eau absorbée, puis devant le résultat négatif de l'opération, dûment saigné. Il va de soi dans ces conditions que si le noyé était encore en vie au moment où il a été découvert, le temps écoulé avant qu'il ne soit sorti de l'eau et le traitement qui lui était infligé, suffisent à compromettre irrémédiablement les chances qu'il y avait de le sauver. Même lorsque la personne est immédiatement secourue par des témoins de l'accident, ceux-ci sont incapables de prendre les quelques mesures qui empêcheraient l'irréparable. Vers 1770, une campagne se dessine dans le royaume pour dénoncer les méthodes employées et en proposer de nouvelles. Le 19 août 1772, à l'instigation du secrétaire d'Etat La Vrillière, l'intendant Du Cluzel adresse aux maires et échevins de Saumur et d'Angers, des exemplaires d'une brochure rédigée par le chirurgien parisien Pia, imprimée par les soins du prévôt des marchands de Paris et intitulée *Avis concernant les personnes noyées qui paroissent mortes et qui ne l'étant pas peuvent recevoir*

des secours pour être rappelées à la vie. Cette brochure, dont l'intendant demande aux édiles saumurois
et angevins de s'inspirer, préconise des insufflations d'air
dans les poumons au moyen d'une canule introduite
dans le nez, des fumigations de vapeur de tabac, des
lavements « irritants » à base de décoction de tabac, une
saignée enfin à la jugulaire ou au pied « si le sujet est
encore chaud ». De tels soins nécessitaient tout un
matériel — canule, machine à fumigation, seringue,
feuilles de tabac — qui devait être regroupé dans une
boîte garnie de serrure et fermant à clé; un exemplaire
de cette boîte, avec un imprimé donnant toutes les
précisions nécessaires, serait installé dans chacun des
bureaux de secours aux noyés créés dans des endroits
habités le long des rivières; des affiches donneraient la
liste de ces bureaux et inviteraient toute personne témoin
d'une noyade à y recourir sans tarder; des gratifications
seraient prévues pour les sauveteurs. A Angers, dès
réception de la lettre de l'intendant, la municipalité
nomme un commissaire pour l'application des prescriptions qu'elle contient; en septembre 1773, ce commissaire
annonce que 7 bureaux ont été créés par ses soins, 5 à
Angers même et 2 aux Ponts-de-Cé. A Saumur, un
bureau est installé sur le port. Le paiement des gratifications aux sauveteurs dans les années suivantes prouve
que les efforts ainsi déployés ne sont pas entièrement
vains, et dès 1777, le rédacteurs des *Affiches d'Angers*
peut écrire à bon droit : « On voit tous les jours des
effets surprenants des secours administrés aux noyés; il
n'y a pas bien des années que les personnes qu'on retiroit
de l'eau sans mouvement et sans apparence de vie étaient
regardées par l'ignorance comme des victimes que la
mort avoit déjà frappées. » Si certaines des prescriptions
nouvelles, comme le lavement au tabac, ne pouvaient
avoir aucun effet, d'autres, notamment l'obligation de
porter secours immédiatement aux accidentés, constituaient un grand progrès permettant de sauver bien des
vies humaines.

6. — *L'intervention des autorités*

L'organisation plus rationnelle des secours aux noyés
à la veille de la Révolution apparaît comme un nouveau
témoignage de l'intervention toujours plus directe des

autorités dans le domaine de la santé publique. Une telle intervention a déjà en effet bien des précédents à cette date. Mais elle est restée longtemps limitée et d'ordre préventif. Dans la première moitié du XVIIᵉ siècle, elle s'exerce surtout lors des grandes épidémies de peste, et nous verrons plus loin les mesures que prennent en pareil cas les municipalités pour prévenir le mal et lorsqu'il est déclaré, pour tenter de le circonscrire, notamment par l'ouverture d'un sanitat dirigé par un chirurgien nommé à cet effet. La disparition de la peste et les progrès de la centralisation monarchique modifient les données du problème dans la seconde moitié du XVIIᵉ siècle. Le rôle joué par les municipalités passe de plus en plus à l'intendant. Lorsqu'en 1721, au moment de la peste de Provence, la Maison de Ville d'Angers croit à propos de remettre en vigueur les mesures prises jadis en pareil cas, l'intendant d'Argenson se plaint vivement au contrôleur général de ce qu'il considère comme un abus de pouvoir; il est seul habilité, ajoute-t-il, à prendre des mesures de ce genre. De plus, les interventions de l'intendant ne sont plus seulement préventives. On le voit bien lors de l'épidémie de dysenterie de 1707 : c'est lui qui sollicite du contrôle général les remèdes nécessaires et qui se charge de leur distribution; c'est à lui que Pierre Hunauld fils rend compte de la situation à Angers, « pour satisfaire, lui écrit ce dernier, aux ordres que je reçois de votre part ». Désormais, chaque fois qu'une épidémie ou une menace d'épidémie apparaît en un point quelconque de la généralité, l'intendant tente de coordonner les efforts faits sur place, alerte le contrôleur général et demande des remèdes. En effet, au début du XVIIIᵉ siècle, le roi a confié à Adrien Helvétius le soin de préparer des boîtes de remèdes qui seront envoyées « à Messieurs les intendans des provinces... pour être distribuées sous les ordres desdits sieurs intendans à leurs subdélégués et par leurs subdélégués dans les villes, bourgs et villages de leurs départemens »; en fait, très vite, la distribution des « remèdes du roi » est limitée aux pauvres de la campagne. Chacune des boîtes d'Helvétius comprend un arsenal très complet de 253 « prises » susceptibles de faire face à toutes les éventualités : conformément à la notice imprimée jointe à la boîte, après avoir saigné le malade deux ou trois fois et lui avoir administré purgations, vomitifs et lavements, il convient d'utiliser, selon le cas, les prises de poudre fébrifuge purgatives dans toutes les fièvres intermittentes, celles de pilules purgatives universelles dans les fièvres continues, malignes, ardentes ou pourpreuses, celles de poudre spécifique d'ipécacuana dans les « cours de ventre », flux de sang et dysenterie, celles de poudre de corail anodine dans les coliques bilieuses et douleurs néphrétiques, celles enfin de pâte sudorifique dans les vraies et fausses pleurésies; en outre, chaque boîte comprend une fiole d'or potable pour les apoplexies, une fiole d'élixir thériacal pour la petite vérole et la rougeole et une fiole de quintessence d'absinthe pour les vomissements. A la mort d'Adrien Helvétius en 1727, son fils Jean-Claude-Adrien est chargé à son tour de la composition et de l'envoi aux intendants des « remèdes du roi »; son cousin Diest lui succède en 1756, puis Lassone en 1762. A Tours c'est l'intendant lui-même qui, jusqu'en 1759, centralise les quelques renseignements qu'il peut recevoir en matière de santé publique et s'adresse au contrôle général : ainsi en 1711 et dans les années suivantes, l'intendant Chauvelin réclame à plusieurs reprises des « remèdes de M. Helvétius »; même demande en 1720, de la part de son successeur Legendre. Lorsque les remèdes envoyés de Paris sont en quantité insuffisante, l'intendant envoie dans la région touchée par une épidémie, une gratification en argent : c'est ainsi qu'en 1740, le doyen de la Faculté de médecine d'Angers reçoit 300 livres à cet effet. Sur place, selon des instructions adressées par le contrôleur général Machault à l'intendant de Tours en 1750, les remèdes du roi doivent être « distribués avec soin et exactitude aux pauvres malades de la campagne, soit par les sœurs grises où il y en a d'établies, soit par les curés ou autres personnes intelligentes et charitables ».

En 1759, l'intendant Lescalopier décide de s'adjoindre le doyen du Collège des médecins de Tours, Dupichard, qui sera désormais chargé de la correspondance avec Lassone et les médecins de la généralité, et de la distribution des remèdes du roi; en 1766, Dupichard reçoit le titre de « médecin correspondant des épidémies pour la généralité de Tours » et une gratification annuelle de 1 000 livres, « méritée, précise l'intéressé sans modestie, par ses succès et le travail de la correspondance ». Dix ans plus tard, Louis XVI, impressionné par les ravages causés par les épidémies qui en 1775 ont frappé plusieurs provinces et encouragé par Malesherbes et Turgot, décide, par arrêt du Conseil du 29 avril 1776, la création d'une commission « chargée de correspondre avec les médecins des provinces pour tout ce qui peut être relatif aux maladies épidémiques et épizootiques »; la commission, dont Lassone est président et le célèbre anatomiste Vicq d'Azyr commissaire général, compte 14 membres et reçoit le titre de « Société de correspondance royale de médecine ». Dès octobre 1776, Vicq d'Azyr écrit au doyen de la Faculté de médecine d'Angers, Jallet, pour lui demander si la Faculté angevine accepterait de correspondre régulièrement avec la nouvelle société. Celle-ci étend bientôt ses activités malgré les obstacles que dresse devant elle la Faculté de médecine de Paris. Forts de l'appui du roi et de l'opinion publique, Lassone et Vicq d'Azyr obtiennent, le 20 août 1778, des lettres patentes qui transforment la Société de correspondance en une puissante « Société Royale de Médecine » composée de 30 membres associés ordinaires, 12 associés libres résidant à Paris, 60 associés « régnicoles », 60 associés étrangers et un nombre indéterminé de membres correspondants parmi lesquels pouvaient même figurer des chirurgiens; de plus, la Société pouvait contracter des « associations de correspondance » avec les Facultés de médecine. Lors de la première réunion, le 29 octobre 1778, Lassone est élu président et Vicq d'Azyr secrétaire perpétuel. La Société, qui publie chaque année un volume d'*Histoire* et de *Mémoires,* va jouer désormais un rôle capital à l'échelle du royaume, coordonnant les efforts contre les épidémies, mettant à l'étude les questions les plus diverses relatives à la santé et à l'hygiène publiques, permettant aux praticiens jusqu'ici isolés de confronter leurs observations et leur expérience. A vrai dire, en Anjou même, la Société Royale rencontre peu d'échos auprès du corps médical : la Faculté de médecine est liée à elle, comme la plupart des Facultés de province, par une « association de correspondance », mais en dehors de deux lettres du doyen Delaunay à Vicq d'Azyr, il n'existe aucune trace dans les archives de la Société d'une correspondance quelconque des docteurs-régents angevins; par ailleurs, sur les 154 correspondants élus en 1778, aucun n'est angevin, et de 1778 à 1790, trois Angevins seulement sont élus correspondants, en mars 1784 le docteur-régent Michel Chartier, en avril 1786 son confrère Tessié du Closeau et le chirurgien Michel

Chevreul. Par contre, dès 1776, Dupichard devient correspondant de la Société pour la généralité de Tours; il adresse à ce titre le 15 décembre, à Vicq d'Azyr, un précieux rapport sur les maladies épidémiques qui ont frappé les trois provinces depuis 1739 et continuera à correspondre régulièrement avec lui.

Si la nomination de Dupichard comme médecin des épidémies en 1759, puis la création de la Société Royale de Médecine en 1776-1778 contribuent à alléger la tâche des autorités officielles, intendant et contrôleur général, ceux-ci n'en conservent pas moins, jusqu'à la Révolution, entière autorité sur tous les problèmes concernant la santé publique et notamment la lutte contre les épidémies. Cela s'explique en particulier par le fait que la distribution des remèdes et l'organisation des secours en période d'épidémie entraînent de lourdes dépenses et que l'intendant comptable devant le contrôleur général des deniers publics se doit de veiller à ce qu'ils soient utilisés à bon escient. C'est dans cet esprit qu'au début de 1783, l'intendant Du Cluzel rédige et fait imprimer une *Instruction en forme de règlement... adressée à nos subdélégués, médecins, chirurgiens et syndics des communautés relativement aux maladies épidémiques et populaires*. Le préambule s'exprime ainsi : « Les maladies qui depuis plusieurs années se sont répandues sur notre généralité, nous ont engagé à chercher les moyens de les prévenir. Nous avons excité le zèle charitable de MM. les curés; nous avons réveillé l'attention de nos subdélégués; partout, les secours du gouvernement ont été portés. Mais quelques efforts que nous ayons faits pour soulager les pauvres, souvent nous n'avons été instruits que lorsque le mal avoit fait de grands ravages. Quelquefois aussi, nous avons vu recourir aux bienfaits du gouvernement pour des maladies légères, et apporter trop peu de ménagements dans la distribution des secours que nous avions autorisés. » C'est pour remédier à ces deux inconvénients que l'intendant prend un certain nombre de mesures. « Dès qu'une paroisse ou un canton d'une paroisse sera attaqué d'une maladie dont les caractères et les symptômes seront graves, dont les progrès seront rapides et qui aura frappé plusieurs individus d'un bon tempérament », le curé devra prévenir le subdélégué qui enverra sur-le-champ un médecin expérimenté, accompagné d'un chirurgien, s'il n'y en a pas dans la paroisse. Le médecin examinera « le genre et le caractère de la maladie » et établira « un régime propre à la guérison des malades ». Avant de quitter la paroisse, il rédigera un mémoire détaillé qu'il adressera à l'intendant par le canal du subdélégué, réclamera à ce dernier les remèdes appropriés et, s'il le juge utile, laissera sur place le chirurgien « pour faire observer le régime ordonné ». Les frais entraînés par la visite du médecin, le séjour du chirurgien, l'achat des remèdes « si ceux que le gouvernement fait distribuer ne suffisent pas », donneront lieu à des mémoires précis adressés par le subdélégué à l'intendant qui les fera acquitter par le receveur général des finances de la généralité, après examen par le docteur Dupichard et approbation par les bureaux du contrôle général. Enfin, Du Cluzel fait appel à « la bienfaisance des seigneurs qui habitent leurs châteaux et à celle de MM. les curés » pour organiser, dans les paroisses attaquées, des « marmites générales pour les bouillons, rafraîchissemens, apozèmes et autres boissons à administrer aux malades pauvres sur les ordonnances des médecins et chirurgiens ». L'instruction de 1783, qui ne fait que systématiser des pratiques devenues courantes depuis le milieu du siècle et qui avaient fait leurs preuves, est la meilleure illustration du rôle de premier plan tenu désormais par les autorités dans la lutte menée contre la maladie et la mort.

fait appel à « la bienfaisance des seigneurs qui habitent

CHAPITRE IX

LA CONJONCTURE DEMOGRAPHIQUE :
PESTE ET MEFAITS DES GENS DE GUERRE,
1583-1660

1. — *La peste bubonique en Anjou*

Que le mal qui frappe les populations angevines
par coups successifs entre 1583 et 1640 soit bien la
peste bubonique, il n'y a sur ce point aucun doute.
Certes, les termes de « peste », « pestilence », « contagion » sont parfois employés sans grand discernement
par tel ou tel curé dans ses registres paroissiaux,
même après 1640. Pourtant, lorsqu'en 1639 vient se
greffer sur une nouvelle résurgence de la peste, une
terrible épidémie de dysenterie, curés angevins et mémorialistes savent fort bien distinguer celle-ci de celle-là.
De même, le curé de Saint-Martin-de-la-Place distingue
la « contagion d'inflammation inguinaire » — la peste,
à n'en pas douter — qui sévit dans sa paroisse en 1602,
de la « contagion de flux de sang ou dicenterye »
qui survient en 1607. De plus, le précieux *Traicté de
peste* que publie en 1631 le chirurgien angevin René Gendry donne une description précise de « la maladie
contagieuse qui avoit régné à Angers en l'année 1626 ».
« Peste — écrit-il — est une fiebvre épidémique et
contagieuse... causant bubons, carboucles ou exantesmes »; plus loin, il insiste : « La bosse, le charbon
et exantesmes sont accidens inséparables de la peste. »
Et dans le cours de son traité, il étudie avec précision
« le bubon pestilentieux (qui) est une tumeur contre
nature faicte de matière vénéneuse et contagieuse qui
arrive aux émuctoires du corps avec fiebvre et douleur » et « le charbon pestilentieux (qui) est une pus-

tulle mauvaise et douloureuse faicte d'une humeur de
qualité vénéneuse et contagieuse ». René Gendry, fils
du chirurgien qui a soigné les pestiférés de l'Hôtel-
Dieu d'Angers en 1583, a lui-même multiplié les observations lors de la grande peste de 1626. Si son analyse
des causes de la peste est nécessairement incomplète
et entachée de verbiage, par contre tout ce qui découle
de son expérience de chirurgien confronté avec les
réalités du fléau, est infiniment précieux. C'est ainsi
qu'il note que « la peste est moins dangereuse en
hiver qu'en été », notation nuancée qui n'exclut pas,
tant s'en faut, que le fléau puisse sévir en hiver.
« Elle suit la famine et la chereté des vivres, car en
ces temps, la plus grande partie des hommes sont
mal nourriz, et encores de viandes non accoutumées
et mal plaisantes. » Le mal se déclare avec une extrême
soudaineté et l'issue fatale peut survenir en quelques
jours. Comment se préserver du fléau ? « Trois choses
sont considérables, écrit Gendry sans ambages, fuir
tost, bien loing et s'en revenir tard. » La consigne
sera régulièrement suivie, par tous ceux du moins qui
peuvent le faire, c'est-à-dire les gens riches qui ne sont
pas attachés à une échoppe ou à la terre et qui ont
une résidence campagnarde et les moyens financiers
permettant cet exode rapide et prolongé. Quant à ceux
qui doivent demeurer « dans les lieux pestiférez »,
ils doivent s'efforcer de « corriger l'air » par des exhalaisons de vinaigre, des feux de genêts, une grande
« propreté et netteté de toutes choses extérieures »;
il leur faut aussi « fortifier (leurs) corps afin qu'ils
soyent habiles à résister à la peste » et enfin éviter
de communiquer avec ceux qui approchent et soignent
les pestiférés. Comment précisément peut-on soigner
les malheureux qui n'ont pu se préserver du fléau ?
La première mesure à prendre c'est de purifier l'air
de la chambre destinée au malade, puis le malade lui-
même; il ne reste plus alors qu'à bien couvrir celui-ci,
« d'un drap et de mantes pour le faire suer »; quant
aux bubons, qui se produisent sous l'aisselle, à l'aine
ou derrière l'oreille, il faut s'efforcer de les ramollir
pour faire « mûrir la matière qui (les) cause », puis
les ouvrir dès qu'ils commencent à suppurer; lorsque
les bubons durcissent ou même disparaissent sans suppurer, le cas est désespéré; le pronostic est le même
pour les charbons.

Au total, il ressort du *Traité* de Gendry que si les médecins et chirurgiens du début du XVIIᵉ siècle savent parfaitement reconnaître la peste bubonique et la distinguer notamment de la syphilis, et s'ils ont clairement conscience du caractère éminemment contagieux de la maladie et des précautions indispensables qu'il convient donc de prendre, ils sont pratiquement désarmés devant la soudaineté et la brutalité du mal. En conséquence, seuls les malades les plus robustes ou les moins gravement atteints en réchappent, sans que les soins qui leur sont prodigués y soient, semble-t-il, pour grand-chose.

Bien que les registres de sépultures complets et bien tenus soient alors trop rares pour que l'on puisse espérer cerner de près l'importance du fléau et notamment en chiffrer les ravages avec précision, il est possible d'esquisser l'histoire de la peste en Anjou de la fin du XVIᵉ au milieu du XVIIᵉ siècle, à travers les registres paroissiaux, les délibérations des municipalités et les mémoires ou chroniques des contemporains.

2. — *La peste, de 1583 à 1605*

En septembre 1582, parvient à Angers la nouvelle de la terrible épidémie de peste qui ravage Nantes. La Maison de Ville se réunit le 17 septembre et prend un certain nombre de mesures pour tenter de préserver Angers de la contagion : fermeture des portes à l'exception de deux qui seront étroitement surveillées « pour empescher l'entrée aux pauvres caymants (mendiants) valides et autres infectez »; transfert du marché « sur les fossés hors ville », devant la chapelle Saint-Sauveur. Nouvelles réunions le 31 octobre et le 3 novembre, nouvelles précautions : l'aumônerie de Saint-Jacques-de-la-Forêt sera aménagée « pour servir s'il advient contagion, à y mener les malades »; les pauvres étrangers à la cité seront expulsés après avoir reçu une aumône; quant aux pauvres de la ville, des mesures seront prises « pour adviser (à leur) nourriture et empescher qu'ils n'aillent par les rues »; enfin, les habitants seront « contraints » de nettoyer au-devant de leurs portes, et chacun endroit soy, et deffences de n'y souffrir estre gectez aulcunes immondices, sur peine de dix escuz d'amende et de prison ». Cordon

sanitaire autour de la ville, expulsion des mendiants
« forains », nettoiement des rues : ces mesures préventives (outre le projet de sanitat) ont déjà été appliquées lors des grandes alertes précédentes et le seront
à nouveau plus tard à chaque réapparition du fléau.
Est-ce l'effet de ces mesures ? Toujours est-il que durant
l'hiver 1582-1583, Angers échappe à l'épidémie qui
continue à ravager Nantes et bientôt Tours, Le Mans
et Rennes. Pourtant, au printemps, la menace persiste
du fait de l'aggravation du fléau dans les grandes
cités voisines; le 13 mai, la Maison de Ville projette
la construction d'un sanitat et prévoit qu'on pourra
utiliser en attendant non l'aumônerie de Saint-Jacques
mais les bâtiments du prieuré de la Papillaie qui présente l'avantage d'être hors de la ville sans en être
pourtant très éloigné; deux chirurgiens, Julien Gendry
et François Giffard, se sont proposés pour y soigner
le moment venu, les pestiférés, « pourveu qu'on les
appointe de bons gaiges ».

Au début de juillet 1583, le « mal de contagion »
fait son apparition en ville et le 15, le maire note
qu'il « commence à pulluler »; le 18, une assemblée
générale de la ville, comprenant des députés de toutes
les paroisses, délibère sur l'emplacement à choisir pour
un sanitat, le prieur de la Papillaie ayant refusé ses
locaux. Cependant, comme toujours en pareil cas,
la terreur s'installe dans la cité qui se vide bientôt
d'une partie de ses habitants, notables, magistrats,
riches marchands. Le maire François Bitault, courageux et énergique, essaie de réagir : le 19 août, il
proteste auprès de l'évêque contre l'attitude des religieux augustins de l'hôpital Saint-Jean qui, effrayés,
demandent l'autorisation de s'en aller; le 20 septembre,
il donne l'ordre aux magistrats de la prévôté de revenir prendre les fonctions de leurs charges sous peine
de révocation. Aucune décision n'ayant été prise concernant l'ouverture d'un sanitat, les pestiférés sont envoyés
à l'hôpital Saint-Jean où l'on a porté les lits des
aumôneries de Saint-Michel et de Saint-Jacques. Devant
l'afflux des malades, le maître apothicaire est obligé
de doubler le nombre de ses aides; le médecin en
titre de l'hôpital, Julien Boisineust, docteur-régent
nommé par la Faculté six ans plus tôt, a lui-même
quitté la ville dès le début de la contagion; tous les
autres docteurs-régents s'étant récusés, le maire accepte,

le 26 septembre, les services de François Lethielleux,
docteur en médecine, aux « gaiges extraordinaires de
50 escuz par mois ». En septembre, le concile pro-
vincial qui, de Tours, s'était transporté à Angers,
croyant fuir la peste qui ravageait la cité tourangelle,
doit se clore précipitamment, plusieurs participants,
dont le promoteur du concile, ayant été emportés par
le mal. Le 28 novembre, une levée extraordinaire est
faite sur les habitants pour l'entretien des malades
qui se pressent de plus en plus nombreux à l'hôpital
Saint-Jean; un cimetière spécial pour les victimes des
faubourgs est ouvert hors les murs, près de la chapelle
Saint-Sauveur.

Le mal diminue un peu d'intensité durant l'hiver,
mais redouble de violence au printemps et à l'été
de 1584. En août, la Maison de Ville décide d'ouvrir
les grands greniers de l'hôpital Saint-Jean aux malades
et nomme un prévôt de santé et quatre corbeaux
dont les attributions sont soigneusement fixées. Revêtus
d'une grande casaque à croix blanche et portant « chacun d'eux en leur main une houssine blanche de la
longueur d'une aune », le prévôt et ses corbeaux
commenceront leur journée en allant « ès églises oyr
messe, le plus matin que faire ce pourra, et se tien-
dront ensemble sans se mesler parmy le peuple »;
puis ils iront « par toute la ville et fauxbourgs d'icelle »
et répondant aux appels des habitants alertés par la
clochette du prévôt, entreront dans les maisons soit
pour enlever les corps des trépassés et les inhumer le
plus vite possible « sans les porter à l'église », soit
pour transporter les malades à l'hôpital Saint-Jean
dans de grandes chaises prévues à cet effet, « le plus
doucement que faire ce pourra, sans les incommo-
der »; de plus, le prévôt devra veiller à la propreté
des rues et « sera tenu de cadener les portes et bouc-
tiques des maisons contagieuses et pestiférées..., ceulx
qui seront dedans (pouvant) se faire administrer de
vivres par les fenestres ». Mais cette police de santé
est difficile à appliquer : les cadenas de certaines maisons contagieuses sont rompus et arrachés, en dépit
des peines prévues; les habitants du faubourg Bressigny refusent d'enterrer leurs morts dans le nouveau
cimetière Saint-Sauveur et pénètrent en ville « de
force et à port d'armes » pour les enterrer dans le
cimetière de la paroisse Saint-Martin dont ils dépen-

dent. Enfin à l'automne, l'épidémie décroît, puis disparaît, et le 13 décembre 1584 une grande procession d'actions de grâces se déroule dans toute la ville.

Le fléau n'a pas seulement frappé la capitale de la province; très vite il a atteint de nombreuses paroisses de la campagne, beaucoup plus nombreuses certainement que celles — une dizaine — où on peut l'appréhender directement grâce aux registres paroissiaux. L'exode massif des habitants d'Angers a certainement contribué à cette dissémination de la maladie, si même il ne l'a pas provoquée. La preuve en est que dans les paroisses de la campagne, le mal n'apparaît qu'au printemps ou à l'été de 1584 : en février à Cuon au sud de Baugé, en mai à Segré, en juin à Azé et à Château-Gontier. Si à La Chapelle-d'Aligné et à Chalonnes-sous-le-Lude, la peste éclate dès les derniers jours d'octobre 1583, c'est peut-être qu'elle a été apportée de Tours ou du Mans.

Quelles ont été les conséquences démographiques de la peste ? Quelques registres de sépultures permettent de s'en faire une idée fragmentaire, mais précise, à l'échelle paroissiale. C'est ainsi qu'à Cuon, petite paroisse de 600 à 700 habitants, le curé enregistre, entre février et novembre 1584, 421 décès, la plupart pour « fait de contagion ». A Azé, aux portes de Château-Gontier, près de la moitié de la population disparaît : il meurt 572 personnes dans le courant de l'année 1584, dont 518 d'avril à novembre. A Beaufort, on enregistre 112 décès dans les seuls mois d'octobre et novembre 1584, à un moment où le fléau a déjà très certainement perdu de sa virulence. A La Chapelle-d'Aligné, le curé ouvre un registre spécial de sépultures dès le début de l'épidémie, dans les premiers jours de novembre 1583, et y note 17 décès pour ce seul mois, soit quatre ou cinq fois plus qu'en temps normal dans cette paroisse de 1 000 à 1 200 habitants; le 4 décembre, le vicaire célèbre, au point du jour, trois grand-messes consécutives, suivies d'une procession générale autour de l'église « pour qu'il plaise à Dieu faire cesser la pestilence »; le 23, nouvelle procession de tous les paroissiens qui se rendent à pied à Varennes-Bourreau. Pourtant, la « pestilence » redouble et devient « sy véhémente que l'ung n'attendoit l'autre »; les décès, de fait, se multiplient : 24 en décembre, 25 en janvier, 37 en février. Le 11 mars,

nouvelle procession, suivie par plus de 500 paroissiens.
A la fin du mois de mai 1584, l'épidémie enfin recule :
7 décès seulement en juin, 7 en juillet, mais 12 encore
en août (dont ceux de 5 personnes appartenant à une
même famille et enlevées en trois jours, sans doute
par un brusque réveil de l'épidémie) et 9 en septembre.
Au total, il est mort, en onze mois, 218 paroissiens,
soit le cinquième environ de la population. Il est dommage que le curé qui a tenu son registre avec grand
soin, n'ait pas noté l'âge des malheureux qu'il ensève-
lissait et se soit contenté d'indiquer à chaque fois qu'il
s'agissait d'un homme, d'une femme ou d'un enfant. Du
moins, ces données, si imprécises qu'elles soient, per-
mettent-elles de dresser le tableau suivant :

Décès	1583		1584									Total
	N	D	J	F	M	A	M	J	J	A	S	
Hommes ...	3	10	6	13	9	9	9	3	6	3	2	73
Femmes	8	8	10	14	8	14	10	1	1	4	6	84
Enfants.....	6	6	9	10	7	7	7	3	0	5	1	61
Total	17	24	25	37	24	30	26	7	7	12	9	218

On notera l'importance relative de la mortalité
féminine, fait assez général noté par les contemporains
et que l'on retrouve à Angers. Enfin le détail du registre
permet de constater la brutalité terrifiante du fléau et
son caractère contagieux : en quelques jours, des
familles disparaissent presque complètement. Voici
quelques exemples parmi beaucoup d'autres : le 2 mars,
le curé enterre la femme de Gilles Saule, closier à
la Pichonnière; le lendemain, il enterre « une petite
fille dudit Saule », et le 7, Gilles Saule lui-même. Le
1er avril, sont inhumés en même temps Etienne Angoul-
levent, sa femme et l'un de leurs fils; le 20, trois enfants
d'une même famille.

A Angers même, les méfaits du fléau sont difficiles
à évaluer en l'absence de registres de sépultures. Pourtant des indications sont fournies d'une part par le
gonflement du nombre des journées à l'hôpital Saint-
Jean pendant les mois correspondant à l'épidémie,
d'autre part par l'effondrement du nombre des baptêmes pendant le même temps dans la plus peuplée

des paroisses de la ville, la Trinité (*cf.* graphique en fin de volume). Celle-ci étant, on l'a vu, une paroisse essentiellement populaire, l'exode des habitants ne peut constituer une explication satisfaisante à cet effondrement qu'il faut certainement mettre en relations avec les ravages de la peste parmi les femmes à la veille d'accoucher ou en cours de grossesse.

Il est vrai qu'à côté de ces données indirectes, une délibération de la Maison de Ville, en date du 25 octobre 1584, précise que les habitants sont « plus du tiers jà décédez ». Par ailleurs, le curé de Saint-Martin note dans son registre des baptêmes : « L'an 1583 et 84 ensuyvant, la contagion fut universelle par tout le royaume de France, et en ceste ville d'Angers, il en mourut environ neuf mil personnes. » Si l'on évalue la population de la ville à la fin du XVI° siècle à 25 000 ou 30 000 habitants, les deux notations, on le voit, se recoupent parfaitement. Enfin, Louvet écrit dans son *Journal,* à propos il est vrai de l'ensemble de la province : « Au mois de juillet 1583, la contagion a commencé en la ville d'Angers et a continué jusques aux mois de novembre et décembre 1584, laquelle a esté universelle par tout le païs d'Anjou, qui a faict mourir le tiers du peuple audict païs. » Peut-on, devant cette concordance, tenir pour sûre cette proportion énorme ? En fait, la peste n'a pas frappé également toutes les régions de l'Anjou; Saumur et le Saumurois notamment semblent avoir été épargnés. Mais là où elle a frappé, elle a bien tué, on l'a vu, le quart ou le tiers de la population : c'est dans ce sens qu'il convient de corriger la phrase de Louvet. Dans ces conditions, rien ne permet d'écarter l'hypothèse que la grande peste de 1583-1584 ait fait perdre à Angers plusieurs milliers de ses habitants.

Quinze ans plus tard, nouveau drame, limité cette fois à la capitale de la province. La peste, qui n'a jamais complètement disparu de la ville, éclate avec violence en juillet 1598, dans la rue et le faubourg Saint-Michel. Lors d'une série d'assemblées générales tenues à la Maison de Ville, dans le courant du mois d'août, les mesures prises lors des épidémies précédentes sont remises en vigueur : tenue du marché « hors ville sur les douves », expulsion des mendiants « forains » et défense aux mendiants de la ville de quêter dans les églises et de se mêler aux habitants, nettoiement des rues et des maisons, nomination d'un prévôt de santé et de quatre corbeaux. Quant au sanitat, on projette d'abord de l'établir au prieuré de la Papillaie, comme il en avait été question en 1583, mais devant les véhémentes réclamations du prieur, on décide que les malades seront placés dans la charterie et les grands greniers de l'hôpital Saint-Jean, bien que l'un des pères administrateurs ait vigoureusement protesté. Dès le début du mois d'août, le présidial a fermé ses portes et « la plupart de MM. de la justice » ont quitté la ville, « avec aultres habitans riches et de moyens ». Le 2 octobre, les administrateurs de l'hôpital protestent contre la modicité des sommes qui leur sont allouées pour « médicamenter et nourrir les pauvres pestiférez »; le 9, une délibération de la municipalité constate que la contagion « augmente tellement qu'il n'y a rue qui ne en soit atteincte ». Pourtant assez vite, au début de l'hiver, le mal recule, et le 20 janvier 1599, a lieu une procession générale pour remercier Dieu de la cessation de la peste. Moins longue que celle de 1583-1584, l'épidémie de 1598 semble avoir été aussi beaucoup moins meurtrière, bien qu'il soit impossible d'avancer le moindre chiffre; on peut noter toutefois un effondrement des naissances dans la paroisse de la Trinité, plus marqué encore qu'en 1584.

Si la peste perd en janvier 1599 son allure épidémique, elle ne subsiste pas moins à l'état endémique, avec de petites poussées successives jusqu'en 1606, dans la ville et dans toute la province. Dès le 20 avril 1599, l'assemblée générale des paroisses d'Angers, inquiète devant l'apparition de quelques cas dans les faubourgs, se prononce une fois de plus pour la création d'un sanitat en dehors de la ville, pour que les malades aient le moins de communication possible avec les habitants; de plus, elle émet le vœu que dans une telle perspective, les malades guéris ne puissent rentrer chez eux que vingt jours après leur guérison. En janvier 1600, la Maison de Ville s'inquiète à la suite d'un décès suspect près de la porte Saint-Michel. En juin, la peste sévit dans les paroisses de Villévêque, Corzé, Briollay et alentours; aussi défense est-elle faite aux Angevins de se rendre dans ces paroisses et aux habitants de celles-ci de venir à Angers; ces précautions n'empêchent pas que de nouveaux décès suspects ne soient signalés en ville en novembre. A l'été de 1602, la peste sévit dans toute la Vallée d'Anjou, à Saint-Martin-de-la-Place, Beaufort, Mazé, Andard, Brain, et bientôt elle réapparaît à Angers; après délibération des députés des paroisses, avant tout soucieux d'économie, les malades sont installés dans la charterie et les grands greniers de l'hôpital, malgré les protestations des administrateurs. A peu près disparu pendant l'hiver, le mal retrouve sa virulence au printemps de 1603. Cette fois, le maire et les échevins se décident enfin à résoudre le problème du sanitat : en mai, passant outre à l'opposition des paroisses, ils se portent acquéreurs du logis de la Pantière, à moins d'une lieue de la porte Saint-Nicolas et à proximité de la Maine à laquelle il sera relié par un canal de 15 pieds de large rapidement creusé dans les prairies inondables; ainsi sera facilité le transfert des malades depuis l'hôpital Saint-Jean, lui-même sur les bords de la Maine. Le 4 juillet, le sanitat est remis au bureau de l'hôpital à charge pour celui-ci d'entretenir le canal, de faire enclore un cimetière et d'aménager la maison « à l'usage des habitants de ceste ville et fauxbourgs seulement ». Devant la violence du fléau, toutes les mesures prises en pareil cas sont à nouveau appliquées et une fois de plus, les notables prennent la fuite. Au début de novembre, le chirurgien du sanitat, René Lefebvre, meurt à la tâche et est remplacé par son aide. Cependant, dès décembre, une nouvelle accalmie survient : il n'y a plus alors à la Pantière que 14 malades, dont 6 en convalescence; le 20 février 1604, la maison est fermée. Pour peu de temps. En effet, en avril 1605, la peste qui a continué à sévir dans la province reparaît en ville et une ordonnance de police remet en vigueur les prescriptions traditionnelles; les malades sont d'abord recueillis dans la tour Guillou, en face du château, puis devant leur nombre croissant, la réouverture de la Pantière est décidée le 29 juillet. En décembre, faute des ressources nécessaires pour payer les gages du chirurgien et de ses aides et la nourriture des quelques malades qui s'y trouvent encore, ceux-ci sont renvoyés chez eux. D'ailleurs, dans les semaines qui suivent, le mal disparaît peu à peu.

3. — *La peste, de 1625 à 1640*

Pendant vingt ans, de 1606 à 1625, Angers et l'Anjou
connaissent une longue accalmie. Aucun registre paroissial ne mentionne le fléau pendant ces 20 ans et si,
à l'été et l'automne de 1607, de nombreuses paroisses
enregistrent une mortalité supérieure à la normale, il
faut l'imputer non à la peste, mais à une épidémie de
dysenterie : tant à Saint-Martin-de-la-Place qu'à Angers
(où les malades sont envoyés à la Pantière), il est
formellement question de « flux de sang ou dissenterie ».
Le mal fait de nombreuses victimes, surtout parmi les
enfants. Beaufort (avec 122 décès d'août à novembre),
Drain (avec 54 décès en octobre, soit deux fois plus
qu'en toute une année), le Louroux-Béconnais (avec
31 décès en octobre et novembre) sont particulièrement frappés.

La peste reparaît brutalement à l'été de 1625 et va
ravager la province pendant près de 8 ans, notamment
en 1626-1627. Elle est signalée d'abord (outre en Bretagne) dans l'est de l'Anjou, à La Flèche, Baugé et
Saumur : le 22 septembre 1625, la Maison de Ville
d'Angers prend des mesures « pour empescher que la
maladie de contagion soit apportée et prenne en cette
ville par ceulx qui vont et viennent des villes de Rennes,
Nantes, Saulmur, Baugé et La Flèche et aultres endroictz
qui en sont grandement affligez ». La peste a fait son
apparition à Baugé au début de septembre; le 11 octobre,
René Nourrisson, prêtre chargé du sanitat, ouvre un
« registre particulier de ceux qui (y) sont morts de
contagion » : pour un peu plus de deux mois, ce
registre compte 74 sépultures, auxquelles il faut ajouter
sans doute la majeure partie des 46 décès enregistrés
par le curé de la paroisse entre septembre et décembre;
aussi peut-on avancer, sans grand risque d'erreur, que
la peste a enlevé quelque 100 à 120 personnes dans la
petite cité baugeoise. A Saumur, un sanitat est ouvert
et les capucins suppléent le clergé défaillant. Il ne
s'agit encore que des premières manifestations d'une
épidémie qui dans le courant des années suivantes, touche
bientôt un grand nombre de paroisses angevines, surtout
au nord de la Loire.

Le caractère éminemment contagieux du fléau, son
extrême brutalité ressortent de nombreux témoignages.
Le curé de Gée, à moins d'une lieue de Mazé, note en

juillet 1626 : « Un pandard portant sel, qui estoit de Mazé, a apporté la peste en ma paroisse, en tombant chez ung nommé François Denyau; le mal y a commencé en sa femme et deux de ses enfants, et sont morts les premiers. » A Jarzé, le mal est apporté en août 1627, par deux femmes de la closerie de la Barbelière qui commettent l'imprudence d' « aller partager plusieurs hardes, meubles et nippes » de leur père mort de la peste à Beauveau; non seulement elles meurent toutes deux à quelques jours d'intervalle et bientôt trois de leurs enfants, mais l'épidémie gagne les closeries voisines, notamment la Voirie où meurent le closier, sa femme et leurs cinq enfants, et de là, le bourg de Jarzé. A Durtal, dans la seule paroisse de Saint-Pierre qui comprend 400 à 500 habitants, le curé enterre, entre septembre et décembre 1626, 106 personnes, soit près du quart de ses paroissiens en quatre mois. A Crosmières, petite paroisse proche de La Flèche, 70 décès sont enregistrés en quelques mois. Les ravages de la peste à Saumur sont mal connus; on les devine pourtant à travers quelques chiffres : dans les trois derniers mois de 1626, la petite communauté protestante perd 66 de ses membres; à Notre-Dame-de-Nantilly on enregistre, de septembre 1626 à mars 1627, 272 décès, soit le dixième de la population de la paroisse; à Saint-Lambert-des-Levées, dont dépend le faubourg saumurois de la Croix-Verte, 409 personnes disparaissent en 1626, le quart de la population.

A Château-Gontier, les méfaits de l'épidémie semblent avoir été limités. Peut-être faut-il y voir la conséquence des mesures énergiques prises par la municipalité. Dès le 17 juillet 1626, celle-ci interdit l'entrée de la ville aux habitants d'Angers et autres lieux « où il y a de la maladie de contagion », et nomme trois chasse-gueux pour veiller aux portes. Cependant, quelques cas s'étant déclarés en septembre, il est décidé, le 18, de transporter les malades dans la closerie du Bois-Plaidé où ils seront soignés par un chirurgien; les 6 et 14 octobre, des mesures de police et d'hygiène publique sont édictées : interdiction aux habitants des faubourgs d'entrer en ville, tenue du marché hors les murs, expulsion dans les vingt-quatre heures de tous les chiens et de tous les porcs (« à faulte, permis de les tuer »), obligation de tenir les maisons « nettes tant dehors que dedans ». Le 20 novembre, le sanitat est

fermé, « attendu que ceux qui y étoient sont guéris »;
toutefois, par mesure de précaution, chirurgien, corbeau
et chasse-gueux seront encore entretenus pour un mois.
De fait, quelques cas sont signalés à la fin du mois,
mais dès décembre, il n'en est plus question dans les
délibérations de la Maison de Ville. En mai 1627, le
danger reparaît et il faut rétablir les chasse-gueux et
rouvrir pour quelques semaines le sanitat. Au total, si
l'augmentation des décès en 1626 et 1627 est certainement imputable à l'épidémie, celle-ci n'a pas provoqué
une hécatombe comparable à celle notée dans d'autres
paroisses.

A Angers par contre, la peste de 1626 mérite tout
autant que celle de 1583 d'être appelée la grande peste.
Tout commence en février dans le faubourg Saint-
Michel où 23 décès sont enregistrés en quelques jours;
pour éviter des inhumations *intra-muros*, on rouvre le
cimetière Saint-Sauveur, déjà utilisé en 1583. En dépit
de cette précaution, le mal pénètre en ville où la situation est très vite d'autant plus grave que les maisons
et les rues sont encombrées de pauvres des paroisses
voisines, « métayers, closiers et aultres gens de labeur »
qui, raconte Louvet, ont abandonné leurs villages à
cause de la cherté des blés et sont venus en ville avec
femmes et enfants pour demander l'aumône. Non seulement, ils ont dû contribuer à l'introduction du fléau,
mais misérables et sous-alimentés, ils constituent des
victimes toutes désignées. Le 11 mars, une ordonnance
du présidial enjoint aux « paouvres forains et vagabonds estant de présent en ceste ville (de) vider ceste
ditte ville et faulxbourgs dans vingt quatre heures après
la publication des présentes, à peine du fouet ». En
fait, la mesure sera très largement inappliquée, puisqu'il faut la renouveler à différentes reprises dans les
mois suivants. Le 15 mars, la Maison de Ville décide
la réouverture du sanitat de la Pantière et accepte l'offre
des pères récollets d'y assister les malades aux côtés
du chirurgien René Marc, dit Lagarde, engagé à cet
effet; ce dernier meurt d'ailleurs dès le 20 avril: il en
est de même de son successeur Antoine Poignard, remplacé par Jean Renou. Très vite, le mal a pris des
proportions telles que les salles de la Pantière ne
suffisent plus; on construit une cinquantaine de huttes
pour recueillir les malades, puis en août on recourt aux
bâtiments de la Papillaie prêtés par le prieur. A la fin

du mois d'août, on soigne 450 pestiférés dans l'ensemble du sanitat, sans compter ceux qu'il a fallu admettre dans les greniers de l'hôpital Saint-Jean. Les récollets, notamment le P. Pierre Joseph, se dépensent sans compter. Le 14 août, la ville, désertée par une partie de ses habitants, rend à nouveau obligatoires diverses mesures d'hygiène publique : feux le soir sur les places, arrosage des rues trois fois par semaine, fermeture des boutiques de fripiers, inhumations de nuit et sans cérémonie, établissement de gardes sur les routes menant au sanitat pour interdire toute communication avec les malades, injonction faite aux médecins, chirurgiens et apothicaires de signaler les maisons « contagiées » afin qu'elles soient marquées d'une croix blanche, ordre aux malades et aux convalescents qui ne sont pas soignés au sanitat de « se retirer dans leur maison » ou « allant par les rues de porter une baguette blanche à la main ». En septembre, le chirurgien du sanitat, Renou, faisant état d'une évolution dans la nature du mal, réclame l'assistance d'un médecin, puis demande à être relevé de ses fonctions. Au début d'octobre, 800 à 900 pestiférés sont soignés au sanitat. Enfin, en novembre, le mal perd peu à peu de sa virulence, mais le sanitat ne sera fermé qu'en juillet 1627 et le 23 de ce mois, une procession publique marquera la cessation de l'épidémie. 8 000 malades, 2 000 morts dont 1 063 à la Pantière et à la Papillaie, tel est le bilan que donne de ces mois tragiques le curé de Saint-Michel-du-Tertre qui précise tenir du P. Joseph le chiffre des décès au sanitat. En l'absence de registres de sépultures pour la totalité des paroisses de la ville, il est impossible d'avoir une confirmation de ces chiffres, mais ils sont trop vraisemblables pour qu'on ne puisse pas les retenir comme une approximation très acceptable.

Si les années 1628 et 1629 sont marquées par une accalmie, d'ailleurs toute relative, la peste retrouve toute sa violence en 1631 et 1632. La crise de subsistances de 1630-1631 et la terrible misère qu'elle entraîne expliquent en partie cette recrudescence de l'épidémie, notamment à Angers. En effet, depuis le printemps de 1630, la ville est pleine de mendiants venus du Poitou et du sud de l'Anjou, artisans sans travail, laboureurs chassés par la famine. « Il y en avoit grand nombre, écrit Louvet en février 1631, tant ès-rues, églises et au pallois que l'on en est sy tourmenté ès-portes des

maisons où ils vont demander, que c'est chose pitoyable
de les veoir avec leurs enfants qui sont sy piètres et
descrespitz à cause de la faim et froidure qu'ilz endu-
rent. » A la famine, s'est ajoutée en effet, en décembre
précédent, la rigueur exceptionnelle de l'hiver. La peste
signalée en février 1631, rue Saint-Laud, trouve comme
en 1626, des proies faciles dans cette masse affamée
et sans résistance. Dès le 7 mars, la Maison de Ville
décide la réouverture du sanitat de la Pantière et
nomme un chirurgien chargé d'y soigner les pestiférés.
Le 30 avril, lors d'une réunion de la police générale
de la ville à la prévôté, il est décidé de procéder à
l'expulsion des très nombreux pauvres « forains »,
« lesquels augmenteroient la dite maladie ». Mais la
mesure reste, comme toujours, presque sans effet et un
mois plus tard le problème des pauvres étrangers à la
ville est à nouveau soulevé. Certains « meurent par
les rues », d'autres que l'on fait porter à l'hôpital
Saint-Jean y succombent « les ungs de fièvres et les
autres de la peste en tel nombre que l'on en enterroit
en cimetière quinz à vingt par jour, qu'on mettoit en
une fosse tous ensemble ». En même temps, le mal
se propage parmi les habitants de la ville; aussi les
magistrats du présidial et de la mairie décident-ils,
en juin, de remettre en vigueur les mesures ordinaires
de police et de louer une maison proche de la Pantière
pour y installer les convalescents toujours astreints à
un isolement porté désormais à 40 jours; de plus, ils
chargent le chirurgien Jean Renou de visiter les malades
qui ont les moyens de se traiter chez eux. Une fois
de plus, la ville se vide de tous ceux qui peuvent fuir.
Enfin, en octobre 1631, l'épidémie recule et le 15 novembre, une procession générale peut marquer la fin
du fléau. Si celui-ci a certainement fait de terribles
ravages — impossibles à chiffrer — parmi les très
nombreux pauvres qui, chassés de leur paroisse d'origine, étaient venus s'entasser dans les rues d'Angers,
il semble que les habitants de la ville aient payé un
tribut beaucoup moins lourd que lors des grandes
épreuves précédentes; encore faut-il ajouter que la
famine, autant que la peste — les deux fléaux s'exas-
pérant l'un l'autre — est responsable de la surmortalité
de l'année 1631.

En même temps qu'à Angers, la peste reparaît un
peu partout dans la province en 1631 et 1632, notam-

ment à Baugé où l'on enregistre en six mois, de mai à octobre 1631, 216 décès, soit quatre fois plus qu'en temps normal, à Château-Gontier où malgré les précautions prises dès juillet 1631, la peste fait son apparition en septembre, à Saumur en juin et juillet 1631. La peste est attestée aussi en 1631 à Saint-Germain-des-Prés, Savennières, Saint-Clément-de-la-Place, Candé, Seiches, Chacé, Montreuil-Bellay, Martigné-Briant, Tigné, Somloire. Les Mauges sont touchées en 1632 : à la Chapelle-du-Genêt, l'épidémie éclate en avril et dure jusqu'en août, faisant 82 victimes sur une population de quelque 500 habitants; la détresse est telle que tous fuient en masse vers Beaupréau. Le résultat de cet exode est la propagation de l'épidémie : en juillet, 10 personnes meurent au hameau de la Fribaudière, en Beaupréau, et de là le mal gagne le bourg; dans la seule paroisse de Saint-Martin de Beaupréau, qui compte un millier d'habitants, il y a 88 décès de juillet à décembre, dont 23 en septembre et 24 en octobre; deux des prêtres de la paroisse sont parmi les victimes. A Beausse, à Montjean, l'épidémie fait rage de juillet à décembre. A Saint-Laurent-du-Mottay, le curé enterre 126 personnes, le quart de ses paroissiens, dans les trois mois d'août, septembre et octobre.

A la fin de 1632, intervient pour la province une courte rémission avant la dernière offensive des années 1636-1640. En septembre 1636, des cas de peste ayant été signalés à Angers, rue Valdemaine, le sanitat de la Pantière est ouvert. Il est fermé dès le 20 décembre, mais il faut l'ouvrir à nouveau au printemps de 1637. Une fois de plus l'hiver amène une régression du mal et le printemps et l'été de 1638, sa résurgence : en juillet 1638, les malades sont envoyés à la Pantière et le chirurgien et le récollet qui en prennent soin sont installés dans la tour Guillou. La flambée cette fois déborde la ville et atteint de nombreuses paroisses de la campagne, notamment en Craonnais et en Baugeois.

De nouveau en sommeil durant l'hiver, la peste reparaît en juillet 1639, à Angers et un peu partout dans la province. Cette nouvelle manifestation, considérée désormais par les Angevins comme une fatalité liée au retour de la belle saison, n'est ni plus ni moins meurtrière que celles des années précédentes. Mais dans les premiers jours d'octobre, une terrible épi-

démie de dysenterie frappe de nombreuses paroisses de
l'Anjou, avec une simultanéité et une brutalité étonnantes. Dysenterie bacillaire et peste sont des maladies
trop distinctes l'une de l'autre et alors trop fréquentes,
pour que les contemporains s'y trompent. Valuche note
dans son *Journal* à l'année 1639 : « Au mois d'octobre,
les maladies de discenterie se sont tant enracinées de
tous costés tant ès-villes et aux champs que homme
vivant n'avoit point veu si grande mortalité pour estre
universelle »; de leur côté, plusieurs curés imputent
avec précision à la dysenterie, non à la « contagion »
ou à la peste, la surmortalité du dernier trimestre dans
leur paroisse; enfin Barthélemy Roger se montrera un
chroniqueur exact lorsqu'il écrira vers 1670 : « Sur la
fin de l'année 1639, la dissenterie survint en Anjou
qui, avec un reste de contagion, emporta une infinité
de personnes. » L'étude attentive des registres paroissiaux permet de constater d'abord que l'épidémie a
touché essentiellement l'ouest et le centre de la province; le sud des Mauges, le Saumurois-Layon, la plus
grande partie du Baugeois paraissent avoir été complètement épargnés. Il semble bien que l'épidémie soit
venue de haute Bretagne et du Pays nantais où la
dysenterie fait des ravages dès l'été de 1639. La sécheresse exceptionnelle a certainement contribué à l'extension de l'épidémie : « On tient, écrit Valuche, que c'est
à cause de la grande stérilité d'eaulx qui est ès-puitz et
fontaines, et des eaulx sales et bourbeuses que l'on a
beu. » En tout cas, c'est dès les premiers jours d'octobre — parfois, comme à Azé, dès les derniers jours
de septembre — que les curés angevins enregistrent
les premiers décès dus à la dysenterie, aussi bien à
Beaupréau qu'à Grez-en-Bouère, à Brissac qu'à Candé.
Les dernières inhumations massives datent du milieu
de décembre; pratiquement dans la dernière semaine
de l'année, le fléau disparaît avec la même simultanéité
et la même soudaineté qu'il est apparu trois mois plus
tôt. Aussi, même là où les curés n'ont pas employé
explicitement le mot de dysenterie, le seul fait de la
hausse brutale de la mortalité, très rigoureusement
limitée au dernier trimestre de l'année, permet d'invoquer, sans risque d'erreur, le même mal implacable
que dans les paroisses voisines.

Le tableau ci-dessous donne pour quelques paroisses
les chiffres de décès pendant ce trimestre tragique; on

constate qu'ils sont quatre, cinq, voire dix ou même seize fois supérieurs aux chiffres moyens de la fin du XVII⁰ siècle.

	1639				Moyenne 1670-1699 (a)			
	Oct.	Nov.	Déc.	Total	Oct.	Nov.	Déc.	Total
Neuvy	27	24	17	68	1	2	1	4
Drain	52	54	8	114	2	2	3	7
Le Louroux-Béconnais	45	55	30	130	5	4	6	15
Craon	49	87	38	174	12	11	13	36
Ménil	30	43	18	91	4	5	5	14
Azé	45	57	12	114	3	4	4	11
Saint-Denis d'Anjou	40	56		96	7	9		16
La Flèche	57	40	31	128	10	12	11	33
Beaufort	80	77	36	193	12	15	12	39
Saint-Pierre d'Angers	49	25		74	8	7		15

(a) Pour Neuvy et La Flèche, moyenne 1640-1669.

Là encore, l'imprécision de la plupart des registres, en ce qui concerne l'âge des décédés, rend difficile une étude très poussée de l'épidémie. Toutefois, le soin avec lequel le curé d'Azé a tenu son registre de sépultures permet, dans ce cas au moins, de dresser la statistique suivante concernant les 102 décès des mois d'octobre et de novembre :

Enfants de moins d'1 an 11
Enfants de 1-4 ans.................... 16
Enfants de 5-9 ans.................... 15

Enfants de moins de 10 ans 42
Enfants et jeunes gens de 10 à 19 ans 8
Enfants ou jeunes gens d'âge indéterminé 12

Enfants et jeunes gens de moins de 20 ans 62
Adultes 35
Personnes d'âge totalement indéterminé 5

Total 102

Ainsi, les enfants, et spécialement les enfants de moins de dix ans, sont les grandes victimes de la dysenterie. Par ailleurs, le caractère très contagieux de la maladie ressort à l'évidence d'une étude attentive du registre : des familles entières disparaissent parfois complètement, en quelques semaines — un, puis deux ou trois enfants, souvent le père ou la mère, quand ce ne sont pas les deux. Survenant 45 ans après la grande peste de 1583-1584 qui a tué la moitié des

habitants d'Azé, la dysenterie de 1639 casse à nouveau
brutalement le mouvement d'expansion de la population, sensible entre 1620 et 1639 dans l'excédent des
naissances sur les décès. L'exemple d'Azé illustre l'importance capitale des grandes crises de mortalité dans
la démographie de type ancien : la natalité pouvait
bien être en temps normal, et même régulièrement sur
une période assez longue, largement supérieure à la
mortalité, comment les populations du XVII° siècle
n'auraient-elles pas été condamnées à la stagnation,
voire à la régression, alors qu'elles étaient victimes à
intervalles plus ou moins rapprochés, de ces effroyables
saignées ?

On imagine la détresse des populations devant une
telle catastrophe. A Beaupréau où la peste d'abord
seule, puis la peste et la dysenterie conjuguées font,
dans la seule paroisse de Saint-Martin, 185 victimes
en six mois, soit dix fois plus qu'en temps normal,
curés, chanoines de Sainte-Croix et habitants s'enfuient
à La Chapelle-du-Genêt où la double épidémie décime
bientôt la population. A Angers, la situation est telle
qu'il est impossible à la municipalité de lever sur les
habitants l'arriéré de l'impôt des subsistances, selon le
rôle établi en septembre; le 23 décembre, le maire fait
savoir au maréchal de Brézé, gouverneur de l'Anjou,
que « la dissenterie et la peste esgallement funestes,
emportoient tous les jours nombre de ceux qui estoient
compris dans le roolle » et que « les habitans, à cause
de ces deux maladies, se retiroient à la campagne, se
fuyoient les uns les autres dans la ville, en sorte qu'il
y avoit peu ou point de communiquation et qu'il étoit
impossible de les faire assembler ».

Mais cette terrible épreuve devait être la dernière
d'une longue série. « L'année suivante, écrira Roger
vers 1670, toutes ces maladies cessèrent et ne se sont
point fait sentir en notre province. » De fait, il faut
attendre 1707 pour retrouver une épidémie de dysenterie comparable à celle de 1639. Quant à la peste,
en dehors de quelques cas isolés en 1640 et de nouveau
en 1649-1650, elle ne reparaîtra plus en Anjou, ni en
1653, ni en 1668, ni en 1720-1721. Le fléau qui pendant
trois siècles, et plus spécialement entre 1583 et 1639,
a frappé les populations angevines, ne sera plus qu'un
souvenir longtemps encore vivant et plein de menaces.
Redoutablement associée à la famine en 1631, à la

dysenterie en 1639, ou agissant seule, la peste a été la grande responsable de la stagnation de la population, dans la mesure où ses coups répétés se sont traduits périodiquement par ces « clochers » de mortalité sans lesquels l'excédent des naissances sur les décès aurait pu faire sentir ses effets bénéfiques. Par ailleurs, dans une ville peuplée et active comme l'est Angers au début du XVIIe siècle, la peste a d'autres conséquences non moins funestes : les énormes frais de l'entretien du sanitat contribuent, avant même les exigences fiscales de la royauté à partir de 1630, à obérer gravement les finances de la ville; l'exode momentané d'une partie des habitants et la paralysie qu'il entraîne provoquent dans la vie économique de la cité des à-coups d'autant plus redoutables qu'ils sont plus répétés. Après la bienfaisante accalmie de 1606-1625, les années 1626-1640 avec leurs épidémies quasi annuelles, apparaissent à cet égard comme particulièrement désastreuses, et le maire n'exagérait sans doute pas lorsqu'il écrivait le 23 décembre 1639 au maréchal de Brézé, que la ville avait été depuis 1626 « autant dépeuplée et ruinée par la contagion que les villes frontières par la guerre ».

4. — *Les méfaits des gens de guerre*

A côté de la peste, la guerre elle-même n'épargne pas totalement les Angevins. Certes, dans cette première moitié du XVIIe siècle, ce second fléau n'est pas comparable au premier et jamais la province ne connut les horreurs que subirent à partir de 1635, la Picardie, la Champagne ou la Bourgogne. Pourtant, à deux reprises au moins, en 1616 et en 1652, les gens de guerre multiplient leurs exactions dans de nombreuses paroisses, notamment autour d'Angers. C'est en janvier 1616, moins de 25 ans après les derniers combats de la Ligue, que les troubles de la minorité de Louis XIII touchent directement l'Anjou. De janvier à avril, les troupes royales sous le commandement du maréchal du Bois-Dauphin, gouverneur de l'Anjou, et les soldats des Princes, Condé et Vendôme, parcourent la province en tous sens. Comme le rapporte Louvet, « ils ne se sont aulcunement battus les ungs contre les autres et ne faisoient tous ensemblement que tourmenter le paouvre peuple »; dans une page terrible, le chroni-

queur angevin évoque « les cruaultez, tyrannies, volle-
ries, viollements, incendies » commis par la soldatesque,
concluant : « bref, (ils) ont tout ruisné et dévasté et
faict pis que les Turcs et barbares qui sont en terre
et païs de leurs ennemis ». Dans les Mauges, les troupes
de Vitré, au service de Condé, occupent La Chapelle-
du-Genêt dont les habitants se réfugient précipitamment
à Beaupréau. En Craonnais et Segréen, les soldats de
Vendôme qui se sont concentrés autour du Lion-
d'Angers au début de février, rançonnent le pays pendant plusieurs semaines : à Candé, ils pillent l'église
Saint-Denis où les habitants avaient abrité une partie
de leurs biens; à Chanveaux, 400 hommes installés dans
le bourg mettent l'église à sac, détruisant les registres
et emportant ornements et vases sacrés; à Renazé, les
habitants se réfugient le 3 mars au château de la Ches-
naie « par crainte des gens d'armes »; ceux-ci — une
compagnie au service de Vendôme — campent huit
jours sur la paroisse qu'ils dévastent complètement; à
Chérancé, le curé note, le 4 avril, que « les misérables
soldats qui font tant de mal et qui sont cause de la
mort et ruisne de tout le monde » sont à proximité
de sa paroisse; à Niafles, c'est l'armée royale qui can-
tonne pendant plusieurs jours. Aux environs d'Angers,
les exactions sont le fait à la fois des soldats de Vendôme et de ceux du marquis de La Varenne, gouverneur
du château et lieutenant du maréchal du Bois-Dauphin :
ainsi, en janvier, ceux-ci ravagent Sainte-Gemmes-sur-
Loire, cependant que ceux-là qui coupent les ponts
de Grez-Neuville et de Châteauneuf, font « beaucoup
de mal et ravaiges aux paouvres gens ». Aussi les
habitants des paroisses proches de la ville viennent-ils
s'y réfugier avec meubles et troupeaux. Enfin, en avril,
une trêve étant intervenue entre les belligérants, les
soldats des deux camps commencent à évacuer la
province et le 7 mai un *Te Deum* solennel, chanté à
la cathédrale, célèbre le retour au calme. Quatre ans
plus tard, en juillet 1620, lors de la « guerre de la mère
et du fils », l'Anjou connaît à nouveau le passage des
gens de guerre et la fuite éperdue vers Angers des
paysans des environs, mais dès le 7 août la victoire
royale des Ponts-de-Cé et l'accord de Brissac ramènent
l'ordre et la paix.

Beaucoup plus graves sont les troubles de la Fronde.
Angers, mise en coupe réglée par les soldats du maré-

chal de Brézé dès janvier 1648, se soulève une première
fois en mars 1649, mais doit se rendre le mois suivant
aux troupes de Brézé et échappe de peu, grâce à
l'intervention d'Henry Arnauld, évêque nommé d'Angers, aux rigueurs d'une répression militaire. En février
1652, la ville qui s'est à nouveau révoltée en janvier
et a ouvert ses portes au duc de Rohan, est assiégée
par les troupes royales du maréchal d'Hocquincourt
qui, venues de Poitiers par Saumur et la Vallée, se
sont livrées sur leur passage aux pires exactions. Pendant la durée du siège, toute la campagne environnante
est mise à sac par les troupes royales. Enfin, le
29 février, aux termes d'une convention signée entre
Rohan et Hocquincourt, la ville se rend au roi sous
la condition qu' « il n'y sera fait aucun désordre ».
Angers est effectivement épargnée, mais les soldats
furieux de ne pouvoir piller la ville comme ils l'avaient
espéré, se rattrapent sur les faubourgs, systématiquement pillés et saccagés, et sur les paroisses du plat
pays; ils s'acharnent particulièrement sur le prieuré de
Lesvière, le couvent des cisterciennes de Sainte-Cathe-
rine en Saint-Laud hors les murs, l'abbaye du Perray-
aux-Nonnains et de nombreuses églises de campagne.
Le curé de Sainte-Croix, Mathurin Jousselin, évoque
dans son *Journal*, « (les) hommes pendus pour trouver
de l'argent, (les) femmes violées en présence des maris
roués de coups, (les) enfants à la mamelle tuez, (les)
églises pillées et prophanées ». De son côté, le curé du
Plessis-Grammoire, à deux lieues d'Angers, note : « Ils
ruinèrent toute la campagne, vollant les églises, violant,
estropiant et tuant les paouvres gens des champs, faisant mille indignitez aux prestres », et Valuche : « Les
soldatz ont tout ruiné depuis Angers tout le long de
la rivière de Loire jusques à Chantoseault, et desça
jusques à Ingrandes, et tout aussi sur la levée par-delà
Angers. »

Au delà de ces descriptions horrifiées, on aimerait
pouvoir apprécier exactement les conséquences proprement démographiques des méfaits des gens de guerre.
Il convient certainement de réduire à de très modestes
proportions les conséquences directes sur la mortalité.
En effet, à l'arrivée des soldats, à quelque camp qu'ils
appartiennent, les paysans prennent le plus souvent le
parti de fuir, soit dans les bois et endroits écartés,
soit vers la ville close ou le château le plus proche,

quitte à revenir chez eux une fois l'alerte passée. Qu'il
y ait eu cependant des violences mortelles et des
meurtres délibérés, cela est indéniable, mais ce sont
des cas très isolés. Beaucoup plus graves apparaissent
les conséquences indirectes. Lorsque les paysans qui
rentrent dans leurs villages abandonnés quelques jours
plus tôt, retrouvent, comme ce sera le cas dans maintes
paroisses de l'Anjou en 1616 et en 1652, les moissons
brûlées, les arbres fruitiers abattus, les vignes arrachées,
les bestiaux — s'ils n'ont pu les emmener avec eux —
tués ou volés, les greniers vidés et les semences disper-
sées, les chaumières incendiées, les puits infectés, ils
savent que tout cela signifie, non seulement pour
l'immédiat, mais pour un temps souvent long, la misère,
la disette, voire la famine, en dépit de la charité des
paroisses épargnées. C'est ainsi que le soldat tue, beaucoup plus que par le mousquet ou la pique. Il tue
aussi d'une autre manière : misérable, sale et mal
nourri, il apporte bien souvent avec lui la maladie et
la mort. En mars 1616, l'armée du roi et celle des
princes qui évacuent l'Anjou laissent derrière elles
des centaines de malades atteints de dysenterie. Les
paysans exaspérés se vengent sur ces traînards qu'ils
tuent sans pitié; mais le mal se propage vite et fait
bientôt des ravages dans la population, notamment
le long de la grande voie de communication que constitue la Loire : à Drain, il y a 118 décès en 1616 (dont
43 en mai et juin) contre 20 à 25 par an en temps
normal; à Beaufort, 225 (dont 160 de mai à novembre),
soit plus du double d'une année moyenne. Doublement
aussi à Morannes, avec 85 décès dans le premier
semestre. Au Louroux-Béconnais, il meurt 70 personnes
en mars et avril, dix fois plus qu'en temps normal.
A Château-Gontier, on enregistre 23 décès à Saint-Jean
en mai et juin, contre trois ou quatre en moyenne les
années précédentes.

En fin de compte, les gens de guerre apparaissent
bien comme de redoutables auxiliaires de la mort. Il
faudra l'application énergique après 1661 de la « maxi-
me de l'ordre » et la fin des troubles civils qui ont
marqué la première moitié du siècle, pour que cessent
leurs excès les plus déplorables, sans que disparaissent
totalement leurs méfaits et la terreur que longtemps
encore ils inspireront.

« cherté », qui entraîne un quadruplement des prix, affecte toute la province pendant près de deux ans, avec une première amorce de baisse en juin 1662, puis une reprise de la hausse en automne, jusqu'à la mise en pla résult est effroyable surtout dans les six premiers mois

CHAPITRE X

LA CONJONCTURE DEMOGRAPHIQUE : CRISES DE SUBSISTANCES ET EPIDEMIES
1661-1789

1. — *La crise de l'Avènement (1661-1662)*

La « mortalité » de 1661-1662, crise à la fois de subsistances et de morbidité, est la plus redoutable catastrophe démographique qu'ait connue l'Anjou aux XVIIᵉ et XVIIIᵉ siècles. Sa gravité vient du fait que la crise céréalière qui résulte, on l'a vu, de l'été « pourri » de 1661, atteint une population déjà minée par les « grandes maladies » qui sévissent depuis la fin de 1660. Les témoignages des chroniqueurs sont, sur ce point, formels et confirmés par les chiffres des registres paroissiaux : dans de nombreuses paroisses, la surmortalité débute brusquement soit dans les derniers mois de 1660, comme à Pouancé, soit en juillet ou août 1661, comme à Saumur, Beaufort ou Morannes, et ne peut donc être imputée à la famine dont les premiers effets ne se feront vraiment sentir qu'à partir de l'automne. De quelles maladies s'agit-il exactement ? Barthélemy Roger parle de « fièvres accompagnées de pourpre »; le curé de Pouancé, de « contagion »; celui du Plessis-Grammoire, de « dysenterie et fièvre pestilentielle »; celui de Clefs note sur une feuille spéciale, à partir de juin 1661, les décès dus, dit-il, à la « dissenterye ». Quant à Henry Arnauld, dans son mandement du 16 décembre 1661, il parlera sans plus préciser du « cours extraordinaire des maladies qui affligent presque toutes les familles ». De cette imprécision même, on peut conclure, semble-t-il, que l'Anjou est atteint non d'une épidémie bien caractérisée, mais d'une brutale

flambée de ces maux qui sévissaient à l'état endémique :
rougeole ou scarlatine (trop souvent confondues, on l'a
dit, sous le nom de pourpre), variole, dysenterie. Faut-il
y voir comme les contemporains, les conséquences de
« l'intempérie de l'air » et des pluies torrentielles de
l'été, elles-mêmes responsables de la disette des grains
et généralement de tous les fruits, soit pourris par
l'humidité, soit mangés par les loches ? Rien n'est moins
sûr. Quoi qu'il en soit, c'est dans ce contexte qu'apparaissent, à partir d'octobre et de novembre, les premiers
effets de la disette, c'est-à-dire la rareté et la cherté
des grains. Nous avons vu dans quelles conditions cette
« cherté », qui entraîne un quadruplement des prix,
affecte toute la province pendant près de deux ans,
avec une première amorce de baisse en juin 1662,
puis une reprise de la hausse en automne jusqu'à la
mise en place de la récolte de 1663. La misère qui en
résulte est effroyable, surtout dans les six premiers mois
de 1662. Pourtant, il faut attendre les premiers jours
de mai pour que, à Angers même, les autorités décident
de se concerter « pour pourvoir par des aumônes
extraordinaires à la nourriture et subsistance des pauvres »; ceux-ci sont, à cette date, plus de 8 000 en ville,
et le 1er mai, une distribution de pain à la mairie a
dégénéré en une tragique bousculade qui a fait une
trentaine de morts. Le 5 mai, l'assemblée générale qui
se tient au palais épiscopal prend tardivement un
certain nombre de mesures applicables non seulement
à la ville, mais à toutes les paroisses de la sénéchaussée : expulsion de tous les mendiants étrangers, dénombrement par les curés de tous les pauvres domiciliés
dans chaque paroisse « sur des rooles contenant les
noms, aages et estat de la santé ou infirmité de chacun
desdits pauvres pour estre pourveu à leur nourriture »,
prise en charge par le clergé, les diverses communautés
et les habitants « accomodez », des pauvres ainsi
recensés, ouverture de chantiers à Angers même, pour
employer les pauvres valides, « si toutesfois il y a fonds
à cet effet ». Il semble que la portée réelle de ces
mesures ait été extrêmement limitée : l'expulsion des
mendiants étrangers se révèle aussi difficile à réaliser
que lors des crises précédentes, le recensement des
pauvres de chaque paroisse ne paraît pas avoir été fait,
les travaux projetés ne sont même pas commencés.
Une fois de plus, les pauvres vont devoir compter sur

les charités individuelles qui se font plus rares à mesure
que la disette se transforme en famine : en juin, les
blés manquent totalement sur les marchés d'Angers
à quelque prix que ce soit. Par ailleurs, les « maladies
malignes et dangereuses », loin de diminuer, redou-
blent de violence et font des ravages dans une population affamée et recourant pour tromper sa faim aux
pires nourritures. Au début de juin, l'hôpital Saint-Jean
est à la fois dénué de toutes ressources et encombré
de malades : il y en a plus de 800, explique le 6 juin
l'un des administrateurs, et il en arrive journellement
de nouveaux, alors qu'il n'y a plus aucune provision,
« comme bled, beurre et aultres choses nécessaires ».

Un précieux témoignage sur la détresse de l'Anjou
au printemps et au début de l'été de 1662 est fourni
par les papiers d'un chanoine régulier de Sainte-Geneviève, Pierre Oudin. Prieur de Vanves, près de Paris,
et missionnaire réputé, le P. Oudin avait été invité par
Henry Arnauld à venir faire une série de missions
dans le diocèse. Il y arrive en mai 1662. Tout de suite
il est frappé, plus encore que par l'ignorance religieuse
des Angevins, par la terrible misère dans laquelle les
plongent les maladies et la famine. Sans négliger pour
autant la tâche proprement spirituelle qui lui a été
confiée, il déploie durant plusieurs semaines une activité
inlassable pour tenter de soulager le plus grand nombre
de malheureux. Dans ce but, il alerte à Paris plusieurs
personnes charitables avec lesquelles il est en relations,
notamment les religieux de Sainte-Geneviève, les « messieurs » de Saint-Nicolas-du-Chardonnet, la duchesse
d'Aiguillon et les Dames de la Charité. Grâce à l'argent
qui lui est adressé, au total près de 10 000 livres, il
peut multiplier les dons, qu'il réserve par priorité aux
paroisses de campagne, suivant les prescriptions expresses
des donateurs parisiens. Ce n'est pas que les malheureux
manquent à Angers ou à Saumur, ils s'y pressent au
contraire de toutes parts, dans l'espoir de profiter de
quelque secours. Mais à la campagne, les curés sont
souvent les seuls à pouvoir secourir les misérables ;
or, les mieux intentionnés ou les plus aisés d'entre
eux sont vite dépassés par l'ampleur de la tâche. Le
P. Oudin va s'efforcer de les aider en leur permettant,
par des aumônes plus ou moins importantes selon les
lieux, d'assurer des distributions de potages et de
remèdes. Il parcourt la province en tous sens, visitant

une centaine de paroisses qu'il a choisies parmi les plus
touchées par la maladie ou la famine : la carte de ses
missions est en quelque sorte celle des malheurs de
l'Anjou en 1662, et encore le Père, qui ne pouvait tout
faire en quelques semaines, a-t-il négligé la plus grande
partie des régions baugeoise et saumuroise dont on
sait pourtant par ailleurs qu'elles ont été au moins aussi
touchées que le reste de la province. Il est regrettable
que nous ne disposions plus que des lettres adressées
au P. Oudin par ses correspondants parisiens et des
mémoires des sommes reçues et distribuées, mais non
des lettres que celui-ci écrivait régulièrement à Paris
pour rendre compte de la situation et pour solliciter
de nouveaux dons. A défaut, il faut se contenter de
quelques mentions éparses qui permettent d'entrevoir
l'horreur de la situation. Le curé du Plessis-Grammoire
écrit à la fin de son registre de 1662 que « le peuple
est contraint de manger jusques aux troncs de choux
et de porriée ». Dès juin 1662, l'ingénieur Maupassant,
chargé de réparer la levée en Vallée d'Anjou, souligne
à Colbert « la difficulté qu'il y aura de trouver des
ouvriers que les maladies et la mortalité rendent rares ».
La situation reste tragique pendant l'hiver et le printemps de 1663; dans une lettre adressée au P. Oudin
le 8 juillet 1663, un vicaire de Saint-Pierre d'Angers,
René Siret, futur curé de Saint-Samson, écrit : « Estant
icy il y a un an, vous y vîtes la nécessité où estoit
la plus grande partie des personnes de condition de
cette ville, mais si vous y estiez à présent vous en trou-
veriez douze pour un. Les femmes qui portent qualité
de demoiselles n'ont point de honte de porter elles-
mêmes, toutefois secrètement, leurs jupes en gage, pour
avoir de quoy vivre; elles pleurent dans leur nécessité
comme si elles estoient de la plus basse condition. Les
marchands qui semblent même des plus apparens, ont
dépensé leurs marchandises, en sorte qu'il n'y a dans
leurs boutiques que des montres. Les artisans sortent
de la ville et vont guetter les passans sur les grands
chemins; la raison en est que personne ne les fait
travailler à cause de l'extrême pauvreté où un chacun
est. Vous vîtes l'an passé à la campagne le nombre des
pauvres qui y pâtissoient; toutefois, ils avoient encore
quelques balines ou paillasses pour les coucher d'autant
que les années précédentes n'avoient pas esté si mauvaises que la présente. Ils ont esté contrains cette année

de vendre tout ce qu'ils pouvoient avoir et de coucher sur le carreau ou de se halberger dans des chaumières comme des pauvres chiens. » Dans la requête qu'ils adressent le 11 octobre 1664 à Charles Colbert, chargé par son frère d'inspecter la généralité, « les députés des villes et des élections de la province d'Anjou, Laval et Mayne » écrivent : « La disette des années 1661 et 1662 a été si grande par tout le pays que tout le peuple en a été accablé et réduit à la mendicité, joint la mortalité qui est survenue, en telle sorte que les paroisses se sont trouvées réduites à la moitié du nombre de leurs habitans. » Certes, un tel témoignage peut paraître suspect puisqu'il s'agit essentiellement pour les signataires d'obtenir des allègements fiscaux, mais il est corroboré par Charles Colbert lui-même qui, le 29 octobre 1664, écrit à son frère que le poids de la taille s'est effectivement accru en Anjou « à cause de la mortalité et de la désertion des habitans ». Et le 19 novembre 1666, l'intendant Voisin de La Noiraye écrira à Colbert qui lui demandait son avis sur l'opportunité d'encourager les pères de familles nombreuses : « La grande mortalité qui arriva dans cette province (d'Anjou) en l'année 1662 l'ayant extrêmement dépeuplée, je croys qu'il n'y en a pas une dans le royaume en laquelle il y ait plus de sujet de penser à y procurer l'augmentation du peuple. »

L'exploitation des données chiffrées des registres paroissiaux confirme de façon tragique un tel tableau. Tout l'Anjou est atteint, les paroisses rurales, comme Sainte-Colombe, Morannes ou Le Louroux-Béconnais, aussi bien que les deux grandes villes, Angers et Saumur, et les petits centres urbains, tels Beaufort, Baugé, Château-Gontier, Craon. La surmortalité partout sensible dès l'été de 1661 du fait des « maladies », non encore de la disette, se prolonge jusqu'à la fin de 1662, le maximum se situant selon les paroisses soit dans le dernier trimestre de 1661, soit dans le premier ou le second trimestre de l'année suivante. Par rapport à la moyenne des années précédentes, ces maxima traduisent une augmentation massive des chiffres de décès qui se trouvent multipliés par trois, quatre, voire cinq ou même six, ce qui signifie que 15, 20 ou même 25 pour cent de la population d'une paroisse disparaît. L'exemple de Beaufort illustre bien les effets démographiques de la crise (cf. graphique en fin de volume) :

on y observe, en synchronisme avec l'augmentation des décès, un effondrement des conceptions et des mariages. Dans le dernier trimestre de 1661, les conceptions tombent de 70 en moyenne, à 18, soit une chute de l'ordre des trois quarts. Le phénomène, que l'on observe dans toutes les autres paroisses angevines étudiées, est bien connu, notamment depuis les travaux de Pierre Goubert. La cause doit en être recherchée moins dans un affaiblissement des fonctions génitales que dans une généralisation de l'aménorrhée : le fait, on le sait, a été observé à Leningrad lors du siège de 1941-1942, et dans les grandes villes de Hollande lors du terrible hiver de 1945; de son côté, le professeur Charles Richet, étudiant la pathologie de la misère de nos jours, a souligné que l'aménorrhée est constante dans les cas de misère physiologique intense. En outre, il va de soi que la disparition d'un certain nombre d'hommes et de femmes susceptibles de procréer a une incidence directe sur cet effondrement des conceptions, de même que sur celui des mariages : pendant ce même dernier trimestre de 1661, il n'est célébré à Beaufort que 7 mariages, soit deux fois moins à peu près qu'en temps normal. Tout au long de l'année 1662 et au début de 1663, les décès restent à un niveau exceptionnellement élevé, les conceptions à un niveau anormalement bas. Au total, en vingt et un mois, de juillet 1661 à mars 1663, Beaufort a perdu 1 025 habitants, plus du quart de la population totale.

2. — *Les famines de 1683 et de 1693-1694*

Alors que la crise démographique de 1661-1662 a touché toute la province, seul le Craonnais est affecté par la famine de 1683. A la suite de pluies torrentielles pendant l'été de 1682, la récolte des céréales, presque partout inférieure à la normale, est particulièrement médiocre en Craonnais. Fait plus grave encore, les lins et les chanvres y sont entièrement détruits. Compte tenu de la place qu'ils occupent dans l'économie de la région, c'est d'un seul coup une terrible misère. Certes, les céréales ne manquent pas totalement sur les marchés, mais dès janvier 1683, le boisseau de seigle vaut 75 sols, quatre fois plus que quelques semaines plus tôt. « Comme le commerce des lins, des chanvres et des bestiaux a manqué, explique l'intendant à Colbert, les païsans n'ont point d'argent pour acheter du blé et se contentent de faire du pain de son meslé avec quelques farines de febves ou de bled noir. » Ainsi, les habitants du Craonnais meurent de faim, non parce que les blés manquent, mais parce qu'ils n'ont pas les moyens de s'en procurer aux prix prohibitifs qu'ils atteignent. En mars, des troupes de malheureux viennent à Angers mendier du pain, « avec des visages pâles et défaits qui faisaient également peur et compassion », selon Joseph Grandet, directeur du Séminaire et futur curé de Sainte-Croix. Les Angevins, émus par cette misère et sans doute soucieux de se débarrasser au plus vite de ces hôtes inquiétants, se montrent accueillants et généreux. De plus, apprenant que « ceux qui restoient dans leurs paroisses estoient encore plus à plaindre », ils décident de les secourir directement. Une quête générale à laquelle participent tous les habitants de la ville, clergé et présidial en tête, permet de réunir 1 500 livres, et Joseph Grandet est chargé d'aller distribuer ces aumônes en Craonnais. Il part au début du mois de mai, accompagné d'un prêtre plus spécialement chargé de faire sur place les achats de blé et de farine. Tous deux s'installent chez un confrère de Craon où ils sont bientôt rejoints par le supérieur des lazaristes d'Angers, Fardel. La misère qu'ils trouvent à Craon et dans les environs dépasse tout ce qu'ils attendaient : « La plupart des gens ne vivent que de racines d'herbes bouillies ou de pain de fougères »; leur dénuement est total et ils manquent d'habits autant que de nourriture. Aussitôt, Grandet et ses compagnons décident de secourir les paroisses qui leur ont été signalées comme les plus misérables, notamment Ballots, Bouchamps, La Selle et Pommérieux. Ils sont obligés de faire escorter les charrettes de pains par des gens armés, de peur qu'elles ne soient attaquées et pillées le long des chemins. Partout où ils passent, ils sont attendus par « des miliers de pauvres, le long des haies, avec des visages noirs, livides, attenuez comme des squelettes, la plupart s'appuyant sur des bâtons et se traînant comme ils pouvaient pour demander un morceau de pain ». Dès le début de mai, Colbert alerté par l'intendant a mis le roi au courant de la misère du Craonnais. Selon Grandet, on envoie même à Versailles un spécimen de pain de fougères, « plus

propre à nourrir des bêtes que des hommes ». De son
côté, Fardel a alerté le supérieur général des lazaristes,
et bientôt affluent de Paris et de la cour, des dons
qui vont permettre à Grandet d'étendre et de multiplier
ses distributions de farine, de pain et de potages. Au
début de juillet, sur l'ordre exprès du roi, l'intendant
Nointel vient à Craon se rendre compte de la situation
et promettre une diminution des tailles; il est assailli
par 700 ou 800 pauvres, « doux comme des moutons,
sans dire une seule parole, mais dont le visage ne
parloit que trop de leur misère ». Dès le mois d'août,
la promesse d'une belle récolte entraîne une baisse du
prix des blés, cependant que les secours envoyés de
toutes parts réussissent à conjurer peu à peu le fléau.
Finalement, la crise n'a pas, au point de vue démographique, les conséquences catastrophiques qu'on aurait pu craindre. Même dans les paroisses signalées
par Grandet comme les plus touchées, la surmortalité
des deux premiers trimestres de 1683 reste modérée,
comme en témoigne le tableau suivant, et ne rappelle
en rien les hécatombes de 1662 :

Décès trimestriels	1682				1683			
	1	2	3	4	1	2	3	4
Craon	34	54	62	36	65	49	30	25
Pommérieux	13	9	12	13	14	21	10	9
La Selle-Craonnaise..	10	10	8	15	15	26	16	9
Bouchamps	6	5	4	5	11	8	7	9
Ballots	9	17	15	14	18	25	15	11
Niafles	5	10	5	4	4	7	3	7
Fontaine-Couverte ..	10	7	7	10	14	28	10	11

Il est évident que l'ampleur et la promptitude des
secours ont joué un rôle déterminant : les importantes
distributions de vivres faites à temps ont empêché des
centaines de malheureux de mourir de faim. Mais il
est également évident que c'est dans la mesure où elle
était limitée à quelques paroisses du Craonnais que
la famine de 1683 a pu susciter, d'Angers à Tours et
à Versailles, cet exceptionnel élan de solidarité, inconcevable lors de crises généralisées comme l'avait été celle
de 1662 et comme le sera celle de 1693-1694.

Cette nouvelle crise de subsistances qui, nous l'avons vu, frappe durement l'Anjou, rappelle, en moins grave, la « crise de l'Avènement ». Dans de nombreuses paroisses, l'augmentation des décès à la fin de 1693 et au début de 1694 est à mettre en relation directe avec l'augmentation du prix des céréales. L'exemple de Baugé est, à cet égard, frappant (*cf.* graphique en fin de volume) : dans le premier trimestre de 1694, au moment où le prix du boisseau de froment a triplé par rapport à 1691, il meurt 85 personnes, contre 24 dans le trimestre correspondant de 1691, 33 dans celui de 1692, 20 dans celui de 1695; la corrélation est évidente. Pourtant, la situation est loin d'être aussi universellement désastreuse que trente ans plus tôt. Il semble en particulier que, contrairement à ce qui s'était passé alors, la disette n'a pas été totale dans les campagnes. La preuve en est qu'au plus fort de la crise, en mai 1694, il reste encore des blés en Craonnais, dans les Mauges, en Saumurois. Certes, dans plusieurs paroisses rurales, notamment en Baugeois et en Saumurois-Layon, la crise est bien marquée, se traduisant par un doublement, voire un triplement des décès, comme à Chenu, Challain, Sainte-Colombe, Martigné-Briant, Saint-Martin-de-la-Place. Dans cette dernière paroisse, le curé alerte en mai 1693 le procureur de l'abbaye de Saint-Florent et lui brosse un terrible tableau de la situation : il y a à Saint-Martin 447 pauvres, « tous dans le besoin d'être soulagés »; il précise : « Je fais tous les jours de nouvelles découvertes de pauvres honteux; je viens de voir une femme que je ne croyais pas dans le besoin, qu'on a cru morte jusqu'à deux fois du seul manque de subsistance... Nous avons donné trois cents boisseaux de mouture à nos pauvres, sans conter le pain blanc, le vin, la viande, le bois, les chemises et les draps, etc., que nous avons donnés aux malades. Mais leur extrémité est si grande que n'ayant presque plus de grain, je ne croy pas devoir en demeurer là : je cherche à vendre mon cheval et à emprunter du bled sur la cueillette future. » La charité efficace de ce pasteur exemplaire a certainement limité les méfaits de la disette, mais il n'a pas empêché cette petite paroisse de 700 habitants d'être littéralement décimée, perdant 70 personnes en un an, de juillet 1693 à juillet 1694. Mais de tels cas sont assez rares. Dans la plupart des paroisses rurales de l'Anjou, la crise est démographiquement peu marquée, comme à La Chapelle-d'Aligné ou à Trémentines, voire imperceptible comme à Ménil.

Ce sont les villes, cette fois, qui sont les grandes victimes de la disette, dans la mesure où leur ravitaillement est rendu très difficile par l'attitude des paysans du plat pays. En juin 1693, un attroupement des paysans de Saint-Georges-sur-Loire empêche deux échevins d'Angers d'emmener les blés qu'ils ont achetés pour le compte de la ville. Le 5 septembre, le Corps de Ville note : « Au regard du pain, on remarque icy avec chagrin que dès le temps de la moisson présente, le bled se vend couramment 30 sols le boisseau, le froment, 38 à 40 sols, et les marchés n'en sont pas suffisamment pourvus; et dans les lieux circonvoisins, l'on y arrête les bleds que l'on veut transporter, ce qui donne juste lieu de craindre pour l'hiver prochain. » Le 20 octobre, un arrêt du Parlement portant règlement pour la subsistance des pauvres est appliqué à Angers : les gens aisés sont taxés selon leurs facultés et doivent prendre en charge un, deux ou trois pauvres, leur donnant pain ou argent, au choix. Mais le système fonctionne très mal; l'évêque Michel Le Peletier lui-même proteste contre le fait que les ecclésiastiques sont soumis à cette taxe. Bientôt, les pauvres doivent à nouveau compter sur la libre charité des personnes ou des communautés. En janvier 1694, la municipalité réussit non sans peine à acheter en Craonnais des blés qui sont vendus aux pauvres munis d'un certificat de leur curé, les mercredi et samedi de chaque semaine, à partir du 20 février, « sur le pied qu'ils avaient cousté », c'est-à-dire 30 sols le boisseau. En mai, la situation est à nouveau dramatique, et il faut, nous l'avons vu, envoyer en Craonnais une véritable expédition armée pour en ramener du blé. Comme toujours en pareil cas, l'afflux des pauvres en quête de secours aggrave encore la situation : au printemps de 1694, il y en a, selon Toisonnier, près de 8 000. Cependant, grâce aux initiatives de la Maison de Ville et du clergé qui achètent du blé dans la province et en Bretagne, les marchés de la ville ne seront à aucun moment totalement démunis, comme cela avait été le cas en 1662. Il est vrai que la « cherté » elle-même (le boisseau de froment atteindra 60 sols) introduit une tragique discrimination entre riches et pauvres et aggrave encore l'inégalité habituelle devant la vie et la mort. Dans la paroisse de la Trinité où, en dehors d'importants établissements ecclésiastiques, la population est formée essentiellement d'artisans pauvres, souvent même misérables, la crise est durement ressentie, avec un doublement du chiffre des décès dans le premier trimestre de 1694; par contre, à Saint-Pierre, où magistrats et rentiers sont nombreux, on n'enregistre aucun gonflement de ce genre. Lehoreau n'exagère pas lorsqu'il écrit : « La famine est si grande que plusieurs moururent de faim, même dans cette ville d'Angers », mais il est trop discret ou trop imprécis : la crise frumentaire de 1693-1694 qui se traduit par la cherté des grains, non leur totale pénurie, atteint essentiellement les pauvres.

A Saumur, dès l'hiver de 1693, raconte Marie Laigle, « les gens étaient en route de tous côtés avec une famine qui était universelle; le blé valait un prix qui était bien rude; car les pauvres de la ville et de la campagne étaient comme des moribonds ». En décembre 1693, la Maison de Ville établit, en application de l'arrêt du Parlement, un bureau des pauvres dans chacune des trois paroisses : chaque famille pauvre reçoit, selon le nombre de ses enfants, deux ou trois livres de pain par jour, « à prendre chez ceux qu'on a jugé pouvoir leur donner ». Mais le nombre des mendiants augmente sans cesse, la ville est obligée de « donner du pain à prendre chez un boulanger pour distribuer à ceux qui n'avoient point de billet chez les particuliers ». Le curé de Saint-Nicolas qui donne ces précisions, ajoute : « Cela est si considérable qu'on a distribué par semaine chez ledit boulanger le nombre de douze à quinze cents livres de pain chaque semaine. » Sur la base de deux livres de pain par jour, c'est donc une centaine de familles pauvres qui sont ainsi secourues, en dehors de toutes celles prises en charge par les Saumurois aisés. Tout cela ne va pas sans murmures : « On a bien de la peine à contenter les pauvres et les riches, note le curé de Saint-Nicolas, les pauvres croyant n'avoir pas assez de quoi les sustenter, les riches se plaignant parce que cela faisait que la plupart de ceux qui avaient ces charités ne vouloient point travailler. »

Et il conclut : « Tous ne doutent pas qu'après cette grande misère, il ne soit mort un grand nombre de personnes, les uns pour n'avoir pas assez le quoi subsister, et les autres pour les mauvaises qualités qui sont dans les fruits. » Effectivement, dans les trois paroisses de Saumur, on enregistre en un an, de juillet 1693 à juillet 1694, 675 décès, soit deux fois plus qu'en temps normal. De même qu'à Angers et à Saumur, la crise se fait durement sentir dans les petites villes de la province : à Baugé, à Beaufort, à Bourgueil, les décès sont dans le premier trimestre de 1694, le double ou le triple de ce qu'ils sont ordinairement. Par contre, Craon et Château-Gontier, au centre d'une région où les grains n'ont pas manqué, sont à peu près épargnés. Au total, si la crise a touché la plupart des villes et plusieurs paroisses de campagne, si elle a contribué à augmenter considérablement le nombre des pauvres, elle n'a été à aucun moment, ni aussi généralisée ni aussi grave dans ses conséquences démographiques qu'en 1661-1662.

L'étude de la répartition des décès par âge pendant la crise a été faite par Pierre Goubert, à propos des 272 décès à Saint-Lambert-des-Levées en 1693-1694, dont il a comparé la répartition à celle observée pendant la période 1671-1690 :

	1671-1690 (en %)	1693-1694 (en %)
0-1 an	27,2	21,3
1-4 ans	17,6	18,8
Enfants*	2,2	0
5-19 ans	11,5	15,7
20-39 ans	11	17,2
40-59 ans	15,3	14,3
60 ans et plus	14,2	12,5
Adultes*	1	0,2

* Age indéterminé.

Il en ressort que si la répartition du temps de crise n'est pas exactement celle du temps normal, elle n'en est pas très éloignée : la différence la plus notable réside dans le fait que le *pourcentage* des décès de moins d'un an diminue sensiblement en période de crise frumentaire. Compte tenu de ce fait et pour

cerner la réalité de plus près, j'ai étudié la répartition
des décès par âge à Chenu pendant le premier trimestre de 1694 par comparaison avec la période
1681-1700, en excluant les décès d'enfants de moins
d'un an. Voici cette double répartition :

	1681-1700 (premier trimestre de 1694 exclu) (en %)	1694 Premier trimestre (en %)
1-4 ans	19,1	21,5
5-19 ans	11,6	19,8
20-39 ans	18,3	16
40-59 ans	17,3	16
60 ans et plus	24,1	14,2
Age indéterminé	9,6	12,5

Ainsi, ce sont les enfants de plus d'un an et les
adolescents qui paient le plus lourd tribut. Toutefois,
les différences sont au total peu considérables. En
d'autres termes, si l'on met à part les enfants de
moins d'un an et les vieillards de plus de 60 ans,
relativement protégés, la surmortalité due à la disette
et aux maladies qu'elle entraîne atteint à peu près
également tous les groupes d'âge intermédiaire. Il n'en
est pas de même, on va le voir, lors des grandes
épidémies du XVIIIe siècle.

3. — *La mortalité de crise des années 1705-1714*

De 1705 à 1714, la plus grande partie de l'Anjou
connaît ce qu'il convient d'appeler une « mortalité
de crise », marquée par un excédent des décès sur
les naissances visibles sur la plupart des courbes
paroissiales longues. Epidémie de pourpre et de dysenterie en 1705-1706, catastrophique épidémie de dysenterie en 1707, disette consécutive à l'hiver de 1709,
« fièvres malignes » de 1710 à 1713, nouvelle disette
en 1713-1714, toutes ces causes ont joué plus ou
moins nettement selon les régions et les paroisses.

Dans le sud du Craonnais, c'est le pourpre qui
selon le curé de Challain, apparaît au début de 1705,

puis après un léger répit, à nouveau au début de
1706; en septembre de cette même année, alors que
le pourpre continue à sévir, la dysenterie fait son
apparition. La double épidémie continue jusqu'au
début de 1707 et est responsable d'un bon nombre
des 252 décès enregistrés à Challain pendant l'année
1706. Les paroisses voisines, notamment Combrée et
Le Bourg-d'Iré, connaissent, elles aussi, une importante mortalité, comme en témoigne le tableau suivant :

Décès trimestriels	1705				1706			
	1	2	3	4	1	2	3	4
Challain	43	25	17	34	52	55	62	83
Combrée	12	9	15	15	15	10	21	42
Le Bourg-d'Iré	12	18	12	17	11	10	19	48

Mais le sud du Craonnais n'est pas la seule région
touchée. Toisonnier note dans son *Journal* : « Il y
a eu cette année (1706) grande mortalité causée par
la dysenterie dans les campagnes. » En effet, sur
presque toutes les courbes longues de mortalité, 1706
correspond à un « clocher » souvent très marqué,
ainsi à Trémentines et à La Chapelle-du-Genêt dans
les Mauges, à La Pommeraie dans le Val de Loire,
à Mouliherne dans le Baugeois, à Ménil sur la
Mayenne. C'est vrai même pour certaines paroisses
urbaines, comme Baugé ou la Trinité d'Angers.

L'exceptionnelle gravité de l'épidémie de dysenterie
de l'automne de 1707, résurgence de celle de l'année
précédente après quelques mois de rémission, vient
précisément du fait qu'elle sévit dans des paroisses
déjà durement éprouvées; plus limitée géographique-
ment (seuls le Craonnais et les Mauges sont touchés),
elle se révèle infiniment plus meurtrière que l'épidémie de 1706. Tout commence dans les derniers jours
de juillet 1707. Le mois avait été remarquablement
chaud et sec : le 19 et le 20 notamment, la température avait été si élevée qu'il y avait eu dans les
campagnes de nombreux accidents mortels. Or, l'on
a dit le rôle des brusques changements de température dans la propagation de la dysenterie bacillaire.

Là sécheresse tarissant les puits a certainement contribué, elle aussi, à la diffusion de la maladie dont un premier cas se manifeste à Challain le 28. De là, le mal très contagieux se répand dans la plupart des paroisses voisines du Segréen et du sud du Craonnais. A la mi-août, la maladie apparaît à Angers et dans quelques paroisses de la vallée du Layon et du nord-est des Mauges. En même temps, elle s'est répandue, depuis le Craonnais, dans le bas Maine et de nombreux cas sont même bientôt signalés au Mans. Par contre, l'épidémie épargne presque complètement le haut Anjou : non seulement aucun curé des paroisses du Baugeois et du Saumurois n'y fait allusion, mais encore, les sondages dans les registres de sépultures ne font apparaître aucune surmortalité à l'automne de 1707. De même, la Touraine et le haut Maine, (Le Mans excepté) échappent à l'épidémie. Assez bien cantonnée, celle-ci n'en prend pas moins, là où elle sévit, des proportions catastrophiques. Les récits des contemporains ne laissent aucun doute sur sa nature : « Les malades, écrit René Lehoreau, d'abord qu'ilz estoient attaquez de cette maladie pestilentieuse ne duroient que deux à trois jours et faisoient d'horribles cris par les maux qu'ils souffroient jusqu'à presque rendre les boyaux par le fondement. » Il s'agit bien d'une dysenterie bacillaire, à forme aiguë, extrêmement contagieuse. De leur côté, Joseph Grandet dans son *Journal* de septembre 1707, et Pierre Maussion dans ses registres de Challain insistent sur la contagiosité de la maladie. Le 21 septembre 1707, l'évêque d'Angers, Michel Poncet, écrit au contrôleur général Chamillart : « Une dissenterie très violente fait depuis deux mois un désordre épouvantable dans mon diocèse; il en a déjà cousté la vie à près de six mil personnes, et le mal augmente loin de diminuer. » De fait, l'épidémie n'atteint son paroxysme, dans la plupart des paroisses, qu'à la fin du mois de septembre. Le 30, Michel Poncet publie un mandement ordonnant des prières de Quarante-Heures : « Quel sujet de tristesse pour nous, écrit-il, de voir une maladie dangereuse et opiniâtre désoler plusieurs cantons de notre diocèse et nous enlever avec rapidité des ouailles que nous voudrions conserver aux dépens de nos propres jours. Nous nageons dans les pleurs d'un nombre considérable de familles affligées à qui la mort arrache ce qu'elles avoient de plus cher. » Dès la mi-septembre, l'intendant Turgot a réclamé au contrôleur général des boîtes d'ipécacuana et des cordiaux pour être distribués dans les paroisses angevines les plus atteintes. Mais la dysenterie, à la fois maligne et multiforme, se révèle rebelle à l'ipécacuana. Selon Pierre Hunauld fils, alors médecin de l'Hôtel-Dieu d'Angers, le thériaque et les cordiaux sont d'un « usage plus seur »; de toute façon, ajoute-t-il, « remèdes et conseils sont inutiles s'ils n'ont pour fondement de bonnes nourritures » et si l'on ne peut « distribuer tous les jours des bouillons à chaque malade ». Tel est bien aussi l'avis de Grandet : le remède d'Helvétius, comme on appelle l'ipécacuana, ne peut avoir d'effets, dit-il, que s'il est administré avec soin et surtout si le malade a en même temps un bon régime alimentaire; et d'ajouter : « Les pauvres gens de la campagne n'en sauroient guère profiter...; quoy qu'on soit malade à Angers, on n'y meurt pas tant qu'à la campagne parce qu'on y est mieux gouverné. » A la fin de septembre, sur l'ordre du roi, d'Aguessau, procureur général du parlement de Paris, demande à la Faculté de médecine d'Angers de s'assembler « pour savoir quelle étoit la cause de ces maladies, leurs effets et les remèdes qu'on pouvoit y apporter ». La réponse que porte à Paris Hyacinthe Besnard, docteur-régent députe par ses collègues, attire l'attention sur les formes diverses que revêt la dysenterie et les remèdes différents qu'il faut appliquer selon les cas; quant à la « cause universelle et uniforme, surtout à la campagne, (c'est) une pauvreté affreuse; (les malades) n'ont pas la plupart un morceau de pain pour se nourrir; on en trouve couchés sur la plate terre ou au plus sur la paille ». Le fait que la dysenterie de 1707 a connu son maximum de virulence dans le Craonnais, région économiquement mal équilibrée, vouée à une misère chronique, déjà durement touchée lors des crises de la fin du siècle précédent, prouve bien, s'il en était besoin, qu'il s'agit d'une maladie « sociale », née de la misère et aggravant celle-ci.

La situation dans la paroisse de Challain, bien connue grâce à la *Relation* du curé Maussion et au *Journal* de Grandet, illustre les proportions catastrophiques prises par l'épidémie. Dans cette importante paroisse de 2 500 à 3 000 habitants, le curé doit faire face à tout, aidé seulement de deux vicaires. Les trois prêtres visitent journellement une soixantaine de malades, auxquels ils apportent non seulement des secours spirituels, mais aussi de la nourriture et des remèdes. Bientôt, le nombre des morts se multiplie, une douzaine par jour en moyenne dans la seconde quinzaine d'août, une quinzaine en septembre, avec le 16, le triste record de 23 inhumations. Dans la première quinzaine d'octobre, le mal recule enfin, pour disparaître à la fin du mois. Au total, 538 habitants sur 2 500 à 3 000 sont morts en trois mois. La situation est presque aussi dramatique dans les paroisses voisines, à Noellet, où l'on enterre 35 personnes en une seule journée, à Combrée, au Bourg-d'Iré. Dans de nombreuses paroisses, curés et vicaires sont très vite débordés, et Mgr Poncet doit envoyer dans les paroisses les plus désolées, les religieux mendiants d'Angers pour aider le clergé local. A Angers même, Pierre Hunauld soigne à l'Hôtel-Dieu plus de 350 dysentériques dans le courant de septembre; à la mi-octobre, le chiffre diminue considérablement, mais remonte à la fin du mois : dans la seule matinée du 29 octobre, Hunauld fait admettre 10 nouveaux malades à l'hôpital; enfin, dans le courant de novembre, l'épidémie perd peu à peu de sa virulence.

Combien la dysenterie de 1707 a-t-elle fait de victimes ? Toisonnier et Lehoreau parlent l'un et l'autre de plus de 15 000 morts pour l'ensemble de la province. Mieux que ce chiffre global, d'ailleurs vraisemblable, les chiffres de décès par paroisses disent l'ampleur du fléau : à Combrée, à Challain, à Noellet, plus du cinquième de la population disparaît en trois mois; au Bourg-d'Iré, à Chazé-Henry, à La Ferrière-de-Flée, à Sainte-Gemmes, de 10 à 20 pour cent, de même qu'au Louroux-Béconnais et au delà de la Loire, à La Pommeraie, à Saint-Martin-de-Beaupréau, à Melay. Les paroisses les plus touchées se situent autour de Challain et de Segré. A Angers, si la dysenterie a sévi durant de longues semaines, elle n'a fait que relativement peu de victimes, comme en témoignent les chiffres trimestriels de décès en 1705-1708 à l'Hôtel-Dieu et dans les deux grandes paroisses de Saint-Pierre et de la Trinité :

	1705				1706				1707				1708			
	1	2	3	4	1	2	3	4	1	2	3	4	1	2	3	4
Hôtel-Dieu					98	105	124	207	142	115	158	258	130	104	124	171
St-Pierre	25	26	24	20	18	14	19	32	17	19	40	37	24	21	30	17
La Trinité	77	62	79	57	85	53	84	95	70	98	61	79	93	54	60	75

Les efforts déployés par Pierre Hunauld à l'Hôtel-Dieu et par ses confrères dans les quartiers de la ville, de même que les distributions de remèdes et de potages, ont certainement contribué à réduire en ville les effets de l'épidémie.

La dysenterie de 1707 : les paroisses les plus atteintes

(plus de 10 % de la population en 3 mois)

Paroisses (a)	1707							Total des 3 mois (b)	% (c)
	J	A	S	O	N	D			
Combrée (1 034 h)...............	13	62	195	42	8	6		299	29
Challain (environ 2 500 h)	10	181	298	59	18	17		538	21
Noellet (770 h)	27	76	54	21	12	14		151	20
Le Bourg-d'Iré (environ 1 000 h).	7	53	98	28	15	5		179	18
Chazé-Henry (944 h)	5	9	80	50	10	5		139	15
La Ferrière-de-Flée (458 h)	4	8	29	31	21	8		68	15
Sainte-Gemmes (1 135 h)	6	19	105	56	14	4		180	15
Melay (860 h)	9	31	59	44	10	3		134	15
Le Louroux-Béconnais (1 135 h)..	11	33	115	33	8	6		181	12
La Pommeraie (1 780 h)	11	42	83	84	21	16		209	11
Saint-Martin-de-Beaupréau (1 158 h)	8	7	54	73	2	8		134	11

(a) Entre parenthèses, population au début du XVIIIᵉ siècle d'après Saugrain, *Dictionnaire...*

(b) Août, septembre, octobre. On remarquera que dans certaines paroisses, l'épidémie continue à l'évidence, pendant une partie du mois de novembre; le cas est particulièrement net à La Ferrière-de-Flée.

(c) Il s'agit de pourcentages arrondis. En effet, si les chiffres de décès sont sûrs, ceux de population ne peuvent être considérés, on le sait, que comme approximations vraisemblables. Dans ces conditions, le calcul d'un pourcentage précis eût été illusoire.

Le caractère catastrophique qu'a revêtu celle-ci dans les paroisses rurales les plus touchées ressort non seulement des données globales par paroisses, mais aussi de l'étude de la répartition des décès par groupes d'âge. Pour ne pas fausser les perspectives et tenir compte de l'habituelle variation saisonnière, il convient de comparer cette répartition des décès pendant le trimestre tragique avec celle des décès pendant les mêmes mois en période « normale ». Dans le cas de Challain, une telle comparaison se trouve facilitée par le fait qu'il meurt de 1699 à 1723 (1707 exclu), pendant les mois d'août, septembre et octobre, 534 personnes, soit autant (à quatre unités près) que lors de la même période de la seule année 1707 (538 décès). Cette répartition est profondément différente en 1707 de ce qu'elle est en période normale. Certes, tous les groupes d'âge paient leur tribut à l'épidémie, mais dans des proportions bien diverses. Si les enfants de moins d'un an sont *relativement* épargnés (45 décès contre 8 en moyenne en temps normal), les enfants de 5 à 9 ans sont, eux, les grandes victimes de la dysenterie (115 décès contre 1 ou 2 en moyenne), de même que les enfants et adolescents de 10 à 19 ans (63 décès contre à peine 1 en moyenne); enfin, adultes et surtout vieillards sont *relativement* moins touchés. Les conséquences dramatiques pour l'avenir, d'une telle répartition, se devinent aisément. Alors que pour une même communauté d'habitants, la crise frumentaire du type de celle de 1694 ne fait qu'aggraver les constantes de la mortalité normale, sans introduire de discrimination sensible selon l'âge (sinon la relative immunité des nourrissons), l'épidémie de dysenterie frappe très inégalement les groupes d'âge, ménageant relativement les extrêmes et s'acharnant plus spécialement sur les enfants de 5 à 9 ans, discrimination redoutable pour la communauté, car compromettant l'avenir. Si l'on s'en tient à cette tranche d'âge 5-9 ans, la plus touchée puisqu'elle compte 115 décès contre 1 ou 2 en temps ordinaire, et même si l'on tient compte de la mortalité juvénile dont auraient été normalement victimes un certain nombre de ces enfants s'ils avaient survécu à l'épreuve de 1707, c'est 30 à 40 mariages qui auraient été célébrés 15 à 20 ans plus tard, ce qui équivaut à un déficit de quelque 150 naissances (à raison de quatre enfants par couple

en moyenne). Encore ne s'agit-il que des conséquences
des seuls décès d'enfants de 5 à 9 ans. On comprend
mieux, dans ces conditions, l'évolution de la population de la paroisse au XVIIIe siècle.

Par contre — et c'est là une nouvelle différence
entre la mortalité épidémique et la crise de subsistances — on n'enregistre à Challain aucun effondrement spectaculaire ni des conceptions, ni des naissances, ni des mariages pendant le trimestre tragique :
le chiffre de 47 naissances est même supérieur à la
moyenne; tout au plus, les chiffres de 23 conceptions
et de 5 mariages sont-ils, eux, légèrement inférieurs
à cette moyenne (*cf.* graphique en fin de volume).
Rien de comparable à la situation observée par
exemple à Beaufort en 1661-1662 ou à Baugé en 1694.
Cette différence ne saurait surprendre : d'une part,
la dysenterie frappant essentiellement enfants et adolescents ne peut avoir d'incidences notables sur la
fécondité et la nuptialité; d'autre part, dans le cas
des crises frumentaires, la chute des conceptions
semble bien liée à l'extrême misère physiologique
qu'entraîne une famine prolongée; une épidémie de
dysenterie aussi brutale et rapide que celle de 1707
ne saurait à aucun titre avoir les mêmes effets, même
si elle a contribué à aggraver l'état de misère quasi
permanente dans lequel vivaient de nombreuses paroisses rurales de l'Anjou, notamment dans le Craonnais
et les Mauges.

Cette aggravation ressort à l'évidence du « Mémoire
sur l'état du Craonnais » rédigé à la fin de l'année
1708 par le contrôleur général Desmarets d'après
les rapports de « personnes sages et sur le témoignage
desquelles on peut s'assurer ». D'après ce « Mémoire »,
« il n'y a dans ces paroisses que des misérables,
qui n'ont ni les choses nécessaires à la vie pour se
nourrir, ni de paille pour se coucher, ni d'habits ni
de toile pour se couvrir ». De nombreux habitants,
« parmi les meilleurs », quittent le pays définitivement et s'installent er Bretagne, dans les paroisses
les plus proches, La Guerche, Martigné-Ferchaud, afin
d'échapper au poids excessif des tailles; cet exode
aggrave encore la situation de leur paroisse d'origine
où il ne reste que « des misérables que les collectes
et les contraintes ont achevé de ruiner », d'autant
plus que faute de paiement, on procède à la saisie

des lins, seule ressource de ces paysans. Mgr Poncet, à qui Desmarets a demandé son avis sur ce « Mémoire », ne pourra qu'en confirmer l'exactitude dans la réponse qu'il adresse le 23 janvier 1709 au contrôleur général : « La misère, écrira-t-il, est à un point qu'il est difficile d'exprimer. »

Pour comble de malheur, l'Anjou connaît en octobre 1707, une nouvelle catastrophe qui affecte, il est vrai, une région épargnée par l'épidémie : le 12 octobre, à la suite de pluies torrentielles, la levée de la Loire cède à la hauteur de la chapelle des Trois-Volets, aux confins de l'Anjou. Moins grave que dans l'Orléanais et la Touraine, l'inondation n'en ravage pas moins la majeure partie de la Vallée d'Anjou, faisant de nombreuses victimes et provoquant d'importants dégâts aux maisons et aux cultures. Dans l'ensemble de la province, épidémie et inondation entraînent une diminution très sensible des emblavures à l'automne de 1707, ce qui explique que la récolte de 1708 soit médiocre. Le 31 juillet, l'intendant écrit au contrôleur général : « Ainsi en général si l'année est moins abondante au moins d'un tiers que l'année dernière, il faut espérer que les denrées qui restent des précédentes nous pourront soutenir en attendant une meilleure. »

Hélas ! au lieu de l'année « meilleure » espérée par l'intendant, l'Anjou connaît, comme tout le reste du royaume, la rigueur de l'hiver de 1709 et ses conséquences. Les témoignages sur le caractère exceptionnel du froid qui sévit en janvier et février sont, on l'a vu, multiples et concordants, et il n'est pas nécessaire d'y revenir, mais il convient de s'interroger ici sur les conséquences proprement démographiques du « grand hiver ». Les conséquences directes sur la mortalité sont certaines, mais ne doivent pas être exagérées : dans la plupart des paroisses, les mois de janvier et de février sont marqués par un léger accroissement des décès que l'on peut attribuer au froid terrible qui sévit alors pendant plusieurs semaines, mendiants et vagabonds trouvés morts en pleine campagne ou sous quelque grange, enfants ou vieillards victimes d'accidents pulmonaires. Le dégel, qui commence à la mi-février et s'accompagne bientôt de pluies diluviennes qui dureront pendant la plus grande partie du printemps, est, selon Ballain, responsable de nombreux décès : « Le dégel estant arrivé, écrit-il, il survint un si grand cours de fluxions et de rhumes qui tombèrent sur la poitrine que grand nombre de personnes moururent en Anjou. » De fait, la surmortalité des deux premiers mois de 1709 s'observe encore en mars, avril et mai, ainsi à Angers, à l'Hôtel-Dieu et dans la paroisse populaire de la Trinité. En même temps, l'hiver et le printemps pourri qui lui succède entraînent une crise de subsistances que traduisent fidèlement les mercuriales : à Angers, le boisseau de froment qui valait 24 sols au début de janvier, en vaut 30 le 1ᵉʳ février, 40 le 23 mars, 55 le 20 avril, 65 le 18 mai. La détresse est d'autant plus grande que le gel a détruit non seulement la plupart des ensemencés, mais les vignes, les noyers, les arbres fruitiers. La cherté et la disette des grains provoquent très vite l'inquiétude des populations angevines qui se soulèvent partout où il y a encore des blés afin d'empêcher qu'on ne les enlève. Le 16 mars, une première « émotion » a lieu aux Ponts-de-Cé, les riverains ayant arrêté de force six gros bateaux de blé qui descendaient sur Nantes; l'intervention de l'évêque et du maire d'Angers, arrivés en hâte, évite le pire. Deux jours plus tard, c'est à Angers même que les gens du port arrêtent des bateaux chargés de blé à destination de Laval et menacent de jeter à la rivière les magistrats venus pour rétablir l'ordre; le lendemain, les greniers de plusieurs marchands sont pillés, ainsi que les boutiques de quelques boulangers soupçonnés d'accaparement. La sédition la plus grave a lieu à Montjean le 16 juillet, les habitants refusant de laisser partir les blés achetés par la municipalité d'Angers. L'intendant Turgot vient lui-même sur place à la tête d'une compagnie de dragons pour enlever les blés et faire justice des principaux meneurs. Pendant tout le printemps et l'été de 1709, les émotions populaires, rarement aussi graves qu'à Montjean, se multiplient. Elles témoignent que la disette n'est pas totale puisque les Angevins se soulèvent ici ou là non parce qu'ils manquent complètement de blé, mais parce qu'ils craignent d'être privés du peu qui leur reste encore. Comme en 1693-1694, ce climat explosif correspond à une psychose de disette, plus qu'à la disette elle-même. La situation est infiniment moins dramatique qu'en 1661-1662 ;

la province avait alors manqué totalement de grains, et seuls les envois des provinces voisines avaient pu mettre fin à la famine, et il est significatif qu'aucune émotion populaire n'avait alors eu lieu. En 1709, on peut dire, en dépit de certaines affirmations de mémorialistes ou de curés, que l'Anjou connaît non une famine comparable à celle de l'Avènement, mais une sévère disette que les mesures énergiques prises par les autorités réussissent en quelque sorte à organiser et à rendre, de ce fait, presque supportable pour tous. Dans la plupart des paroisses on obéit aux prescriptions de l'arrêt du parlement du 19 avril et l'on dresse un catalogue des pauvres, chacun de ceux-ci devant être pris en charge par une personne aisée. A Angers, une assemblée générale de la ville groupant sous la présidence de l'évêque et du lieutenant de roi, les curés et les députés des paroisses, se réunit le 6 mai au palais épiscopal et met au point un « Règlement touchant la subsistance des pauvres » : les curés dresseront un rôle de tous les pauvres de leur paroisse en distinguant « ceux qui le sont absolument et ceux qui ne le sont qu'à demi »; en même temps, ils feront un état des personnes susceptibles de se charger d'un ou plusieurs pauvres, « ce qui se fera en conscience et suivant les facultez d'un chacun »; ces personnes devront soit nourrir chez eux les pauvres dont ils sont chargés, soit leur donner chaque jour une livre de pain ou deux sols en argent. « Tous les pauvres mendians tant de la ville qu'étrangers, valides qu'invalides » se retireront chacun dans leur paroisse, mais il leur est fait défense de mendier, « puisqu'on subvient à leurs besoins ». Dans chaque paroisse un inspecteur des pauvres, « personne charitable, active et zélée », veillera avec le curé à l'exécution du règlement et viendra tous les lundis au palais épiscopal rendre compte devant le Bureau des pauvres, de son activité et de ses difficultés éventuelles. Ce règlement est, on le voit, extrêmement précis et susceptible de limiter les méfaits de la disette. Il suppose toutefois que la ville d'Angers dispose d'assez de blé pour assurer aux plus pauvres le minimum d'une livre de pain par jour. C'est pourquoi durant tout le printemps et l'été, la municipalité et l'évêque font les achats nécessaires pour stocker des grains qui sont vendus ensuite sur les marchés « au

plus bas prix qu'il se peut ». Cela non seulement
permet aux personnes aisées d'assurer leur subsistance et celle de « leurs pauvres », mais encore
déjouent en partie les calculs sordides des accapareurs.
Certes, une ration d'une livre de pain permet tout
juste de ne pas mourir de faim (encore s'agit-il parfois de pain fait d'orge et de racine d'asphodèle, ou
même de racine de fougère); certes, les plus affamés
ou les moins secourus essaient-ils de tromper leur
faim avec d'étranges bouillies. Il n'en reste pas moins
que les initiatives du clergé et de la municipalité
réussissent à empêcher la disette de dégénérer en
famine. Il en est de même dans le reste de la province. Le règlement du 6 mai est déclaré applicable,
à quelques articles près, à toutes les paroisses de la
sénéchaussée d'Angers, et des règlements similaires
sont mis en vigueur dans les autres sénéchaussées. A
Saumur, un « roole général des contribuables aux
aumosnes des pauvres » est dressé le 27 mai : 366 personnes sont imposées à des sommes variant entre
10 sols et cinq livres, « à quoy faire, ils seront
obligés de quinzaine en quinzaine, ce par avance, et
en cas de refus seront contraints au paiement du
double »; de plus, quelque 300 « propriétaires externes
de maisons, rentes, prés et autres domaines situés tant
dans ladite ville que dans les fauxbourgs » sont taxés
au sol la livre des deux tiers de leur revenu.

Les grains semés en mars ou avril ayant été soit
gâtés par la pluie et attaqués par la rouille, soit
détruits par une nouvelle inondation survenue dans
toutes les vallées, la récolte de 1709 aurait été désastreuse sans les « menuages » qui réussissent bien presque partout. Cependant, la cherté des grains se maintient pendant tout l'hiver de 1709-1710 et les mesures
concernant la subsistance des pauvres restent en
vigueur. Toutefois, dès le mois de mars 1710, les
prix baissent, et le boisseau de froment qui valait
70 sols à Angers le 18 janvier 1710, n'en vaut plus
que 40 le 15 mars, 32 le 23 août, 30 le 6 septembre.
L'espoir, puis la perspective et enfin la mise en place
d'une belle récolte contribuent grandement à ce retour
progressif à la normale.

Que les efforts des autorités et de toutes les bonnes
volontés pour pallier la disette aient porté leurs fruits,
il suffit pour s'en convaincre de comparer la situation

démographique de 1709-1710 à celle de 1661-1662.
D'une part, les courbes paroissiales longues présentent
rarement un « clocher » de mortalité correspondant
aux années 1709 et 1710; lorsqu'il y en a un, il traduit généralement soit la surmortalité des premiers
mois de 1709, et ne peut donc être imputé à la
crise de subsistances, soit quelque épidémie subsé-
quente. D'autre part, dans l'importante paroisse de
la Trinité d'Angers, que l'on peut prendre comme
exemple, l'évolution des décès et des conceptions et
celle de la mercuriale ne font apparaître ni augmentation des décès ni effondrement des conceptions en
corrélation avec la hausse spectaculaire du prix des
grains (*cf.* graphique en fin de volume). La crise de
subsistances — incontestable, l'une des plus graves,
même, du XVIIIe siècle — n'a pas entraîné de crise
de mortalité. Bien sûr, la disette prolongée, la sous-
alimentation, l'usage de « mauvaises nourritures »
ont dû compromettre la santé de bien des enfants
et même des adultes dans les familles pauvres de la
province et favoriser l'apparition de diverses épidémies,
mais nulle part la crise n'a dégénéré en famine dévas-
tatrice. « Personne n'est mort de faim dans la paroisse,
note le curé de La Chapelle-d'Aligné, il y a même
moins de gens malades depuis qu'on ne fait plus de
débauches. » Au total, si spectaculaires qu'aient été
ses manifestations et si graves qu'aient été ses conséquences, le « grand hiver » de 1709 apparaît comme
une épreuve sans commune mesure avec l'épidémie
de dysenterie de 1707, la famine de 1661-1662 ou
les grandes épidémies de peste du début du XVIIe siècle.

Malheureusement, la situation sanitaire et alimentaire va continuer à se détériorer dans les années suivantes. En 1710, une épidémie de « fièvres malignes »
— la fièvre thyphoïde presque sûrement — sévit
durant les mois d'été et d'automne. En 1711 et 1712,
se déclarent un peu partout de nouvelles épidémies,
sans doute de dysenterie, pour lesquelles en tout cas
l'intendant Chauvelin réclame des « prises du remède
de M. Helvétius »; les paroisses des Mauges semblent avoir été particulièrement touchées au printemps de 1712. En mai et juin 1713, la vallée de la
Loire en aval de Chalonnes est affectée de fièvres
dont on meurt en trois ou quatre jours. Par ailleurs,
de mauvaises conditions météorologiques en 1712 et

1713 et les manœuvres de quelques accapareurs provoquent dès les premiers mois de 1713, une nouvelle « cherté ». Le 14 mai 1713, un conseiller au présidial d'Angers, Jacques Frain du Tremblay, écrit au contrôleur général Desmarets : « Cette province est dans une misère effroyable par la disette des blés; la moitié des gens de la campagne manquent de pain; il en est déjà mort un grand nombre de faim. » Les prix des céréales augmentent encore durant l'hiver de 1713-1714 et atteignent les chiffres de 1709. En avril 1714, une terrible épizootie, qui frappe l'Anjou comme la plupart des autres provinces du royaume, entraîne une hausse brutale du prix de la viande et une aggravation de la misère générale. Toutefois, la crise de subsistances, très comparable en cela à celle de 1709-1710, ne semble pas, quoi qu'en dise Frain du Tremblay, avoir dégénéré en véritable crise de mortalité, grâce notamment à l'achat des blés étrangers vendus à vil prix. Certes, on observe dans plusieurs paroisses, en 1714, des chiffres de décès légèrement supérieurs à la moyenne. Encore est-il difficile de les imputer directement à la disette plutôt qu'à une récurrence des épidémies des années précédentes. Mais la distinction est en fait arbitraire : on peut dire seulement que la disette a aggravé, dans beaucoup de paroisses, une situation sanitaire déjà déplorable.

A Angers, même, un accident fortuit sème pendant l'été de 1714 la désolation et la mort. Un loup enragé venu du Baugeois s'eventure le 3 juin jusque dans les faubourgs de la ville où il mord une centaine de personnes et de nombreux chiens ou bestiaux, avant d'être tué le lendemain au nord des Ponts-de-Cé par un courageux paysan. Le mal se propage en ville, mais l'épidémie de rage ainsi déclenchée est vite circonscrite grâce aux mesures prises par la municipalité, notamment l'étroite surveillance aux portes pour interdire l'entrée à tout individu ou animal suspect; de plus, la plupart des habitants, terrifiés, s'abstiennent volontairement pendant plusieurs semaines de lait et de viande de boucherie. L'épidémie fait pourtant de nombreuses victimes : dès la fin de juillet, l'intendant fait état de 20 à 25 morts, et le mal se fait sentir encore tout le reste de l'été.

Ainsi, la décennie 1705-1714 a été une période particulièrement noire dans l'histoire des populations ange-

vines. Maladies et disettes, inextricablement liées et
s'épaulant mutuellement, ont joué le même rôle
sinistre que la grande peste de 1626 ou la famine de
1661. Alors que depuis 1695, on assistait dans la
plupart des paroisses, comme après 1662, à une
revanche de la vie que traduit sur les courbes longues
le substantiel excédent des naissances sur les décès,
la surmortalité des dernières années du règne de
Louis XIV brise net, moins de dix ans après ses
débuts, la tendance expansionniste et ramène brutalement à un niveau sans doute inférieur à celui de
1690, la population de la province.

4. — Epidémies et disettes sous le règne de Louis XV

Une fois de plus la mort a fait durant ces années
tragiques son œuvre impitoyable de sélection : vieillards
et enfants ont payé le tribut le plus lourd; parmi les
adultes, seuls les plus robustes ont survécu. Aussi
n'est-il pas surprenant que pendant quelque temps la
mort semble marquer le pas. Pas pour longtemps. Dès
1720 — parfois un an plus tôt, parfois un an plus
tard — les décès l'emportent à nouveau sur les naissances, et cela jusqu'en 1724 ou 1725. Epidémies ?
Disettes larvées ? Comme souvent, les deux causes se
conjuguent. De 1719 à 1721, règnent en plusieurs points
de la province des « maladies populaires », dysenteries,
fièvres intermittentes, fièvres pourprées. L'intendant
réclame au contrôleur général de l'ipécacuana et du
quinquina et envoie des enquêteurs dans les deux
régions les plus éprouvées, la Vallée d'Anjou et le
Craonnais. En Vallée, il s'agit, à l'évidence, de fièvres
paludéennes : « Ces maladies, écrit le médecin enquê-
teur, proviennent de la vapeur infectée que pendant
les chaleurs de la saison le soleil élève du limon qui
couvre la surface des prairies et des marécages inon-
dez »; à Beaufort, il meurt 159 personnes de mai à
septembre 1719, 168 de juillet à novembre 1721, deux
ou trois fois plus que durant les mêmes mois en année
normale. En Craonnais, une nouvelle fois éprouvé,
quatorze paroisses au nord de Craon sont touchées en
1720 par « la mortalité tant des gens que du bétail ».
De plus, des récoltes médiocres en 1719 et en 1723
provoquent à deux reprises, en 1720 et en 1724-1725,

la hausse brutale du prix des céréales. Ces « chertés », et les misères qu'elles entraînent, expliquent certainement en partie le gonflement des décès dans beaucoup de paroisses, même à Angers malgré les initiatives de la municipalité.

Après un répit plus ou moins marqué selon les lieux, l'Anjou connaît de 1738 à 1742, cinq nouvelles années de surmortalité. Il est préférable de parler ici, comme pour les années 1705-1714, de mortalité de crise plutôt que de crise de mortalité. En effet, le phénomène, complexe, peut se décomposer en deux crises de subsistances, bien distinctes, encadrant une épidémie. On a vu comment de mauvaises récoltes consécutives en 1737 et 1738, puis en 1740 et 1741, provoquent deux crises céréalières, l'une en 1739, l'autre, plus grave, en 1741-1742. Entre ces deux disettes, la plus grande partie de la province est frappée, au printemps de 1740, par une épidémie de forme pulmonaire. Enfin, à l'été de 1742, certaines paroisses sont touchées par une nouvelle épidémie atteignant presque exclusivement les enfants. Ce sont, comme en 1709 et en 1714, les mesures efficaces prises à temps par les municipalités et par l'intendant qui permettent, tant en 1739 qu'en 1741-1742, d'assurer à peu près l'approvisionnement de la province et surtout la subsistance des plus pauvres grâce à la vente de grains au-dessous du cours. Le temps des grandes famines semble bien révolu et la corrélation frappante qui existait jadis entre la mercuriale et la démographie est désormais beaucoup moins nette. Avec le XVIIIe siècle commence en Anjou, plus tôt peut-être que dans d'autres provinces, le temps des disettes larvées entraînant non plus comme jadis de terribles hécatombes et l'effondrement des conceptions, mais une relative surmortalité, plus ou moins sensible selon les paroisses et s'étalant souvent sur plusieurs mois. La mercuriale s'efface devant l'épidémie; c'est cette dernière désormais qui, seule ou associée à une disette larvée, est responsable des grands « clochers » de mortalité.

Il existe sur l'épidémie du printemps de 1740 plusieurs témoignages intéressants. Le premier émane du doyen de la Faculté de médecine, Henri Jouanneaux, qui le 27 avril adresse à l'intendant un « Mémoire sur la maladie qui règne à Angers et dans une partie de la province ». Le mal qui s'est déclaré à la fin de janvier « en la plupart des paroisses du diocèse » et qui semble être une « suite du grand froid », « a toujours attaqué la poitrine et a eu tantost les signes d'une véritable péripneumonie, tantost ceux d'une plurésie qui dégénéroit en péripneumonie ». Douleurs dans les côtes, maux de tête, nausées fréquentes, sueurs, crachats purulents, déjections bilieuses, mouvements convulsifs, délire léthargique; tels sont les principaux symptômes observés. Les remèdes mis en œuvre par les médecins angevins — sans grand effet d'ailleurs, précise Jouanneaux — sont les saignées, les lavements émollients, l'émétique, les vésicatoires, les sangsues, les cataplasmes et surtout les purgatifs. Par ailleurs, la maladie présente un caractère éminemment contagieux : « On l'a vue rarement n'attaquer qu'une ou deux personnes de chaque maison...; des communautés de 50 à 60 religieuses en ont eu d'atteintes, en cinq à six jours de temps, de sorte qu'à peine en est-il resté 7 à 8 pour soulager les autres. » Si les enfants ont été presque complètement épargnés, les adultes et les vieillards ont été les principales victimes, succombant souvent non à une première atteinte, mais à une rechute; parmi eux, « les gens de basse condition, après la mauvaise nourriture et le froid excessif dont ils n'ont pu se défendre, ont esté particulièrement en butte à cette maladie épidémique ». De son côté, le curé de Béhuard note dans ses registres, à la date du 19 avril, que la maladie responsable des nombreux décès des deux mois précédents dans sa paroisse, était appelée « plurésie épidémique »; causée par le grand froid, elle « prenoit par un mal de costé continu et dégénéroit en fluxion de poitrine, ou bien par un mal de costé et de cœur; pour l'un et l'autre cas, l'émétique étoit très en usage »; mais il ajoute que « les médecins ne connaissoient rien à cette maladie », dont la rechute était toujours mortelle. Plus brèves, les notations des curés de Nyoiseau et de Challain ne manquent pas non plus d'intérêt : le premier écrit le 9 mars, en marge de la sépulture d'une jeune femme : « Elle est morte d'un grand mal de tête et d'un grand mal de costé, de même que tous les suivants »; quant au second, Pierre Maussion, il signale à la fin du registre de 1740, parmi les événements qui ont marqué l'année, le grand froid et la « mortalité » : « La maladie, écrit-il, étoit un point de costé et un violent mal de tête qui enlevoit le malade en cinq ou six jours. »

Ces divers témoignages, tout à fait concordants, permettent de conclure à une épidémie bien caractérisée de grippe pulmonaire, trouvant dans les classes populaires un terrain préparé par la disette de l'année précédente. Les conclusions que l'on peut tirer de l'étude des registres paroissiaux corroborent parfaitement les données précédentes. D'abord, il apparaît que l'épidémie, bien limitée dans le temps (février, mars, avril, parfois mai), a touché également les diverses régions de la province, même si certaines paroisses

LA GRIPPE PULMONAIRE DE 1740

(Décès mensuels au cours du premier semestre)

	J	F	M	A	M	J
Mauges :						
Saint-Martin-de-						
Beaupréau	4	4	32	7	3	4
Saint-Macaire	3	7	18	12	3	3
Melay	4	4	10	12	2	1
Craonnais :						
Challain	6	10	35	37	30	17
Le Louroux-Béconnais .	2	7	43	12	18	10
Entre-Mayenne-et-Loir :						
Ménil	7	10	17	31	22	9
Morannes	14	15	24	27	6	3
La Chapelle-d'Aligné ..	4	7	15	38	6	9
La Flèche	14	12	21	33	11	10
Baugeois :						
Baugé	3	13	6	30	13	8
Gizeux	4	12	7	2	2	2
Saumurois-Layon :						
Martigné-Briant	4	12	7	27	16	5
Vallée :						
Beaufort	12	19	23	55	18	18
La Pommeraie	12	9	30	5	12	4
Béhuard	1	3	4	12	5	2
Angers :						
La Trinité	32	64	135	57	43	24
Hôtel-Dieu	84	118	149	180	80	40

ont été plus épargnées que d'autres. La gravité du mal ressort des chiffres de décès qui, dès le mois de février, sont le double ou le triple de l'ordinaire; à l'Hôtel-Dieu d'Angers, il meurt 447 malades dans les trois mois de février, mars et avril, soit davantage que dans une année entière. La répartition par âge confirme les dires de Jouanneaux sur la relative immunité des enfants par rapport aux adultes et aux vieillards. Voici la répartition, par âge au décès, des 102 personnes enterrées à Challain en mars, avril et mai, comparée à la répartition « normale » au XVIII° siècle (Mouliherne étant pris comme exemple) :

	Challain mars-avril-mai 1740		Mouliherne 18e s.
	Décès	%	%
0-4 ans	14	13,8	39,2
5-19 ans	11	10,8	9,2
20-59 ans	52	50,9	32,8
Plus de 60 ans ..	25	24,5	18,8

Enfin, la comparaison à Angers même, entre certaines paroisses des « beaux quartiers » et la Trinité, fait ressortir le caractère de « maladie sociale » qu'a revêtu l'épidémie : alors qu'en trois mois, le curé de la Trinité enregistre 256 sépultures, quatre fois plus environ qu'en année normale, ses confrères de Sainte-Croix, Saint-Laud ou Saint-Aignan n'en enregistrent guère plus que d'habitude.

L'épidémie de l'été de 1742, limitée d'ailleurs, semble-t-il, à quelques paroisses, présente des caractères bien différents. Nous n'avons sur elle ni rapport médical ni mention plus ou moins explicite de tel ou tel curé. Il faut donc s'en tenir aux seules données chiffrées des registres paroissiaux. En juillet, août et septembre 1742, quelques paroisses angevines, notamment la Trinité d'Angers, Morannes, Craon, La Flèche, présentent une brutale augmentation du nombre des décès affectant essentiellement les jeunes enfants. Voici la répartition, par âge au décès, des 94 personnes inhumées à la Trinité en dix semaines, du 23 juillet au 30 septembre, et des 44 personnes inhumées à Morannes en juillet, août et septembre :

	La Trinité		Morannes		Mouliherne
	Décès	%	Décès	%	% (18e s.)
Moins d'un an	12	12,7	10	22,6	29
1-4 ans	52	55,3	23	52,3	10,2
5-19 ans	7	7,4	6	13,6	9,2
Plus de 20 ans	13	13,7	5	11,4	51,6
Indéterminés	10	10,6			

On constate que l'épidémie a frappé des tranches d'âge précises, celles des enfants, et plus particulièrement celles des enfants de 1 à 4 ans. Une telle répartition permet de penser qu'il s'agit soit d'une brutale flambée de variole, soit d'une maladie digestive de forme aiguë, du type dysenterie.

Dans les années suivantes, notamment en 1748, 1749, 1751, bon nombre de paroisses angevines connaissent à nouveau des crises de mortalité plus ou moins nettes. Mais il s'agit presque toujours de crises très localisées, limitées à une paroisse ou à un petit groupe de paroisses. Les disettes de 1748 et de 1752 ont pu jouer leur rôle dans cette détérioration de la situation démographique; mais il faut plus sûrement incriminer telle ou telle épidémie, dont aucune d'ailleurs n'a revêtu le caractère généralisé de la grippe pulmonaire de 1740. On peut noter ainsi une surmortalité au cours du premier trimestre de 1749 à Beaufort, au cours de l'été de la même année à La Flèche et dans plusieurs autres paroisses, mais en l'absence de tout document, face à la seule sécheresse des chiffres, il est impossible d'aller au delà du constat. Par contre, l'épidémie qui frappe Craon et ses environs dans les premiers mois de 1754 est mieux connue grâce au rapport dressé par le médecin de Craon, Esnue-Lavallée. Le mal, qui se présente essentiellement comme une affection pulmonaire, a frappé « ceux qui par le genre de leurs travaux étoient les plus exposés aux injures de l'air et parmi ces derniers surtout ceux dont la poitrine étoit faible et délicate »; le malade « ressentoit une oppression considérable, avec point de côté très aigü, toux et crachements de sang »; l'inflammation s'étendait bientôt au bas-ventre; hoquet, convulsions et délire survenaient, précédant l'issue fatale. Esnue-Lavallée attribue le mal

aux intempéries d'une saison froide et humide et à la
situation basse et marécageuse des villages attaqués;
usant d'une modération assez rare pour l'époque, il
n'a usé de la saignée que sur « les sujets jeunes et
vigoureux ». Cette épidémie, qui rappelle par beaucoup
de traits celle de 1740, fait de nombreuses victimes à
Craon où l'on enregistre de janvier à mai 1754, 179
décès, trois ou quatre fois plus qu'en temps normal.

A partir de 1750 — un peu plus tôt ici, un peu plus
tard là, comme à Craon — presque partout en Anjou,
la mort semble en recul, les naissances l'emportant
largement sur les décès. Le phénomène n'est pas nouveau et nous avons vu d'autres exemples dans le passé
de ces revanches de la vie qui permettaient aux populations, saignées pendant une ou plusieurs années, de
retrouver peu à peu leur niveau antérieur, ainsi après
1662, après 1694, après 1714. Tout au plus la baisse
de la mortalité et l'excédent des naissances sont-ils
cette fois plus marqués et semblent-ils devoir durer.
Mais à partir des années 1770, parfois dès 1768, épidémies et disettes frappent à nouveau durement.

5. — *Les grandes épidémies des années 1770-1785*

En 1768, d'août à décembre, plusieurs paroisses du
Craonnais, limitrophes de la Bretagne, sont ravagées
par une épidémie de dysenterie dont le foyer d'origine
est la ville bretonne de La Guerche. Cuillé, Gastines,
Fontaine-Couverte, La Roë, Saint-Michel, Brains-sur-
les-Marches sont les paroisses les plus touchées. L'intendant et le docteur Dupichard, alertés, envoient sur
place le médecin de Château-Gontier, Allard, et son
confrère de Craon, Esnue-Lavallée. Le rapport de ce
dernier ne laisse aucun doute sur la nature du mal :
forte fièvre, très vives douleurs au bas-ventre, déjections sanguinolentes avec tenesme, épreintes continuelles
et envie d'uriner, il s'agit bien d'une dysenterie bacillaire.
Avant l'arrivée des deux médecins, « la plupart des
malades étant abandonnés à la nature, la marche de
la maladie étoit plus ou moins rapide, mais sa termi-
naison toujours funeste ». Une fois sur place, Allard
et Esnue s'efforcent de porter aide à ces malheureux,
mais se heurtent trop souvent à « leur indocilité naturelle qui leur faisoit refuser toute espèce de secours ».

L'épidémie se propage avec une effrayante rapidité chez les paysans les plus misérables vivant dans de lamentables conditions d'hygiène. Cependant les secours organisés par les deux médecins réussissent à sauver de nombreux malades, comme en témoigne l'état suivant adressé à Dupichard :

Paroisses	Habitants*		Malades			Morts
			Pauvres	Aisés	Total	
Cuillé		(1 164)	174	0	174	64
Gastines		(397)	34	0	34	17
Fontaine-Couverte	700	(838)	55	3	58	15
Saint-Michel-de-la-Roë	600	(735)	53	6	59	22
La Roë	346	(412)	24	0	24	8
Brains-sur-les-Marches	600	(604)	52	28	80	52

* Entre parenthèses, chiffres de Saugrain, *Dictionnaire...*

Dans le même temps, deux paroisses des Mauges, voisines l'une de l'autre, Saint-Laurent-de-la-Plaine et Sainte-Christine, sont elles aussi victimes de la dysenterie et secourues par l'intendant qui envoie sur place le docteur-régent d'Angers, Delaunay. Dans ces deux paroisses qui groupent au total un millier d'habitants, il y a 452 malades, dont 110 succombent, soit le dixième de la population, en cinq mois.

Cette épidémie d'ailleurs très circonscrite est la première survenue en Anjou depuis la nomination de Dupichard en 1759 comme médecin des épidémies pour la généralité : elle est l'occasion pour celui-ci et son réseau de correspondants dans la province, de faire la preuve de leur efficacité. Disposant d'importants crédits ouverts par l'intendant, les médecins envoyés dans les paroisses infectées visitent les malades, donnent des conseils, prescrivent des médicaments, organisent avec l'aide du curé des distributions de bouillons et d'aliments, bref prennent en charge le sort de malheureux qui, sans eux, étaient condamnés à mourir dans le dénuement. Malheureusement, trop souvent, Dupichard est prévenu tardivement et le médecin le plus proche

arrive sur place alors que le mal a déjà fait des ravages.
C'est le cas dans la paroisse de La Plaine, entre Vihiers
et Cholet, où une épidémie de dysenterie se déclare
en septembre 1772 : Dupichard n'est mis au courant
qu'au début de janvier 1773; il avertit aussitôt un
médecin de Cholet, Chouteau, qui arrive à La Plaine
le 23 janvier, accompagné du chirurgien Devannes, et
reste sur place jusqu'au 22 avril; selon le rapport qu'il
adresse alors à Dupichard, il y a eu dans cette paroisse
de 800 habitants, 280 malades, dont 270 « pauvres »;
au total, 132 d'entre eux sont morts, 120 avant son
arrivée, 12 seulement pendant son séjour qui a duré
pourtant trois mois.

Il en est de même lors de l'épidémie qui, de septembre 1773 à octobre 1774, désole une dizaine de
paroisses du Craonnais, notamment celles déjà touchées
en 1768. Selon Esnue-Lavallée, il s'agit d'une fièvre
putride pourprée, compliquée de dysenterie. Les symptômes qu'il a observés — fièvre intense, lassitude générale, douleurs dans tous les membres, nausées et vomissements, diarrhée — nous permettent de conclure à la
fièvre typhoïde, peut-être même au typhus exanthé-
matique. Alors que le mal s'est déclaré dans certaines
paroisses dès le mois de septembre, Dupichard n'a été
prévenu qu'en juin. Dans l'état des dépenses qu'il
dressera plus tard pour l'intendant Du Cluzel, il souligne : « Il avoit péri beaucoup de malades lorsque l'on
a demandé à M. l'Intendant des secours, et les malades
qui ont été gouvernés dans ces dix paroisses auroient
aussy succombé s'ils en avoient manqué. » Un tel
résultat, ajoute-t-il, justifie l'importance de la dépense
engagée (2 816 livres) qui « provient de l'abondante
distribution de secours qu'il a fallu donner ». En effet,
lorsque Esnue-Lavallée est arrivé sur place le 26 juin,
il a trouvé une situation lamentable : « Une centaine
de malades de tout âge et de tout sexe, prêts à suc-
comber comme ceux qui les avoient précédés, la plupart couchés sur la paille, en proye à une fièvre brûlante,
sans secours par la frayeur qui écartoit de leur maison
comme d'un foyer de contagion, n'ayant pour ressource
qu'un peu d'eau ou de lait qu'on avoit mis à côté
d'eux dans des vases malpropres; les autres habitants
qui avoient lutté contre les maladies et en portoient
les marques, se traînant à peine, le visage pâle et bouffi,
le ventre tendu et engorgé, les jambes et les cuisses

enflées, n'ayant pour toute nourriture qu'un pain grossier dont ils manquoient souvent et un peu d'eau. »
Selon l'état dressé, il y a eu au total dans les cinq
paroisses les plus atteintes, pendant toute la durée de
l'épidémie, 948 malades dont 161 ont succombé, tous
avant l'arrivée du médecin. Le mal, sous sa même
forme de « fièvre maligne pourprée », atteint aussi
dans les Mauges, Cholet, La Séguinière et Trémentines,
et fait 165 victimes.

Que ces diverses épidémies aient frappé les régions
les plus pauvres de la province — Craonnais et Mauges
— et dans celles-ci les habitants les plus misérables,
s'explique aisément si l'on songe que les années 1768-
1772 sont des années de disette. Les divers mémoires
de Dupichard et d'Esnue-Lavallée, de même que les
observations des subdélégués en marge du dénombrement des naissances, mariages et sépultures de l'année
1773, ne laissent aucun doute sur la conjonction disette-
misère-épidémie-surmortalité. Face à cette véritable
pathologie de la misère, les médecins envoyés par l'intendant dépensent souvent davantage en bouillons et
aliments pour les convalescents qu'en médicaments pour
les malades. Ce faisant, ils ont conscience d'être plus
efficaces, car si la maladie les laisse trop souvent désarmés, ils savent par expérience que des distributions
de viande, de pain blanc, voire de couvertures et
d'habits, faites judicieusement pendant quelques semaines, pourront littéralement sauver de la mort telle
famille, tel village. Mais à côté des paroisses où une
épidémie bien caractérisée a justifié les secours de
l'intendance, combien d'autres laissées à elles-mêmes ?
Quels drames derrière ce commentaire laconique du
subdélégué d'Angers à propos de la petite paroisse de
Saint-Augustin-des-Bois où, en 1773, il y a eu 30 décès
pour 17 naissances : « Mauvais canton, beaucoup de
misérables : raison suffisante de dépopulation » !

La terrible épidémie de dysenterie qui ravage l'Anjou
à l'été et l'automne de 1779, est l'aspect régional d'un
fléau qui a frappé une grande partie de l'Europe et
du royaume, et plus spécialement la France du Nord
et de l'Ouest; le rédacteur des *Mémoires* de la Société
Royale de Médecine écrit : « L'épidémie dysentérique
qui a régné pendant l'automne de l'année 1779 dans
la plupart des provinces du royaume ...a dévasté
des cantons entiers dans la Bretagne, le Poitou, l'Anjou,

le Maine, la Normandie, la Picardie, la Flandre. » Le
mouvement naturel de la population française, connu
grâce aux relevés de l'enquête Terray, traduit en 1779,
pour la première fois depuis 1770, un excédent des
décès sur les naissances, cet excédent étant, dans les
provinces de l'Ouest, très supérieur à la moyenne
nationale, comme en témoignent les quelques chiffres
suivants :

	1778		1779		
	Bap-têmes	Sépul-tures	Bap-têmes	Sépul-tures	Excé-dent*
France	932 800	744 160	956 667	966 467	1
Bretagne	88 885	72 049	89 841	132 275	47
Poitou	25 676	19 728	26 496	37 157	40
Anjou-Maine-Touraine.	—	40 324	51 352	61 209	19
Angers (Séné-chaussée d')	10 035	8 803	10 320	13 993	35

* Excédent des sépultures pour 100 baptêmes.

Dans une lettre à Necker, le 7 octobre 1780, l'intendant de Tours, Du Cluzel, pourra écrire : « Il sera
aisé de se convaincre de plus en plus que l'épidémie
a la plus grande part aux 20 779 morts dont l'année
1779 se trouve excéder celle de 1778. » Toutefois, les
trois provinces de la généralité sont très inégalement
touchées. A défaut des relevés des décès par paroisses,
qui manquent malheureusement pour 1779, l'état des
dépenses établi par Dupichard permet de se faire une
idée approximative des régions les plus atteintes : si la
Touraine est presque totalement épargnée, trois grands
foyers apparaissent, le Haut-Maine (élections de Château-du-Loir, du Mans et partiellement, de La Flèche),
le sud des Mauges (élection de Montreuil-Bellay) et
surtout l'ensemble constitué par le Bas-Maine et le
Craonnais (élections de Mayenne, de Laval et de
Château-Gontier). Ces trois foyers semblent pouvoir
être mis en relations avec des foyers voisins. C'est ainsi
que dans le Haut-Maine, si l'on en croit du moins
Vétillart du Ribert, la dysenterie a été apportée par
des ouvriers saisonniers revenus de Beauce où ils avaient
été faire la moisson; dans les Mauges, l'épidémie est

très certainement venue de la région de Clisson où elle
éclate avec une particulière virulence au début d'août
et de là se propage en Anjou méridional et en Bas-
Poitou; enfin, dans le Bas-Maine et le Craonnais, la
dysenterie est venue de Haute-Bretagne où dès le mois
de juillet elle sévit dans la région de Saint-Malo, Rennes
et Vitré. Tous les observateurs contemporains sont
d'ailleurs unanimes pour souligner l'extrême rapidité
avec laquelle s'est communiquée la maladie et la quasi-
simultanéité de son apparition, ce qui rend illusoire
une étude précise de sa propagation. Boueix, médecin
à Clisson, écrira un peu plus tard dans un « Mémoire »
adressé à la Société Royale de Médecine : « La maladie attaqua brusquement toutes ses victimes et ses
progrès furent très rapides; elle étoit d'une communi-
cabilité très prompte; les sujets peu vigoureux et les
enfants furent les plus maltraités; les premiers attaqués
succombèrent presque tous; ceux qui en réchappaient
avoient une convalescence longue et difficile. » Les
notations de Vétillart rejoignent tout à fait celles-ci.
De même Louis Launay, curé de Ruillé-le-Gravelais,
paroisse du Bas-Maine toute proche de l'Anjou, écrit
dans son registre paroissial : « Les pauvres malades
perdoient tout leur sang par les basses voyes et ne
duroient que cinq, six ou sept jours; ceux qui passoient
(ce temps) en revenoient souvent; d'autres se minoient
par une dissenterie lente et mouroient au bout d'un
mois et plus quelquefois. »

Dès le début de l'épidémie, Dupichard et l'intendant
envoient dans les paroisses les plus atteintes, des médecins chargés de coordonner les secours. La situation
qu'ils trouvent est catastrophique, étant donné la brutalité, la soudaineté et la contagiosité de la maladie.
A défaut de témoignages proprement angevins, on peut
recourir à celui de Vétillart sur le Haut-Maine : « Lors
de mes premières visites, j'ai trouvé la plupart des
malades sur la paille, plusieurs aux injures de l'air;
ceux qui avoient des lits se réunissoient deux ou trois
dans le même. Ces malheureux (je ne dis pas les
pauvres seulement, mais ceux qui étoient dans l'aisance)
n'avoient pour les secourir que ceux d'entre eux qui
étoient les moins malades et qui pouvoient à peine
se soutenir ! Hors d'état de se nettoyer eux-mêmes,
ils étoient contraints de rester dans la fange. J'en ai
vu plusieurs dont les cuisses corrodées par la malpro-

preté fourmilloient de vers... Dans plusieurs endroits, on a ouvert les étables, les écuries aux bestiaux, on les abandonnoit pour aller chercher leur nourriture et revenir à leur gré. » Terrible tableau, valable certainement pour maintes paroisses angevines et qui rappelle celui que brossait Pierre Maussion, curé de Challain, en 1707. Il y a pourtant, à 70 ans de distance, une différence essentielle : en 1707, on l'a vu, l'intendant Turgot s'était efforcé de porter aide aux paroisses les plus atteintes, mais il ne disposait encore ni de personnel qualifié, ni de véritables moyens financiers, aussi son rôle s'était-il ramené surtout à distribuer les quelques prises d'ipécacuana reçues de Paris et à accorder l'année suivante quelques allègements de taille; dans beaucoup de paroisses livrées à elles-mêmes (et toutes n'avaient pas la chance d'avoir à leur tête un curé Maussion), l'épidémie s'était développée sans entraves et avait multiplié les victimes. En 1779, par contre, le service des épidémies est maintenant bien organisé; certes, les médecins zélés et courageux qui se portent au plus vite sur les lieux « contagiés », ne sont guère mieux armés que leurs prédécesseurs du début du siècle : les purgatifs, les saignées, même l'ipécacuana sont de peu d'effets contre une forme de dysenterie aussi virulente; du moins, ces hommes de bonne volonté peuvent-ils espérer endiguer la contagion, « gouverner » les convalescents, éviter les récidives. Même ainsi limitée leur tâche est énorme, car l'extension de l'épidémie est liée aux conditions mêmes dans lesquelles vivent la plupart des paysans et que Vétillart rappelle avec tristesse : hygiène lamentable, alimentation insuffisante et mal choisie, préjugés tenaces. En isolant autant que faire se peut les malades, en prescrivant de tenir propres lits et maisons, en imposant aux convalescents une diète raisonnable, surtout en distribuant aux paysans jusque-là indemnes, bouillons, pain et viande, les médecins des épidémies mènent un combat efficace, et il faut certainement porter à leur actif le fait qu'en dépit de sa violence, l'épidémie de 1779 ait fait beaucoup moins de victimes que celle de 1707. Aucune paroisse ne connaît d'hécatombe comparable à celle de Combrée et Challain où avait péri à l'automne de 1707 plus du cinquième des habitants; cette fois, dans les paroisses les plus atteintes, le nombre des victimes dépasse rarement dix pour cent de la population. Par ailleurs plus

nettement encore que 72 ans plus tôt, le mal a épargné
les villes, grandes ou petites : la mortalité de l'automne
est égale, sinon inférieure, à la moyenne aussi bien
à La Flèche qu'à Baugé, à Beaufort qu'à Château-
Gontier, dans les différentes paroisses d'Angers que
dans celles de Saumur; et si les décès à l'Hôtel-Dieu
d'Angers traduisent un net excédent, cela s'explique par
le fait que de nombreux malades des paroisses rurales
proches sont venus s'y faire soigner.

Au total, le bilan est moins catastrophique qu'on
n'avait pu le craindre d'abord. Dans l'élection de

LA DYSENTERIE DE 1779 :
LES PAROISSES LES PLUS ATTEINTES

(plus de 5 % de la population en 3 mois)

Paroisses (a)	1779							Total des 3 mois (b)	% (c)
	J	A	S	O	N	D		
Chanteloup (449 h)	4	8	37	37	18	6	92	20
Loigné (885 h)	2	4	6	75	40	7	121	14
Vezins (1 140 h)	2	9	77	52	17	5	146	13
La Séguinière (environ 1 000 h) .	1	1	74	27	16	5	117	12
La Blouère (546 h)	2	5	35	29	4	2	68	12
Quelaines (1 468 h)	2	9	67	65	40	18	172	12
L'Hôtellerie-de-Flée (540 h)	2	0	8	26	20	5	54	10
Mazé (2 810 h)	2	17	94	154	40	17	288	10
Cossé (398 h)	0	2	15	18	7	5	40	10
Trémentines (1 133 h)	0	6	54	30	7	3	91	8
Notre-Dame-d'Allençon (316 h) ..	0	2	5	10	6	2	21	7
Melay (860 h)	1	1	7	26	25	6	58	7
Chanzeaux (1 634 h)	0	5	43	40	9	4	92	6
Saint-Macaire-en-Mauges (1 080 h)	2	4	13	32	16	7	61	6
Saint-Quentin-en-Craonnais (800 h)	2	3	22	23	6	2	51	6
Chavagnes (1 218 h)	1	0	15	36	9	3	60	5
Villiers-Charlemagne (1 118 h) ...	4	0	10	23	21	14	54	5
La Selle-Craonnaise (1 310 h) ..	3	5	9	32	31	11	72	5
Le Fief-Sauvin (635 h)	3	2	14	12	6	3	32	5
Andard (1 189 h)	2	1	12	27	19	8	58	5

(a) Entre parenthèses, population d'après Saugrain, *Dictionnaire...*
(b) Septembre, octobre, novembre.
(c) Pourcentage arrondi par rapport au chiffre de population.

Château-Gontier, une de celles qui a le plus souffert,
il y a en 1779, 2 496 décès contre 1 364 l'année précédente, soit une augmentation de 1 144. L'intendant qui

donne ces chiffres à Necker ajoute : « La preuve que
l'épidémie est la seule cause de cette augmentation,
c'est que les 28 paroisses affligées y contribuent pour la
quantité de 1 052 morts sur 1 144. » Un millier de
morts, dans 28 paroisses groupant environ 25 000 habitants, sont donc directement imputables à l'épidémie.
On dispose aussi d'un chiffre global pour la sénéchaussée d'Angers : celle-ci qui s'étend, on le sait, sur
280 paroisses rurales (sans compter les 16 paroisses de
la ville d'Angers) et englobe la plus grande partie des
régions les plus touchées, Craonnais et Mauges, compte,
en 1779, 13 993 décès contre 8 803 en 1778. Là encore,
il est raisonnable d'imputer à l'épidémie la différence
entre les deux chiffres, 5 000 morts, et c'est à juste
titre que le rédacteur des *Affiches* écrit : « Quoique
ce soit une perte réelle pour la population, elle n'est
cependant pas aussi considérable qu'on l'imaginoit et
qu'on avait lieu de le craindre. » De fait, il semble
possible d'avancer que l'épidémie n'a fait que 5 000 à
7 000 victimes, soit deux ou trois fois moins qu'en
1707, bien qu'ayant touché plus de paroisses qu'alors.

Cependant les conséquences directes et indirectes du
fléau sont graves. De même qu'en 1707, l'épidémie a
grevé lourdement l'avenir en tuant surtout les enfants
et les adolescents entre 5 et 20 ans, comme en témoigne
la répartition par âge au décès des 84 personnes mortes
à Trémentines en septembre et octobre 1779 :

	Trémentines septembre-octobre 1779		Challain août-septembre-octobre 1707	Mouliherne 18e s.
	Décès	%	%	%
Moins de 5 ans .	8	9,52	21	39,2
5-9 ans	17	20,23	21,37	5
10-19 ans	10	11,90	11,71	4,2
20-59 ans	28	33,33	35,87	32,8
Plus de 60 ans..	21	25	10,03	18,8

De plus, dans de nombreuses paroisses, la proportion
des malades a été telle que le bétail a été laissé à lui-
même et surtout que les semailles d'automne n'ont pu

être faites. Enfin, la dysenterie ne disparaît pas totalement en novembre ou décembre 1779 : beaucoup de
convalescents succombent à une récidive dans les premiers mois de 1780 et, à l'automne suivant, le mal
retrouve son caractère épidémique, avec toutefois moins
de virulence que l'année précédente.

Comment s'étonner dans ces conditions que le Craonnais et les Mauges soient une fois de plus les deux
régions de l'Anjou touchées par l'épidémie qui éclate
en novembre 1782 et sévit durant tout l'hiver de 1783 ?
Il s'agit cette fois d'une maladie pleuro-pulmonaire.
« Une inspection exacte dans l'ouverture des cadavres,
écrit Dupichard, a permis de trouver toujours les poumons infiltrés, enduits d'une limphe gélatineuse, remplis
d'hydratides et de tubercules ulcérés, avec épanchement
séreux, purulent ou sanguin sur le diaphragme. » La
misère consécutive à la mauvaise récolte de 1782 a
joué un rôle déterminant, bien souligné par Du Cluzel
dans une lettre à d'Ormesson le 13 avril 1783 : « Je ne
puis vous dissimuler que la disette a été le germe de
cette maladie...; quand l'intempérie des saisons et leur
inconstance, quand l'air chargé de vapeurs dangereuses
viennent frapper des corps exténués par le travail et
l'indigence, bientôt la mort moissonne des victimes multipliées. » Les régions les plus atteintes sont, en Craonnais, les paroisses situées entre Craon et Château
Gontier, et dans les Mauges, les environs de Vihiers.
En marge de cette épidémie bien caractérisée, les
« maladies populaires » sévissent un peu partout en
1782 et 1783, « fièvres de toute espèce, tierces, quartes,
putrides et malignes » selon le curé de Ruillé-le-Gravelais, « dissenteries, fièvres pourprées et malignes »
selon le receveur des finances Harvoin dans son *Mémoire* de 1783.

Deux ans plus tard, au printemps de 1785, La Pommeraie et les paroisses voisines sont frappées par une
terrible épidémie qui en quelques mois fait des centaines de victimes. Dans le même temps, les paroisses
de Vernoil, Brain, Varennes et Chouzé, entre Saumur
et Bourgueil, sont atteintes par le même mal. Alerté,
Dupichard envoie à La Pommeraie et aux environs
deux docteurs-régents d'Angers, Pantin et Tessié du
Closeau; à Vernoil, le médecin de Baugé, Joseph Hautreux, et à Chouzé et Varennes, un des médecins de
Saumur, Toussaint Oudry. Pouls dur et plein, fièvre

violente, vive douleur dans le côté, oppression augmen-
tant rapidement, crachements de sang, les symptômes,
partout les mêmes, amènent les médecins à conclure
à une « pleurésie et péripneumonie maligne », d'une
exceptionnelle gravité puisque beaucoup de malades,
même parmi les plus vigoureux, sont enlevés en trois
ou quatre jours, malgré les vésicatoires et les sirops
« incisifs » sagement préférés aux saignées. Une fois
de plus, si les médecins ainsi dépêchés sont impuissants
devant les malades les plus atteints, ils réussissent à
sauver bien des vies en surveillant efficacement les
convalescents et en distribuant des secours de toutes
sortes. Le 2 août, le curé de La Pommeraie peut écrire
à l'intendant : « Le succès des soins de M. Tessié du
Closeau n'est pas équivoque et vous verrez par l'état
que j'en ai dressé, que sur 186 pauvres qu'il a soignés,
il n'en est mort que 22. Ainsi, sur le total des morts
montant à 188, ce sont 166 qui ont péri entre les
mains des chirurgiens, parce qu'ils n'avoient pas, pour
le moment, le bonheur d'être assez pauvres; c'en étoit
un, en effet, Monseigneur, d'être soigné d'après une
direction sage et éclairée, de ne prendre que de bons
remèdes et d'être fortifiés dans sa convalescence par de
bons bouillons et de bon vin. » Etrange revanche des
pauvres profitant, pour un temps et à titre exceptionnel,
de ce double luxe ordinairement réservé aux riches,
l'assistance d'un médecin compétent et surtout une
nourriture saine et adaptée à leurs besoins. Extrêmement brutale, mais limitée à deux foyers précis, cette
épidémie est la dernière de la série noire ouverte six
ans plus tôt, la dernière aussi que connaît l'Anjou sous
l'Ancien Régime.

Dans une lettre qu'il adresse à l'intendant le 5 novembre 1784, le subdélégué d'Angers, La Marsaulaie, fait
le point « au sujet des pertes que la population a
souffert dans cette province depuis 1779 et des moyens
de les éviter dans la suite ». Il propose que les efforts
de l'administration ne se limitent plus aux secours
apportés en période d'épidémie, mais tendent à la
constitution dans les principaux bourgs, de dépôts de
remèdes qui seraient distribués gratuitement aux malades
pauvres, sur certificat du médecin, du chirurgien ou
du curé. Il écrit : « (Il faut) empescher que les maladies
de toute espèce ne fassent périr tant de pauvres habitants de la campagne; la plupart n'y succombent que

faute de secours et de remèdes que la misère les met
hors d'état de se procurer; ils sont d'ailleurs souvent
exténués par une mauvaise nourriture habituelle, et une
maladie ordinaire devient alors pour eux dangereuse
et quelquefois mortelle... On empescheroit que de simples fièvres devinssent opiniâtres et communicatives en
y remédiant tout de suite; souvent les maladies qui
deviennent épidémiques ne sont pas de conséquence
dans le principe. » La Marsaulaie pose bien le problème : les maladies épidémiques ne sont que les
manifestations exceptionnelles et spectaculaires d'un mal
général et profond, à savoir l'état sanitaire déplorable
de la majeure partie des populations angevines, notamment des populations rurales. Organiser des secours
en temps d'épidémie est bien, veiller constamment à
la santé des habitants les plus pauvres serait mieux
encore. L'idée, certes, est juste et féconde. Mais La
Marsaulaie sait mieux que quiconque que ce ne serait
là encore qu'un palliatif : en fait, dans les classes
populaires, c'est-à-dire 80 à 90 % de la population de
la province, c'est de misère que l'on meurt au XVIIᵉ et
au XVIIIᵉ siècle. Les maladies, de même que les famines
ou les disettes, ne font des ravages que dans la mesure
où elles s'attaquent à des organismes constamment à la
limite de la misère physiologique. Il n'y a pas de
famine « pure » (si l'on ose dire), pas plus qu'il n'y a
d'épidémie « pure ». La grande famine de 1661 est
compliquée de « maladies populaires » et la gravité
des épidémies de dysenterie du XVIIIᵉ siècle s'explique
par la misère chronique de régions comme les Mauges
et surtout le Craonnais. N'est-il pas significatif que les
régions où les « mortalités » (crises de subsistances ou
épidémies) sont les moins fréquentes et les moins graves
sont aussi les régions les plus riches de l'Anjou : le
Saumurois-Layon, la plaine du Montreuillais, les grandes vallées ? Quant aux villes, si elles apparaissent
comme relativement mieux protégées contre la faim et
la maladie, c'est parce que les malheureux y sont mieux
et plus vite secourus. L'étude de la mortalité sociale
différentielle est statistiquement difficile; il n'en est pas
moins évident qu'il existe une profonde inégalité devant
la mort entre le petit groupe des nantis, mieux logés,
mieux vêtus, mieux nourris, et l'immense armée des
misérables. Pour ces derniers, la maladie est presque
toujours fille de leur misère même. C'est seulement

en extirpant celle-ci que l'on pourrait espérer circonscrire celle-là. Immense programme qui dépassait les possibilités d'administrateurs aussi épris de la chose publique qu'un Du Cluzel ou un La Marsaulaie, puisqu'il impliquait une transformation radicale des structures économiques.

TROISIÈME PARTIE

LES HOMMES DEVANT LA MORT

CHAPITRE XI

LES HOMMES DEVANT LA MALADIE

1. — *Signification de la maladie*

En ces siècles de foi — sincère ou routinière — et de pratique quasi unanime, c'est vers l'Eglise que se tournent les hommes des XVIIᵉ et XVIIIᵉ siècles, confrontés avec le mystère de la souffrance et de la maladie. Or, l'enseignement de l'Eglise post-tridentine sur le sujet est formel : la maladie, voulue par Dieu, est à la fois un châtiment et un avertissement. Châtiment individuel, voire collectif en cas d'épidémie, pour les péchés des hommes, avertissement salutaire d'avoir à se préparer à bien mourir. Le chrétien doit redouter par-dessus tout la mort subite et s'efforcer au contraire de faire un bon usage de la maladie. Au début de son *Directoire pour les malades et les mourans,* publié en 1706, Mgr Le Peletier écrit : « C'est dans le temps de la maladie que les chrétiens sont plus susceptibles des veritez du salut, parce que les obstacles qui empêchent que l'on entende la parole de Dieu, ou que l'on en profite, sont levez : l'ambition et la vanité sont confondues, les plaisirs sont changés en douleurs, l'abondance et les richesses sont inutiles. » Il y a là un thème cher aux prédicateurs. En 1692, Joseph Grandet, curé de Sainte-Croix d'Angers, jette sur le papier quelques notes constituant le plan d'un sermon sur le bon usage des maladies : « Il faut amener les malades à Notre Seigneur pour les guérir. La maladie du corps contribue à la santé de l'âme, 1. en l'humiliant, 2. en détachant l'âme de la vie, 3. en faisant faire pénitence au corps des

pechez dont il a été l'instrument, 4. en nous faisant
penser à Dieu. » Au siècle suivant, l'un des successeurs
de Grandet à la cure de Sainte-Croix, Louis Boumard,
tient devant ses paroissiens un langage identique.

Dans une telle perspective, la maladie est un signe
de Dieu et un instrument d'ascèse spirituelle, avant
d'être un mal atteignant le corps, et le devoir du médecin est donc de veiller à la guérison de l'âme de son
patient avant de s'occuper de celle de son corps. Au
synode de 1617, l'évêque d'Angers, Guillaume Fouquet
de La Varenne, rappelle aux curés et aux vicaires le
devoir qu'ils ont de confesser les malades dès le commencement de leur maladie, et aux médecins celui
« d'avertir lesdits malades dès la première fois qu'ils
les visitent, devant toutes choses, de se confesser, leur
deffendant sur peine d'excommunication, de les voir
plus ny assister le troisième jour passé où la maladie
seroit avec peril et danger, s'ilz ne sont deuëment asseu-
rez de la part du curé, vicaire ou autre commis de luy,
qu'ilz auront satisfait à ce devoir ». En 1661, Henry
Arnauld, constatant que les prescriptions de son prédécesseur sont mal suivies, les renouvelle sous la forme
d'une « ordonnance portant défense aux médecins de
visiter les malades de maladies où il y a péril de mort,
si dans le troisième jour de la maladie ils n'appellent
leur curé et ne donnent ordre à leur conscience »; et
l'évêque conclut son texte en exhortant ses diocésains
à « se résigner à la volonté de Celuy qui étant le souverain médecin des corps et des âmes doit être appellé le
premier dans nos maux et dans nos besoins ».

Ainsi, l'enseignement de l'Eglise contribue à accorder
à la maladie une signification ambiguë. Intéressant à la
fois l'âme et le corps, elle relève à la fois du prêtre
et du médecin, et l'un et l'autre sont étroitement associés au chevet du malade, au point que leur action
connaît de singulières interférences : le premier devoir
des médecins est de veiller à ce que leurs malades se
confessent, et les prêtres (en dehors du fait que quelques-uns d'entre eux jouent, on l'a vu, le rôle de guérisseur) apparaissent dans certaines de leurs fonctions,
notamment l'administration de l'extrême-onction, comme
des agents efficaces de la guérison des corps. Tous les
textes le rappellent, sermons, statuts synodaux, catéchismes, conférences ecclésiastiques : à côté de ses effets
d'ordre spirituel, l'extrême-onction « rétablit la santé

du corps lorsque cela est expédient pour le salut de l'âme du malade ». A l'exception d'une élite capable soit d'approfondir spirituellement le mystère de la maladie, soit d'étudier celle-ci en elle-même et rationnellement, donc dans un cas comme dans l'autre de faire la part de l'âme et celle du corps, comment la mentalité populaire n'aurait-elle pas continué à voir dans la maladie la résultante d'une force magique ? De l'intervention de Dieu à celle du diable, il n'y a qu'un pas : pourquoi la maladie ne serait-elle pas dans certains cas, l'œuvre du diable agissant par l'intermédiaire d'un sorcier ou d'un « jeteux de sort » ? Dans ces conditions, divine ou diabolique, la maladie ne peut céder, en fin de compte, qu'à des pouvoirs thaumaturgiques, non aux seules armes naturelles. L'implantation insuffisante des chirurgiens et surtout des médecins dans les campagnes angevines ne suffit pas à expliquer le recours aux empiriques et aux conjureurs, puisque l'on fait appel à ces derniers même là où il y a un chirurgien. « Il y a dans notre ressort, écrivent en 1788 les correspondants de la Commission intermédiaire dans le district de Baugé, un nombre suffisant de chirurgiens pour secourir le peuple dans ses besoins s'il vouloit avoir recours à eux; mais il préfère de s'adresser à des empiriques sans expérience. » Selon eux, les paysans ne donnent la préférence à ces « hommes grossiers et sans instruction » que parce que ceux-ci sont « par la naissance plus rapprochés de leur état » que ne le sont médecins ou chirurgiens. Il y a beaucoup de vrai dans cette explication. Il est vrai aussi que les médecins et les meilleurs des chirurgiens heurtent les paysans en s'efforçant de les faire renoncer à certaines habitudes invétérées et dangereuses, tant sur le plan de l'hygiène ou de l'alimentation que sur celui de la thérapeutique. Il est vrai enfin que l'impuissance de la médecine, même chez ses représentants les plus qualifiés, explique que l'on tente de trouver ailleurs les moyens de guérir. Mais il y a plus. Le discrédit que connaît la médecine officielle dans les campagnes angevines à la fin du XVIIIe siècle, s'explique aussi par le fait qu'elle tend de plus en plus à se désacraliser dans la mesure même de ses premiers progrès : le vrai médecin agit au grand jour et sans mystère, il n'utilise plus la langue latine, il fonde son diagnostic sur l'examen attentif du malade, se refusant désormais aux consultations à distance, et il prescrit les remèdes qu'il croit les plus appropriés. Une telle attitude, qui correspond à un refus du caractère magique de la maladie, n'inspire que méfiance et mépris chez ceux qui restent persuadés de ce caractère magique, que la maladie soit attribuée à l'intervention de Dieu ou à celle de quelque sorcier. Pour ceux-là, les armes les plus efficaces dont on dispose sont, en définitive, celles de la religion et de la magie inextricablement confondues, et si l'on reconnaît à certains remèdes quelque vertu, c'est dans la mesure où ils sont assortis de prières ou de formules conjuratoires. Ce serait une erreur de penser que les paysans des campagnes angevines sont les seuls à croire aux vertus des thérapeutiques magiques. Si les gens les plus évolués font appel d'abord à la médecine officielle, ils n'excluent pas pour autant le recours à la médecine « parallèle », en cas d'échec, hélas ! trop fréquent, de la première. Il n'y a fondamentalement pas de différence entre l'attitude de tel paysan baugeois allant consulter le conjureur et celle de l'avocat angevin Toublanc persuadé en 1747 qu'il suffit de donner à manger à un chien, un œuf cuit dans l'urine d'une personne fiévreuse pour que celle-ci soit débarrassée de sa fièvre, ou celle du vicomte Charles-Edouard Walsh de Serrant faisant soigner son fils par Mesmer. Que ce même vicomte de Serrant fasse inoculer ses deux sœurs en 1772 ne permet certainement pas de conclure à une attitude contradictoire de sa part, mais plutôt au caractère ambigu de l'art de guérir que ses premiers progrès ne suffisent pas à dégager encore de ses origines magiques.

2. — Foi et superstition : saints guérisseurs et fontaines miraculeuses

Aux yeux de l'Eglise et de ses représentants, les armes dont dispose le malade sont d'abord la prière et la pénitence. Il convient de tirer le meilleur parti de l'avertissement salutaire envoyé par Dieu, pour faire un retour sur soi-même et opérer une nécessaire « conversion ». Ce n'est qu'ensuite que l'on pourra solliciter de la miséricorde divine la grâce de la guérison corporelle qui sera d'autant plus facilement obtenue qu'on aura pris soin au préalable de se purifier de ses péchés, cause première du mal dont on souffre. Lors de la dysenterie de 1707,

Mgr Poncet s'adresse en ces termes à ses diocésains :
« Ne nous laissons pas décourager par nos maux, mais
courons à Celui qui peut nous guérir par un effet de
sa miséricorde... C'est pour tâcher de calmer le Tout-
Puissant justement irrité contre nous, que nous vous
exhortons à ranimer votre ferveur, à redoubler vos
prières, à vous purifier de vos péchés que vous devez
regarder comme la source de vos malheurs. » Il ordonne
à cet effet des prières publiques de Quarante-Heures.

Si l'Eglise post-tridentine, confrontée aux violentes
attaques des protestants, a essayé d'élaguer le culte des
saints de certaines proliférations regrettables, elle n'en
a pas moins mis l'accent sur l'action médiatrice de
ceux-ci, notamment la Vierge, et invité les fidèles à faire
passer par leur intercession les prières adressées à Dieu.
Ainsi se trouve encouragée une des formes les plus
anciennes, mais aussi les plus douteuses, de la piété
populaire. Celle-ci attribue depuis longtemps à certains
saints un rôle d'intercesseurs privilégiés dans telle ou
telle circonstance précise, en particulier la maladie.
Encore ces « saints guérisseurs » ont-ils leur spécialité
bien définie. Chacun d'eux a, dans la croyance commune, le pouvoir de provoquer une maladie déterminée
qui souvent porte son nom et que seul il peut guérir.
Ainsi, lors des grandes épidémies de peste, l'on se tourne
vers saint Sébastien : le 23 décembre 1583, le vicaire de
La Chapelle-d'Aligné, où la peste fait rage depuis un
mois, conduit ses paroissiens en procession à Varennes-
Bourreau, distante de trois lieues, où est vénérée une
statue du martyr romain; à Angers, la fin de l'épidémie
de 1598 est marquée par une grande procession en
l'honneur du saint le 20 janvier 1599, jour de sa fête,
« pour rendre grâce à Dieu de ce qu'il luy a pleu apaiser
son ire et revocquer ses fléaux ce ceste ville naguère
affligée de contagion »; 39 ans plus tard, le 20 janvier
1638, une procession similaire est organisée en actions
de grâces d'une rémission provisoire du fléau. Même
lorsque la peste a complètement disparu, saint Sébastien
continue à être invoqué lors de toutes les grandes conta-
gions, notamment la dysenterie : ainsi, en septembre
1707, au plus fort de l'épidémie, les habitants de
Challain décident de lui vouer leur paroisse et de lui
offrir, dès que les circonstances le permettront, un cierge
gigantesque; de leur côté, en septembre 1779, les paroissiens de La Chapelle-du-Genêt, affolés par les nouvelles

du Bas-Poitou où la dysenterie multiplie les victimes, demandent à leur curé une neuvaine de messes et de saluts en l'honneur de saint Sébastien.

Quelques saints guérisseurs sont spécialement vénérés en Anjou et leurs principaux sanctuaires sont l'occasion de « voyages » particulièrement fréquentés. Souvent, le sanctuaire se double d'une fontaine miraculeuse. C'est le cas des fontaines de saint Méen à Lasse, en Baugeois, et à Châteaupanne, près de Montjean. Le grand saint breton, longtemps considéré comme le guérisseur de la lèpre, continue à être invoqué depuis la disparition du terrible mal, pour une forme de gale particulièrement opiniâtre dite mal Saint-Méen; chaque année, le 21 juin, jour de sa fête, les malades viennent en foule pour se baigner soit à Lasse, soit à Châteaupanne. C'est le cas de la fontaine de saint Avertin à Luigné: ancien compagnon de Thomas Becket, retiré dans un ermitage aux portes de Tours, où il soignait infirmes et malades, Avertin devint après sa mort l'objet d'une grande vénération de la part des populations de Touraine et des provinces voisines qui lui attribuent des pouvoirs particuliers contre toutes les sortes de maux de tête. En Anjou, son principal pèlerinage se trouve à Luigné, entre Brissac et Doué; une fontaine que le saint, dit-on, a fait naître de son bâton, coule près de l'église et quelques gouttes de son eau suffisent à guérir les maux de tête ainsi que les maux d'yeux et d'oreilles, aussi les pèlerins viennent-ils de très loin, notamment le 8 mai, pour s'y baigner le visage ou y remplir fioles et bouteilles. C'est le cas de la fontaine de saint Armel à Soucelles, sur le Loir, à quatre lieues d'Angers; le 16 août, un pèlerinage y attire tous ceux qui, venus de toutes les régions d'Anjou et même de Bretagne, espèrent en se plongeant dans l'un des deux bassins et en implorant le saint, se débarrasser de la goutte. C'est le cas de la fontaine de saint Denis à Aubigné-Briant et de celle de saint Franquaire à Cléré, réputées l'une et l'autre pour guérir toutes sortes de fièvres. C'est le cas enfin du plus célèbre pèlerinage angevin dédié à la Vierge, l'un des plus grands de l'Ouest du royaume, les Ardilliers de Saumur. Depuis le milieu du XVe siècle, « Notre-Dame de la fontaine des Ardilliers » voit accourir des foules toujours plus nombreuses; au début du XVIIe siècle, les miracles s'y multiplient, notamment en présence de la reine-mère Marie de Médicis en 1619, l'année même de l'installation des oratoriens aux Ardilliers. Ceux-ci agrandissent l'église édifiée au XVIe siècle, en y adjoignant, entre 1634 et 1657, deux chapelles construites aux frais l'une du cardinal de Richelieu, l'autre du surintendant des finances Abel Servien.

Il arrive que l'objet de la dévotion des foules soit une châsse contenant des reliques du saint dont on demande l'intercession, ou même une simple statue : c'est à elles et non plus à l'eau d'une fontaine que sont alors attribuées des vertus miraculeuses. Pour obtenir la grâce de la guérison, il convient donc de baiser dévotement châsse ou statue, ou d'y apposer quelques instants un vêtement que l'on fera porter au malade ou un linge que l'on placera sur le membre blessé. Parfois, il suffit de se faire « évangiler » devant la statue du saint : un prêtre ayant au cou une étole dont les deux extrémités sont placées sur la tête du patient ou de son représentant, lit une page d'évangile ou l'oraison au saint dont on implore l'intercession. C'est ainsi que l'on invoque plus spécialement, contre les maux de ventre, sainte Emerance, au Longeron dans les Mauges, à Cizay près de Saumur, à La Pouëze en Segréen; contre les maux de dents, sainte Apolline, à Armaillé en Craonnais et à Reculée près d'Angers; contre la rage, saint Hubert, à Andrezé dans les Mauges; contre le « carreau », saint Symphorien, à Créans près de La Flèche; contre la folie, saint Julien, à Fontaine-Guérin en Baugeois; contre les maladies de peau, saint Lazare, près de Saint-Christophe-du-Bois; contre les brûlures, saint Laurent, dans toutes les églises et chapelles qui lui sont dédiées; et surtout, contre toutes sortes de maladies, la plus puissante des médiatrices aux yeux des Angevins, la Vierge, implorée sous divers vocables à Angers (Notre-Dame-sous-Terre et Notre-Dame-de-Recouvrance), sur les landes de Vion entre La Flèche et Sablé (Notre-Dame du Chêne), au Lude (Notre-Dame des Vertus), à Saint-Laurent-de-la-Plaine (Notre-Dame de Charité), à Saint-Martin-du-Limet (Notre-Dame de la Crue), à Jarzé (Notre-Dame-de-Montplacé), à Gastines, au Marillais, à Béhuard, aux Gardes, au Puy-Notre-Dame, à Russé, pour ne citer que les pèlerinages les plus importants. Que le but du « voyage » soit une fontaine ou une statue du saint, il faut dans tous les cas que le malade, ou ceux venus à sa place, récitent les prières prescrites et accomplissent ponctuellement certaines neuvaines : à Saint-

Franquaire de Cléré, on fait dire une messe pendant
neuf jours consécutifs; à Notre-Dame de Montplacé, le
pèlerin fait ses dévotions à la Vierge pendant que
brûlent devant la statue miraculeuse neuf petites bougies
accolées et tordues en spirale; à Fontaine-Guérin, le
malade, fol ou simple d'esprit, est conduit à pied jusqu'à
la chapelle Saint-Julien par neuf personnes de son sexe
qui, arrivées devant la statue du saint, allument chacune
une bougie et récitent des prières jusqu'à extinction.
Tous ces sanctuaires doivent leur succès, aux XVIIe et
XVIIIe siècles, aux nombreux miracles attribués aux
divers intercesseurs, et les ex-voto qui ornent les murs
des chapelles sont là pour témoigner des grâces ainsi
obtenues. Une plaquette publiée à Saumur en 1665 et
rééditée cinquante ans plus tard, sous le titre *Histoire...
de Notre-Dame des Ardilliers... et des plus signalés
miracles que Dieu y a opérés en sa faveur,* est précédée
d'une lettre d'Henry Arnauld dans laquelle l'évêque
d'Angers authentifie globalement les guérisons miraculeuses qui y sont consignées. De son côté Grandet, dans
Notre-Dame Angevine rédigée en 1704, cite longuement
à propos des pèlerinages marials les plus célèbres, les
miracles dont ils ont été et continuent de son temps à
être le théâtre.

Pourtant, de l'attitude d'un Arnauld ou d'un Grandet
couvrant de leur autorité des faits rapportés le plus souvent sans aucun esprit critique, il ne faudrait pas
conclure que le haut clergé angevin n'a pas conscience
des dangers que porte en elle-même cette forme de piété
populaire. S'il est possible à la majorité des prêtres et
aux chrétiens les plus éclairés de conserver au pèlerinage sa véritable signification spirituelle — geste de piété
et de pénitence permettant avant tout une « conversion » de l'âme et exceptionnellement, si Dieu le juge
utile, une guérison du corps — pour la grande masse
des fidèles, l'essentiel du « voyage » reste l'immersion
dans la fontaine, l'attouchement de la statue du saint,
l'imposition de l'étole ou la récitation exacte de la neuvaine prescrite, actes concrets, à caractère magique, dont
on attend la guérison. Et le saint guérisseur, souvent
considéré comme l'auteur même du mal, est dans l'esprit
de ceux-ci, non un simple intercesseur, mais un véritable
thérapeute doué personnellement de pouvoirs thaumaturgiques. A cette profonde déviation du sens religieux,
s'ajoutent d'autres dangers : l'empressement à crier au

miracle sans discernement, la prolifération autour des sanctuaires des intérêts les plus mercantiles. A la fois soucieuses de maintenir le culte des saints, la croyance aux miracles et la pratique des pèlerinages et conscientes des déviations et des abus qu'ils entraînent, les autorités ecclésiastiques se trouvent dans une situation délicate : sévir trop ouvertement contre ces abus semblerait remettre en cause l'enseignement de l'Eglise et surtout heurterait de front la sensibilité populaire. Certaines pratiques sont si évidemment superstitieuses — même si elles rencontrent parfois l'indulgence du clergé rural — que les évêques ou leurs représentants ne peuvent que les condamner et s'efforcer de les faire disparaître : ainsi, en juin 1644, Charles Bouvard, abbé de Saint-Florent, visitant la paroisse de Saint-Jean-du-Marillais, ordonne que soit bouché un trou existant au bas de l'autel, « pour empescher la superstition qu'aulcuns commettent y faisant mettre la teste de leurs enfans », sans doute dans l'espoir de leur assurer santé et longue vie; de même, l'archidiacre de Nantes, Antoine Binet, informé lors de sa visite au Fuilet le 14 mai 1684, que « les paroissiens continuoient dans la superstition de porter les corps morts baiser et choquer le grand autel, a requis qu'il leur fust fait deffenses de continuer cette méchante pratique ». Mais les choses ne sont pas toujours aussi simples. C'est ainsi qu'éclate un incontestable embarras dans le *Mandement* par lequel Mgr Poncet condamne en 1714 le bruit fait autour de certaines guérisons prétendument miraculeuses qui auraient eu lieu dans une chapelle de la Vierge des cordeliers d'Angers : « A Dieu ne plaise, écrit-il, que nous doutions de l'étendue des pouvoirs de Marie...; mais s'il est funeste de douter des miracles que le Souverain Arbitre de notre sort veut bien opérer, il n'est pas moins dangereux d'en croire et d'en publier d'imaginaires... Confondre la piété avec la superstition, la foy avec la crédulité, le zèle avec la prévention, c'est se former une vertu fantastique qui amuse l'esprit et qui ne remplit pas le cœur. » L'année précédente, les participants aux conférences ecclésiastiques d'Angers ont condamné le « culte superflu » qui consiste à « employer dans le culte de Dieu ou des saints des pratiques vaines ou inutiles qui n'ont été instituées ni de Dieu, ni de l'Eglise », et de citer entre autres exemples, « l'attache que quelques personnes ont à faire dire un certain nombre

de messes ou à allumer un certain nombre de cierges,
dans la pensée que c'est précisément ce nombre de
messes ou de cierges allumés qui contribue à nous obtenir de Dieu ce que nous demandons »; mais les rédacteurs ajoutent un peu plus loin : « On ne doit pas pour
cela croire que ce soit une superstition de faire dire
neuf ou trente messes, selon l'usage des églises. » Nouveau témoignage de l'embarras des autorités ecclésiastiques dans une matière délicate où l'abus est lié ici non
à la pratique elle-même, mais à la signification plus
magique que religieuse accordée à cette pratique. C'est
dans le même esprit que l'évêque de La Rochelle,
Etienne de Champflour, invite ses prêtres à souligner
devant leurs paroissiens le vrai sens du culte des saints.
De fait, le clergé paroissial, au contact des masses populaires et mieux à même que quiconque de juger du
niveau de leur foi religieuse, s'efforce, sans trop d'illu-
sions sans doute, de rappeler la saine doctrine de
l'Eglise. Dès 1583, il se trouve un prêtre assez éclairé, le
vicaire de La Chapelle-d'Aligné, pour noter dans son
registre (après avoir certainement développé ce thème
devant ses ouailles) que la procession entreprise le
23 décembre à Varennes-Bourreau, a pour but de « porter un fort beau cierge devant l'imaige (de) sainct
Sébastien et invocquer l'aide de Dieu, par l'intercession
de la glorieuse Vierge Marie et de Monsieur S. Sébastien, Monsieur S. Roch, Monsieur S. Adrien et Madame
Ste Anastasie et tous les saincts et saintes du Paradis,
pour, par leur intercession et les prières des vivans, qu'il
plaist à Dieu faire cesser la pestilence »; il donne ainsi
au pèlerinage sa vraie dimension surnaturelle et souligne
fort justement le rôle de simples intercesseurs des saints
invoqués. Deux siècles plus tard, le curé de La Chapelle-
du-Genêt s'adresse en ces termes, le 30 septembre 1779,
à ses paroissiens qui l'ont chargé de commencer une
neuvaine à saint Sébastien : « En demandant à Dieu la
préservation de ce terrible fléau de la dissenterie dont
le nom seul fait frémir et contre lequel vous avez
réclamé ce qui dépend de notre ministère, puissiez-vous
en l'obtenant ou comme un moyen de l'obtenir, ressen-
tir au-dedans de vous la préservation ou la guérison
d'un mal bien plus dangereux, le péché et la perte de
la grâce ! Car, vous devez le savoir et il seroit trop grossier à vous de l'ignorer, ce n'est qu'en ce sens que je me
suis prêté à vos instances, et mon objet principal dans

les prières que nous avons déjà commencées, est d'obtenir pour vous comme pour moi, tout ce qui peut contribuer à la gloire du Seigneur et à l'assurance de notre salut. » Langage sévère et dur à entendre sans doute pour la majorité de ces paysans des Mauges qui, terrifiés par la menace de la dysenterie, cherchent avant tout dans le recours à saint Sébastien, une garantie efficace contre le fléau; c'est là pour beaucoup une démarche essentiellement magique, et la mise en garde de leur curé n'est, à cet égard, que trop significative.

3. — *Foi et superstition : conjureurs et sorciers*

Le recours aux empiriques et aux conjureurs relève de la même mentalité. L'étude de l'empirisme — et de la sorcellerie qui lui est liée — dans l'Anjou des XVIIe et XVIIIe siècles, pose un problème de méthode. En effet, le silence des textes et des archives est presque total sur ces pratiques mystérieuses que l'on devine pourtant répandues partout. Jusqu'aux années 1630-1640, on perçoit les échos des grands procès de sorcellerie qui n'épargnent pas l'Anjou. Mais à partir du moment où le sorcier comme tel ne relève plus des tribunaux, le silence retombe sur lui, plus épais encore. Une information comme celle qui est ouverte en 1801 à Jumelles, en Baugeois, pour un banal tapage nocturne et qui entraîne des perquisitions chez trois sorciers, est une aubaine tout à fait exceptionnelle. Force est donc de recourir aux enquêtes des grands folkloristes angevins des années 1880-1910; s'appuyant sur des renseignements oraux recueillis auprès d'adultes et de vieillards, à une date où la grande rupture avec le passé n'était pas encore opérée, du moins dans les campagnes, elles ne témoignent à strictement parler que pour le XIXe siècle, mais il est évident qu'elles témoignent aussi largement pour les siècles antérieurs; aussi, à condition d'être prudent et de savoir déceler les alluvions du XIXe siècle, il ne m'a pas paru téméraire de les utiliser ici.

Il apparaît d'abord, à l'évidence, que la vogue des empiriques est liée beaucoup moins aux remèdes qu'ils prescrivent qu'à la réputation de conjureurs qu'ils ont tous peu ou prou. C'est pourquoi la distinction entre les premiers qui s'appuient sur un savoir général plus ou moins bien assimilé et les seconds qui agissent

par pure magie sans le support d'une médication quelconque, est assez arbitraire : l'empirique n'est pas seulement un médecin ou un chirurgien sans diplôme, il participe le plus souvent du pouvoir mystérieux du
« maige ». On comprend que le doyen de la Faculté de
médecine d'Angers, Delaunay, puisse écrire à Vicq
d'Azyr en 1790 : « Notre département est en proie à
des maiges et des empiriques aussi audacieux qu'igno-
rans », assimilant ainsi les uns aux autres. Toutefois,
même si dans la pratique, la différence est difficile à
faire, elle n'en existe pas moins, et elle est capitale aux
yeux de l'Eglise. La mise en garde qu'adresse à ses
paroissiens le curé de La Chapelle-du-Genêt, est fort
nette à cet égard : « Les malades et les infirmes peuvent
et doivent chercher leur guérison dans les remèdes naturels, se servir de ceux que le Seigneur a créés pour cette
fin et emploïer tout ce qu'ils croyent pouvoir leur être
utile pour se soulager. A quoy, toutefois, il faut ajouter :
pourvu que dans ces remèdes et soulagemens, il n'y ait
rien que de bien légitime et purement naturel, sans
paroles ni autres moïens extraordinaires, ce qu'on
appelle superstition et qui ne peut être sans crime si elle
est connue et volontaire. » En effet, si l'empirique use
de « remèdes naturels » qui sont souvent, on l'a vu, les
mêmes que ceux des médecins, il est vrai qu'il y ajoute
certaines recettes qui relèvent purement de l'opération
magique, de même que sa façon de poser un diagnostic
à la seule vue de l'urine du malade. S'agit-il là, dans
l'esprit du curé de La Chapelle-du-Genêt, de « superstition » ? Cela n'est pas sûr. Mais le doute n'est plus
permis lorsque le guérisseur, pour augmenter l'efficacité
de sa thérapeutique, croit devoir emprunter au conjureur ses « paroles et moyens extraordinaires ».

Le rôle joué par ce dernier dans les villes et les campagnes angevines s'explique par la croyance en l'origine
de la maladie. Si celle-ci est le plus souvent voulue
directement par Dieu, comme l'enseigne le curé dans ses
prônes du dimanche, on ne doute pas qu'elle ne soit
dans certains cas le résultat de quelque maléfice jeté par
un sorcier au service du diable. Il faut alors s'adresser
au conjureur, au maige, au devin comme on l'appelle en
Baugeois, qui décèle l'origine du mal et dénoue le
« sort ». Seul, le conjureur peut défaire ce que le sorcier
a fait; autant le premier est estimé et respecté, autant le
second, doué de pouvoirs maléfiques, est craint et

détesté. Il existe différents moyens pour tenter de se
préserver des maléfices des sorciers : si l'on rencontre
l'un d'eux, il faut s'empresser de replier les pouces des
mains en dedans, en répétant pendant tout le temps qu'il
est visible, une formule conjuratoire du genre de celle-
ci : « Sorcier, sorcier, si tu m'ensorcelles, que le diable
t'emporte »; on peut aussi avoir chez soi plusieurs chats,
planter autour de sa maison de l'herbe « alleluia », porter toujours dans ses poches un peu de sel marin. La
haine du sorcier pousse parfois ses victimes au crime :
en 1780, des paysans de Beaucouzé, à deux lieues à
l'ouest d'Angers, soupçonnant une femme de la paroisse
qui passait pour sorcière, d'avoir jeté un sort à leurs
bestiaux, la traînent dans une étable pour lui arracher
son secret et n'obtenant rien, lui brûlent les pieds, puis
la noient dans une mare. Mais une fois encore, il
convient de se méfier des distinctions trop tranchées :
il semble bien que souvent le même personnage ait passé
pour posséder des pouvoirs surnaturels bivalents, dont
il peut user aussi bien pour provoquer une maladie que
pour la guérir. Le rapprochement avec le saint guérisseur est ici évident : dans les deux cas, on s'adresse à
celui que l'on considère comme l'auteur du mal, même
si l'on ne voit en lui qu'un intermédiaire de Dieu ou du
diable.

Dans ces conditions, l'essentiel de la thérapeutique
réside dans les pratiques et formules magiques utilisées
par le conjureur. Il s'agit de secrets qui se transmettent
très soigneusement de père en fils et ne peuvent être
divulgués sous peine de perdre toute vertu. Cependant
quelques folkloristes ont réussi à recueillir certaines de
ces formules, soit par transmission orale, soit en retrou-
vant les livrets imprimés ou manuscrits utilisés par les
conjureurs. C'est ainsi qu'à la fin du XIXᵉ siècle, Camille
Fraysse a eu connaissance d'une série de formules de
conjurations usitées dans la région baugeoise et dont
voici trois exemples. La première a pour but de conjurer
les coliques : « Mettre le majeur de la main droite sur
le nombril du malade, et prononcer les paroles ci-après :
« Marie qui êtes Marie, ou colique ou passion qui êtes
entre mon foie et mon cœur, entre ma rate et mon pou-
mon, arrête, au nom du Père, du Fils et du Saint-
Esprit. » Réciter ensuite trois *pater* et trois *ave, et prononcer le nom du malade en disant : « Dieu t'a guéri !
Amen ! » La seconde concerne les brûlures : « Faire le

signe de la croix sans en prononcer les paroles ni se
servir de la main, mais diriger au fur et à mesure les
yeux vers chacun des endroits où l'on porterait succes-
sivement la main pour un signe ordinaire, et répéter
mentalement les mots : « Brûlure, je te conjure au nom
des trois principaux Mystères, le Mystère de la Rédemption, le Mystère de l'Incarnation, le Mystère de la
Sainte-Trinité, brûlure, tu perdras ta chaleur et ton
ardeur comme Judas a perdu ses couleurs au Jardin des
Olives. » Faire ensuite mentalement un signe de croix
dans la même forme que ci-dessus. Répéter trois fois. »
La troisième est une conjuration des entorses: « Prononcer ces paroles : « Eté, Anté et Superité, au nom de
Dieu et de saint Eloi, je vous en prie, guérissez-moi ce
chrétien-là. » Dans la plupart des cas, c'est dans les
neuf jours qui suivent la cérémonie que l'effet recherché
est obtenu. Ce qui est remarquable dans toutes ces formules, c'est qu'elles lient intimement aux pratiques
magico-superstitieuses, les dogmes et les prières de
l'Eglise romaine : on invoque la Trinité, le Christ, la
Vierge, les saints, on use continuellement du signe de
la croix, visiblement considéré comme indispensable à
l'efficacité de la conjuration.

L'attitude des auteurs d'almanachs, prophètes, pronostiqueurs et autres devins, si proches des conjureurs
et des sorciers, quand ils ne le sont pas eux-mêmes,
éclaire cette confusion de la religion et de la magie.
C'est ainsi qu'on peut lire au début de l'*Almanach
angevin et journalier pour l'an de grâce 1707... par le
bon Joseph, grand astrologue et mathématicien* :
« Comme il y a déjà longtemps que l'Eglise a condamné
l'astrologie judiciaire et que l'expérience a fait remarquer... que les observations des astrologues se sont trouvées très éloignées de la vérité, mais comme il a plu à
Dieu de donner aux hommes la connoissance des
moments des astres..., nous marquons seulement les
lunaisons comme l'astronomie les fait observer pour
cette année, de mois en mois, qui sont même autant
utiles que curieuses, aussi bien pour la médecine que
pour l'agriculture. » Pourtant, après cet avertissement
rassurant, l'almanach donne pour chaque jour de
l'année à venir, non seulement le saint fêté dans le diocèse, mais aussi le temps qu'il fera. On lit dans l'*Almanach* de 1711, toujours signé par le bon Joseph, cette
fois qualifié de « solitaire » : « Suivant la coutume de

Notre Sainte Mère l'Eglise, l'année commence le premier de janvier. Nous prendrons après Dieu, pour directeurs, Mercure et Saturne qui menacent de prison tous les brigans et voleurs. Mars et Vénus promettent que les personnes mariées auront des querelles dans leurs ménages. Pour les saisons, elles auront leurs cours cy-après marquez. » Par une démarche voisine de celle des conjureurs, les pronostiqueurs mêlent hardiment à leurs élucubrations astrologiques, les références au calendrier de l'Eglise, les allusions à la religion et les invocations révérentieuses à Dieu et à ses saints. Mieux qu'une tentative pour désarmer les autorités ecclésiastiques, il faut voir, me semble-t-il, dans cette christianisation aberrante de la magie et de l'astrologie, le seul moyen que celles-ci aient trouvé pour subsister. Ainsi sous le christianisme officiel continuent à vivre souterrainement des croyances populaires enracinées depuis des siècles et qui s'intègrent d'autant mieux à l'univers mental du paysan du Baugeois ou du Craonnais, de l'artisan d'Angers ou de Saumur, qu'elles ont emprunté à la religion le manteau dont elles se couvrent. C'est pourquoi il serait arbitraire d'opposer sentiment religieux et superstition, et de mettre en doute la sincérité du premier dans la mesure où l'on devine la vitalité de la seconde. Pour ces êtres frustes qui se meuvent dans une atmosphère de merveilleux facilitant de constantes interférences, religion et magie sont deux moyens parallèles et nullement contradictoires pour tenter de se concilier les forces surnaturelles et leur arracher notamment le secret des maladies et de leur guérison. Comment verraient-ils quelque antinomie entre elles quand l'une et l'autre invoquent Dieu et les saints, usent du même signe de la croix, attribuent au chiffre *neuf* la même valeur sacrée ? Pour combien de malades, le recours au prêtre « évanglant » devant la statue d'un saint guérisseur et le recours au conjureur psalmodiant sa formule mystérieuse ne sont-ils pas deux démarches de même ordre ? Ainsi se révèle l'ambiguïté fondamentale du sentiment religieux, pénétré de magie et pénétrant celle-ci.

Les autorités ecclésiastiques, conscientes de cette ambiguïté, s'efforcent de la lever en condamnant clairement la superstition. Les *Ordonnances et règlements synodaux du diocèse de La Rochelle,* publiés en 1710, s'expriment ainsi : « Les curés tâcheront de faire bien entendre à leurs paroissiens que c'est avoir confiance

au démon et lui rendre culte superstitieux que d'avoir
recours aux devins, aux sorciers, aux magiciens, aux
diseurs de bonne aventure, aux astrologues, aux faiseurs
d'horoscope... C'est aussi un culte superstitieux d'avoir
recours à certains remèdes qui n'ont aucun rapport à
l'effet qu'on en attend ou qui joignent des paroles
saintes avec des circonstances vaines, fausses ou ridi-
cules, qui pourtant sont nécessaires afin que le remède
ait son effet, comme de dire cinq *pater* avant le soleil
levé ou de mêler dans des oraisons quelque histoire
fabuleuse. Les curés avertiront que d'en user ainsi, c'est
recourir au démon et le mettre à la place de Dieu. »
En 1713, les participants aux conférences ecclésiastiques d'Angers étudient longuement, parmi les péchés
contraires à la vertu de religion, la superstition, la magie
et les « vaines observances ». S'inspirant directement,
sans s'y référer, du *Traité des superstitions* de Thiers,
ils condamnent les diverses pratiques superstitieuses,
notamment celles concernant les maladies : « Le démon
sçachant que les hommes sont fort attentifs à la conservation de leur santé, a pris de là occasion de leur suggé-
rer plusieurs remèdes ou préservatifs superstitieux
contre les maladies, afin de s'insinuer dans leurs esprits
et de se faire rendre en cachette l'hommage qui n'est dû
qu'à Dieu... On doit rejeter tous ces prétendus remèdes,
soit qu'ils soient joints à des causes naturelles, soit qu'ils
en soient entièrement séparez. Ce sont des restes de
l'idolâtrie et des inventions diaboliques... C'est sans fondement qu'on attribue aux paroles la vertu de guérir les
maladies ou d'en préserver les hommes ou les bêtes. »
Ils dénoncent tout particulièrement « les conjurations
ou exorcismes et les bénédictions ou oraisons qu'on dit
sans approbation de l'Eglise pour guérir certaines maladies », et déclarent coupables non seulement ceux qui
font profession de ces pratiques, mais aussi ceux qui les
consultent. On peut s'interroger sur la portée réelle de
telles condamnations. Certes, les enfants du catéchisme
apprennent dès le plus jeune âge deux questions et
réponses concernant la superstition, manquement au
premier commandement de Dieu; certes, les curés du
diocèse d'Angers rappellent tous les dimanches à leurs
paroissiens au début du prône, parmi d'autres formules
à peu près vides de sens à force d'être entendues, que
sont tenus pour excommuniés « tous sorciers, devins et
magiciens, tous ceux qui usent d'arts diaboliques et

magiques, qui ont recours à eux ou leur adhèrent, et lisent ou retiennent quelques livres de magie ». Mais l'élimination de la superstition n'est pas une affaire de mots, c'est une question de mentalité. L'attitude de l'homme devant la maladie est ici directement liée à la valeur de son sentiment religieux.

Sans prétendre traiter ici le grand problème du niveau religieux des populations angevines aux XVIIᵉ et XVIIIᵉ siècles, il n'est peut-être pas inutile de poser quelques jalons. En 1655, Henry Arnauld se plaint non seulement des manquements de ses diocésains à leurs devoirs religieux notamment la messe dominicale, mais surtout de leur totale ignorance des mystères de la foi. En 1662, le père Oudin est effaré par cette ignorance. La même année, Marie-Gabrielle Rousseau, cousine de Guy Lanier et fondatrice des filles de la Croix, écrit à la duchesse d'Aiguillon pour lui souligner « les très grandes nécessités qu'il y a dans notre province en la pluspart des paroisses, et c'est manque de ce pain qui nourrit les âmes qui ne leur est point administré par la négligence et l'ignorance de ceux qui ont caractère et charge de ce faire ». On voit que le vrai problème est celui de l'instruction du peuple chrétien, qui dépend elle-même de l'existence d'une élite dont la mission est l'enseignement. Or, il n'est que trop certain que jusqu'à la fin du XVIIᵉ siècle, cette élite n'a pas su en Anjou remplir cette mission. Henry Arnauld s'étant heurté, en dépit de sa bonne volonté, à des difficultés de toutes sortes, le problème fondamental de l'enseignement du clergé, condition première de l'enseignement des fidèles, n'est résolu que par l'union du séminaire d'Angers à Saint-Sulpice, réalisée en 1695 par Michel Le Peletier, la création en 1700 des retraites et des conférences ecclésiastiques venant utilement compléter cette mesure. Ce n'est donc qu'à partir du début du XVIIIᵉ siècle que se met en place peu à peu, dans le diocèse d'Angers, un clergé intellectuellement et spirituellement mieux armé, susceptible de se consacrer à une meilleure instruction du peuple chrétien. Tout au long du siècle, les missions prêchées par les lazaristes d'Angers, les montfortains de Saint-Laurent-sur-Sèvre, les jésuites de La Flèche, de Poitiers ou de Paris, contribuent, elles aussi, à cette œuvre d'instruction; la plupart de ces missionnaires mettent essentiellement l'accent sur quelques données simples et frappantes : l'énormité des péchés des hommes, seule origine de leurs malheurs, l'amour de Dieu et le mystère de la Rédemption, la nécessité de la pénitence, la crainte de l'enfer. Processions cierge en main, « plantements » de croix, pénitences publiques sont autant de moyens couramment utilisés pour rendre plus vivant et plus facilement assimilable ce rappel des grands dogmes chrétiens. Quels fruits réels a portés cette œuvre d'enseignement entreprise au XVIIIe siècle, par curés et missionnaires ? Il est bien difficile de l'apprécier en quelques mots. Il faut cependant remarquer d'abord qu'elle a été limitée dans le temps. Vigoureusement poursuivi sous les successeurs de Michel Le Peletier, Michel Poncet de La Rivière (1706-1730) et Jean de Vaugirauld (1730-1758), le grand mouvement de réforme amorcé, tardivement, à la fin du XVIIe siècle, s'essouffle dès le milieu du siècle suivant. Bien plus, on assiste, dans la seconde moitié du siècle, à un indiscutable relâchement. La personnalité des deux derniers évêques d'Ancien Régime y est certainement pour beaucoup : Jacques de Grasse (1758-1782) est un prélat discrédité et brouillon et ne réside d'ailleurs que fort peu dans son diocèse; Michel Couet du Viviers de Lorry (1782-1802) mène une vie plus digne, mais manque de caractère et de sens religieux. Ayant sous les yeux ces exemples peu édifiants, privé de la direction énergique qui avait assuré précédemment le succès des réformes, le clergé angevin n'est plus ce qu'il était cinquante ans plus tôt : de 1760 à 1776, le séminaire traverse une crise qui ne prend fin qu'avec la nomination comme supérieur de M. Emery, les conférences ecclésiastiques qui avaient joué un si grand rôle dans la formation du clergé sont de moins en moins suivies, voire « tout à fait abolies en certains cantons ». Le déclin presque général des confréries, l'absentéisme à l'office vespéral du dimanche, la diminution sensible des fondations, l'effondrement du chiffre des vocations dans les ordres religieux masculins sont autant de preuves que les défaillances du clergé ont leurs répercussions au niveau des fidèles. Trop limité dans le temps, l'effort de réforme semble bien par ailleurs n'avoir atteint, dans le meilleur des cas, qu'une frange du peuple chrétien, et on peut se demander s'il n'a pas contribué à creuser davantage le fossé entre une élite composée par une partie du clergé et une minorité de pieux laïcs, hommes et surtout femmes, issus pour la plupart des milieux aisés, qui s'efforcent de faire passer dans leur vie les préceptes d'une foi exigeante, et la grande masse des fidèles qui, surtout dans les campagnes, continuent trop souvent, en dépit des efforts des meilleurs de leurs prêtres, à « confondre la piété avec la superstition, la foy avec la crédulité », pour reprendre l'expression de Mgr Poncet en 1714. Certes, l'effort entrepris depuis la fin du XVIIᵉ siècle et trop tôt interrompu, a abouti à une restauration de la pratique, désormais quasi unanime, et a pu faire progresser ici ou là une religion plus éclairée. Mais ces résultats positifs ne doivent pas faire illusion : le christianisme reste pour beaucoup en Anjou, à la veille de la Révolution, ce qu'il était au XVIIᵉ siècle et aux siècles précédents : l'un des éléments d'une religion populaire où foi et superstition se mêlent inextricablement. L'attitude des Angevins face à la maladie fournit sur cette ambiguïté profonde un témoignage privilégié.

CHAPITRE XII

LES HOMMES DEVANT LE SPECTACLE
DE LA MORT

1. — *Meurtres et exécutions capitales*

Alors que les sociétés contemporaines s'efforcent, autant que faire se peut, d'expulser de la vie de tous les jours la pensée et l'image même de la mort, les sociétés traditionnelles semblent parfois s'y être complues. On aurait tort pourtant de voir quelque complaisance morbide dans une attitude qui n'est que le reflet des conditions démographiques et morales de la vie d'autrefois. La mort et le cadavre s'imposent alors comme des réalités courantes qu'il n'est pas possible de dissimuler. Dans un village d'un millier d'habitants où il n'y a aujourd'hui en moyenne qu'une dizaine de décès par an, il y en a trois ou quatre fois plus en année normale aux XVII° et XVIII° siècles. Entre les deux chiffres, il y a la différence, considérable, entre le rare et le familier. Si aujourd'hui la vie du village n'est troublée qu'une dizaine de fois dans l'année par un enterrement, sous l'Ancien Régime, c'est trente ou quarante fois que le glas est sonné au clocher, se faisant entendre jusque dans les fermes éloignées du bocage, et que le lendemain ou le surlendemain, le lugubre cortège se rend de la maison mortuaire à l'église et de là au cimetière. Selon le mot célèbre de Jean Fourastié, la mort est alors « au centre de la vie comme le cimetière au centre du village ». Mais il y a plus. La mort ne s'impose pas seulement comme une terrible réalité. Envisagée dans une perspective chrétienne, elle revêt une trop grande importance pour que l'on ne s'efforce pas de s'y accoutumer.

C'est ainsi que l'Eglise encourage tout ce qui contribue
à entretenir chez les fidèles une familiarité souhaitable
à l'égard de la mort. Mourir étant la grande affaire du
chrétien — la seule qu'il devrait avoir constamment à
l'esprit — le spectacle de la mort d'autrui, loin d'être
morbide, ne peut être que salutaire, dans la mesure où
il constitue toujours un avertissement et peut être dans
certains cas un sujet d'édification. Très souvent, aux derniers moments d'un mourant, assistent non seulement
les membres de la famille, y compris les enfants, mais
parfois les voisins et les amis. Dès que le mourant a
rendu le dernier soupir, les portes de la maison sont
ouvertes et le restent pendant toute la veillée funèbre,
comme une invitation à venir rendre une dernière visite
à celui qui n'est plus. Dans les couvents, toute la communauté entoure le lit du religieux ou de la religieuse
à ses derniers moments. En juin 1692, un très grand
nombre d'ecclésiastiques sont présents dans la salle du
palais épiscopal où agonise Henry Arnauld.

La publicité des exécutions capitales ne prend son
sens que dans ce climat qui donne à la mort d'autrui
valeur d'exemple. La mort d'un criminel peut être doublement exemplaire : non seulement elle rappelle ce
qu'il en coûte de transgresser les lois, mais encore, si le
criminel meurt repenti, elle prouve que le plus grand
pécheur a toujours la possibilité de se racheter et de
faire la mort du bon larron. En fait, il semble que même
s'il a cet effet cathartique et édifiant, le spectacle des
exécutions contribue surtout à entretenir cette familiarité avec la violence, le sang et la mort qui est l'un des
traits majeurs de la mentalité de l'époque. La violence
de la justice et de ses peines ne fait d'ailleurs que
répondre à la violence des délinquants, et selon l'antique
loi du talion, la peine de mort sanctionne le plus souvent
l'homicide. La vie étant chose sacrée, l'homicide constitue l'un des crimes les plus graves que l'on puisse com-
mettre, qu'il s'agisse de tuer autrui ou de se tuer soi-
même. Toutefois, les lois ecclésiastiques et civiles distinguent différents types d'homicides. Celui « commis
volontairement et de propos délibéré » est dans le diocèse d'Angers, un « cas réservé », c'est-à-dire dont
l'absolution relève de l'évêque, et il est puni généralement du supplice de la roue, sans qu'il puisse y avoir
expédition de lettres de grâce ou de rémission; par
contre, celui commis en cas de légitime défense ne

constitue pas un cas réservé et est susceptible de peines variables selon les cas. Quant au suicide, « l'Eglise et le Palais ont tant d'horreur de ce crime qu'ils le punissent dans les cadavres même » : le clergé refuse aux suicidés la sépulture en terre chrétienne et les tribunaux instruisent le procès du cadavre, comme s'il s'agissait d'un assassin bien vivant. En réalité, opinion publique et autorités religieuses et judiciaires semblent s'être trouvées d'accord pour assimiler, dans la plupart ces cas, le suicidé à un malade ayant commis un geste sous l'empire d'une folie passagère : en le déclarant irresponsable, on peut le considérer comme une victime, non comme un coupable, tel cet élève du Séminaire dont parle Joseph Grandet dans son *Journal* de 1707.

Si les suicides semblent avoir été relativement rares et l'indulgence des juges assez grande, par contre les meurtres sont à la fois très fréquents et impitoyablement réprimés. La violence affleure sans cesse : pour un rien, on se bat, on se blesse, on se tue, en ville comme à la campagne, dans le peuple comme dans la noblesse. Où est la « douceur angevine » ? Dans les ciels et les paysages de la province peut-être, certes pas dans les mœurs de ses habitants. La pratique du faux saunage, et les brutalités et exactions de toutes sortes qu'elle entraîne, contribue certainement pour beaucoup à cet état de choses, dans une province « frontière » comme l'est l'Anjou, et notamment dans les paroisses voisines de la Bretagne et des Marches Anjou-Poitou. Il en est de même à un moindre degré, de l'incessant trafic de batellerie sur la Loire et ses affluents, car les mariniers ont la réputation justifiée d'être gens brutaux, toujours prêts à la bataille. Seule l'étude systématique de la criminalité en Anjou aux XVIIᵉ et XVIIIᵉ siècles pourra livrer une juste image de ce climat de violence. Mais déjà ce que l'on sait des procédures criminelles d'un tribunal comme le présidial de Château-Gontier en fournit un témoignage éloquent : de 1640 à 1790, sans que l'on puisse, semble-t-il, déceler une sensible évolution de la délinquance, les juges ont à connaître constamment de brigandages et assassinats sur les chemins, de vols à main armée, de rixes entre paysans, d'injures, coups et voies de fait n'épargnant même pas les ecclésiastiques, de viols et mauvais traitements à des femmes ou des enfants. Ce n'est pas là le seul fait des classes populaires, mais aussi parfois d'ecclésiastiques, plus souvent encore de nobles. Parmi les meurtres, l'un des plus fréquents paraît avoir été l'infanticide. En 1708, une déclaration royale fait obligation aux curés de publier au prône, tous les trois mois, l'édit de février 1556 établissant la peine de mort contre les femmes ou filles qui, ayant caché leur grossesse et leur accouchement, tuent ou laissent mourir leur enfant sans lui avoir administré le baptême : ce que les contemporains, qui prennent si facilement leur parti de la mort des nouveau-nés baptisés, ne peuvent pardonner, c'est moins le meurtre lui-même que le fait de fermer les portes du ciel à un enfant innocent.

La brutalité de la répression est à la mesure de ces violences (question ordinaire et extraordinaire, fustigation, flétrissure, pendaison, roue, bûcher) et une exécution capitale est un spectacle de choix auquel tout le monde est convié et que nul ne voudrait manquer. A Angers, le gros bourdon de la cathédrale tinte neuf coups par intervalles, avant l'amende honorable et l'exécution d'un condamné, afin, précise Lehoreau, d'« avertir le peuple d'être témoin d'une telle action ». C'est le cas le 18 janvier 1704, pour l'exécution d'un habitant de Rochefort-sur-Loire convaincu du meurtre de son frère et condamné à faire amende honorable, à avoir le poing tranché et à être rompu vif. Lehoreau rappelle à ce propos que certains criminels peuvent bénéficier du privilège d'être étranglés par le bourreau avant d'être rompus ou à tout le moins très peu de temps après. Ainsi en est-il en 1723 pour quatre assassins exécutés à Château-Gontier et qui, déclare la sentence, seront étranglés secrètement après avoir reçu vifs, les uns quatre, les autres douze coups de barre. L'horreur du supplice et du spectacle en est quelque peu atténuée, et les badauds n'ont pas à attendre des heures durant le décès du malheureux. La peine du bûcher est considérée comme plus horrible encore du fait que le corps du condamné est réduit en cendres et celles-ci jetées au vent; il ne peut donc être question de sépulture en terre chrétienne, ce qui apparaît comme une aggravation du châtiment. Le bûcher est généralement réservé aux empoisonneurs, telle cette femme de Peuton condamnée en 1691, « à faire amende honorable devant la principale porte de l'église de Saint-Rémy de Château-Gontier, ayant la corde au col, une torche ardente du poids de deux livres à la main, vêtue d'une chemise soufrée, puis à être conduite sur la place publique de ladite ville pour y être liée à un poteau et brûlée vive ».

Roue ou pendaison, décollation ou bûcher, l'exécution se déroule comme un véritable jeu dramatique dont l'échafaud est la scène, le bourreau et le condamné, les deux principaux acteurs, les badauds accourus en foule, les spectateurs. Ces derniers suivent toutes les phases de la représentation en connaisseurs exigeants. Que le condamné fasse bonne figure, et il peut être assuré de l'ardente sympathie de la foule, qui l'assiste de ses encouragements et de ses prières, quitte à l'abreuver des pires quolibets s'il perd courage et crie sa peur. Quant au bourreau, il a intérêt à tenir correctement son rôle : maladroit, il risque fort d'être écharpé par le public. C'est le cas à Angers le 23 juillet 1625, lors de la décollation d'un gentilhomme breton, sur la place des Halles : l'exécuteur est si malhabile qu'au lieu de trancher la tête d'un seul coup, il doit s'y reprendre à vingt reprises, tailladant la tête et les épaules du malheureux; les spectateurs, furieux, commencent par lui jeter des pierres, puis comme il cherchait à s'échapper, le tuent sur place, si bien, raconte Louvet, qu'« il fut aussitost mort que le criminel qu'il avoit voulu executter ». En 1719, le bourreau de Château-Gontier manque d'être victime de la même mésaventure : à l'issue de l'exécution maladroite d'un condamné, il est assailli à coups de pierres et de bâtons par plus de 200 personnes qui tentent de l'assommer.

Du fait de certaines habitudes judiciaires qui resteront vivaces jusqu'à la fin de l'Ancien Régime, juges et bourreaux poussent très loin le goût de la mise en scène macabre. Après exécution en place publique par la roue ou la corde, le corps du condamné est porté par le bourreau aux fourches patibulaires situées hors ville, pour y rester exposé aux regards des passants. Si le supplice a lieu dans une ville éloignée du lieu du crime, le bourreau ramène le corps sur place : ainsi le 30 mars 1651, celui d'Angers ramène à Candé et pend à un carrefour le corps d'un individu qui, 10 jours plus tôt, s'était introduit dans l'église de Candé pour y voler; pris le lendemain, il avait été conduit à Angers, jugé, condamné et exécuté. Deux ans plus tard, le même bourreau revient à Candé pour la même sinistre besogne. Dans la plupart des cas, les cadavres ainsi exposés restent sur place quelques jours, puis sont inhumés dans le cimetière le plus proche. L'application de la procédure à l'égard des suicidés aboutit à des pratiques plus macabres encore, puisque l'exécution est faite sur un mort. En effet, après procès fait au cadavre, celui-ci est condamné à être traîné sur une claie par les rues de la ville, puis pendu par les pieds. Telle est la sentence prononcée le 21 avril 1684 par le juge de la prévôté d'Angers contre un cordonnier de la ville qui, la veille, s'est pendu « de désespoir, en sa maison ». Le comble de l'horreur et du macabre est atteint à Château-Gontier en 1718, où une malheureuse fille, Marie Jaguelin, enceinte de six mois, s'est empoisonnée pour échapper au déshonneur. Son crime est double puisqu'elle a entraîné son enfant dans la mort. Saisi de l'affaire, le présidial de Château-Gontier fait le procès du cadavre qui a été exhumé; le 12 février, la sentence est prononcée et immédiatement exécutée : le corps attaché sur une claie est traîné la tête en bas, la face contre terre, par les rues et carrefours de la ville jusqu'à la place publique; là, le bourreau extrait du cadavre le corps de l'enfant qui est porté dans l'endroit proche de Saint-Jean-l'Evangéliste où l'on enterre les nouveau-nés morts sans baptême, puis ce qui reste de la malheureuse Marie Jaguelin est pendu par les pieds à une potence pendant une heure, avec un écriteau ignominieux, puis brûlé sur un bûcher et les cendres jetées au vent.

2. — *La mort des proches*

La fréquence même des décès a une autre conséquence que la familiarité à l'égard du spectacle de la mort, c'est la résignation devant l'inévitable. Cela est particulièrement vrai de la mort des enfants et plus spécialement de ceux du premier âge. Comment voir disparaître tant d'enfants au berceau — un sur quatre en moyenne avant l'âge d'un an — sans considérer le fait non comme un scandale, mais comme un événement aussi inéluctable que le retour des saisons ? Cela est si vrai que l'on n'essaie même pas de prendre pour les nouveau-nés ce minimum de précautions qui aurait évité peut-être certaines morts prématurées. Les statuts synodaux du diocèse doivent interdire de faire coucher les enfants de moins d'un an avec les grandes personnes et classent, parmi les « cas réservés », la suffocation d'enfant arrivée fortuitement dans ces conditions; le renouvellement d'une telle interdiction aux XVIIe et XVIIIe siècles prouve que des accidents de ce genre continuent à se produire. Par ailleurs, l'habitude de conduire le plus vite possible à l'église pour les cérémonies supplémentaires du baptême, les enfants ondoyés à la maison « par pressante nécessité », constitue une pratique désastreuse dans bien des cas et d'autant moins justifiée que l'ondoiement a pleine valeur de sacrement : on trouve fréquemment dans les registres paroissiaux la mention du décès d'un nouveau-né ondoyé quelques jours plus tôt « en danger de mort » et conduit tout de même à l'église le lendemain ou le surlendemain; on conçoit qu'une telle façon de faire, surtout en plein hiver, ait pu être fatale. Mais comme l'écrit Pierre Audouys après la naissance de chacun de ses enfants, « Dieu luy donne sa bénédiction et luy fasse la grâce d'estre honneste homme (ou femme), si non plustot la mort qui le tirera de toutes misères ». La mort d'un petit enfant, à condition qu'il ait reçu le baptême — d'où la pratique très répandue de l'ondoiement — est considérée, sur le plan religieux, comme une délivrance, puisque l'enfant a la grâce d'accéder d'emblée au paradis sans connaître les amertumes de cette vie et risquer son salut; sur le plan humain, elle est ressentie comme un accident presque banal qu'une naissance ultérieure viendra réparer. L'usage, assez fréquent en Anjou comme ailleurs, de donner à l'un des enfants suivants le prénom même du petit mort, est là pour le prouver. On peut remarquer aussi qu'à Saint-Pierre d'Angers, au XVIIIe siècle, les enfants de moins de quatre ou cinq ans sont généralement enterrés sans la présence des parents, le sacristain étant le seul assistant; dans beaucoup de paroisses de campagne, le père *ou* la mère est présent, très rarement les deux. En ville, l'habitude d'envoyer les enfants en nourrice quelques jours après leur naissance contribue certainement à ce sentiment de quasi-indifférence des parents à leur égard. Comment l'annonce de leur décès quelques semaines ou quelques mois plus tard pourrait-elle provoquer un véritable chagrin ? On serait même tenté de voir dans cette pratique comme un réflexe inconscient de défense, puisqu'elle est un moyen de ne pas s'attacher à un enfant que l'on a une chance sur trois ou quatre de perdre dans ses douze ou vingt-quatre premiers mois. Ce n'est que lorsque l'enfant, ayant passé le cap des toutes premières années, est retourné au foyer familial que les parents commencent à s'attacher à lui, comme si « dès que l'enfant avait franchi cette période de forte mortalité où sa survie était improbable, il se confondait avec les adultes ». A ce sujet, la lecture du « Papier-Mémorial » de l'avocat angevin Pierre Audouys (1641-1712) est pleine d'intérêt. Il s'agit bien d'un « mémorial », simple catalogue des grands événements familiaux avec leur date précise, non d'un journal intime, c'est dire que les commentaires sont rares et d'autant plus significatifs. Marié en 1667, Pierre Audouys a 8 enfants, dont 5 meurent en bas âge: 4 à moins d'un mois, le cinquième, Pierre, à l'âge de cinq ans. Alors que le père note sans aucun commentaire le décès des quatre premiers, morts en nourrice où ils ont été envoyés le lendemain ou le surlendemain de leur naissance, le décès de Pierre mort chez ses parents où il a été ramené à l'âge de deux ans, donne lieu à cette mention : « Le 4 septembre 1679, mon fils Pierre trépassa, âgé de cinq ans passés, et fut inhumé au cimetière de Saint-Michel, tout proche la grande croix. Qu'il me fasse la grâce de prier Dieu pour moy ! ». Dans un cas, les enfants disparaissent trop vite pour représenter autre chose, du moins aux yeux du père, qu'un nom et deux dates — toutes proches l'une de l'autre — sur le livre de raison; dans le second cas, l'enfant a déjà eu le temps de faire sa place au foyer familial et sa disparition est ressentie vraiment comme celle d'une « personne ».

Il faut attendre les années 1770 pour que se devinent les prémices d'une nouvelle attitude en face de la mort des enfants au berceau. Certains esprits éclairés cessent d'y voir une fatalité et commencent à penser qu'il est possible de limiter au moins l'hécatombe. A ce souci nouveau répond, par exemple, la série d'articles publiés en 1773 par le périodique local *Annonces ... de la Touraine, l'Anjou et le Maine,* sous le titre « Manière d'élever les enfants dans leur bas âge ». Après avoir rappelé que la France est le pays le plus peuplé de l'Europe, l'auteur annonce ainsi son propos : « Cependant le nombre des habitants en seroit plus grand et les habitants eux-mêmes plus robustes et d'une meilleure constitution, sans un grand nombre d'usages qui sont des obstacles réels à la population. Nous osons entreprendre de combattre celui qu'oppose la façon pernicieuse d'élever les enfants dans le bas âge. » C'est un véritable traité de puériculture qui est ainsi offert au lecteur, mettant essentiellement l'accent de façon simple, mais précise, sur les précautions à prendre au moment de l'accouchement et dans les heures qui suivent. C'est aussi l'époque où l'on commence à se préoccuper de réglementer sévèrement l'activité des nourrices : une ordonnance de police prise à Angers le 22 mars 1772 leur enjoint notamment de n'allaiter qu'un seul nourrisson à la fois et d'avertir les parents des accidents qui les empêcheraient de continuer à donner leur lait. On a également le souci d'une meilleure alimentation des jeunes enfants après le sevrage et l'on préconise une nourriture mieux adaptée à leur âge et plus variée. Beaucoup plus important et significatif encore est l'intérêt suscité par la formation de sages-femmes qualifiées à partir de 1778 : des administrateurs comme La Marsaulaie, des médecins et des chirurgiens comme Chevreul, des notables comme les enquêteurs de la Commission intermédiaire en 1787-1788, se passionnent pour l'initiative de l'intendant. Certains curés apportent tout le poids de leur autorité morale à cette campagne, soulignant l'impérieux devoir qui s'impose aux parents en cette matière : il serait criminel de ne pas tirer profit des possibilités désormais offertes par les progrès dans « l'art d'accouchement » et par la mise en place de sages-femmes instruites. Mais, on l'a vu, autorités, chirurgiens, curés prêchent dans le désert : ils se heurtent dans les masses populaires à une résistance passive faite d'égoïsme, d'avarice sordide et d'apathie routinière qui fait accueillir toute innovation et tout progrès comme une transgression à l'ordre de la nature fixé une fois pour toutes.

Cette résignation à l'égard de la mort des nouveaunés, qui s'atténue déjà dès que l'enfant franchit les obstacles des premières années, ne se retrouve plus aussi générale à l'égard de la mort des adultes. Au vrai, il faudrait ici nuancer à l'infini. Peut-être cependant n'est-il pas trop téméraire d'esquisser quelques grands traits de mentalité différentielle. Dans la noblesse, la mort l'épée à la main, au service du roi, apparaît presque comme un privilège de caste. Comme le dit crûment, en 1782, la vieille marquise d'Autichamp à sa bru pleurant son fils aîné tué au combat à 16 ans : « Madame, c'est à quoi vous deviez vous attendre en épousant un d'Autichamp. Le Roi les paie pour cela. J'en ai fait la triste expérience en perdant mon mari, comme vous la faites en perdant votre fils. » Ce redoutable honneur dont les nobles s'acquittent comme en se jouant, dans une étrange familiarité avec la mort, explique que tant de familles disparaissent, décapitées avant que le chef du nom ait eu le temps d'assurer l'avenir de la lignée. Le destin d'une des branches de l'illustre famille angevine des Rougé, les Plessis-Bellière, peut servir d'exemple. Jacques de Rougé, premier marquis du Plessis-Bellière, lieutenant-général, est blessé mortellement à la bataille de Castellamare le 16 novembre 1654, laissant de son mariage avec Suzanne de Bruc, 4 enfants dont l'aîné, Pierre de Rougé, enseigne au régiment de La Ferté, est tué à vingt ans, le 1er août 1664, à la bataille de Saint-Gothard; le second meurt en bas âge; le troisième, François-Henri de Rougé, marquis du Plessis-Bellière, maréchal de camp, meurt à Suse en février 1692 au service du roi, et le quatrième, Catherine, épouse le maréchal de Créquy. François-Henri laissait trois enfants : l'aîné, Jean-Gilles, colonel du régiment Angoumois-Infanterie, est tué à vingt-cinq ans devant Saragosse, le 11 juin 1707; le second, Henri-François, est tué en duel à dix-sept ans; le troisième meurt au berceau. Des deux enfants que Jean-Gilles a eus en deux ans de mariage, le second, une fille, épouse le duc d'Elbeuf; l'aîné, Louis, quatrième et dernier marquis du Plessis-Bellière, colonel de Vexin-Infanterie, meurt accidentellement en Champagne en 1733 à la tête de son régiment; les deux enfants qu'il avait eus de son mariage avec Marie-Thérèse d'Albert étant morts au berceau, sa disparition marque la fin de la lignée; d'autres branches moins durement frappées continuent, il est vrai, le nom des Rougé.

Si les nobles considèrent que la mort brutale en pleine jeunesse, sur un champ de bataille, est une éventualité probable qu'ils envisagent sans crainte et qui leur paraît comme liée à leur condition même, la bourgeoisie prend beaucoup moins son parti de la disparition des hommes ou des femmes dans la force de l'âge. Pierre Audouys note que la mort de sa mère, qu'il a perdue lorsqu'il avait quatorze ans, a été pour lui « une très grande perte, car elle n'aimoit que (lui) »; par contre, il accompagne la mention de la mort de son père, en 1673, de cette oraison funèbre : « Il estoit aagé de 92 ans passés; il se raza encore luy-mesme huit jours devant sa mort; Dieu luy fasse paix et miséricorde. » Ce qui l'emporte ici, outre la pieuse pensée pour le repos de l'âme du défunt, c'est non quelque regret, mais un sentiment de fierté familiale devant la longévité et la verdeur exceptionnelles de son père. L'année suivante, le décès en couches de sa belle-sœur, âgée de vingt-six ans, sucite, dit-il, « le regret de toute la famille ». Jacob Guitau, lieutenant général au présidial de Château-Gontier, note dans son livre de raison les décès des divers membres de sa famille, sans y ajouter le moindre commentaire; seule exception d'autant plus significative, le décès de sa femme morte à quarante ans, le 15 novembre 1730, est pour lui l'occasion d'exprimer son amour et son chagrin. Certes, il serait outrecuidant de vouloir tirer des rares mentions de quelques livres de raison, des conclusions générales. Tout au plus peut-on penser que pour un Audouys, un Guitau et les gens de leur milieu, le chagrin ressenti est très largement fonction de l'âge du défunt : la mort d'un être encore jeune touche davantage que celle d'un vieillard recru d'années. Par ailleurs tout l'enseignement de l'Eglise tend au dépassement du chagrin que peut causer la mort d'un être cher : dans une perspective vraiment chrétienne, c'est la joie qui devrait l'emporter. A l'annonce de la mort de sa mère en 1653, Anne de Melun refuse de porter le deuil « de craindre qu'elle ne parût s'affliger de ce que la volonté de Dieu s'était accomplie en retirant sa mère des misères de la terre pour la faire jouir des plaisirs du ciel ». Il est vrai qu'une attitude aussi héroïque ne peut être le fait que d'âmes d'élite.

Dans les classes populaires, de même que l'excès de misère amène parfois à accueillir sa propre mort avec soulagement, une attitude d'indifférence faite de fatalisme à l'égard de la mort des autres, même les plus proches, semble bien avoir été la règle. En 1782, Chevreul écrit à l'intendant Du Cluzel au sujet des communautés d'habitants qui refusent presque toutes d'assumer les frais de formation d'une sage-femme : « Vous connaissez mieux que moi leur caractère : si c'étoit pour former un vétérinaire, l'espoir d'avoir un homme qui pût prévenir ou empêcher la mortalité de leurs bestiaux les porteroit à donner tout ce qu'on leur demanderoit sans répugnance; mais pour conserver leur femme, il en est tout autrement : une perdue, une autre retrouvée. » Le trait porte, et d'autres de même encre. Mais on peut se demander si Chevreul lui-même a bien réalisé que dans certains cas, la mort d'une vache peut signifier pour tel closier ou tel journalier, et de ce fait pour toute sa famille, la catastrophe et la ruine. Il est facile de gloser sur l'abêtissement de ces paysans angevins pour qui leur vache compte plus que leur femme, mais il ne faut pas oublier qu'à un certain degré de misère les sentiments sont un luxe, inaccessible au misérable. « Une perdue, une autre retrouvée » : de fait, sous l'influence notamment des autorités ecclésiastiques — « il n'est pas bon que l'homme soit seul » — mais aussi sous le coup de l'impérieuse nécessité de remplacer au plus vite la maîtresse de maison, le remariage rapide des veufs est une pratique courante. A Mouliherne, sur 181 veufs qui se remarient au cours du XVIIIe siècle, 65 le font moins d'un an après la mort de leur première femme, dont 26 moins de six mois après. Le remariage des veuves est à la fois un peu moins fréquent et un peu moins rapide. Le survivant n'a pas le loisir de pleurer longuement le défunt, il lui faut trouver très vite une nouvelle mère ou un nouveau père pour ses enfants et reconstituer la cellule familiale un moment dissoute. Ce primat ainsi accordé à la famille sur l'individu est lié directement aux conditions démographiques du temps. La famille peut et doit durer en dépit des destins individuels. Qu'importe le décès de plusieurs enfants, qu'importe même le décès du père ou de la mère, si de nouvelles naissances, un nouveau mariage réparent les brèches sans cesse ouvertes par la mort et assurent à la famille cette possibilité de durer si souvent interdite aux individus. Seuls, « la veuve et l'orphelin » sont véritablement à plaindre et méritent pitié, prières et assistance : pour des raisons diverses, la brèche, dans leur cas, n'a pu être colmatée et la famille reconstituée. Le livre de raison tenu dans certaines maisons bourgeoises ou paysannes illustre admirablement cette conception de la famille, qui n'est pas propre aux classes populaires : réduit le plus souvent à une simple nomenclature des grands événements familiaux, naissances, mariages, décès, accidents heureux ou malheureux, il se transmet d'une génération à l'autre comme le symbole même de la famille dont la pérennité

est faite de toutes ces existences transitoires ainsi évo-
quées par quelques dates. Bien que l'Eglise mette surtout l'accent sur le salut personnel et sur la valeur
irremplaçable de chaque individu, le sentiment plus ou
moins conscient de faire partie d'une lignée assurée de
durer malgré le décès de tel ou tel de ses membres, a
certainement contribué à rendre acceptable, pour beaucoup, la mortalité de ces siècles de fer et leur a permis
de considérer avec une résignation qui peut sembler
parfois de l'indifférence, la disparition des êtres les plus
proches.

3. — La mort en temps d'épidémie

Mais cette familiarité et cette résignation peuvent se
muer en terreur panique si la mortalité prend des proportions catastrophiques. En temps d'épidémie, la mort
cesse d'être un spectacle ou une éventualité, elle devient
une menace personnelle, directe, immédiate. Dès lors,
toutes les perspectives sont modifiées, les barrières
morales sont renversées, les liens de la chair et de
l'affection ne comptent plus, le vernis de la civilité, là
où il existe, s'écaille. Chez la plupart, ne subsistent
plus que l'instinct de conservation et la volonté de fuir.
Dans la cité ou le village atteint par l'épidémie — peste
ou dysenterie — s'installe pour quelques semaines un
climat de terreur et d'égoïsme viscéral.

A Angers, lors des grandes pestes des étés de 1626
et de 1631, la ville se vide d'une partie de ses habitants
fuyant terrifiés devant la contagion, magistrats, bourgeois « moyennés », religieux mendiants. Paralysée dans
ses activités ordinaires par tous ces départs, la ville offre
bientôt un visage de mort et de désolation. Les boutiques des artisans se ferment faute de clients. Les rues
les plus populeuses apparaissent comme vides: dans
la journée, elles ne sont guère parcourues que par les
corbeaux qui, la clochette à la main, accomplissent leur
office macabre, entrant dans les maisons « contagiées »
pour y enlever les morts ou ramassant les cadavres des
malheureux trépassés en plein air; la nuit venue, elles
sont le domaine des voleurs et gens sans aveu qui profitent de la désertion des habitants et des carences de
la police. Même de jour, les rues ne sont pas sûres :
le 6 mai 1631, le religieux du sanitat venu en ville assis-

ter un malade est attaqué par des malandrins et laissé pour mort. Le nombre des victimes est tel qu'il n'est bientôt plus possible de procéder aux inhumations dans des conditions normales : les corps ne passent plus par l'église et sont hâtivement inhumés de nuit, après une simple bénédiction et sans la présence des parents les plus proches. En 1626, les corbeaux du sanitat de la Pantière aux portes d'Angers, débordés par la tâche, enterrent les corps si superficiellement que les chiens et les loups viennent déterrer les cadavres et qu'il faut donner une arquebuse aux pères récollets pour qu'ils puissent se défendre. En 1631, les malades soignés à l'hôpital Saint-Jean meurent en si grand nombre qu'ils sont enterrés pêle-mêle en une grande fosse à raison de 15 à 20 par jour. Parfois, dans certaines petites paroisses de campagne, il ne reste plus assez de survivants pour enterrer les cadavres qui, abandonnés, pourrissent dans les maisons et dans les rues. C'est le cas en juillet 1631, à Montreuil-Belfroy et Juigné-Béné, à deux lieues d'Angers. Le 27 juillet, la municipalité angevine décide non par charité, mais pour supprimer un foyer d'infection aux portes de la ville, d'y envoyer des corbeaux « pour tirer les corps qui sont es-lieux et closeryes et mestayries, morts il y a huit à dix jours, tant hommes, femmes et enfans, qui estoient tous pourriz et infectez, par faulte qu'il ne se trouvoit personne esdittes paroisses pour les enterrer ». Les corbeaux, parant au plus pressé, se contentent d'enfouir les corps dans les jardins de chaque maison. Ainsi les malheureuses victimes, mortes dans d'effroyables conditions d'abandon, connaissent cette suprême disgrâce d'être inhumées en dehors de la terre consacrée : « c'est chose pitoyable d'en ouyr parler », commente Louvet.

Ce dernier trait montre à quel point l'épidémie à son paroxysme peut aboutir en quelques semaines à une remise en cause de valeurs considérées en temps normal comme fondamentales et sacrées. On assiste alors non seulement à un ébranlement des cadres sociaux traditionnels, mais encore à une désintégration de l'individu ou plus exactement à une « dissolution de l'homme moyen ». Dans des conditions aussi exceptionnelles, la médiocrité quotidienne n'est plus possible, il n'y a plus place que pour les sentiments extrêmes : la lâcheté et l'égoïsme des notables fuyant « vite et loin », des prêtres refusant d'exercer leur ministère, la cupidité, plus forte que la peur de la contagion, des voleurs pillant les maisons désertes, des corbeaux se faisant payer à prix d'or, l'immense panique de tant de pauvres gens abandonnés à eux-mêmes et qui, ne pouvant fuir, attendent, terrorisés, le moment où ils seront frappés; mais aussi l'héroïsme d'une poignée d'hommes, quelques magistrats municipaux, quelques chirurgiens, quelques religieux, qui en dépit de tout, essaient sans toujours y parvenir de maintenir une partie des cadres que la catastrophe contribue à détruire, et d'assurer vaille que vaille, la garde aux portes, la police des rues, les soins corporels et surtout spirituels aux malades, l'inhumation des morts; beaucoup paient de leur vie cet exceptionnel courage. On conçoit l'ébranlement profond que peuvent laisser chez les survivants de telles épreuves.

Les grandes épidémies de dysenterie n'égalent que rarement en horreur les épidémies du début du XVII⁰ siècle. C'est seulement dans certains cas extrêmes que l'on retrouve le même climat de terreur et les mêmes réactions individuelles et collectives. Il en est ainsi en 1707 à Challain et dans les paroisses voisines. La terreur est d'autant plus grande que le mal se répand et se communique avec une rapidité effrayante et que les malades offrent le spectacle de souffrances épouvantables. A Challain, beaucoup d'entre eux, abandonnés par leurs proches, gisent « couchés le long des pailliers, criant comme des forcenez des douleurs qu'ils ressentoient ». Des familles entières sont frappées et il arrive au curé Maussion « d'administrer le saint viatique à la femme mourante par dessus son mari mort à côté d'elle ». Il n'est plus question de cérémonies funèbres à l'église : les corps sont menés directement à un cimetière bénit pour la circonstance en dehors du bourg, et hâtivement inhumés, parfois trois ou quatre dans la même fosse. Des dizaines de métairies sont abandonnées, soit que tous leurs habitants soient morts, soit que les quelques survivants se soient enfuis; les bestiaux livrés à eux-mêmes errent à l'aventure; les blés restent sur pied dans les champs. A Chazé-Henry, le curé écrit le 20 octobre à l'intendant pour « lui représenter en abrégé l'estat pitoiable et la désolation » dans lesquels se trouve sa paroisse et lui demander une diminution des tailles : « Rien ne peut davantage donner de la fraïeur, écrit-il, que de trouver dans cette paroisse la moitié des maisons désertes et infectées par la puanteur qu'y rendoient trois ou quatre cadavres restez et pourriz depuis quatre ou cinq jours et dans lesquelles il falloit brûler ce qu'on y trouvoit. »

A ce degré d'horreur, la catastrophe — telle la peste un siècle plus tôt — agit sur les hommes comme un réactif. Les masques tombent. Chez beaucoup, l'emportent les sentiments les moins avouables, lâcheté, cupidité, peur. Les carmes de Challain et les chanoines du Tremblay, terrés dans leurs maisons, refusent d'aider le clergé paroissial, malgré les demandes réitérées du curé Maussion. Il faut un ordre exprès de l'évêque et surtout la promesse de diverses rétributions pour que les carmes consentent enfin à déléguer l'un d'eux, le père Charles. Les quatre chanoines du Tremblay, finalement honteux de leur lâcheté, ne se décideront à venir aider le curé et ses deux vicaires qu'au début d'octobre, au moment où le mal commence à reculer. Chez la grande majorité des habitants, la panique devant la contagion balaie tout autre sentiment : « C'étoit une chose épouvantable, écrit Maussion, de voir les paroissiens consternés, le père abandonnant l'enfant; l'enfant, le père; presque tout le monde se fuioit tant le mal étoit dangereux. » A la mi-septembre, le curé découvre dans une métairie un homme, sa femme et leur enfant, morts depuis quatre jours, « dans leur ordure ». Personne ne voulant en approcher pour les tirer de chez eux et les enterrer, il se décide à promettre la somme énorme de quatre livres à qui acceptera de le faire. Un paysan robuste se présente, chez qui l'appât du gain l'a emporté sur la peur, mais victime de sa cupidité, il meurt quelques jours après, ainsi que son fils. Cependant, pour ces chrétiens élevés dans la crainte de la mort et du jugement, la peur d'être frappés à leur tour, débouche non sur le désespoir, mais sur la prière et la pénitence. Tous les matins, au petit jour, le curé dit la messe devant tous ceux de ses paroissiens qui sont encore valides ou qui n'ont pas fui, et dans la journée, des prières publiques sont faites dans l'église « pour apaiser la colère de Dieu ». Surtout, chacun veut obtenir ces suprêmes assurances sur l'au-delà que sont l'absolution, le viatique, l'extrême-onction. « La ferveur étoit si grande, note Maussion, qu'on se jetoit aux pieds des prestres quand on les rencontroit, pour avoir leur bénédiction; l'ouverture des consciences étoit infiniment plus grande qu'à l'ordinaire; on exagéroit ses péchés, et surtout il ne paroissoit aucun doute de la franchise des pénitens. »

Au milieu de cette « consternation » générale, quelques hommes font preuve d'un sang-froid et d'un courage vraiment héroïques. C'est le cas déjà de ces paroissiens de Noëllet qui acceptent de s'occuper des malades en leur présentant ce dont ils ont besoin, sur une pelle, pour tenter de se préserver de la contagion. C'est le cas surtout du clergé paroissial de la plupart des paroisses touchées. Curés et vicaires, dont plusieurs seront victimes de leur dévouement, se révèlent pleinement des pasteurs, s'efforçant d'apporter à leurs paroissiens terrifiés les secours matériels et surtout spirituels dont ils ont besoin. A Armaillé, le curé Jean-Gilles Lallemant est frappé de dysenterie l'un des premiers; comme il n'a pas de vicaire, il se lève malgré son état et se traîne chez ses paroissiens malades pour leur administrer les sacrements; il meurt épuisé au bout de quelques semaines. A Challain, Pierre Maussion et ses deux vicaires déploient pendant les trois mois tragiques, une activité stupéfiante : ils confessent, extrémisent, inhument à longueur de journées dans des conditions épouvantables. Joseph Grandet, qui les rencontre à Candé le 30 septembre, est dans l'admiration devant ces trois hommes qui, dit-il, « se sont soutenus, dans cette désolation, avec un courage invincible et une gaieté admirable ». Leur héroïsme n'est pas vain : non seulement 700 malades — selon Maussion — réussissent à échapper à la mort, en partie sans doute grâce aux soins qui leur ont été prodigués, mais surtout — ce qui compte davantage encore pour ces hommes de foi — aucun paroissien n'est mort sans avoir reçu les derniers sacrements.

Lors de l'épidémie de dysenterie de 1779, les mêmes réflexes individuels et collectifs reparaissent dans les paroisses les plus touchées, comme on peut en juger par ce qu'a observé le docteur Vétillart du Ribert dans le Haut-Maine : « La crainte du mal éloignoit les voisins, les parens. L'argent ne tentoit même pas ceux qui en avoit le plus besoin. J'ai offert dix fois plus que je n'aurois donné en toute autre circonstance, pour secourir et nettoyer certaines maisons; ni mes invitations ni mon offre n'ont tenté personne. Des mères ont été contraintes d'ensevelir leurs enfans, et des enfans, leur père et mère. On a été obligé de porter les morts dans des charrettes, ne trouvant personne qui à prix d'argent ait voulu les transporter au cimetière. » Pour Vétillart, il faut à tout prix lutter contre cette terreur de la contagion qui s'empare des populations. En effet, elle ne peut selon lui que favoriser l'apparition, puis l'aggravation de la maladie : « L'assurance et la fermeté sont des spécifiques contre la contagion. Si elle se manifeste, elle est beaucoup moins dangereuse pour des gens courageux que pour des caractères chagrins et prompts à s'effrayer. Cette disposition est capable d'en développer le germe et de la rendre mortelle. » C'est pourquoi il préconise, entre autres mesures, l'interdiction de sonner les cloches, tant pour l'administration des sacrements que pour les décès et les sépultures : « Trois ou quatre morts dans une ville ou dans une paroisse occupent les cloches une journée entière; ces sons lugubres qui frappent les malades jusques dans leur lit, portent la frayeur dans leur âme et leur donnent le coup de mort. » Quoi qu'on puisse penser de l'application de la médecine psychosomatique avant la lettre, à l'évolution de la dysenterie, il faut noter l'apparition d'une attitude nouvelle à l'égard des populations en proie à la peur irraisonnée de la maladie : on ne se contente plus de les aider à surmonter cette peur en se réconciliant avec Dieu, on leur démontre qu'elle est à la fois dangereuse et en partie vaine. Une véritable lutte s'organise, on l'a vu, en période d'épidémie, dans la seconde moitié du XVIIIe siècle (consignes d'hygiène, distributions de remèdes, prescriptions de régimes alimentaires). C'est donc que la maladie n'est plus considérée par ceux qui mènent ce combat, seulement comme un châtiment mérité et pour cela inéluctable, mais comme un événement naturel contre lequel on peut combattre avec des armes humaines. Cette prise de conscience, encore limitée à une élite, amorce une évolution vers la désacralisation de la maladie et de la mort.

CHAPITRE XIII

LES HOMMES FACE AUX FINS DERNIERES

1. — *Catéchismes, sermons et littérature populaire*

La pensée de sa propre mort ne devrait jamais être absente des préoccupations d'un vrai chrétien. Loin de la repousser, il devrait en faire un objet de méditation quotidienne, afin de mieux s'y préparer. Pour une petite élite spirituelle, la lecture de quelque *Ars moriendi* fait partie des pratiques courantes de dévotion. Mais pour la plupart des gens, la mort est une pensée angoissante et inopportune que l'on s'efforce d'écarter et que d'ailleurs les préoccupations de l'existence suffisent à faire passer à l'arrière-plan, en dépit du spectacle, pourtant familier, de la mort d'autrui. Cette constatation navre Gabriel Dubois de La Ferté, saint gentilhomme angevin, devenu en 1695 commandeur de Thévalle près de Laval. Le 25 août 1702, il écrit à sa belle-sœur : « Je vous verray le plus tôt qu'il me sera possible pour entendre parler de la mort, car icy on ne parle que de la vie, que des richesses, que du jeu, que de divertissement. » Et il ajoute — humour de gentilhomme ou naïveté de saint ? — : « Je reçeu dernièrement une visite d'une dame de Laval et de son mary qui n'étoient épousez que depuis deux jours; ils ne me parlèrent point de la mort, et c'auroit été un mauvais compliment que de les en entretenir. Cependant, il faut mourir et on n'y pense pas. »

Le mystère de la mort et des fins dernières est pourtant au centre de l'enseignement de l'Eglise. Le catéchisme d'Henry Arnauld, pour l'instruction des enfants se disposant à la première communion, comporte cette question et cette réponse : « Quel doit être le plus grand soin d'un chrétien ? — C'est de se bien préparer à la mort »; plusieurs leçons sont ensuite consacrées à la mort, au jugement, à l'enfer et au paradis. Le catéchisme de Michel Le Peletier qui remplace, en 1697, celui d'Henry Arnauld et reste en vigueur pendant tout le XVIIIᵉ siècle avec quelques allègements apportés en 1719 par Michel Poncet, expose sobrement en une douzaine de questions et réponses, la doctrine de l'Eglise en cette matière. Si le catéchisme initie très tôt tous les enfants, sans distinction, aux mystères de la mort, ceux-ci constituent également le thème privilégié de l'enseignement élémentaire pratiqué dans les petites écoles. En effet, le manuel servant le plus couramment en Anjou aux XVIIᵉ et XVIIIᵉ siècles pour apprendre à lire aux enfants, s'intitule *Les sept trompettes pour resveiller les pécheurs et pour les induire à faire pénitence.* L'auteur, le père Charles Jouye, originaire de La Flèche, et entré aux récollets de cette ville, dédie son livre en 1617 à l'évêque d'Angers, Guillaume Fouquet de La Varenne, lui-même Fléchois. Il s'agit en fait de la traduction d'un ouvrage ascétique italien dont le titre résume bien l'objet, ainsi explicité dès le premier chapitre : « La première trompette dira la gravité des offenses commises contre Dieu quand l'homme pèche. La seconde parlera de la saleté et horreur du péché. La troisième représentera le dommage que le péché apporte à l'âme en la vie présente. La quatrième, le dommage qu'il apporte à l'heure de la mort. La cinquième, le dommage qu'il apporte à l'heure du jugement. La sixième, le dommage qu'en reçoit l'âme damnée. La septième représentera ce qui accompagne le péché en cette vie présente, à l'heure de la mort et après la mort. » On le voit, près de la moitié du livre est centrée sur la mort et ses suites. Avec une imagination débordante et un réalisme impitoyable, le fougueux récollet, emporté par son zèle, multiplie les descriptions terribles, notamment des derniers moments du pécheur et des supplices de l'enfer. Apprendre à lire dans un tel ouvrage ne pouvait pas ne pas marquer durablement de jeunes enfants. Les sermons des curés et des missionnaires ne font ensuite que reprendre et approfondir ces grandes leçons apprises dès le jeune âge. La *Doctrine chrétienne*. troisième partie du catéchisme d'Henri Arnauld, destinée essentiellement à « aider les curez dans leurs prosnes », fait une large place aux fins dernières, insistant sur l'incertitude de l'heure de la mort et le caractère irréversible du jugement et énumérant longuement les « tourmens horribles » des damnés et les joies de la béatitude éternelle. Tous les prédicateurs dont les sermons ont été conservés, qu'ils datent du début du XVIIe ou de la fin du XVIIIe siècle, reprennent et amplifient ces thèmes, les seules différences entre les auteurs étant de style et de tempérament.

Mais les sermons ne sont pas seuls à rappeler régulièrement aux chrétiens l'échéance redoutable de la mort, certaines productions de la littérature et de l'imagerie populaires y contribuent pour leur part en prolongeant à leur manière les leçons de la chaire. La *Danse Macabre* et le *Calendrier des Bergers,* avec leurs textes et leurs gravures sur bois sans cesse repris, copiés, remaniés par les imprimeurs successifs, constituent, jusqu'au début du XIXe siècle, l'un des grands succès de la littérature de colportage. On sait que le thème de la *Danse Macabre* est celui de l'égalité de tous les hommes devant la mort, thème populaire par excellence puisque fournissant aux petits et aux déshérités la perspective d'une amère revanche sur les grands de ce monde. Quant au *Calendrier des Bergers,* outre un rappel de la *Danse Macabre* à laquelle sont empruntés, sous le titre « le dit des Trépassés », trois gravures et quelques couplets, il fait une large place à une description de l'enfer, attribuée à Lazare ressuscité, dans laquelle le réalisme des images ne le cède en rien à celui du texte. Que ces livres aient été largement répandus en Anjou, tout permet de le penser, et on dispose au moins d'une preuve formelle de cette diffusion, c'est le « papier des fiançailles, épousailles et enterrages » commencé en 1616 par Robert de Gohier, nouveau curé de la petite paroisse de Vergonnes. En effet, sur les premières pages de ce registre, le curé a soigneusement reproduit les gravures et les couplets de quatre scènes de la *Danse Macabre* : la Mort jouant de la musette, la Mort entraînant la jeune épousée, le héraut de la Mort sonnant de la trompe du haut d'une tour pour appeler les vivants, enfin la Mort entraînant le curé. Les dessins sont reproduits fidèlement et rehaussés d'un coloris discret de brun et de rouge. Enfin, en haut du premier dessin, Robert de Gohier a écrit cette phrase latine, de son cru: *Mors tua, mors Christi, fraus mundi, gloria coeli et dolor inferni sint memorandiles.* Une telle phrase semble l'exergue d'un sermon sur la mort que le curé de Vergonnes aurait préparé en s'aidant des livres de sa bibliothèque consacrés à ce thème, notamment la *Danse Macabre* ou le *Calendrier des Bergers.* Peut-être aussi a-t-il voulu, en recopiant quelques pages, gravures comprises, mettre sous les yeux de ses paroissiens appelés quelque jour à voir le registre, les rudes vérités de la vie et de la mort. Quoi qu'il en soit, si son œuvre naïve n'a qu'une faible valeur artistique, puisqu'il ne s'agit que de copies plus ou moins adroites, par contre elle constitue un précieux témoignage sur la persistance du succès qu'ont les danses macabres et les descriptions réalistes de l'enfer au début du XVIIᵉ siècle. On sait que celles-ci continueront à être répandues, puisque du milieu du XVIIᵉ au début du XIXᵉ siècle, une imprimerie du Mans ne cessera d'utiliser huit bois datant sans doute des années 1650 et servant à graver des planches illustrant le thème très populaire du *Miroir du Pécheur.* Ces huit planches, soit réunies sur une seule feuille, soit séparées pour former avec des textes appropriés de petits livres populaires, opposent la mort du pécheur à celle du juste et les supplices de l'enfer aux joies du paradis. Ces images comme toutes celles émanant du grand centre manceau ont certainement connu une très large diffusion en Anjou.

Ainsi, catéchismes, manuel de lecture des *Sept trompettes,* sermons, *Calendrier des Bergers* et images de colportage se rejoignent pour créer dès l'enfance et entretenir par la suite une certaine image de la mort et de l'au-delà. On va voir que cette image répond à un profond sentiment de crainte en face de la mort, du jugement et de l'enfer.

2. — *Les fins dernières*

Quoi qu'en ait en effet le commandeur de Thévalle qui a écrit au-dessus de son lit : « Qui craint la mort n'ayme point Dieu, car on ne peut voir Dieu qu'en mourant », l'idée de la mort effraie même les plus pieux: selon François Verdier, confrère de Joseph Grandet, celui-ci vivait « dans la crainte du grand passage, quelque chargé de bonnes œuvres qu'il fût ». Mais cette crainte même est salutaire dans la mesure où elle oblige à se tenir constamment prêt. L'attitude la plus répréhensible, mais aussi la plus courante, c'est une insouciance que prédicateurs et auteurs ecclésiastiques ne cessent de fustiger : « Approchez-vous, pécheurs, pour entendre le son de la quatrième trompette, écrit le père Jouye, venez, étourdis, aveugles que vous estes, apprenez qu'il faut mourir un jour. » Mais il est bien vrai que « le soleil ni la mort ne se peuvent regarder fixement ». L'idée que cette vie aura un terme a quelque chose d'effrayant même pour le chrétien. Toutefois certaines âmes d'élite en arrivent à appeler de leur vœu le moment qui les rapprochera de Dieu, telle Françoise Fournier, religieuse ursuline d'Angers, qui confie à sa supérieure le 15 mars 1673 : « La vie m'est un plus grand supplice que celui des saints martyrs...; je porte depuis mes exercices de profession, le désir de mourir pour voir Dieu et je souffre la peine d'en être privée. » L'excès de misère peut également amener certains, tel le bûcheron de La Fontaine, à appeler la mort à leur secours. Ainsi en 1662, raconte le père Oudin, quelques habitants de Château-du-Loir, « désespérez de la faim », cherchent à se tuer. Mais c'est là un cas exceptionnel. Plus fréquent sans doute est dans les classes populaires les plus misérables, un sentiment d'indifférence, voire de délivrance à l'égard d'une échéance inéluctable et qui met un terme à une existence tissée d'épreuves continuelles. En 1782, dans une lettre adressée à l'intendant pour attirer son attention sur la misère qui règne à Angers parmi le peuple, le subdélégué La Marsaulaie écrit : « J'entendais dernièrement des journaliers que j'emploïois se dire entr'eux à l'occasion de la mort d'un de leurs voisins : « Il est heureux d'être mort de maladie, il auroit pu mourir de faim cet hiver. » Mais ces mystiques exaltés ou ces malheureux acculés au désespoir restent l'exception. L'attitude courante face à la mort est bien la crainte.

Davantage sans doute que son caractère inévitable, c'est l'incertitude sur son moment et ses circonstances, qui engendre cette crainte. Quand, comment sera-t-on frappé ? Si la mort est souvent précédée d'une période plus ou moins longue de maladie qui permet à celui qui en est atteint de se préparer à quitter cette vie le plus saintement possible, nul ne peut être sûr de cette grâce; aussi la crainte de la mort, qui est de tous les temps, se double-t-elle, à l'époque, de la crainte de la mort subite. Celle-ci peut être la conséquence soit de quelque accident imprévisible, soit d'une maladie si soudaine et au dénouement si rapide qu'elle équivaut à une mort accidentelle. Etant donné l'ignorance et l'impuissance des médecins, il est fréquent que des hommes jeunes et en pleine force soient emportés en quelques heures par un mal inexpliqué. Alors qu'au XXe siècle, l'échéance de la mort apparaît comme normalement liée à la vieillesse, elle constitue aux XVIIe et XVIIIe siècles, une menace constante à tous les âges de la vie. Si ce thème est si fréquemment évoqué par les prédicateurs, c'est qu'il correspond à l'expérience quotidienne. « Qui seroit plus en droit, ce semble, s'écrie en 1712, le lazariste anonyme d'Angers, de braver la mort et la moins appréhender que les jeunes gens ? Cependant, combien en surprend-elle tous les jours, de forts et de robustes qui promettoient de longues années, mais qui malgré ces promesses trompeuses, en ont estés si vivement attaqués qu'ils en sont devenus la proye en très peu de temps ! » Et il poursuit : « Nous marchons continuellement au milieu d'une infinité de dangers qui peuvent tous nous mettre au tombeau; il n'y a pas de parties, de membres, de sens dans le corps humain par lequel la mort n'y puisse entrer, et les médecins tombent d'accord que nous pouvons estre attaqués par une infinité de maladies mortelles. » Beaucoup plus qu'une amplification oratoire, il y a dans ces propos la traduction d'un sentiment profond d'insécurité face au mystère de la mort, susceptible de frapper à tous moments. C'est pour tenter de percer ce secret de l'*hora mortis* que les Angevins des XVIIe et XVIIIe siècles, tout autant peut-être que leurs voisins Bretons, sont si attentifs à certains intersignes et aux avertissements qu'ils comportent. Le hululement de la « ferzaie » près d'une maison est l'annonce du décès imminent de quelqu'un de la famille; il en est de même, la nuit, des longs hurlements d'un chien. On attribue la même signification funèbre aux battements d'ailes d'une chauve-souris ou d'un quelconque oiseau nocturne contre la porte ou la fenêtre d'une maison. Il arrive que l'on soit averti mystérieusement de la mort d'un proche. Pierre Audouys raconte en 1673 : « La mort de mon beau-père me fut pronostiqué par une voix que j'entendis et qui m'appela trois fois « Cléraudière », en plain midy, à Beaulieu, à l'heure qu'il nous demandoit pour sa bénédiction, ce qui est véritable. » Une des grâces que Dieu peut faire à ses plus fidèles serviteurs est, croit-on, de les avertir de façon plus ou moins précise, du moment où il les rappellera à lui : ainsi Anne de Melun annonce à une de ses compagnes qu'elle mourra avant elle, « comme si elle eût eu connaissance de sa fin », commente Grandet; de même Françoise Fournier a reçu selon son biographe, « un présentiment de sa mort prochaine, quoi qu'elle n'en sçeut pas précisément ny l'heure, ny le jour ». Mais ce sont là faits exceptionnels. Sans même faire allusion à la croyance aux intersignes qui relève de la superstition, le lazariste anonyme de 1712 met les choses au point lorsqu'il s'écrie : « Il est inouy que tu sois venu avertir personne, si nous exceptons quelques grands saints, du jour, de l'heure et de la manière que tu viendrois les enlever de ce monde. »

A l'incertitude du moment est liée celle des circonstances. Certaines morts sont particulièrement redoutées. C'est ainsi que la rage, fléau mortel quels que soient les remèdes plus ou moins fantaisistes que l'on puisse préconiser, inspire une véritable terreur, étant donné les manifestations qui l'accompagnent; lors de l'épidémie de 1714 à Angers, les personnes les plus gravement atteintes sont enchaînées comme des bêtes malfaisantes et enfermées dans la chapelle désaffectée de Saint-Laurent et dans deux des tours de ville où on les laisse mourir : « Ils tachoient dans leur bon sens de manger, raconte Lehoreau, mais ils ne pouvoient ni manger, ni boire quelque violence qu'ils fissent; on les voioit se déchirer et crier pitoiablement et enfin expirer. » La dysenterie est également redoutée, ses formes les plus aiguës s'accompagnant de douleurs épouvantables. Même sans se référer à ces cas extrêmes, la mort est toujours redoutable et certains prédicateurs n'hésitent pas à évoquer les derniers moments des mourants avec le plus impitoyable réalisme, afin de mieux susciter chez leurs auditeurs de salutaires réflexions.

Quelles que soient les conditions dans lesquelles il s'effectuera, le plus redoutable pour le chrétien n'est pas le passage lui-même de cette vie dans l'autre, mais le fait de paraître devant le souverain juge. Tous les prédicateurs insistent longuement sur ce terrible tête-à-tête entre Dieu et sa créature. Certains s'interrogent sur le lieu où sera rendu le jugement : à la porte du ciel, afin que l'âme pécheresse ayant entrevu la divine félicité

souffre d'autant plus d'en être exclue pour l'éternité ?
Ou sur les lieux mêmes où elle a commis le plus de
péchés, afin qu'elle soit couverte de honte et de confusion à la vue de ses crimes ? Si les théologiens sont par-
tagés sur ce point, ils sont d'accord sur la procédure
même du jugement : le juge sera éclairé, incorruptible,
inflexible, inexorable; il demandera des comptes sur
tout, les grâces reçues et dont on n'a pas tiré parti, les
bonnes œuvres que l'on n'a pas faites, les péchés commis
en actions, paroles, pensées. « Ce sera en ce jour de
vengeance, s'écrie le curé de Montigné, que l'œil de Dieu
plus subtil que l'éclair verra les plus secrètes pensées de
vos cœurs. Pécheur, divertis-toi tant que tu voudras,
Dieu aura son tour. Tu l'as méprisé, mais un jour sa
vue te fera peur; tu l'as foulé aux pieds, mais il te fera
sentir le poids de sa justice; ses bontés ont été infinies,
ces châtiments seront sans fin; comme le mépris que tu
as fait de ses grâces est allé jusqu'à l'excès, l'étendue
de sa colère n'aura point de limites. » Mais le plus terrible est que ce jugement sera sans recours : « On
appelle des bailliages aux présidiaux, des présidiaux
aux parlements, des parlements au Grand Conseil, du
Grand Conseil au roy, du roy à Dieu. Mais de Dieu à
qui ? » Comment dans ces conditions un chrétien peut-il
continuer à vivre comme s'il ignorait cette redoutable
échéance ? « Dites-moy, mes frères, interroge le lazariste de 1712, si vous aviez un procès de conséquence
sur les bras qui dust estre jugé dans deux ou trois jours,
n'emploieriez-vous pas ce peu de jours à solliciter vos
juges par tous les moyens possibles pour vous les rendre
favorables ? » De même ne convient-il pas de faire dès
maintenant pénitence de ses péchés sans attendre le dernier moment ? Les prédicateurs le répètent à l'envi :
« Vouloir vivre dans le péché et n'y vouloir pas mourir,
c'est vouloir un miracle, c'est vouloir ce qui n'arrive
presque jamais. » Telle vie, telle mort. Or, mourir dans
le péché, c'est encourir la sentence de la damnation
éternelle.

De tous les thèmes dont usent catéchistes et prédicateurs pour maintenir les fidèles dans le droit chemin,
le thème de l'enfer est celui qu'ils utilisent le plus fréquemment et, semble-t-il, avec le plus de complaisance;
il est vrai que c'est celui qui se prête aux descriptions
les plus imagées et les plus réalistes. Dès le catéchisme,
l'enfant apprend que les peines de l'enfer sont à la fois

d'ordre corporel et d'ordre spirituel. Les peines corporelles consistent d'abord dans le feu qui consumera éternellement les réprouvés. La réalité de ce feu ne peut
être mise en doute : « Tremblez, pécheurs, vous qui
tâchez de vous persuader faussement que le feu de l'enfer n'est qu'un feu spirituel et métaphorique puisqu'en
le concevant sous cette forme, il vous effraie moins qu'un
feu naturel dont la seule idée vous fait concevoir les
plus grandes douleurs qu'on puisse imaginer. Détrompez-vous donc aujourd'hui et soyez persuadés non seulement qu'il y aura dans les enfers un feu véritable et
réel qui causera les impressions douloureuses qui lui
sont propres sur les corps et les âmes, mais encore que
ce feu a beaucoup plus de force et d'activité que le
nôtre, et la douleur que cause le feu ordinaire n'est rien
en comparaison de celle que causera celuy de l'enfer. »
De plus, tous les autres sens contribueront à augmenter
la souffrance des réprouvés : la vue, par le spectacle de
la laideur épouvantable des démons et surtout par celui
des instruments de supplices, roues, rasoirs, crochets,
grils, brasiers, chaudières bouillantes, serpents et « tout
ce dont les démons se serviront pour les tourmenter »;
l'ouïe, par les hurlements effroyables, les blasphèmes et
les malédictions proférées par les damnés; l'odorat, par
les puanteurs insupportables que dégagera le cloaque
infernal; le goût par une faim et une soif inextinguibles.
Dans le chapitre des *Sept trompettes* consacré à « l'âme
damnée », le père Jouye entretient longuement tous les
tourments infernaux : « Pécheurs, si vous voulez maintenant voir clairement et le mieux qu'il est possible en
ce monde, combien sont horribles les peines de l'enfer,
lisez attentivement cet espouvantable chapitre. » De
fait, il n'est question que de démons hideux, de serpents
venimeux, de dragons monstrueux s'employant à tourmenter les damnés de mille façons, au milieu d'une
puanteur intolérable, de hurlements sauvages et de
ténèbres effrayantes. Entre les développements des prédicateurs ou le chapitre du père Jouye et les gravures
du *Calendrier des Bergers* illustrant le « dit des Trépassés », le rapport est si évident que les premiers apparaissent parfois comme de simples commentaires des
secondes : il n'est pas exclu que ce lien direct ait existé,
mais sans doute est-il plus vrai de dire que les uns et
les autres sont la mise en œuvre d'un même enseignement, avec des moyens différents, et ont fourni, chacun

à leur manière, le même lot d'images à la conscience
collective. Les peines spirituelles, plus difficiles à imaginer que les peines corporelles, seront plus terribles
encore. Ce sera la privation de Dieu, ou peine du dam.
Si la perte de son royaume est pour un roi un sujet de
désolation, « que dire des souffrances des damnés qui,
en perdant Dieu, perdent un bien infiny qui vaut infiniment mieux que tous les royaumes du monde ». A cela
s'ajoutera le « ver de la conscience », c'est-à-dire « les
sanglants et continuels reproches qu'un damné se fera
sans interruption ». Enfin, le plus inconcevable, mais le
plus terrible, c'est que toutes ces peines dureront éternellement.

L'Eglise pense-t-elle que la crainte du châtiment a
plus de vertus que l'espoir de la récompense ? Toujours
est-il que la description du paradis inspire beaucoup
moins les écrivains ou orateurs sacrés que celle des
tourments de l'enfer. Le père Jouye, si prolixe sur le
sort des damnés, reste un peu court dans l'évocation des
félicités éternelles : « O quel esprit pourra se représenter le grand plaisir qu'ont les âmes qui voyent leur
Dieu..., lumière plus éclatante que mille soleils ? » Dans
la *Doctrine chrétienne* d'Henry Arnauld, la comparaison du soleil est également utilisée pour évoquer Dieu
dans sa gloire et les corps des saints après la résurrection. Mais, les sermons sur le petit nombre des élus sont
là pour le rappeler, nul chrétien ne peut espérer sans
outrecuidance accéder au ciel de plain-pied. C'est pourquoi le purgatoire joue un si grand rôle dans la théologie catholique. Comme l'explique aux enfants du catéchisme, le curé de La Chapelle-du-Genêt, « le purgatoire est une espèce de prison où les âmes qui ne
méritent pas les peines de l'enfer, mais ne sont pas assez
pures pour entrer dans le ciel, achèvent de payer la dette
qu'elles ont contractée par leurs péchés avec la justice
du Seigneur qui ne laisse rien d'impuni; les âmes
souffrent dans ce lieu, deux espèces de tourmens dont
la seule espérance de sortir un jour peut modérer
l'excès, la privation de Dieu et un feu si vif et si ardent
qu'on ne sçauroit ni le concevoir, ni l'exprimer ». Motif
de crainte, l'existence du purgatoire est en même temps
un puissant motif d'espérance puisque ses tourments
n'auront qu'un temps et qu'il est en quelque sorte le
vestibule presque nécessaire du paradis. Il en est tout
autrement dans l'enseignement de l'Eglise réformée.

Avec leurs 2 500 à 3 000 personnes au milieu du
XVII⁰ siècle, les communautés protestantes angevines
n'ont jamais constitué que de très petites minorités en
pays catholique. Mais le rayonnement de l'Académie de
Saumur au XVII⁰ siècle, notamment avec l'enseignement
de Moïse Amyraut, justifie que l'on s'interroge sur
l'attitude des calvinistes face à la mort et aux fins dernières. En 1646, paraissent à Saumur les *Discours sur
l'estat des fidèles après la mort,* de Moïse Amyraut. Ces
pages, dédiées à sa femme, ont été écrites par l'éminent
pasteur saumurois au lendemain de la mort de leur fille
Elisabeth, âgée de seize ans. « Mon intention, écrit-il
dans la dédicace, estoit seulement de contribuer quelque
chose à vostre consolation dans la perte que nous avons
faite, en vous représentant brièvement les principales
considérations capables d'adoucir l'amertume de tels
ennuis... Depuis, estant sollicité par quelques-uns d'en
donner la lecture à tout le monde, je n'y ay pas fait
grande résistance. » Comme l'indique le titre des
Discours, Amyraut évoque seulement le sort des *fidèles,*
c'est-à-dire de ceux que leur foi a sauvés, et s'interroge
longuement pour savoir si l'âme du fidèle est douée de
sentiment après la mort, dans quel lieu les âmes sauvées
sont recueillies en attendant le jugement général et la
résurrection des corps, enfin ce que sera leur bonheur
après cette résurrection. Quant au sort des incrédules,
il ne s'y arrête que dans la mesure où l'on dit que « la
comparaison de la calamité d'autruy nous ayde à nous
rendre plus sensible notre propre félicité...; si cela est,
certes l'horreur de la condamnation des incrédules doit
infiniment adjouter à la joye de nostre absolution et de
nostre gloire ». Entre les élus que « Christ élèvera en la
gloire éternelle de son royaume » et les réprouvés qu'il
« abysmera dedans les enfers », il ne peut y avoir place
pour des justes non encore complètement sanctifiés :
l'idée même du purgatoire est étrangère à la théologie
calviniste. Le problème du salut ne débouche pas pour
autant sur l'angoisse, car pour Amyraut comme pour
Calvin, chacun peut découvrir éventuellement en lui-
même les signes qui prouvent son élection personnelle :
c'est d'abord la foi véritable en l'Evangile, source de
lumière et de paix, c'est aussi la profondeur du changement moral produit par cette foi réellement vécue. Dans
ces conditions, les fidèles ayant la certitude de leur élection et les incrédules étant par définition inaccessibles

à la Parole, il serait parfaitement inutile et oiseux de développer longuement, devant les premiers, les tourments réservés aux seconds, comme peut le faire le clergé romain. Il vaut mieux pour consoler les « âmes fidèles » des vicissitudes et des chagrins de cette vie, leur faire entrevoir les félicités qui les attendent dans l'autre. De même que dans l'œuvre d'Amyraut, on chercherait en vain une description de l'enfer dans *Les consolations de l'âme fidèle contre la terreur de la mort, avec les dispositions et préparations nécessaires pour bien mourir*, du pasteur Charles Drelincourt. Cet ouvrage dont la première édition est de 1651, connaît un prodigieux succès et trois des nombreuses rééditions ultérieures sont faites à Saumur, ce qui permet de penser qu'il était particulièrement apprécié de la petite communauté saumuroise. Le célèbre pasteur de Charenton n'évoque qu'incidemment le sort réservé aux « méchans et incrédules », mais s'étend longuement sur tout ce qui peut inciter l'âme fidèle à attendre sans frayeur la mort, « mort de la mort même et vie éternelle bienheureuse ».

3. — « A l'heure de notre mort »

Si par la bouche de ses catéchistes et de ses prédicateurs, l'Église romaine met l'accent, en temps ordinaire, sur les raisons qu'a le chrétien de trembler, elle s'efforce, au chevet des mourants, d'insister sur les raisons qu'il a d'espérer. Pour quitter ce monde dans la paix et l'espérance, il convient tout d'abord de rédiger son testament. C'est là, selon les auteurs spirituels, une des dispositions nécessaires pour bien mourir. La rédaction du testament s'inscrit directement dans la perspective toute chrétienne d'une bonne mort, dans la mesure où le but du testateur n'est pas tant de régler au mieux ses affaires temporelles, que de prévoir les conditions de sa sépulture, s'assurer par des legs appropriés les prières des vivants aussi longtemps que possible après sa mort et réparer autant qu'il le peut le mauvais usage qu'il a pu faire de ses biens pendant sa vie. D'ailleurs, bien que l'acte soit désormais toujours passé devant notaire, les formules utilisées jusque vers le milieu du XVIIIe siècle relèvent bien davantage du vocabulaire ecclésiastique ou spirituel que du vocabulaire proprement juridique. S'ouvrant par l'invocation de la Trinité — « Au nom du Père, du Fils et du Saint-Esprit » — et par un pieux considérant — « considérant qu'il n'est rien de si certain que la mort, ni de si incertain que l'heure d'icelle » — le texte comporte toujours un « premièrement » dans lequel le testateur « recommande son âme à Dieu le Père Tout-Puissant, à Jésus-Christ son Fils, notre rédempteur, à la bienheureuse Vierge Marie, à saint Michel archange, saint Jean-Baptiste, saint Pierre et saint Paul, à tous les saints et saintes du Paradis ». Il s'agit certes de formules partiellement stéréotypées, mais il serait pourtant erroné de n'y voir qu'une habitude de pratique notariale sans véritable signification religieuse : en fait, ces formules varient quelque peu dans le détail d'un testament à l'autre, ce qui est la preuve qu'elles sont bien écrites ou dictées par l'intéressé lui-même et non imposées telles quelles par le notaire. Le testateur indique ensuite généralement dans quelles conditions il entend être enterré : lieu précis de l'inhumation, nombre des prêtres ou religieux présents, nature de la cérémonie religieuse. Enfin, les legs pieux tiennent toujours, au XVIIe et au début du XVIIIe siècle, une place essentielle dans les actes testamentaires : il s'agit soit de fondations de services pour le repos de l'âme de l'intéressé, soit de dons assortis ou non de demandes de prières et faits à l'église paroissiale, à une communauté religieuse ou à un hôpital. Ainsi l'Angevin Gabriel Boylesve, évêque d'Avranches, demande par son testament du 2 décembre 1667, à être enterré dans l'église des cordeliers d'Angers et « que soit dit et célébré à son intention, en ladite église, à perpétuité, un annuel de messes basses de *Requiem* et pour ce, donne et lègue audit couvent 300 livres de rente annuelle »; de plus, il « donne et lègue à l'hôpital Saint-Jean dudit Angers 30 000 livres tournois pour, une fois payés, estre mis en fonds de terre ou rente au profit dudit hôpital afin de servir à la nourriture et entretien des pauvres d'iceluy et de participer à leurs prières ». Les legs de l'évêque d'Avranches sont exceptionnels par leur montant, mais ils ne le sont pas par leur nature. Jusqu'au milieu du XVIIIe siècle, il est très fréquent que des gens modestes fassent leur testament dans le seul but d'organiser leurs funérailles et de souscrire, selon leurs moyens, ces assurances sur l'au-delà que sont les prières des vivants et les dons faits aux pauvres et aux malades. A Angers, les ordres mendiants, l'hôpital Saint-Jean, le

Mont-de-Piété, les pauvres de chaque paroisse en sont les grands bénéficiaires. Lorsqu'un testateur ordonne que soit célébré « le plus tost qu'il sera possible après son décès », plusieurs trentains de messes basses, il précise toujours l'attribution de ceux-ci, par exemple l'un aux carmes, un autre aux augustins, un autre aux cordeliers. De même, un legs très fréquent est celui de telle somme — parfois fort modeste — au curé de la paroisse « pour par luy en faire la distribution aux pauvres comme bon luy semblera ».

Mais à partir des années 1760, s'accélère brusquement une évolution lentement amorcée, il est vrai, dès le XVIe siècle : l'acte testamentaire cesse d'être ce qu'il était jusque-là dans la plupart des cas, un catalogue de legs pieux, pour devenir un ensemble où les dispositions temporelles prennent décidément le pas sur les préoccupations spirituelles. La disparition progressive des formules religieuses qui l'accompagnaient, est à cet égard révélatrice. Elle est facile à suivre à travers les testaments, par exemple ceux passés devant maître Legendre, notaire à Angers à partir de 1760. Alors qu'en 1760-1761, les formules traditionnelles sont toujours utilisées, on constate dès les années 1762-1763, les premières dégradations : l'invocation trinitaire est remplacée par un « Au nom de Dieu, amen » plus rapidement écrit; le considérant est conservé, mais le « premièrement » est résolument simplifié, un etc. après « recommande son âme à Dieu » remplaçant l'invocation à la Vierge et aux saints. On ne peut pas ne voir là que la volonté du notaire de gagner du temps. Que ce temps soit gagné aux dépens des formules de piété est en soi caractéristique, comme l'est le fait que les testateurs acceptent presque tous ces formules abrégées. Le tournant décisif se situe dix ans plus tard : en 1773, le considérant et ce qu'il restait du « premièrement » disparaissent de la plupart des testaments. En 1774-1775, l'évolution est achevée : mis à part le « Au nom de Dieu, amen » qui se maintient en tête de presque tous les actes testamentaires jusqu'à la Révolution, les autres formules ont, dans la plupart des cas, totalement disparu. Le testament est devenu un simple acte notarié dans lequel le testateur continue certes à régler l'ordonnance de sa sépulture ou à prévoir éventuellement legs charitables et messes pour le repos de son âme, mais où les formules de pure piété, de piété gratuite pourrait-on dire, n'ont

plus place, dans la mesure même où le sens profond
qu'on leur attribuait naguère n'est plus ressenti désormais de la même façon. Parallèlement, la diminution
des legs et des messes témoigne elle aussi de cette laïcisation progressive qui se situe dans un contexte beaucoup plus large. La crise que connaissent à Angers et en
Anjou, monastères bénédictins et ordres mendiants,
explique en partie la baisse de leur popularité, encore
si grande au siècle précédent. De plus en plus nombreux
sont les laïcs qui s'interrogent sur le mauvais usage qui
est ainsi fait de bâtiments spacieux et de richesses souvent importantes, alors que l'Hôtel-Dieu et l'Hôpital
Général connaissent des difficultés financières continuelles et que la création d'un hôpital pour enfants trouvés est sans cesse ajournée faute de moyens. L'idée
d'une meilleure redistribution des biens du clergé au
profit des pauvres et même d'une laïcisation de la charité fait peu à peu son chemin, et l'on conçoit que, dans
ces conditions, les legs pieux se fassent beaucoup plus
rares que par le passé et que les bénéficiaires de ceux
qui sont encore consentis soient bien davantage les curés
de paroisse que les communautés religieuses. Cependant,
ces legs et notamment les fondations de messes —
annuels ou trentains — présentent non seulement un
aspect financier, mais d'abord et surtout une signification religieuse. C'est pourquoi leur brutale diminution dans les actes testamentaires de la seconde moitié
du XVIIIe siècle témoigne non seulement de la laïcisation progressive de la société, mais aussi d'un affaiblissement certain du sentiment religieux.

Bien que les auteurs ecclésiastiques recommandent de
faire son testament alors qu'on est encore en pleine
santé, de très nombreux testateurs attendent d'être gravement malades pour faire venir le notaire. Il s'agit bien
alors de dernières volontés et de préparation à la mort,
et la visite du notaire est comme le prélude de celle du
prêtre, curé ou vicaire de la paroisse, venant apporter
les derniers sacrements. Les actes de sépultures des
registres angevins ne mentionnent généralement pas si
la personne inhumée a reçu ou non ces derniers sacrements. Cela s'explique très simplement par le fait que
les textes réglementaires, même l'ordonnance épiscopale de 1708, n'imposent pas aux curés l'obligation de
porter cette mention. Cependant, certains d'entre eux le
font, tel le curé de La Chapelle-du-Genêt, Jacques

Dutour, de 1706 à 1712. On constate ainsi que dans
cette petite paroisse des Mauges, toutes les personnes
décédées sont inhumées « après avoir reçu tous les
sacremens de l'Eglise », à la seule exception des enfants
de moins de douze ans. La confession, la communion,
l'extrême-onction, tel est dans le diocèse d'Angers,
l'ordre dans lequel le prêtre donne aux malades ces
ultimes secours de la religion. La confession doit être,
autant que faire se peut, une confession générale. « Il
est à propos, écrit Michel Le Peletier dans son *Directoire pour les malades et les mourans,* de faire à la mort,
selon l'avis de saint François de Sales, une confession
générale, en parcourant, du moins de manière sommaire,
les différents états dans lesquels s'est trouvé le malade
pendant sa vie. » Et le *Directoire* donne aux curés, à
qui il est destiné, d'utiles conseils: il ne faut point, s'il
y a quelque danger, différer la confession au lendemain,
sous le prétexte d'une meilleure préparation; il faut
s'abstenir de poser de nombreuses questions au malade
et de lui « crier aux oreilles », mais il convient plutôt
de « prier pour lui et avec lui d'un ton modéré et insinuant, sans déclamation et sans avis plaintifs ». Après
la confession, le prêtre donne la communion, viatique
pour l'ultime voyage, puis l'extrême-onction. Comme
l'écrit le rédacteur des *Conférences ecclésiastiques sur...
l'Extrême-Onction :* « Dieu a voulu qu'on se servit
d'huile en ce sacrement, parce que comme l'huile adoucit, guérit, fortifie et éclaire, l'onction de l'huile exprime
parfaitement l'onction intérieure du Saint-Esprit qui
purifie par ce sacrement l'âme des restes du péché, qui
en éclaire la foi, qui la fortifie contre les tentations du
démon, qui adoucit ses peines et guérit quelquefois les
maladies corporelles. » Conformément au *Rituel,* le
prêtre fait sept onctions, une sur chacun des cinq
organes des sens — yeux, oreilles, nez, bouche, mains —,
une sur les pieds, la dernière sur les reins. Cependant, des
circonstances exceptionnelles peuvent justifier une administration quelque peu différente : en temps de peste on
peut faire les onctions au moyen d'une longue baguette
que l'on brûle ensuite; lorsque le malade est atteint de
la rage, l'onction sur la bouche est remplacée par une
onction sur la joue. Lors de la grande dysenterie de
1707, Mgr Poncet autorise les curés des paroisses
atteintes à limiter les onctions aux « sens supérieurs ».
Après l'administration des sacrements, le prêtre doit,

selon le *Rituel,* exhorter le malade en lui disant notamment : « Vous avez eu le bonheur de recevoir les sacremens et c'est ce qui doit beaucoup vous consoler et animer votre confiance... ; prenez courage, combattez généreusement et vous consolez dans l'espérance que si vous souffrez avec amour en ce monde, avec Jésus-Christ vous jouirez aussi du bonheur qu'il vous a mérité et qu'il vous donnera pour récompense. » De son côté, le *Directoire pour les malades et les mourans* insiste sur les paroles de consolation qu'il convient de prodiguer à ce moment-là au malade. On peut ensuite lui lire quelques pages de la Passion du Christ, puis lui faire dire ou dire à sa place des actes de patience, de résignation, d'espérance. Enfin, lorsque les derniers moments approchent, prêtre et assistants récitent les prières des agonisants. Ainsi cette célébration du mystère de la mort tend constamment à aider le mourant à faire une « bonne mort », en le fortifiant contre les ultimes assauts du démon par les grâces sacramentelles et en lui rappelant tous les motifs qu'il a d'espérer en la miséricorde de Dieu.

On comprend que le recours aux derniers sacrements soit, de toutes les pratiques religieuses, celle qui revêt aux yeux des populations le plus d'importance et de signification, la seule peut-être qui soit ressentie non comme un devoir, mais à la fois comme une nécessité et une grâce. Mourir sans le secours d'un prêtre apparaît comme la pire déréliction. Répondant aux enquêteurs de la Commission intermédiaire en 1788, les habitants de La Boissière-Saint-Florent réclament, avant même une sage-femme, un chirurgien ou de meilleurs chemins, les moyens suffisants pour entretenir un vicaire, car leur curé est seul et souvent malade, « ce qui fait qu'il meurt du monde sans être administré ». Trois ans plus tard, les habitants de Varrains protestent contre un projet de rattachement de leur paroisse à celle de Chacé : ils n'auraient plus alors, disent-ils, « qu'une communication éloignée avec leur curé et au fond de l'âme ils ont la terreur de mourir sans, peut-être, à ce dernier moment, entendre sa voix consolante et salutaire ». Les pires criminels ne peuvent être privés de ces ultimes secours, à plus forte raison ces prisonniers souvent plus malheureux que coupables que sont les faux sauniers : c'est ce que souligne avec force Mgr Poncet dans la lettre qu'il écrit, en 1711, au contrôleur général Desmarets pour attirer son attention sur la situation lamentable des prisonniers de la Tour Grénetière à Saumur. L'Eglise considère d'ailleurs que l'assistance aux malades et aux mourants est le premier devoir d'un curé, celui qui engage de la façon la plus redoutable sa responsabilité de pasteur. Insistant devant ses curés, au synode de 1653, sur l'absolue nécessité d'une résidence scrupuleuse, Henry Arnauld s'écrie: « En effet, mes frères, que répondra un curé à Dieu au jour du jugement, que répondra-t-il à une âme, laquelle étant perdue pour une éternité, faute le plus souvent d'avoir esté assistée à l'extrémité de sa vie, demande à Dieu au milieu des flammes éternelles, justice de celuy duquel elle a esté si malheureusement abandonnée ? » La leçon sera peu à peu entendue : le sacrifice de ces curés et vicaires en témoigne, qui, lors de l'épidémie de 1707, meurent victimes de leur dévouement et de leur exactitude à assister leurs malheureux paroissiens dans leurs derniers moments.

L'importance que l'on attache aux conditions d'une bonne mort explique le succès, au XVIIᵉ siècle, des confréries des Agonisants. Les premières sont créées dans le diocèse d'Angers à l'instigation de deux missionnaires capucins de Poitiers et avec l'approbation d'Henry Arnauld, dans les années 1650 : à Jallais en 1655, à Saint-Pierre d'Angers et à La Jumelière en 1656, à Saint-Mathurin en 1657, à Saint-Pierre de Saumur en 1659, à Saint-Rémy de Château-Gontier en 1660, à Tiercé en 1661, puis, plus tard, à Baugé en 1681 et à Andrezé en 1700. Il en existe aussi à Saint-Jacques de Montfaucon, dans le diocèse de Nantes, à Coron et à Notre-Dame de Cholet, dans le diocèse de La Rochelle. Leurs statuts sont partout à peu près les mêmes. La confrérie placée sous le patronage de Notre-Dame de Pitié ou des Agonisants regroupe un certain nombre de clercs et de laïcs dont les droits d'admission et les cotisations annuelles servent à alimenter le fonds de la confrérie. On peut être admis à partir de l'âge de sept ans, « étant dans le cas, dès cet âge, d'avoir besoin des prières et suffrages de l'Eglise ». Le but essentiel de ces pieuses associations est, comme leur nom l'indique, d'aider les confrères dans leur agonie. Dès que l'un d'eux est à la dernière extrémité, on fait sonner la grosse cloche de la paroisse afin d'inviter ses confrères et consœurs à se rendre à l'église où, devant l'autel de

Notre-Dame de Pitié, ils récitent, en présence d'un prêtre, les prières des agonisants. Par ailleurs, plusieurs messes sont chantées dans l'année pour le repos de l'âme des membres décédés, les unes au lendemain de chaque décès, les autres aux grandes fêtes de la Vierge et les premiers mercredis ou vendredis du mois. Mais, plus que ces messes *post mortem*, ce qui est la raison d'être de ces confréries et fait leur succès au XVIIᵉ siècle, c'est l'assurance de pouvoir compter sur les prières des confrères au moment où tout chrétien en a le plus besoin, c'est-à-dire à son lit de mort.

CHAPITRE XIV

LA LITURGIE DE LA MORT
ET LE CULTE DES MORTS

1. — *De la maison mortuaire à l'église*

Dès que le malade a rendu le dernier soupir, parents, amis et voisins s'affairent. L'un d'eux court prévenir le sacristain afin qu'il sonne le glas qui annoncera à toute la paroisse la triste nouvelle. Les autres pendant ce temps allument des chandelles, arrêtent le balancier de l'horloge, tournent les miroirs, jettent l'eau des seaux et des écuelles, attachent un crêpe ou un morceau de drap noir aux ruches, s'il y en a dans le jardin de la maison; quand la mort a frappé chez un meunier, ils dépouillent le moulin de ses toiles et disposent les ailes en croix. Puis, une femme procède à la toilette du mort, se contentant le plus souvent de l'habiller d'une chemise et d'un bonnet propres. Commence ensuite la veillée funèbre : tous les voisins y sont invités et un prêtre peut, contre rétribution, se joindre aux « veilleux ». Le soir même ou le lendemain matin, le défunt est enseveli dans un linceul, puis mis en bière. A vrai dire, le cercueil personnel est encore loin d'être généralisé aux XVIIᵉ et XVIIIᵉ siècles. Dans sa grande ordonnance synodale de 1617, Guillaume Fouquet de La Varenne fait obligation à ses curés « d'avoir en chacune église deux bières entières et non rompues pour porter lesdits corps (des pauvres) en terre ». En 1654, le règlement édicté par Henry Arnauld, lors de sa visite à Notre-Dame-de-Nantilly de Saumur, prévoit que le « fossier » recevra un salaire différent selon qu'il y aura cercueil ou non. Enfin, jusqu'à la fin du XVIIIᵉ siècle, nombreux sont les testaments émanant de gens modestes, artisans ou journaliers, dans lesquels le testateur réclame expressément que son corps soit enterré dans un cercueil, preuve que la chose n'allait pas de soi.

Depuis 1617, l'ensevelissement et l'inhumation ne peuvent intervenir dans le diocèse d'Angers que douze heures au moins après la constatation du décès. Mais on a de plus en plus, au siècle suivant, la terreur des « enterrements précipités ». En 1742, paraît à Paris la *Dissertation sur l'incertitude des signes de la mort et l'abus des enterremens et embaumemens précipités,* de Bruhier d'Ablaincourt. L'ouvrage approuvé par de nombreuses Académies de province, dont celle d'Angers le 23 juin 1747, remporte un vif succès. Dans une seconde édition publiée en 1749, l'auteur cite de nombreux exemples d'inhumations prématurées dont il a eu connaissance depuis la publication de son livre et dont trois ont eu l'Anjou pour théâtre. Quelques années plus tard, en 1755, le procureur du roi au présidial d'Angers poursuit une femme de La Jumelière, la veuve Oger, qui « pour profiter apparemment des dépouilles des morts s'empresse dès qu'elle apprend l'agonie de quelqu'un de s'y transporter et ensevelit dans l'instant du trépas la personne décédée »; comme l'écrit le vicaire de La Jumelière au procureur, « cette conduite nous fait trembler, car on n'est pas sûrs de n'être point enterrés vifs ». Des histoires terribles circulent, sans doute amplifiées par la crédulité populaire, tel le cas de cette femme de La Pommeraie déterrée quelques jours après une inhumation jugée trop hâtive et que l'on a retrouvée morte, mais « s'étant mangée un bras dans la fosse ». Letourneux, procureur du roi, a lui-même rencontré à Segré en 1755, un homme qui avait été enseveli prématurément l'année précédente, mais qui ayant donné des signes de vie sous le drap mortuaire, avait de justesse échappé à la mort. Ainsi s'explique l'ordonnance de police rendue à Angers le 30 mars 1772, qui allonge le délai minimal en prescrivant que « les personnes qui seroient auprès des malades, les laisseroient dans leur lit, couverts, lorsqu'on les présumeroient morts, et que les menuisiers et tous autres ne pourront renfermer les corps dans les cercueils avant le terme de trente heures, et même de trente-six pour ceux qui seroient réputés morts subitement ou de maladie prompte et violente ». De même, c'est dans la crainte d'être enterrées vives que certaines

personnes demandent explicitement dans leur testament
que leur corps soit « ouvert » avant d'être inhumé.

En ville, il est de bon ton, dans les familles aisées,
d'annoncer le décès aux parents et amis et de les convier
à la cérémonie funèbre par l'intermédiaire de crieurs ou
« convieurs ». L'usage en est déjà fort ancien lorsque
Louis XIV décide en 1690-1694, dans un but purement
lucratif, de créer dans toutes les villes du royaume,
grandes et moyennes, des offices de jurés-crieurs d'enterrement, avec privilège exclusif. Les trois offices créés
à Angers sont immédiatement achetés par les sieurs
Germon, Fagotin et Maillard qui s'en acquittent à la
satisfaction générale : ils se chargent, selon les désirs
et les possibilités financières des familles, non seulement de « proclamer et annoncer » le décès dans les
rues et carrefours, avec son de cloche portative, mais
aussi de convier les personnes invitées à l'enterrement
en se présentant chez chacune d'elles selon une liste
établie par la famille. Mais les trois premiers acquéreurs
étant morts sans avoir acquitté les droits annuels, leurs
offices tombent aux parties casuelles. C'est pourquoi les
prétentions d'un sieur Cordier, puis de son fils Jacques,
d'exercer les trois offices qu'ils disaient avoir acquis
sur leurs premiers propriétaires, sont-elles dénuées de
toute valeur. De plus, la manière dont Jacques Cordier
exerce sa charge entraîne de constantes réclamations.
Aussi la Maison de Ville se décide-t-elle en juin 1761 à
acheter les trois offices aux parties casuelles et à les
rétrocéder aux administrateurs de l'Hôpital Général.
Ceux-ci ayant depuis 1672, le privilège de « tendre »
aux enterrements, reçoivent de ce fait le monopole, fort
lucratif, de l'ensemble des pompes funèbres de la ville.
Dès 1763, municipalité et hôpital publient conjointe-
ment un règlement et un tarif qui resteront en vigueur
jusqu'à la Révolution et dont l'article premier stipule :
« Aucunes convocations, services funèbres pour les
défunts ou autres pompes funèbres ne pourront être
faites que par les gens préposés par l'Hôpital Général. »
Le tarif des proclamations et annonces dans les rues
est de 20 sols par crieur; celui des convocations à domicile est de 30 sols jusqu'à cinquante personnes invitées
et atteint 9 livres pour plus de deux cents personnes.
Le convieur, liste en main, peut soit inviter oralement
comme jadis, soit remettre un faire-part imprimé. En
effet, Angers a adopté peu à peu la mode du billet

d'enterrement. Il s'agit de grandes feuilles sommairement décorées soit d'une tête de mort et d'une lettrine, soit d'un encadrement comportant divers attributs mortuaires. Le texte, toujours très sobre, est celui d'un simple faire-part : « Messieurs et Dames, Vous êtes priés d'assister au convoi et enterrement (d'un tel) qui se fera (le tant, dans telle paroisse). Le deuil se trouvera, s'il lui plaît, à la maison. Un *De profundis*. » Les dimensions mêmes de ces faire-part prouvent qu'ils jouent le double rôle de billets et de placards : outre ceux distribués par les convieurs, plusieurs sont affichés à la porte de l'église paroissiale, sur le mur du cimetière, sur la maison mortuaire et sur quelques maisons voisines. Le plus vieux placard angevin connu date de 1760, mais rien ne prouve, bien sûr, que l'usage à Angers n'en soit pas beaucoup plus ancien.

Le jour des obsèques, le corps est porté de la maison mortuaire à l'église où doit avoir lieu la cérémonie, c'est-à-dire normalement l'église paroissiale. Toutefois, le défunt a pu désigner, par testament ou par déclaration verbale, une église de son choix, autre que celle de sa paroisse. C'est le cas notamment en ville où il existe de nombreuses communautés religieuses. Cette liberté est, au XVIIe siècle, à l'origine de frictions continuelles entre le clergé paroissial et certains réguliers. En 1670, Henry Arnauld, qui lutte contre les empiétements de toutes sortes des réguliers, prend une ordonnance qui rappelle que le droit de sépulture est l'une des prérogatives essentielles des églises paroissiales et aux termes de laquelle « les corps qui seront enterrez hors leurs paroisses seront premièrement portez par les curez et leur clergé en l'église paroissiale pour y estre chanté un suffrage des morts, qu'ensuite ils seront transportez dans l'église où ils auront choisi leur sépulture par lesdits curez et leurs ecclésiastiques ». Ce rappel des droits prééminents du clergé paroissial contribue à réduire considérablement le nombre de tels incidents, sans les empêcher totalement. Des contestations du même genre peuvent aussi se produire entre clergé de paroisses voisines, le conflit ayant alors son origine dans une interprétation différente des limites des deux paroisses. Ainsi en 1724, le curé de Chênehutte et son confrère des Tuffeaux se disputent le corps de la veuve Cardinal « décédée dans une partie de la maison des Fontaines » que les deux curés prétendent, l'un et l'autre, appartenir à leur paroisse; finalement, le curé des Tuffeaux accepte que la défunte soit enterrée à Chênehutte, mais il assiste à l'enterrement et fait précéder sa signature sur le registre de cette mention : « sans préjudice du droict que je prétends avoir que ladite défuncte est morte dans ma paroisse, lequel droict nous laissons à décider à nos supérieurs ».

L'importance et l'éclat du convoi et de la cérémonie à l'église dépendent du rang social du défunt. Les « tarifs et honoraires dus aux curés » permettent de se faire une idée assez précise des usages du diocèse d'Angers. Le tarif publié par Michel Le Peletier en 1700 prévoit sept classes différentes. Si l'on met de côté la septième qui concerne les enfants de moins de douze ans, les cinquième et sixième classes correspondent aux sépultures les plus simples, avec une messe basse précédant l'inhumation. Alors que dans la cinquième classe, il y a procession de la maison mortuaire à l'église, dans la sixième le corps est apporté par la famille sans procession jusqu'à la porte de l'église où un prêtre vient le quérir. On peut penser que la plupart des enterrements, en ville comme à la campagne, correspondent à l'une ou l'autre de ces deux classes. De passage à Saumur en 1644, le luthérien strasbourgeois Elie Brackenhoffer est frappé par l'absence de pompe des enterrements catholiques « chez les gens du commun » : « Il n'y a pas de porteurs attitrés, mais on engage quelques hommes qui soulèvent seulement la bière et la portent en la tenant dans leurs mains; viennent ensuite les hommes, par dix ou douze, en désordre, comme un troupeau; puis les femmes, aussi sans ordre, en vêtements de couleur et dans le costume où elles vaquent à leurs travaux domestiques; en avant marchent quelques prêtres et curés précédés d'une croix au bout d'une longue perche; ils chantent et emportent de l'eau bénite dont on asperge la tombe. » Dans les campagnes, où le chemin est souvent long de la maison à l'église, le cortège s'arrête devant chacune des croix de carrefour, nombreuses en pays angevin; les porteurs du corps se reposent quelques instants et l'un d'eux cloue sur le piédestal une des petites croix de bois blanc fabriquées à cet effet par le menuisier qui a livré le cercueil, cependant que les assistants récitent un *Ave Maria*.

Dans la classe aisée, la cérémonie s'entoure de plus de solennité, et les quatre premières classes du tarif

de 1700 introduisent dans ce domaine toute une hiérarchie, depuis la procession solennelle de l'enlèvement du
corps par tout le clergé en chape et « la grande messe
à diacre et sous-diacre avec les beaux ornements » jusqu'à la procession sans chape et « la grande messe
simple ». En 1764, Jean de Vaugirauld publie un nouveau tarif qui tend à simplifier le précédent, puisqu'il
prévoit une classe pour la sépulture des enfants de
moins de douze ans et deux classes pour la sépulture
des grandes personnes. Mais en fait, à l'intérieur de
chacune de ces deux classes, les prix varient suivant les
exigences du défunt ou de sa famille concernant le
nombre des membres du clergé et des enfants de chœur,
la durée de la sonnerie des cloches, la nature des prières
(messes chantées ou non, office des morts). De plus,
vêtements de deuil, tentures, catafalques, présence de
pauvres contribuent à accentuer la hiérarchie entre les
diverses sépultures. A Angers même, toutes ces « pompes
funèbres » sont depuis 1672 le monopole de l'Hôpital
Général et le règlement de 1763 pris en accord avec la
Maison de Ville, fixe le tarif des diverses fournitures :
tentures de différentes qualités, blanches ou noires, pour
draper les portes de la maison mortuaire et de l'église,
l'intérieur de celle-ci et éventuellement la chambre du
défunt; housses pour couvrir les fauteuils à la maison
et à l'église; manteaux et voiles de deuil loués à la journée; quant aux catafalques et chapelles ardentes, ils sont
édifiés par le personnel de l'Hôpital Général conformément aux demandes des familles, après accord de gré à
gré, « tant pour la batisse que pour les fournitures des
figures de têtes de mort et autres ornements lugubres
et pour les panonceaux et armoiries »; enfin, l'hôpital
peut fournir autant de pauvres qu'on le désire pour
suivre le convoi, à raison de 20 sols par pauvre. Dans
ces conditions, les obsèques d'un bourgeois angevin
peuvent constituer un véritable spectacle. Le clergé
paroissial au grand complet, auquel se joignent le plus
souvent les ordres mendiants, vient processionnellement,
« croix levée », chercher le corps à la maison mortuaire
entièrement tendue de noir, cependant que sonne le glas.
Le cortège se reforme pour gagner l'église, le clergé en
tête, puis le cercueil porté à bras d'hommes, la famille,
les représentants de la communauté à laquelle appartient le défunt (corps de métier ou compagnie d'officiers), les amis, enfin les pauvres de l'Hôpital Général

tous revêtus d'un vaste manteau noir. Une fois dans
l'église ornée de tentures noires et de litres funéraires,
le corps est placé sur le catafalque disposé en haut de
la nef, les nombreux cierges qui brûlent autour justifiant
l'expression de chapelle ardente. Au premier rang de
l'assistance, se tiennent les membres de la famille, un
cierge ou une chandelle à la main, symbole de la résurrection. Longtemps l'usage a même voulu qu'à Angers,
lors des funérailles d'une personne de qualité, on distri-
buât une chandelle à toutes les personnes présentes,
mais cette façon de faire, qui était une source de
désordre dans l'église et de lourdes dépenses pour la
famille, est abandonnée au début du XVIIᵉ siècle. L'office
religieux comporte le plus souvent une messe chantée
solennelle suivie d'une absoute. Après quoi la procession se reforme pour se rendre au lieu de l'inhumation.

S'il s'agit enfin d'un grand personnage, gouverneur,
maire ou évêque, la cérémonie prend alors des proportions grandioses. C'est le cas le 31 mars 1605, pour
les obsèques de Pierre de Donadieu de Puycharic, gouverneur de la ville et château d'Angers. La veille, dix-
huit crieurs, la tête couverte d'un bonnet carré et vêtus
de robes longues avec les armoiries du défunt devant
et derrière, ont été, clochettes en main, faire leur « cry
et convoi » au Palais, à la Maison de Ville, chez tous
les gens de qualité et enfin à tous les carrefours, cependant que sur commandement du maire, huit tambours,
leurs caisses couvertes de serge noire, ont été avertir
les capitaines de la milice urbaine de se trouver le lendemain en armes avec leurs hommes. Le jour venu, à
huit heures, le cortège se forme à l'église des Carmes
où le corps a été déposé, pour se rendre à la cathédrale.
En tête, derrière quatre crieurs, marchent les capitaines
et les douze compagnies urbaines, arquebuses sous le
bras et « enseignes bas » en signe de deuil, puis derrière
un autre rang de crieurs, les quatre ordres mendiants
et trente-six pauvres vêtus tout à neuf de robes et chaperons noirs, tenant chacun une grande torche. Viennent
ensuite des pages portant sur des oreillers noirs couverts
de crêpes traînant jusqu'à terre, les « pièces d'honneur » du défunt, éperons, gantelets, heaume, épée,
cotte, écu, puis le cheval d'armes tout caparaçonné de
serge noire, et deux pages à cheval portant l'un la trompette, l'autre l'enseigne du gouverneur d'Angers. Après
un troisième rang de crieurs et un rang de pleureurs,

marchent les bénédictins de Saint-Aubin précédant le
corps porté par huit hommes entièrement habillés de
noir, robes et chaperons, les quatre coins du drap mortuaire étant tenus par le président du présidial, le lieutenant général, le maire et un échevin. Derrière le corps,
viennent les chanoines du chapitre cathédral encadrant
l'officiant, l'évêque d'Auxerre, frère du défunt, puis
la famille, l'évêque d'Angers, les officiers du présidial
et de la Maison de Ville, les premiers à droite, les
seconds à gauche, enfin « tout le reste du peuple
convié ». Après que le cortège a pénétré dans la cathédrale entièrement tendue de serge et velours noirs aux
armes de Puycharic, le corps est déposé sous une chapelle ardente édifiée à l'entrée du chœur et devant
laquelle se trouve une table sur laquelle sont placées les
pièces d'honneur. Une messe solennelle avec musique
est alors chantée, au cours de laquelle est prononcée
l'oraison funèbre. Enfin, « après les suffrages et oraisons accoutumés », le cortège se reforme pour conduire
le corps de l'église des Jacobins où il est enterré.
Au moment de l'inhumation, les compagnies urbaines,
restées dehors, font « une grande escoupterie d'arque-
busade », pendant que tonnent les canons du château,
couvrant ainsi pour un moment les cloches de toutes
les églises de la ville qui sonnent sans discontinuer
depuis le matin. Louvet, bon témoin, dit qu'il n'a « veu
ny ouy dire qu'il se soit fait ung semblable enterrement (à) Angers il y a cent ans ». Peut-être. Mais il
est sûr en tout cas que la pompe funèbre ainsi déployée
sera reprise maintes fois à Angers pendant près de deux
siècles, jusque dans les détails. Les convieurs en bonnets
carrés et robes longues aux armes du défunt annonçant
la veille la cérémonie, les pleureurs en tête des différentes parties du cortège, les pauvres de l'Hôpital Général, les communautés régulières, les officiers du présidial et de la Maison de Ville défilant côte à côte, la
milice bourgeoise en armes, la chapelle ardente décorée
de têtes de morts, d'angelots ou de larmes alternant
avec les armoiries du défunt, l'interminable office avec
messe chantée et oraison funèbre, tous ces éléments se
retrouvent à l'occasion soit de l'inhumation d'un grand
personnage, soit d'un service célébré à sa mémoire, et
font de ces cérémonies de somptueuses parades bien
propres à frapper l'imagination populaire. Il en est ainsi
pour les obsèques des maires morts en charge, Jean

Barbot en 1628, François Raimbault en 1702 et René
Jallet en 1715, des évêques Guillaume Fouquet de La
Varenne en 1621, Claude de Rueil en 1649, Henry
Arnauld en 1692 et Michel Poncet en 1730, pour les
services à la mémoire des rois ou des membres de la
famille royale, notamment le Grand Dauphin en 1711,
Louis XIV en 1715, Louis XV en 1774. Aucune autre
manifestation, en dehors de la grande procession du
Sacre, ne donne lieu à Angers à pareil déploiement de
faste. Les petites villes de la province essaient de ne
pas être en reste : ainsi le 24 novembre 1774, un magnifique service à la mémoire de Louis XV est célébré
dans la chapelle du collège de La Flèche, en présence
du clergé, de tous les corps, compagnies et communautés de la ville, de la milice bourgeoise et du régiment
de carabiniers. Certes, de telles pompes ne peuvent riva-
liser avec les réalisations du même genre à Paris ou à
Versailles : elles sont à la mesure des moyens limités
de la province. Mais elles témoignent à leur façon du
goût de l'époque pour les funérailles à grand spectacle
qui répondent au double souci de respecter jusqu'à la
tombe l'ordre social voulu par Dieu et d'affirmer de
manière éclatante l'obligation qu'ont les vivants de
prier pour les trépassés. Ainsi, non sans paradoxe si
l'on songe à l'enseignement de l'Eglise sur les fins dernières, la cérémonie funèbre, loin d'être la manifestation qu'elle aurait pu être, de l'égalité de tous les
hommes devant la mort, apparaît comme la dernière
affirmation, et non la moindre, du rang social du défunt.

A l'opposé de cette conception catholique, les calvinistes qui ne croient ni au purgatoire ni à l'intercession
des vivants dans le cadre de la communion des saints,
font de l'inhumation une cérémonie, décente certes, par
respect pour le corps appelé à la résurrection, mais sans
aucun faste, ni prières particulières. Calvin lui-même
n'avait-il pas donné l'exemple en demandant que son
corps, enfermé dans une toile grossière, soit porté au
cimetière sans chants ni discours et qu'aucune pierre
ne marque le lieu de sa sépulture ? Cette façon de faire
ne laisse pas que d'étonner et choquer les catholiques :
en 1618, Jean Hiret écrit que « les huguenots d'Angers...
font leurs sépultures sans aucunes cérémonies », et le
propos est repris plus tard par Lehoreau. Au lendemain
de l'édit de Nantes et jusqu'aux années 1660, les protestants, à Saumur comme à Angers, enterrent leurs morts

en plein jour, mais « sans sonneries de cloches ni autres moyens de convocation »; ils ont leur propre cimetière situé à Saumur dans le faubourg de Bilange, et à Angers sur le tertre Saint-Laurent. Mais à partir de 1661, commencent les vexations de toutes sortes. L'édit du 7 août 1662 n'autorise les enterrements que « dès le matin à la pointe du jour ou le soir à l'entrée de la nuit, sans qu'il puisse y être plus grand nombre que dix personnes ». Le 26 juin 1679, le lieutenant particulier de la sénéchaussée de Saumur ouvre une information contre plusieurs professeurs de l'Académie protestante accusés d'avoir suivi la veille, « avec près de trente personnes de ladite religion », le convoi d'Etienne Debrais, ministre et professeur de théologie, « porté en terre par six proposants vestus de noir avec manteaux longs de drap et longs crespes à leurs chapeaux », et cela « sur les six heures du soir, soit quatre heures avant le jour couché ». Encouragés par cette persécution officielle, certains catholiques accablent les réformés de leurs sarcasmes. C'est ainsi qu'à Angers, dès le milieu du siècle selon Lehoreau, les huguenots n'osent plus enterrer leurs morts en plein jour et ne le font que de nuit, « à cause que la populace s'élevoit contre eux et les injurioit ». Le cimetière lui-même n'est pas à l'abri, les catholiques du quartier y jetant, sans respect et par dérision, tous leurs immondices. Au lendemain de la Révocation, les cimetières protestants de Saumur et d'Angers sont transformés en jardins. Désormais les quelques réformés qui, n'ayant pas quitté l'Anjou, restent jusqu'au bout inébranlables dans leur foi en dépit des pressions dont ils sont l'objet sur leur lit de mort, sont enterrés secrètement par leurs proches dans la cave ou le jardin de leur maison, ou dans leur propriété de campagne, échappant ainsi, avec la complicité tacite des autorités, aux rigueurs ignominieuses de la loi.

2. — L'inhumation : églises et cimetières

Si les communautés protestantes ont, sous le régime de l'édit de Nantes, leur cimetière particulier, c'est moins par souci de ségrégation que par suite du refus de l'Eglise romaine d'inhumer des hérétiques en terre consacrée. Ce refus de la sépulture ecclésiastique s'étend également aux excommuniés, aux suicidés, aux comédiens, aux pécheurs publics mourant dans l'impénitence finale. C'est ainsi que le 9 juillet 1670, Jean Halopé, sergent de la seigneurie d'Ingrandes, étant mort ivre au cabaret, son corps est jeté à la voirie le lendemain, par ordre de l'évêque d'Angers; en octobre 1717, à Saint-Melaine, le corps de Pierre Trouillet, excommunié, est enterré dans sa propre maison par sa femme et ses enfants, « effet terrible de la justice de Dieu », commente le curé qui note le fait à la fin de son registre. Cependant, il semble qu'en Anjou les autorités ecclésiastiques répugnent à cette mesure extrême, autorisant le plus souvent une inhumation sans cérémonie : c'est le cas le 8 mai 1751 à Saint-Maurille d'Angers pour Madeleine Chancelet, comédienne et femme de comédien, de même que le 1er juin 1754 pour un paysan de Montrevault, « lequel étant ivre s'est tué en tombant sur des pierres (et qui est inhumé) dans l'enfoncement du cimetière, sans son, sans chant, sans prières, sans cérémonies de l'Eglise ». Aux enfants morts sans baptême, avant d'avoir pu naître par conséquent à la vie chrétienne, l'inhumation dans l'église ou le cimetière est également interdite, de même que l'espoir de la béatitude éternelle; leur corps est enterré dans un champ réservé à cet effet et, selon la croyance commune, leur âme rejoint le séjour des limbes. Combien sont-ils dans ce cas ? Dans la mesure où ils ne laissent évidemment aucune trace dans les registres paroissiaux, il est impossible de le préciser; cependant, étant donné l'habitude d'ondoyer, sous condition, même les enfants ne donnant pas signe de vie, parfois jusque dans le corps de leur mère, on peut penser que leur nombre est infime. C'est ce respect pour la terre consacrée qui explique enfin les précautions auxquelles sont tenus les curés avant de donner à un inconnu la sépulture ecclésiastique. A une époque où les errants sont nombreux, mendiants, vagabonds, pèlerins, voyageurs, ouvriers itinérants, il arrive parfois que l'on retrouve l'un d'eux mort ou mourant des suites d'une mauvaise rencontre, d'un accident inopiné, d'une maladie brutale, voire certaines années, de la misère ou de la faim. Le curé cherche alors dans les vêtements ou le paquet du malheureux quelque « marque de catholicité » qui lui permettra de l'inhumer en terre chrétienne : dans la plupart des cas, un chapelet, témoignage précieux sur la popularité de cette dévotion, parfois un ouvrage de piété.

Terre consacrée par excellence, l'église reste au XVIIe siècle un lieu privilégié d'inhumation. L'usage, fort ancien, est très répandu en Anjou. A l'origine, le privilège était réservé au clergé et aux pieux laïcs, notamment aux fondateurs et aux bienfaiteurs de la paroisse; mais la notion de bienfaiteur s'est finalement étendue à tous ceux qui, en échange d'un legs même modeste, demandent à être enterrés à l'intérieur de leur église paroissiale ou d'une église de communauté régulière, dans l'espoir de participer plus directement aux prières récitées chaque jour dans le saint lieu. Non seulement certaines grandes familles ont leur « enfeu » dans la nef ou dans quelque chapelle latérale, mais encore n'importe quel fidèle peut être enterré soit dans les murs latéraux, soit le plus souvent dans le sol, moyennant une somme variable selon les églises. Dans la plupart des cas, l'emplacement est marqué par une simple dalle de tuf ou d'ardoise sur laquelle est gravée une épitaphe plus ou moins longue, parfois ornée d'attributs funéraires. Toutefois, dans les familles aisées, il arrive au XVIIe siècle que l'on fasse davantage : pour mieux perpétuer le souvenir du défunt et souvent à la demande de celui-ci, on accroche son portrait dans l'église, le plus près possible du lieu où il a été inhumé. A Notre-Dame-de-Nantilly de Saumur, certains de ces portraits ont même été placés au-dessus des autels des chapelles latérales, ce qui amène Henry Arnauld, visitant l'église en 1654, à demander qu'ils soient enlevés pour être replacés « en quelques autres endroits de l'église d'où ils puissent estre veus pour la consolation de leurs successeurs et à fin de les faire ressouvenir de prier Dieu pour le repos des âmes desdits defuncts ». Les chanoines de Saint-Pierre d'Angers accordent régulièrement tout au long du XVIIe siècle, l'autorisation qui leur est demandée par les familles d'attacher de tels portraits aux murs de l'église paroissiale.

Beaucoup plus exceptionnels — puisque l'on ne peut guère en citer que 5 ou 6 — sont les monuments funéraires marquant dans l'église de sa sépulture, le tombeau de quelque grand personnage : celui de Donadieu de Puycharic édifié en 1605, dans l'église des jacobins d'Angers; ceux des du Bellay, en 1630, dans l'église de Gizeux; celui du marquis de Jalesnes, en 1642, dans l'église de Vernantes; celui de l'évêque Claude de Rueil, en 1649, dans la cathédrale d'Angers; enfin celui du marquis de Vaubrun, en 1677-1704, dans la chapelle du château de Serrant. Mis à part ce dernier et les statues de Mgr de Rueil et de Martin du Bellay, ces divers monuments ont été exécutés, autant qu'on le sache, par des artistes locaux, tel le Lavallois Gilles Corbineau pour le mausolée de Claude de Rueil. Est-ce l'influence du tempérament angevin qui goûte la mesure et répugne aux excès ? Toujours est-il qu'aucun de ces ensembles funéraires ne sacrifie à la mode qui de l'Italie post-tridentine a quelque peu gagné la France et qui veut que soit évoquée de la manière la plus réaliste l'idée même de la dissolution du corps du défunt par la représentation de la Mort sous la figure d'un squelette. Ce n'est le cas ni du tombeau de l'évêque d'Angers dont l'image est, conformément à la commande, « comme celle d'un évêque vivant et priant, le corps un peu couché sur le côté gauche pour estre vu aisément », ni du tombeau de Vaubrun qui est représenté à demi allongé sur des trophées, son bâton de lieutenant général à la main. Plus nettement encore, Puycharic, les quatre du Bellay, le marquis de Jalesnes et sa femme sont figurés bien vivants, dans l'attitude du chrétien en prière, tels que leurs proches les ont connus et souhaitent en garder le souvenir.

Qu'il s'agisse de grands personnages ou d'humbles fidèles, la pratique même de l'inhumation dans les églises commence à la fin du XVIIe siècle à être critiquée par certains curés qui la jugent entachée de vanité mondaine et même de superstition, la valeur des suffrages des vivants n'ayant rien à voir avec le lieu d'inhumation des morts. Si, dans les campagnes, le nombre des fidèles ainsi enterrés est déjà relativement important, il l'est plus encore dans les églises urbaines, notamment à Angers : on enterre 164 personnes en 40 ans, de 1671 à 1710, dans l'église des cordeliers, 78 en moins de 7 ans, de 1668 à 1672 et de 1684 à 1687, dans la minuscule église paroissiale de Saint-Maurice; en 1669, le curé de Notre-Dame de Montreuil-Bellay enterre un chanoine dans le haut du chœur, « ne trouvant d'autre lieu dans l'église qui ne fut meslé de sépultures des corps de séculiers ». Si l'on songe que certains de ces édifices accueillent ainsi des corps depuis plusieurs siècles, on comprend qu'ils soient devenus peu à peu

de véritables charniers et qu'à côté des arguments
d'ordre religieux, les inconvénients matériels d'une telle
façon de faire sont de plus en plus évidents. Il faut à
chaque inhumation décarreler localement le sol de
l'église, mettant ainsi au jour les cercueils, voire les
squelettes des inhumations précédentes. Dans certaines
églises, l'encombrement est tel que le seul moyen qui
reste au « fossier » est non de creuser, mais de mettre
les nouveaux corps sur les précédents; il faut alors éga-
liser le sol par un exhaussement général. On imagine
les émanations et mauvaises odeurs qui peuvent régner
dans de tels lieux, notamment à chaque nouvelle sépulture.

Le lieu normal de sépulture n'en est pas moins le
cimetière qui est d'ailleurs presque toujours attenant
à l'église paroissiale. Il y a à l'origine de cette localisa-
tion le désir de faire participer, malgré tout, ceux qui
n'ont pas le privilège d'être inhumés dans l'église, aux
avantages spirituels que l'on croit attachés à une telle
inhumation; c'est dans cet esprit que certains demandent expressément que leur tombe soit au moins adossée
au mur extérieur de l'église. La distinction faite dans
beaucoup de paroisses entre le « grand » et le « petit »
cimetière ne présente en fait que peu d'intérêt. Si le
premier est destiné théoriquement aux grandes personnes, le second aux enfants qui n'ont pas fait leur
première communion, cette règle est loin d'être constamment observée; par ailleurs, il s'agit le plus souvent des
deux parties d'un seul et même lieu, plus rarement de
deux lieux bien distincts. Vestibule de la maison de
Dieu et comme elle terre consacrée, le cimetière devrait
être, presque autant que l'église elle-même, l'objet du
respect général. Comme l'écrit Henry Arnauld en 1654,
les cimetières sont « des lieux saints et consacrez à
Dieu et dans lesquels reposent les corps de tant d'âmes
saintes et bienheureuses ». Temples du Saint-Esprit
pendant leur vie et promis à la gloire de la résurrection,
les corps des fidèles doivent être l'objet d'une pieuse
considération. Il s'en faut pourtant de beaucoup que
les cimetières soient traités, au XVIIe siècle, avec le respect dû à des lieux sacrés, et c'est là l'une des préoccupations des évêques et des doyens lors de leurs visites.
C'est que, si l'église, local couvert et bien clos, est relativement à l'abri des injures les plus graves, il n'en est
pas de même du champ des morts. Encore trop souvent

privé, totalement ou partiellement, de clôture et situé au milieu des lieux habités, il est ouvert à tout venant, gens et bêtes. Non seulement les habitants voisins, soucieux d'éviter un détour, le traversent continuellement, mais les bestiaux y paissent l'herbe poussant entre les tombes. Cela est vrai à la campagne, mais aussi en ville, par exemple dans les trois cimetières de Saumur en 1654. L'un des articles de la grande ordonnance synodale de Guillaume Fouquet de La Varenne en 1617, article repris presque mot pour mot par Henry Arnauld en 1654, interdit d'utiliser les cimetières pour faire sécher le linge, battre le blé, tenir foire ou marché, jouer à la paume ou aux boules et, bien sûr, faire paître le bétail. Ce ne sont pas là prescriptions inutiles. En 1644, l'archiprêtre de La Flèche note que dans la plupart des paroisses de son archiprêtré, les cimetières ne sont pas clos, et il doit rappeler au curé d'Etriché qu'il est défendu « à touttes personnes d'estaller ny vendre aucune marchandise dans le cimetière ». En 1655, Henry Arnauld, visitant Bazouges-sur-le-Loir, constate que le cimetière sert non seulement de pacage, mais de marché, de cour de jeu et même de dépotoir pour les maisons voisines. En 1659, le curé de Saint-Pierre de Montreuil-Bellay se plaint à l'archidiacre de Thouars de ce qu'« il se tient dans le cimetière bals, danses, assemblées et jeux de boules, le tout par le manque de closture ». C'est bien en effet le problème de la clôture qui conditionne tout le reste. Aussi évêques et doyens n'ont-ils de cesse qu'ils n'aient obtenu l'édification, puis l'entretien de murs, fossés ou haies vives. Ils sont aidés en cela par le pouvoir civil, puisque l'article 22 de l'édit d'avril 1695 fait obligation aux fabriques de veiller à ce que les cimetières soient bien clos.

Dans ce domaine, comme dans bien d'autres de la discipline ecclésiastique, les efforts déployés à la fin du XVIIe et au début du XVIIIe siècle finissent par porter leurs fruits. Certes, Michel Le Peletier en 1703, Jean de Vaugirauld en 1731 jugent nécessaire de reprendre à leur compte l'article de l'ordonnance synodale de 1654 relative à la tenue des cimetières; certes Michel Le Peletier, visitant en 1693 Notre-Dame-de-Nantilly de Saumur, doit, quarante ans après Henry Arnauld, menacer le curé de faire interdire les trois cimetières de la ville s'ils ne sont pas « incessamment clos ». Mais par-

tout où subsistent des séries de visites épiscopales ou
décanales, on constate un progrès évident. Visitant en
1706-1707, les quarante paroisses angevines de son diocèse, l'évêque de La Rochelle, Etienne de Champflour,
note que dans près de la moitié d'entre elles — dix-huit
exactement — la clôture du cimetière laisse encore à
désirer par suite de l'absence de grilles à l'entrée ou
de l'existence de brèches importantes dans les haies ou
les murs, ce qui permet aux bestiaux de pénétrer : c'est
le cas notamment au Longeron, à Yzernai, à Vihiers,
au Voide, à Tancoigné. Par contre, trente-trois ans plus
tard, en 1739-1740, son successeur, Augustin de Menou,
trouve dans trente-quatre paroisses sur quarante, le
cimetière « bien fermé et en règle »; dans quatre autres
(Le Longeron, Tancoigné, Torfou, Roussay), il relève
seulement quelques trous ou « pas » dans les murs ou
les haies, qu'il invite les curés à faire réparer au plus
vite; au Voide, où le cimetière est si vaste qu'il est très
difficile de le tenir fermé, il autorise le curé à en
désaffecter une partie qui sera affermée au profit de la
fabrique; enfin, à Montigné, il constate qu'il y a « un
chemin qui travers le cimetière pour venir d'une partie
du bourg à l'autre » et ordonne au curé de faire faire
un mur de chaque côté de ce chemin. Tout cela est
peu de choses, on le voit, à côté de ce fait majeur :
le champ des morts clos et bien tenu qui, un siècle plus
tôt, était l'exception, est devenu la règle. Vers 1750, il
a cessé d'être ce qu'il avait été pendant des siècles :
un lieu de passage et de réunion, à côté de l'église, au
centre du village ou du quartier urbain, où l'on devisait
à haute voix avant de pénétrer dans le sanctuaire, où
les marchands étalaient volontiers leurs produits, sûrs
d'y rencontrer la clientèle, où petits et grands couraient,
jouaient, voire dansaient entre les tombes, où l'on ne
s'offusquait pas de voir paître vaches et porcs. Il semble
que les réformateurs catholiques du XVIIe siècle n'aient
vu qu'indécence et irrespect dans des habitudes qui,
pour être parfois inconvenantes, n'en exprimaient pas
moins de façon concrète une familiarité quotidienne
avec la mort, une profonde fidélité à l'égard des disparus associés ainsi étroitement à la vie des vivants,
et au total un certain sens religieux. En forçant peu à
peu ces gens simples à rompre avec des habitudes séculaires sous prétexte de leur inculquer une notion du
sacré, austère, abstraite et dépouillée, ces réformateurs

ont peut-être manqué complètement leur but et préparé au contraire les désaffections ultérieures.

3. — L'inhumation : l'application de la déclaration royale de 1776

Le grand débat qui, à partir des années 1760, s'instaure dans toute la France à propos des inhumations dans les églises et dans les cimetières, est à cet égard significatif. Philippe Ariès a opportunément attiré l'attention sur ce « grand mouvement de contestation » qui se traduit entre 1760 et 1790, par de multiples publications, mémoires, pétitions, enquêtes, sans parler des dispositions législatives et des ordonnanes épiscopales. Dès 1763, le parlement de Paris ordonne une enquête sur l'inhumation dans les églises et les cimetières *intra-muros* de la capitale. En 1775, les évêques réunis à Paris en Assemblée du clergé représentent au roi que « depuis plusieurs années, il leur auroit été porté, des différentes parties de leurs diocèses respectifs, des plaintes touchant les inconvéniens des inhumations fréquentes dans les églises et même par rapport à la situation actuelle de la plupart des cimetières qui, trop voisins desdites églises, seroient placés plus avantageusement s'ils étoient plus éloignés des enceintes des villes, bourgs et villages ». C'est pourquoi l'année suivante, Louis XVI, persuadé, dit-il, que « tous nos sujets récevront avec reconnaissance un règlement dicté par la tendre affection que nous avons et que nous aurons toujours pour leur conservation », signe le 10 mars 1776 une déclaration concernant les inhumations. L'article premier porte que « nulle personne, ecclésiastique ou laïque, de quelque qualité, état et dignité qu'elle puisse être, à l'exception des archevêques, évêques, curés, patrons des églises et hauts justiciers et fondateurs des chapelles, ne pourra être enterrée dans les églises, même dans les chapelles publiques ou particulières »; et l'article sept, que « les cimetières qui placés dans l'enceinte des habitations pourroient nuire à la salubrité de l'air, seront portés, autant que les circonstances le permettront, hors de ladite enceinte ». Aucune référence dans la demande des évêques et dans la déclaration royale, au culte des morts et au respect dû aux lieux consacrés. De même, lorsqu'en juillet de la même

année, Jacques de Grasse, évêque d'Angers, transmet
au clergé et aux fidèles de son diocèse, le texte de
cette déclaration, il le fait comme s'il s'agissait d'une
quelconque mesure de police et commente notamment
l'interdiction d'inhumer dans les églises en dénonçant
les dangers d'un tel usage et « les tristes accidents qui
plus d'une fois en ont été la suite ». On chercherait
en vain dans cette ordonnance épiscopale quelque écho
des grandes vérités de la foi sur la vie éternelle et la
résurrection des corps. On est loin des belles formules
d'un Henry Arnauld, un siècle plus tôt. Il ne suffit pas
d'invoquer l'absence de sens religieux chez ce très
médiocre pasteur qu'est Jacques de Grasse : il n'est,
en fait, que l'interprète d'un sentiment quasi général.
Certes, la pratique des inhumations soit dans les églises,
soit même dans les cimetières *intra-muros*, présentait
de multiples inconvénients, mais elle correspondait en
même temps à une certaine forme de sentiment religieux (même si l'on pouvait y déceler un relent de
superstition) et à une incontestable fidélité au souvenir
des disparus. Pourtant si l'on condamne désormais cette
double pratique, ce n'est pas au nom d'une religion
plus éclairée, mais uniquement pour des raisons de
salubrité et d'hygiène publique, comme si l'on ne voyait
plus dans les morts que des cadavres encombrants et
dangereux qu'il convenait de parquer le plus loin possible des vivants.

L'accueil fait en Anjou à la déclaration royale et à
l'ordonnance épiscopale est tout à fait révélateur. En
ce qui concerne l'inhumation dans les églises, l'application des nouvelles dispositions est d'autant plus facile
que celles-ci ne font qu'entériner une situation de fait :
dès la première moitié du XVIIIe siècle, le nombre des
personnes ainsi inhumées est partout en constante
régression, et depuis 1750 environ l'habitude est prise
de ne plus inhumer dans les sanctuaires que les curés
ou seigneurs de paroisse. Par contre, le transfert des
cimetières *extra-muros* pose un tout autre problème. En
effet, dans la plupart des villes, grandes ou moyennes,
municipalités ou communautés d'habitants s'efforcent
d'éluder la nouvelle réglementation, ce qui ne va pas
sans susciter de nombreux conflits avec les « gens du
roi ». Or, il est remarquable de constater que dans les
interminables débats de procédure ainsi engagés, les
habitants mettent en avant, expertises à l'appui, la par-

faite salubrité de leur cimetière urbain ou la charge
financière insupportable que représenterait le transfert,
mais jamais n'invoquent le respect dû aux morts et
leur attachement au sol bénit où leurs ancêtres reposent
depuis des siècles. A Beaufort, le procureur du roi a,
dès 1775, demandé le transfert du cimetière en dehors
de la ville, et obtenu à cet effet un arrêt du parlement,
mais il se heurte tout de suite à l'opposition des habitants. C'est alors, pendant quinze ans, un véritable dia-
logue de sourds entre les experts des deux parties :
pour les docteurs Chaussée et Hautreux, médecins de
Beaufort, consultés en 1780, les eaux qui croupissent
dans les fossés de la ville « occasionnent beaucoup plus
d'infection dans l'air et de maladies que le cimetière »
et il n'apparaît pas nécessaire d'envisager le transfert
de celui-ci; deux docteurs-régents venus à Beaufort
en 1786, à la demande du procureur du roi, ripostent
en concluant qu'il est au contraire « totalement nuisible
à la salubrité de l'air et à la santé des habitants ».
Ceux-ci, réunis en assemblée générale le 29 novembre 1787, déclarent leur cimetière « excellent » et
décident qu'en tout état de cause l'arrêt du parlement
ne peut être exécuté du fait « du défaut de deniers
dans les coffres de la fabrique et des charges déjà considérables ». Lors d'une nouvelle assemblée générale
tenue le 23 avril 1789 devant le procureur du roi, les
officiers municipaux, traduisant « le vœu de tous les
habitans », récusent les conclusions des experts angevins appelés par ce dernier en 1786 et leur opposent
une savante dissertation sur les vents dominants d'où
il ressort que « la position actuelle du cimetière ne nuit
point à la salubrité de l'air et (que) d'ailleurs ceux qui
en sont voisins meurent presque tous octogénaires »;
enfin, ils reprennent entièrement à leur compte les
conclusions de l'assemblée précédente et sommés par
le procureur de proposer l'emplacement d'un nouveau
cimetière, « ils déclarent qu'ils n'ont d'autre terrain à
indiquer que celui qui sert actuellement ». Ainsi se termine provisoirement cette âpre bataille où les seuls arguments échangés ont été exactement les mêmes que s'il
s'était agi du transfert de « tueries » ou de tanneries
dangereuses pour la santé de la population.

  A Château-Gontier où il existait un cimetière autour
de chacune des deux églises de Saint-Jean-Baptiste et
de Saint-Jean-l'Evangéliste, un autre sur les fossés de

la ville pour la paroisse de Saint-Remi et un grand
cimetière commun situé en pleine campagne au lieu dit
le Martray, sur la paroisse de Bazouges, la solution est
trouvée plus aisément : le 10 avril 1783, le lieutenant
général Guitau, après avoir pris avis de deux médecins,
trois chirurgiens et deux apothicaires, décide de faire
interdire le cimetière de Saint-Jean-l'Evangéliste, trop
petit et répandant « exhalaisons et mauvaises odeurs »;
par contre, il autorise les curés de Saint-Jean-Baptiste
et de Saint-Remi à continuer à enterrer dans leurs
cimetières urbains, à condition toutefois qu'ils utilise-
ront le plus possible et notamment chaque fois que
l'état des chemins le permettra, le grand cimetière du
Martray. A Baugé, la présence du champ des morts
créé en 1696 à proximité de la porte Saint-Nicolas, au
centre de la rue la plus populeuse de la ville, provoque
depuis longtemps les doléances des voisins les plus
immédiats qui se plaignent des émanations fétides.
L'application de la déclaration royale ne va pourtant
pas sans difficultés, car l'assemblée des habitants hésite
devant les dépenses à engager, aussi la décision n'inter-
vient-elle qu'en 1784, avec l'ouverture du nouveau
cimetière dit de la Pièce du Collège. Aux Ponts-de-Cé,
l'assemblée de la paroisse de Saint-Aubin refuse catégo-
riquement, le 2 octobre 1785, d'envisager un déplace-
ment quelconque, après avoir « délibéré d'une voix
unanime que le cimetière dans l'état où il est ne peut
nuire ny préjudicier ».

A Angers, la situation est telle qu'il ne semble pas
que la municipalité puisse se soustraire longtemps aux
obligations de la déclaration royale et de l'ordonnance
épiscopale. En effet, il y a à l'intérieur même des rem-
parts, 10 cimetières utilisés depuis des siècles, 8 sur la
rive droite, 2 dans la Doutre. Ils sont littéralement cer-
nés par les maisons et l'entassement des vivants et des
morts est tel, notamment autour de Saint-Pierre et de
Saint-Maurille, que ce voisinage ne peut être que fort
préjudiciable aux premiers. Très embarrassés, les maire
et échevins écrivent en août 1776 à leurs collègues
du Mans et de Tours pour leur demander ce qu'ils
comptent faire en pareille occurrence. Les Manceaux
répondent que le lieutenant général n'ayant pas l'air
pressé de faire appliquer la déclaration, ils espèrent
pouvoir gagner du temps. La réponse des Tourangeaux

est plus explicite : « Les officiers de notre bailliage ne paraissent pas avoir encore fait aucune opération à ce sujet; nous prétendons au surplus que les remplacements, quels qu'ils soient, ne doivent pas être à la charge et aux frais de l'Hôtel de Ville. » Il n'est question à aucun moment, dans ces deux réponses, d'une éventuelle opposition des habitants attachés à leurs cimetières; le problème de la translation ne semble se poser que sous son seul aspect financier, et c'est bien ainsi d'ailleurs que l'entendent les édiles angevins. Cependant, après de laborieuses négociations et de nombreuses expertises, un arrêt du parlement, en date du 4 avril 1780, établit sur requête du procureur du roi une nouvelle répartition des cimetières de « la ville et fauxbourgs d'Angers ». Si ceux de Saint-Nicolas et de Saint-Samson, hors de l'enceinte, sont conservés sous réserve de quelques aménagements, tous ceux situés *intramuros,* ainsi que ceux de Lesvière et de Saint-Jacques, seront supprimés comme dangereux pour la population et remplacés par trois cimetières, tous implantés hors des murs : deux nouveaux, celui de l'enclos de Guinefolle dans le faubourg Saint-Lazare, pour les deux hôpitaux et les paroisses de Saint-Jacques et de la Trinité, et celui du Champ des Minimes, sur le chemin de Hannelou, pour les paroisses de Saint-Michel-du-Tertre, Saint-Pierre, Saint-Maurille, Saint-Denis, Saint-Julien, Saint-Martin et Saint-Michel-la-Palud, enfin l'ancien cimetière de Saint-Laud, notablement agrandi, pour les paroisses de Saint-Maurice, Sainte-Croix, Saint-Aignan, Saint-Evroul, Lesvière et Saint-Laud. L'arrêt précise que les frais d'acquisition des terrains et de construction des murs de clôture seront « pris et prélevés sur les deniers des fabriques à ce que chacune desdites paroisses doit contribuer suivant le nombre des habitants et au deffaut desdits deniers, sur lesdits habitants eu égard aux facultés d'un chacun suivant la répartition qui en sera faite en la manière ordinaire ». Furieux de se voir imposer ces charges nouvelles, procureurs de fabrique et paroissiens font la sourde oreille. C'est pourquoi, sur nouvelle requête du procureur, le lieutenant général fait faire, en juillet 1783, une nouvelle expertise avec devis estimatif des terrains projetés, et décide le 6 septembre qu'il sera procédé sans tarder, par voie d'autorité, à l'achat des terrains et à l'adjudication des travaux de clôture, et qu'à cet effet « les sommes nécessaires seroient déposées au greffe par les marguilliers desdites paroisses et que les revenus des fabriques demeureroient saisis jusqu'à parfait paiement desdites dépenses ». Désormais, les choses vont vite. Le cimetière de Saint-Laud, agrandi, reçoit à partir de 1785 sa destination prévue. Simon Gruget, curé de la Trinité, bénit solennellement le 22 mars 1786 l'enclos de Guinefolle. Par contre, le Champ des Minimes se révèle finalement trop marécageux et trop près des habitations, c'est pourquoi la fabrique de Saint-Michel-du-Tertre décide de transférer son cimetière urbain dans un terrain lui appartenant en haut du faubourg Saint-Michel et qui est bénit le 15 décembre 1785; quant aux autres paroisses intéressées, elles jettent leur dévolu en 1785 sur le terrain dit du Clon ou de la Croix-Montaillé, au sud de la ville, près du couvent de la Visitation.

L'article VII de la déclaration de 1776 visait en fait essentiellement les villes. Dans les campagnes, il est rare que la présence du cimetière au centre du village apparaisse comme vraiment « nuisible à la salubrité de l'air ». Aussi les translations y sont-elles exceptionnelles, à Saint-Quentin-en-Craonnais en 1776, à Erigné en 1778, à Parcé en 1780, à Distré en 1787. Nulle part, ces translations ne donnent lieu à la moindre manifestation, sauf à Erigné où, en novembre 1778, la maréchaussée mandée par les ouvriers chargés de transporter dans le nouveau cimetière la grande croix de l'ancien, désaffecté, doit disperser « quelques femmes (qui) étoient au pied de la croix, pleurant sur la sépulture de leurs pères qu'on venoit de rendre profane ». Cette manifestation isolée et presque dérisoire prend valeur de symbole : l'attitude de ces quelques femmes serrées autour de la croix de leur vieux cimetière ne met que mieux en valeur l'indifférence générale, nuancée d'intérêt mercantile, dans laquelle s'est déroulée l'opération inaugurée par la déclaration de 1776. Une telle indifférence à l'égard sinon du souvenir des morts, du moins du champ de leur repos, aurait été inconcevable un ou deux siècles plus tôt. Elle témoigne de la lente désaffection des populations à l'égard du cimetière paroissial depuis qu'il est devenu ce lieu clos, silencieux et presque interdit, où les morts dorment un dernier sommeil que ne viennent plus troubler les vivants.

4. — *Le culte des morts*

Le souvenir des morts reste pourtant l'une des dévotions essentielles de la piété populaire. Un tel souvenir a en effet une profonde signification religieuse. Damnés mis à part, les trépassés continuent à participer à la vie de l'Eglise. Tous les liens ne sont pas rompus qui les rattachaient à la terre. Les uns, du haut du ciel où ils ont rejoint les saints, peuvent intercéder pour ceux qui les implorent. Les autres, condamnés au purgatoire, comptent sur les fidèles restés ici-bas pour qu'ils obtiennent que soit abrégé leur temps de pénitence. Ainsi le culte des morts n'est pas ou ne devrait pas être l'évocation plus ou moins vague de ceux qui ne sont plus, mais une démarche dynamique, une prière active dans le cadre de la communion des saints. Comme l'explique, vers 1770, le curé de La Chapelle-du-Genêt aux enfants du catéchisme : « On ne prie point pour les saints que l'on sçait dans le ciel, comme les apôtres, les martyrs, tous ceux qui sont canonisez, et les enfants morts avant l'âge de raison, parce que, dit saint Augustin, ce seroit leur faire injure et que l'on doit plustost les invoquer et les féliciter. On ne prie point non plus pour les payens, les hérétiques et autres dont la damnation est évidente, parce que ces prières seroient inutiles et que dans l'enfer il n'y a point de miséricorde à espérer. On prie donc seulement pour ceux dont on ne connaît pas encore la destinée, mais que l'on peut croire avec raison estre morts en bons chrétiens et dans la voye du salut, quoique point encore assez purs pour avoir été introduits dans le ciel où rien de souillé et d'imparfait ne peut entrer. » La possibilité d'être encore utiles à ceux qui ne sont plus est, à côté de l'espérance de la vie éternelle, un puissant motif de consolation et de réconfort pour les survivants.

Le devoir de charité vis-à-vis des âmes du purgatoire s'exprime de différentes manières. Il y a d'abord la prière individuelle de chaque fidèle, dans les oraisons du matin et du soir, voire à un moment quelconque de la journée ou de la nuit. Le crieur de patenôtres n'a-t-il pas pour mission de rappeler aux chrétiens l'obligation qu'ils ont d'avoir une pieuse pensée pour les défunts ? A Angers, c'est un officier municipal nommé par le maire et prêtant serment devant lui. Sa charge (qui lui donne le droit de marcher seul en tête de la procession du Sacre) consiste à parcourir, pendant la nuit, les rues de la ville en agitant de temps à autre une clochette avant d'annoncer l'heure et de psalmodier : « Réveillez-vous, gens qui dormez. Priez Dieu pour les trépassés. *Requiescant in pace.* » La charge semble avoir été assurée jusqu'à la Révolution. A Château-Gontier, le crieur est une femme qui ne circule que le samedi avant minuit, suivant un itinéraire bien précis. Il y a aussi la prière collective de l'Eglise : *memento* au cours de chaque messe, prière faite au prône du dimanche, offices de la « Commémoration des fidèles trépassés », le 2 novembre. Mais il y a surtout les messes dites à l'intention précise d'un défunt, soit qu'elles aient été fondées par celui-ci avant sa mort — c'est le cas le plus fréquent — soit que la famille en prenne ultérieurement l'initiative : messe le jour de l'inhumation, service de sepme ou de huitaine, service anniversaire, trentains, annuels, fondations à perpétuité. Afin que les pauvres ne soient pas lésés et puissent, après leur mort, avoir leur part de la prière des vivants, il existe dans certaines paroisses, un tronc spécial administré par un membre de la fabrique et dit « boîte des trépassés ». Les oboles qui y sont recueillies, auxquelles s'ajoute le produit de certaines quêtes, permettent aux curés de célébrer plusieurs messes dans l'année à l'intention collective des défunts de la paroisse. Il existe une telle « boîte » dans cinq des quatorze paroisses du diocèse de Nantes visitées en 1684-1685 par l'archidiacre Antoine Binet.

S'ordonnant ainsi essentiellement autour de la célébration d'un certain nombre de messes, le culte des morts est menacé par deux déviations. La première, c'est que les survivants — parents et amis — ne s'estiment quittes dès lors qu'ils ont respecté les volontés du défunt et fait célébrer un nombre convenable de messes. En fait, en dehors de la valeur propre au sacrifice, seule une prière fervente et sincère des assistants est susceptible d'obtenir les grâces désirées. Or, trop souvent, ces services sont des gestes de pure convenance sociale, auxquels même les plus humbles ne croient pas pouvoir se soustraire. La seconde déviation est plus grave encore. Les fondations de messes étant l'une des ressources les plus importantes du clergé, séculier et régulier, celui-ci encourage fortement de telles fondations, harcelant parfois les mourants et veillant âprement à l'exacte application des clauses testamentaires. C'est certainement pour réagir contre cette déviation que l'archidiacre de Nantes, renouvelant une prescription antérieure, ordonne en 1684 et 1685, dans quatre des cinq paroisses où existe une « boîte des trépassés », que le revenu de cette « boîte » soit désormais consacré à « l'entretien de la lampe ou autres nécessitez de l'église »; outre l'extrême pauvreté de la fabrique, le motif invoqué chaque fois est que « les prestres de la paroisse ont desjà plus de messes des defuncts qu'ils n'en peuvent acquitter ». L'abus ainsi dénoncé est clair : certains ecclésiastiques — prêtres « habitués » ou chapelains aux maigres ressources — n'hésitent pas à toucher l'argent correspondant à plus de messes qu'ils ne peuvent en dire en une année. Comment, dans un contexte aussi désagréablement mercantile, de nombreux fidèles n'auraient-ils pas tendance à ne voir dans ces messes qu'une charge financière supplémentaire et inéluctable, oubliant peu ou prou leur véritable signification religieuse ?

La croyance aux revenants n'est qu'un corollaire du culte des morts. En effet, selon la définition du folkloriste Camille Fraysse, « un revenant est un défunt qui ne pouvant régler définitivement son compte avec le bon Dieu, revient ainsi sur la terre hanter les lieux où il a vécu, pour réclamer des prières et des messes à ses proches, en vue de faciliter son admission dans le séjour des bienheureux ». Le revenant se manifeste tantôt sous la forme d'un fantôme revêtu d'un long linceul blanc, tantôt par des bruits étranges et des déplacements mystérieux d'objets ou de meubles. Le seul moyen de s'en débarrasser est d'aller trouver le curé et de faire dire des messes afin d'abréger le séjour du défunt en purgatoire. Ainsi cette croyance populaire apparaît-elle comme une nouvelle confluence de la foi et de la superstition : n'exprime-t-elle pas elle aussi, à sa manière, la profonde solidarité existant entre les vivants et les morts et les devoirs que les premiers ont à l'égard des seconds ?

CONCLUSION

A l'origine de ce travail, il y avait, je l'ai dit, la double intention de vérifier une hypothèse — la baisse de la mortalité est-elle sensible en Anjou dès le XVIIIe siècle ? — et concurremment de chercher s'il existait des facteurs susceptibles de provoquer ce phénomène. Or, au terme de dépouillements moins systématiques que je ne l'aurais souhaité, mais qui m'ont paru tout de même suffisants, j'ai vu s'effriter l'hypothèse de départ. Si l'on observe, entre 1750 et 1765-1770, une baisse sensible et générale de la mortalité, cette tendance se renverse brutalement dans les décennies 1770-1790, avec un relèvement sensible des taux de mortalité infantile et juvénile et surtout une grave surmortalité épidémique entre 1779 et 1785. Certes, les taux de mortalité infantile ont atteint autour de 1760 les chiffres les plus bas jamais enregistrés. Certes, les clochers de mortalité du XVIIIe siècle semblent, même dans les cas les plus graves, moins nets qu'un siècle plus tôt : alors que le XVIIe siècle connaît périodiquement de redoutables « crises de mortalité », à la fois très marquées et très limitées dans le temps — crises de subsistances ou épidémies — le XVIIIe connaît plutôt des « mortalités de crise ». Plus larvées, mais s'étalant sur plusieurs années — ainsi en 1705-1714 ou en 1770-1785 — celles-ci ont toujours leur origine dans la conjonction de disettes et d'épidémies. Mais si une meilleure organisation des secours, surtout en ville, permet d'éviter la « crise » classique en empêchant la disette de dégénérer en famine et en limitant les méfaits de l'épidémie, ces « mortalités de crise », pour être moins spectaculaires que les grandes crises du XVIIe siècle, n'en ont pas moins, par leur durée, des conséquences presque aussi redoutables. C'est pourquoi, même avec le recul et beaucoup de bonne volonté, l'historien de l'Anjou ne peut raisonnablement déceler au XVIIIe siècle les débuts d'un *take off* démographique. Il peut tout au plus interpréter l'heureuse conjoncture du milieu du siècle, comme les promesses timides d'une révolution que le XVIIIe siècle angevin ne connaîtra pas, quelque chose comme les bourgeons d'un printemps trop précoce, détruits par un retour en force de l'hiver. Parallèlement, l'étude de l'évolution de la population de la province permet de conclure au mieux à la stagnation, sans doute à la diminution, entre la fin du XVIIe et la fin du XVIIIe siècle.

Il est vrai que dans le même temps où s'effondrait l'hypothèse d'une révolution structurelle de la mortalité, la recherche des facteurs éventuels d'explication se révélait vaine, constatation non plus décevante cette fois, mais rassurante et logique. Meilleure alimentation ? Meilleure hygiène ? Meilleure défense contre la maladie et la mort ? Ces pistes explorées l'une après l'autre conduisaient à des impasses. Compte tenu du cloisonnement de l'économie d'Ancien Régime, seules une extension des surfaces cultivées de la province, une augmentation des rendements ou l'introduction de cultures nouvelles auraient pu permettre une amélioration à la fois quantitative et qualitative de l'alimentation des Angevins. Or, le bilan des défrichements entre 1760 et 1790 est au total dérisoire, les rendements restent égaux à eux-mêmes et la large diffusion de la pomme de terre dans les années 1780 est trop tardive pour avoir la moindre incidence avant la fin de l'Ancien Régime. Sur un point cependant, un progrès notable est enregistré au XVIIIe siècle : la disparition des grandes famines. C'est là le résultat non d'une augmentation de la production agricole, ni d'une amélioration des conditions climatiques, mais de l'intervention des autorités qui, grâce à une meilleure répartition du peu de grains disponibles, organisent en quelque sorte la pénurie. Encore ne faudrait-il pas transformer en victoire décisive ce qui n'est qu'un succès limité : l'atténuation des grands clochers de mortalité dus à la faim ne doit pas faire oublier les conséquences indirectes des disettes larvées, pourvoyeuses de la mort dans la mesure où elles préparent le terrain aux épidémies. Pour reprendre ici le mot déjà cité de Jean Meuvret : « Le cours du blé continuait à jouer son rôle, mais il ne tuait pas tout de suite, ni tous à la fois. Il usait lentement. » Quant à l'hygiène publique et privée, force est de constater que les efforts déployés par les autorités et par certains médecins pour obtenir l'abandon d'habitudes invétérées apparaissent aussi méritoires que sans effet.

Reste l'art de guérir. Un enseignement sclérosé, un arsenal thérapeutique inefficace, un équipement hospitalier insuffisant et inadapté, une majorité de praticiens sans qualification, notamment à la campagne, ce qui laisse le champ libre à toutes les espèces de guérisseurs : le tableau, certes, n'est pas brillant. Seuls, quelques esprits éclairés commencent au XVIIIᵉ siècle à entrevoir la possibilité de ne plus rester aussi passifs que les générations précédentes, en face de la mort, et de prendre sur bien des plans, l'initiative : ils rêvent de doter la province d'un réseau de sages-femmes qualifiées, ils projettent une refonte complète de l'enseignement de la médecine qui serait plus étroitement lié à la pratique hospitalière, ils accueillent l'inoculation comme un moyen de prévenir la maladie, ils préconisent une lutte rationnelle et organisée contre la misère et les épidémies. Mais s'ils rencontrent tout l'appui désirable de la part de l'autorité centrale — contrôle général et intendance — ils se heurtent au maintien des structures économiques traditionnelles, à la méfiance et à l'apathie des populations — que ce soit la municipalité d'Angers ou les communautés rurales — et surtout à l'absence de progrès spectaculaires dans l'art de guérir : l'inoculation n'est pas la vaccination, l'ipécacuana n'est pas la pénicilline, Pierre Hunauld n'est pas Pasteur. Dans ce domaine comme dans celui de l'économie, il ne faut pas confondre les principes affirmés et les réalités quotidiennes, les efforts déployés et les résultats acquis, l'activité de la société d'agriculture et la stagnation de la vie rurale, l'apostolat d'un Hunauld ou d'un Chevreul et la situation sanitaire d'une population livrée aux matrones et aux empiriques, ou au mieux à des médecins ou des chirurgiens souvent consciencieux, mais presque toujours impuissants. Exemples qui ont valeur de symboles, la *Pratique des défrichemens* de Turbilly, le *Discours sur le commerce à Angers* de Viger, le *Pré-*

cis de l'art des accouchemens de Chevreul sont les
œuvres lucides de théoriciens intelligents et passionnés,
leurs effets immédiats dans l'Anjou du XVIII° siècle sont
nuls. L'Angevin des années 1780, aussi mal nourri, aussi
mal logé, presque aussi mal soigné que son ancêtre des
années 1680, ne résiste pas beaucoup mieux que lui à la
mort. Même en accordant l'importance qu'elles méritent aux micro-améliorations du XVIII° siècle, dont l'effet
cumulatif permettra les progrès décisifs ultérieurs, il
semble bien que parler de « révolution agricole » ou de
« révolution de la mortalité » à propos de l'Anjou de
la seconde moitié du XVIII° siècle, soit anticiper d'au
moins cinquante ans sur l'histoire.

Ce même immobilisme se retrouve au niveau des
structures mentales, c'est-à-dire essentiellement au
niveau des structures religieuses et para-religieuses. Il
est vrai que les conditions mêmes de la mortalité
d'Ancien Régime suffisent à expliquer certains comportements purement humains : familiarité avec le spectacle de la mort, indifférence devant le décès des enfants
au berceau, résignation devant la mort des proches,
terreur panique en période d'épidémie. Mais au delà de
ces attitudes instinctives et irraisonnées, c'est la religion
qui détermine les comportements des Angevins qui
tous, mis à part une minorité protestante jamais très
nombreuse et d'ailleurs dispersée ou réduite au silence
en 1685, naissent, vivent et meurent dans le cadre institutionnel et mental du catholicisme romain. A la grande
question angoissante que pose à tout homme le mystère
de la maladie et de la mort, l'Eglise post-tridentine,
forte de ses certitudes réaffirmées, apporte une réponse
cohérente. La souffrance et la maladie sont envoyées
par Dieu pour punir les hommes de leurs péchés et les
avertir d'avoir à faire pénitence alors qu'il en est encore
temps. Quant à la mort, elle aussi châtiment voulu par
Dieu et échéance à la fois imprévisible et inévitable,
elle est le passage de cette « vallée de larmes » à la
vie éternelle, passage infiniment redoutable, car au petit
nombre des élus s'oppose la foule des réprouvés et nul
ne peut préjuger de la sentence du Souverain Juge.
Aussi devant la maladie et la mort, le grand remède
est-il la prière, les saints jouant un rôle capital de
médiateurs : elle seule peut obtenir de la miséricorde
divine le salut des corps et des âmes, elle seule peut
abréger le séjour au purgatoire des âmes captives. Cet

enseignement est transmis par un clergé qui, mieux instruit et plus conscient de ses devoirs depuis la fin du XVIIᵉ siècle, considère volontiers comme des mineurs les fidèles dont il a la charge, à l'exception d'une élite spirituelle à laquelle est laissée une certaine autonomie. Jamais l'image classique n'a été plus vraie : comme une mère particulièrement sévère qui tient en main ses enfants nombreux et turbulents par la crainte de la punition, se réservant de leur témoigner sa tendresse lorsqu'ils sont malades ou désemparés, l'Eglise use sans cesse de la crainte de la mort, du jugement et de l'enfer, comme instrument de pastorale et moyen de maintenir ou de ramener les fidèles dans le droit chemin. Catéchistes, prédicateurs, missionnaires développent à l'envi devant leurs auditoires d'enfants et d'adultes, le thème du châtiment et du petit nombre des élus et empruntent à un même fonds d'images populaires, sans fondement théologique solide, les mêmes descriptions réalistes de l'enfer et du jugement. Ce n'est qu'au lit de mort du chrétien que l'Eglise consent à montrer un visage de confiance et d'amour. Parallèlement, les évêques réformateurs s'efforcent d'instaurer une religion plus dépouillée, excluant toute familiarité avec le sacré et réduisant au minimum la part sinon du sentiment, du moins du sensible; sont significatifs à cet égard leurs efforts pour lutter contre les excès sans cesse renaissants du culte des saints (toléré pourtant et même encouragé dans son principe) ou pour restaurer la dignité du « champ des morts », compromise à leurs yeux par de regrettables privautés. Ainsi est présentée à la masse des fidèles une religion exigeante et « doloriste », religion de la crainte, non de la joie, religion parlant davantage à la raison qu'au cœur et aux sens. Comment cette masse insuffisamment instruite des grandes vérités de la foi ou dans le meilleur des cas, ne pouvant ou ne voulant comprendre le langage dur à entendre qui lui est adressé, ne se tournerait-elle pas vers les pratiques superstitieuses ou vers ces autres intermédiaires des mystères de l'au-delà que sont, depuis des siècles, les sorciers ? D'ailleurs, ce recours apparaît à beaucoup comme complémentaire de l'appel au prêtre et au médecin, en dépit des condamnations de l'Eglise et de tous ceux qui, tels les enquêteurs de la Commission intermédiaire de 1788, dénoncent cette emprise de l'empirique et du sorcier sur les paysans frustes, incultes et misérables.

« La misère, écrit en 1761 Pays-Duveau, assimile à
des bêtes les trois quarts des hommes attachés à la
culture de la terre. » La misère. Peut-être est-ce le mot
clé de toute cette étude. N'apparaît-elle pas en fin de
compte comme la cause et la conséquence à la fois, du
maintien des structures économiques, démographiques
et mentales traditionnelles ? Quelles que soient les
nuances qu'il faudrait apporter entre la relative aisance
des régions de vignoble et de certaines vallées et la
situation lamentable du Craonnais, entre les efforts de
réflexion et les tentatives d'action d'une petite minorité
nobiliaire ou bourgeoise et l'apathie des masses populaires, les Angevins sont, à la veille de la Révolution,
trop figés dans leur pauvreté ou leur indolence pour
qu'on puisse percevoir, dans cette province, les premiers
craquements annonciateurs des grandes mutations, qui
se manifestent dans beaucoup d'autres parties du
royaume. L'Anjou fait bien partie de ce vaste ensemble
qui, de la Normandie au Poitou en passant par la
Bretagne et ses marges, connaît dans un siècle de progrès la stagnation des déshérités et des médiocres. Les
hommes vivent mal, aussi sont-ils pitoyablement vulné-
rables face aux nombreux fléaux qui les accablent. Faire
l'histoire de ces temps et de ces lieux, c'est observer
le spectacle poignant d'hommes, de femmes et d'enfants
qui se débattent ou se résignent, désarmés devant la
mort.

METROLOGIE ANGEVINE

1. — *Longueur*

Pied de roi, soit 12 pouces	0,3248	m
Toise, de 6 pieds	1,949	m
Perche commune, de 20 pieds	6,496	m
Perche de Paris, de 18 pieds	5,847	m
Perche d'ordonnance ou des Eaux et Forêts, de 22 pieds	7,146	m
Perche d'Anjou, de 25 pieds	8,120	m
Lieue géographique de 20 au degré	5 556	m
Lieue commune de 25 au degré, soit 2 281 toises	4 445	m
Lieue de poste, soit 2 000 toises	3 898	m
Lieue de Paris	3 933	m
Lieue d'Anjou, soit 2 400 toises	4 677	m

2. — *Superficie*

Arpent commun, soit 100 perches carrées de 20 pieds	0,4220 ha
Arpent de Paris, soit 100 perches carrées de 18 pieds	0,3418 ha
Arpent d'ordonnance soit 100 perches carrées de 22 pieds	0,5107 ha
Arpent d'Anjou, soit 100 perches carrées de 25 pieds	0,6593 ha
Septerée d'Anjou, soit 6/5 d'arpent d'Anjou	0,7911 ha
Journal d'Anjou, soit 80 perches carrées de 25 pieds ou 4/5 d'arpent d'Anjou	0,5273 ha
Boisselée d'Angers, soit 1/10 d'arpent d'Anjou	0,0659 ha

Boisselée du Craonnais, soit 1/5 d'arpent d'Anjou   0,1318 ha
Boisselée du Saumurois,
   soit 1/12 d'arpent d'Anjou   0,0549 ha
Boisselée des Mauges, soit 1/15 d'arpent d'Anjou   0,0439 ha

3. — *Poids*

Livre poids de marc (ou mesure de Paris)	489,50 g
Quarteron, soit 1/4 de livre	122,37 g
Once, soit 1/16 de livre	30,57 g
Quintal, soit 100 livres	48 950 g

4. — *Capacité*

a) *Grains*

Septier d'Angers ou des Ponts-de-Cé
  (mesure royale de référence),
  12 boisseaux au septier   203,67 1
   soit le *boisseau d'Angers ou des Ponts-de-Cé*   16,972 1
Septier de Saumur (de 16 boisseaux au septier)
  = 12 boisseaux des Ponts-de-Cé,
  soit le boisseau de Saumur   12,729 1
Septier de Beaufort (de 12 boisseaux au septier)
  = 9 boisseaux des Ponts-de-Cé,
  soit le boisseau de Beaufort   13,524 1
Septier de Baugé (de 12 boisseaux au septier)
  = 11 boisseaux 1/2 des Ponts-de-Cé,
  soit le boisseau de Baugé   16,265 1
Septier de Château-Gontier (de 8 boisseaux au
  septier = 16 boisseaux 1/2 des Ponts-de-Cé,
  soit le boisseau de Château-Gontier   34,086 1
Septier de Craon (de 8 boisseaux au septier)
  = 15 boisseaux des Ponts-de-Cé,
  soit le boisseau de Craon   31,732 1
Septier de Brissac (de 12 boisseaux au septier)
  = 12 boisseaux 1/2 des Ponts-de-Cé,
  soit le boisseau de Brissac   17,680 1
Le litron vaut 1/16 de boisseau
L'écuellée vaut 1/12 de boisseau

b) *Vins*

Pinte	0,952 1
Chopine, soit 1/2 pinte	0,476 1
Barrique ou busse, soit 250 pintes	237,800 1
Pipe, soit 2 barriques ou busses, soit 500 pintes	475,600 1

CARTES ET GRAPHIQUES

Les cartes et graphiques figurant dans les pages suivantes ont été réalisés par M. Serge Bonin, du Laboratoire de Cartographie de l'Ecole Pratique des Hautes Etudes, VIe Section.

(Les chiffres entre parenthèses renvoient à l'édition originale : numéros des graphiques et pages du livre.)

DIVISIONS ADMINISTRATIVES ET RÉGIONS NATURELLES
(1, p. 43)

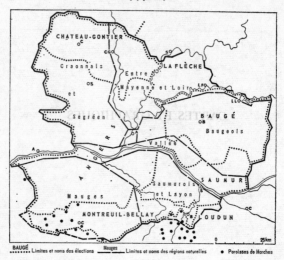

PRIX NOMINAUX DU BOISSEAU DE FROMENT ET DE SEIGLE
(7, p. 132)

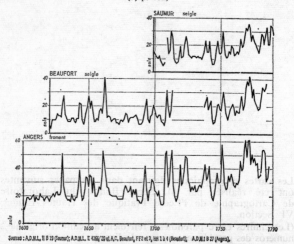

Sources : A.D.M.L, II B 19 (Saumur); A.D.M.L, E 4366/20 et A,C, Beaufort, FF2 et 3, HH 1 à 4 (Beaufort); A.D.M.I B 27 (Angers).

ANGERS EN 1769 : LES CATÉGORIES SOCIO-PROFESSIONNELLES
(10, p. 169)

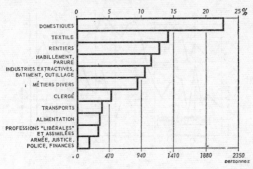

BAPTÊMES, SÉPULTURES ET MARIAGES EN ANJOU
AUX XVIIe ET XVIIIe SIÈCLES (17, p. 196)

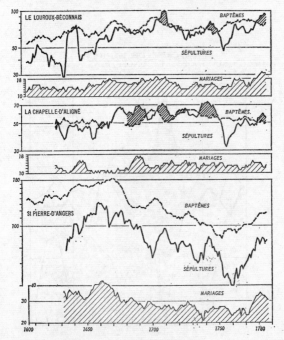

LA PESTE EN 1583-1584 A ANGERS
(24, p. 308)

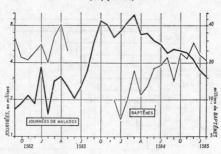

LA CRISE DE 1661-1662.
DÉCÈS, MARIAGES ET CONCEPTIONS A BEAUFORT
(30, p. 337)

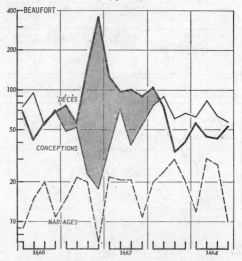

LA CRISE DE 1693-1694. DÉCÈS, CONCEPTIONS ET PRIX
DU FROMENT A BAUGÉ
(31, p. 341)

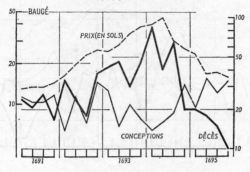

MORTALITÉ DE CRISE. CHALLAIN DE 1705 A 1710
(37, p. 357)

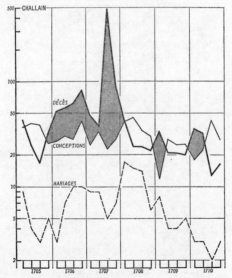

L'HIVER DE 1709 ET SES CONSÉQUENCES (38, p. 364)

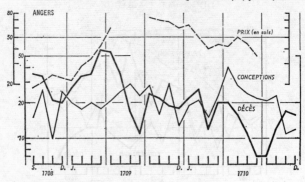

LE CLIMAT DE L'ANJOU AUX XVIIe ET XVIIIe SIÈCLES
(42, dépliant en fin de volume)

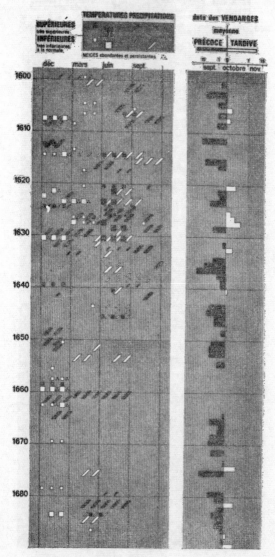

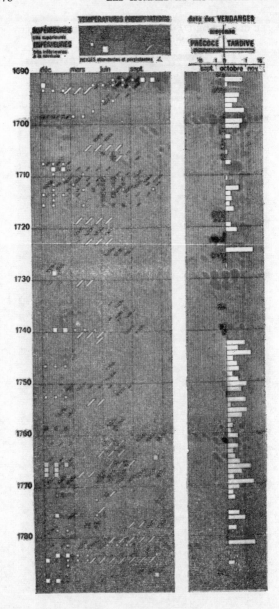

TABLE DES MATIERES

DEUXIÈME PARTIE

LES HOMMES ET LA MORT

TROISIÈME PARTIE

LES HOMMES DEVANT LA MORT

DANS LA MÊME COLLECTION

A. ARNAULD, P. NICOLE
La logique ou l'art de penser.

A. BESANÇON
Histoire et expérience du moi.

P. BOIS
Paysans de l'Ouest.

J. BOUVIER
Naissance d'une banque : le Crédit Lyonnais.

F. BRAUDEL
Écrits sur l'Histoire.

H. BRUNSCHWIG
Société et romantisme en Prusse au XVIIIe siècle.

N. CALDER
Les armements modernes.

A. DAUMARD
Les bourgeois de Paris au XIXe siècle

T. DOBZHANSKY
L'hérédité et la nature humaine.

J. EHRARD
L'idée de nature en France à l'aube des lumières.

R. ESCARPIT
Le littéraire et le social.

L. FEBVRE
Philippe II et la Franche-Comté.

P. FONTANIER
Les figures du discours.

M. GARDEN
Lyon et les Lyonnais au XIIIe siècle.

P. GOUBERT
100 000 provinciaux au XVIIe siècle.

G. GURVITCH
Dialectique et sociologie.

J. HEERS
Gênes au XVe siècle.

W. JAMES
Le pragmatisme.

J. JAURÈS
La guerre franco-allemande, 1870-1871.

A. KRIEGEL
Aux origines du communisme français.

F. LEBRUN
Les hommes et la mort en Anjou aux XVIIe et XVIIIe siècles.

LECOMTE DU NOUY
L'homme devant la science.

E. LE ROY LADURIE
Les paysans de Languedoc.

J. MEYER
La noblesse bretonne au XVIIIe siècle

R. MICHELS
Les partis politiques.

K. PAPAIOANNOU
Marx et les marxistes.

H. POINCARÉ
La science et l'hypothèse.
La valeur de la science.

L. POLIAKOV
Les juifs et notre histoire.

B. PORCHNEV
Les soulèvements populaires en France au XVIIe siècle.

D. RICARDO
Principes de l'économie politique et de l'impôt.

D. RICHET
La France moderne : l'esprit des institutions.

B. RUSSELL
Signification et Vérité.

R. RUYER
La Cybernétique et l'origine de l'information.
Dieu des religions, Dieu de la science.

A. SOBOUL
Mouvement populaire et gouvernement révolutionnaire en l'an II (1793-1794).

E. SOURIAU
La correspondance des arts.

J. ULLMO
La pensée scientifique moderne.

P. VILAR
Or et monnaie dans l'histoire.

Nº d'impression : 10 612

IMPRIMERIE OBERTHUR - RENNES

Nº d'édition : 9 210 — 4e trimestre 1975 — PRINTED IN FRANCE